Fredmund Malik
Die Neue Corporate Governance

Fredmund Malik

Die Neue Corporate Governance

Richtiges Top-Management –
Wirksame Unternehmensaufsicht

Frankfurter Allgemeine Buch

Das Buch ist in der ersten und zweiten Auflage unter dem Titel:
Wirksame Unternehmensaufsicht – Corporate Governance in Umbruch-
zeiten; ISBN 3-929368-85-4, erschienen.

Die Deutsche Bibliothek – CIP-Einheitsaufnahme

Ein Titeldatensatz für diese Publikation ist bei
Der Deutschen Bibliothek erhältlich

Frankfurter Allgemeine Zeitung
Verlagsbereich Buch

© Frankfurter Allgemeine Zeitung GmbH
60267 Frankfurt am Main
Alle Rechte, auch die des auszugsweisen Nachdrucks, vorbehalten
Umschlaggestaltung: F.A.Z.-Marketing/Grafik
Herstellung: Druck & Beratung E. Schäfermeyer, Hanau
Dritte, erweiterte Auflage 2002

ISBN 3-89843-090-1

Inhaltsverzeichnis

Teil 2

Vorwort zur dritten Auflage

Die *erste* Auflage dieses Buches erschien am Beginn der Periode der allgemeinen Verbreitung eines ganzen *Systems* von Mißverständnissen und Irrtümern, die mit dem Begriff der Corporate Governance verbunden sind, in deren Zentrum der Shareholder Value steht.

Die nun erscheinende *dritte* Auflage steht am Beginn der Phase der Ernüchterung und des Zweifels an der Richtigkeit des Shareholder Values als Leitgröße für nachhaltige Unternehmensführung. Ich meine, daß es der Anfang vom Ende dieses Wirtschafts- und Managementparadigmas überhaupt ist. Seine mutmaßliche Kurzlebigkeit habe ich in Kapitel 4 der ersten Auflage erwähnt. Die Indizien häufen sich, daß dieser Niedergang begleitet sein könnte von einem Kollaps jener Wirtschaften und Unternehmen, die glaubten, diesen Ansatz besonders puristisch verfolgen zu sollen. Erste Fälle gibt es bereits.

Schon jetzt, am Anfang dieses Ernüchterungsprozesses, der noch längere Zeit dauern wird, sind die Hoffnungen und Erwartungen von Millionen Shareholdern drastisch enttäuscht. Darunter befinden sich viele Mitarbeiter und Manager von Firmen, die ihrer Belegschaft anstelle angemessener Löhne Aktienoptionen ausrichteten, in der Annahme, so zu einem Interessengleichklang zu kommen und alle an den Wertsteigerungen partizipieren zu lassen. Viele Mitarbeiter und Manager haben umsonst gearbeitet. Unter den Enttäuschten sind auch zwei Generationen von Amerikanern und ein guter, wenn auch deutlich kleinerer Teil von Europäern und Asiaten, deren Ersparnisse und Altersvorsorge in hochriskanten Papieren »angelegt« sind. Die meisten Konten sind tief im Verlust.

Im Vorwort zur zweiten Auflage, die Ende 1998, also mitten im großen Börsenboom erschien, schrieb ich, daß es den *Anschein* hatte, daß die Wirtschaftsentwicklung Amerikas eine Ausnahme zur allgemeinen Stagnation sei, daß aber in

Wahrheit die Implosions- und Instabilitätspotentiale dort nicht kleiner, sondern größer geworden seien. Es war noch die Zeit, als man glaubte, Konjunkturschwankungen würde es in der »New Economy« nie wieder geben und ein bekannter Ökonom die Meinung vertrat, »...*this expansion will run forever*...«.

Es ist anders gekommen, als er und die meisten dachten. Eine gründliche Neuorientierung scheint unumgänglich zu sein, ausgehend von einer nüchternen Diskussion der Architekturfehler in der auf den Shareholder Value gestützten Corporate Governance. Es gibt bessere Lösungen, solche, die keine logischen Fehler enthalten und die robust sind gegen die unvermeidlichen Schwankungen in der Wirtschaftslage. Es wird sich jetzt zeigen, welche Teile der Wirtschaft anpassungsfähig genug sind, um sich rasch und konsequent von Irrtümern und Irrlehren zu befreien.

Ich vertrete in diesem Buch eine Auffassung von Corporate Governance, die grundlegend anders ist, als die sogenannte herrschende Meinung der zweiten Hälfte der neunziger Jahre. Ich bin von Anfang an *nicht* – wie praktisch alle anderen – vom Reichtum der Shareholder ausgegangen, sondern von der Leistungskraft des Unternehmens. Im Zentrum meiner Überlegungen steht das *starke, gesunde, lebensfähige Unternehmen* – und die Frage, wie es zu führen und zu beaufsichtigen ist.

Es gab dazu Kommentare, die besagten, daß es zwischen diesen beiden Vorstellungen – dem Shareholder Value einerseits und dem leistungsstarken Unternehmen andererseits – keine echten, sondern nur scheinbare Unterschiede gebe. In Wahrheit seien sie identisch oder doch sehr nahe verwandt. Vor allem wurde behauptet, daß die Orientierung am Shareholder Value zwangsläufig und automatisch zu einem gesunden Unternehmen führe. Ich war immer anderer Auffassung und habe diese Meinung aus logischen und empirischen Gründen nie akzeptiert. Es zeigt sich jetzt nicht ohne Dramatik, daß sie tatsächlich grundfalsch ist; und daß das *Gegenteil* der mit nicht geringem Dogmatismus vertretenen Behauptungen eingetreten ist: *Die Shareholder sind arm ge-*

worden, und die Unternehmen schwach, zum Teil sind sie in einem desolaten Zustand.

Ich sah keine Veranlassung, am Text des Buches Änderungen vorzunehmen. Die in Kapitel 3 beschriebene Große Transformation von Wirtschaft und Gesellschaft ist in vollem Gange. Weder damals noch heute gab es einen Grund, sie in die Richtung einer »New Economy« zu interpretieren, obwohl wir an deren Ende wahrscheinlich eine New Society haben werden. Und die in diesem Buch beschriebenen Managementfehler werden weiterhin gemacht, wenn auch zum Teil unter neuen Namen – und es sind, wie ich im Vorwort zur zweiten Auflage erwähnt habe, einige weitere noch dazu gekommen.

Statt textlicher Veränderungen habe ich eine ausführliche *neue Einführung* geschrieben, in der ich meine Position zusammengefaßt darstelle und mit den Entwicklungen seit der Ersterscheinung des Buches in Verbindung setze.

Außerdem habe ich *zwei Anhänge* hinzugefügt, in denen zwei Spezialthemen eingehend besprochen werden. Zum ersten ist es die Tatsache, daß das vielgepriesene amerikanische Wirtschaftswunder kein echtes, sondern ein Scheinwunder war. Das ist deshalb wichtig, weil die im Gegensatz zu den stagnierenden europäischen Wirtschaften scheinbar boomende amerikanische Wirtschaft das wichtigste Argument für die behauptete Überlegenheit und daher für die Verbreitung der Shareholder-Value-Theorie und der darauf gestützten Corporate Governance war.

Der zweite Anhang ist eine Diskussion des anderen »Wunders«, worauf sich die Befürworter der falschen Corporate Governance stützten: jenes der »New Economy«. Beide Wunder haben sich als trügerischer Schein erwiesen – leider erst, nachdem die Managementirrlehren bereits Wirkung zeigten.

Eine wesentliche Umstellung habe ich im Titel des Buches vorgenommen, indem ich den bisherigen Untertitel zum Haupttitel gemacht habe. Der Grund dafür ist, daß nicht die Aufsichtsorgane als solche, sondern die Irrtümer der Corporate Governance der *Kern* der Mißstände sind. Dort sind auch die Ansatzpunkte für die erforderliche Reorientierung und die Gesundung der Wirtschaft zu finden. Der Schlüssel zu richtiger und guter Corporate Governance ist aber selbstverständlich das Top-Management, sein Exekutivorgan und sein Aufsichtsorgan. Im Aufsichtsorgan liegt die letzte Verantwortung; dort müssen die Sachkenntnisse vorhanden sein; dort muß der Mut sein, sich gegen Zeitgeiststömungen und Modetorheiten zu stellen, und – was selten gesehen wird – das Aufsichtsorgan ist die dem Markt vorauslaufende Korrekturinstanz. Der Markt funktioniert, aber in wichtigen Aspekten zu spät. Er verhindert nicht Fehler, er bestraft sie nur. Verhindert werden müssen sie durch das Top-Management, in letzter Konsequenz durch das Aufsichtsorgan.

Ich danke den zahlreichen Führungskräften, mit denen ich in Seminaren und Vorträgen die Corporate-Governance-Problematik diskutieren konnte, die mit ihrer kritischen Einstellung bewiesen haben, daß sie früh und mit Recht über die Entwicklung besorgt waren, weil ihnen ihre Erfahrung sagte, daß an der lautstark propagierten neuen Art der Unternehmensführung etwas nicht stimmen konnte.

Sie haben, obwohl auch sie Lippenbekenntnisse gegenüber den Börsenanalysten abzugeben gezwungen waren, ihre Unternehmen nach ganz anderen und richtigen Gesichtspunkten geführt. Sie haben eine Zeit lang aus taktischen Gründen geschwiegen, weil sie ihre Zeit für Wichtigeres, nämlich die gute Führung ihrer Firmen, einzusetzen hatten. Und sie hatten vielleicht auch nicht immer alle Gegenargumente gesammelt und geordnet zur Hand, insbesondere dann, wenn die »Experten« mit komplizierten Rechenformeln zu beeindrucken versuchten. Aber sie hatten einen guten Sinn für Richtiges und Falsches, vielleicht die wichtigste Fähigkeit kompetenter Führungskräfte.

St. Gallen, im Februar 2002   Fredmund Malik

Vorwort zur zweiten Auflage

Das nun in der 2. Auflage vorliegende Buch hat eine erfreulich positive Aufnahme gefunden. Ich habe dafür den Text nochmals durchgearbeitet und einige sprachliche Präzisierungen und stilistische Verbesserungen vorgenommen.

Einige Elemente des im 3. Kapitel vorgelegten Szenarios für das, was ich die »Große Transformation« nenne, sind inzwischen Wirklichkeit geworden. Die noch immer schlecht verstandenen deflationären Tendenzen haben sich verstärkt. Das gilt vor allem für die Entwicklung in Japan, Südostasien und Lateinamerika. Die Wirtschaften Europas haben weniger Fortschritte gemacht, als man aufgrund des oberflächlich erfolgreichen Integrationsprozesses der EU zu glauben versucht ist. Einzige Ausnahme scheinen die USA zu sein. Die Instabilitäts-, um nicht zu sagen Implosionspotentiale sind dort aber nicht kleiner, sondern deutlich größer geworden.

Fortschritte sind im Unternehmenssektor zu beobachten. Ein guter Teil der Großunternehmen des deutschsprachigen Raumes hat beim Ausbau der Marktstellung, der Innovationsleistung und der Produktivität große Verbesserungen erzielt. Das Tempo, mit dem in einigen Fällen gehandelt wurde, ist bemerkenswert, auch wenn die Ergebnisse nicht immer den Erwartungen, Zielen und Absichten entsprechen. Einige Irrlehren, wenn auch längst nicht alle, sind inzwischen als solche erkannt worden. Dafür sind aber ein paar neue entstanden. Die dogmatische Haltung, mit der manche vertreten werden, ist ein ernst zu nehmendes Anzeichen für ein hohes Maß an Unsicherheit in grundsätzlichen Fragen.

Die Wirtschaft ist unverkennbar in einer Phase des Experimentierens. Es müssen Lösungen für neue Probleme gefunden werden. Selten zuvor konnten die Versuche und ihre Wirkungen so schwer eingeschätzt werden. Die Grundaufgaben der »Corporate Governance«, wie ich sie in diesem Buch darstelle, sind daher unvermindert aktuell.

St. Gallen, im Januar 1999   Fredmund Malik

Vorwort

Der Anstoß zu diesem Buch ist aus Deutschland gekommen. Ich wollte mich aber nicht nur auf die deutschen Verhältnisse beschränken, sondern das Thema der Unternehmensaufsicht allgemeiner behandeln. Zwar sind die Rechtsordnungen in den einzelnen Ländern sehr verschieden, die Führungsfragen sind aber überall *gleich,* und zu einem erheblichen Teil können sie auch *gleich* beantwortet werden. Erscheinungsformen und Stil der Führung mögen je unterschiedlich sein, aber letztlich gibt es nur *eine* Art der Führung – nämlich *richtige* und *wirksame.* Mein Ergebnis ist auch, daß sie ungeachtet der unterschiedlichen Rechtsordnungen überall möglich ist.

Ich habe aus diesen Gründen eine allgemeine Terminologie gewählt und verwende die Ausdrücke »Aufsichtsorgan« oder »Unternehmensaufsicht« für den deutschen beziehungsweise österreichischen Aufsichtsrat wie auch für das, was meines Erachtens der schweizerische Verwaltungsrat mit diesem gemeinsam hat beziehungsweise was beide gleichermaßen tun sollten. Das Wort »Exekutivorgan« bezieht sich auf die Aufgaben des Vorstandes der deutschen resp. österreichischen Aktiengesellschaft und der Geschäftsleitung der GmbH und der schweizerischen Unternehmen, die üblicherweise Aktiengesellschaften sind. Mit »Top-Management« und »Gesamtführung« sind fast immer beide Organe gemeinsam gemeint, außer es ergibt sich aus dem Zusammenhang etwas anderes.

Das Buch muß zwangsläufig die *Gesamtführung* des Unternehmens behandeln, denn das Aufsichtsorgan ist ohne das Exekutivorgan weder zu verstehen noch vernünftig zu regeln und umgekehrt. Es ist aber primär aus der Sicht des und bezogen auf das *Aufsichtsorgan* geschrieben. Daher finden wichtige Themen, die *ausschließlich* das Exekutivorgan betreffen, keine Berücksichtigung. Das exekutive Top-Management allein würde selbstverständlich mindestens ein Buch rechtfertigen. Hier sind vor allem jene Aspekte behandelt, die das *Zusammenwirken* der Organe betreffen.

Das Buch richtet sich somit zunächst und vor allem an die Mitglieder des Top-Managements und an alle Eigentümer von Gesellschaftsanteilen, darüber hinaus sollte es für alle jene von Interesse sein, die mit Angehörigen des Top-Managements zusammenarbeiten müssen, also die Mitglieder der höheren Management-Ebenen. Und schließlich könnte es für jene nützlich sein, die sich generell für die Gesamtführung von Unternehmen interessieren oder aus beruflichen Gründen interessieren müssen – für alle, die ein Interesse an einer gut funktionierenden Wirtschaft und Gesellschaft haben.

Gesamtführung des Unternehmens und insbesondere Funktionsweise, Kompetenz und Wirksamkeit der Spitzenorgane von Großunternehmen waren in den letzten Jahren Gegenstand breiter Diskussion. Zum Teil wurde und wird harsche Kritik geübt.

Im wesentlichen betrifft die Auseinandersetzung drei große Themenbereiche: *erstens,* die Diskussion konkreter Fälle – Unternehmensversagen, Sanierungsbedarf, Affären und Skandale; *zweitens*, die generelle Auseinandersetzung mit der Unternehmens-Performance, branchenbezogen und im internationalen Vergleich und vor allem mit Bezug auf die Aktionärsinteressen; und *drittens*, in der Schweiz, die grundsätzliche Diskussion als Folge der Aktienrechtsreform von 1992 in Zusammenhang mit der Frage, wie die zum Teil sehr weitgehenden Anforderungen des Gesetzgebers praktisch erfüllt werden können.

Dabei wird, wie gesagt, mit Kritik an den Spitzenorganen und ihren Mitgliedern nicht gespart; teilweise ist sie extrem. Das löst naturgemäß Reaktionen aus – im wesentlichen zwei Arten: Zum einen zeigen sich Beschwichtigung und Abwiegelung mit dem Argument, daß im großen und ganzen die Wirtschaft in Ordnung sei, die Führung funktioniere, und die Kritik sich an Einzelfällen erhitze. Dem wird seitens der Kritiker entgegengehalten, es werde »gemauert« – zum Schutze eines Interessenkartells übermächtiger »Wirtschafts- und Politbosse«, die sich vor allem in gegenseitiger Steigbügelhalterei übten. Die zweite Art der Reaktion ist Konfusion, Verunsicherung und Orientierungslosigkeit, weil offenkundig einige Grundfragen der Gesamtführung – der Corporate Governance – als nicht ausreichend geklärt erscheinen.

Die Arbeit an diesem Buch hat mich – im Spannungsfeld dieser Diskussion – in einige Versuchungen geführt. Man kann ja nicht über Unternehmensführung und Unternehmensaufsicht schreiben, ohne sich eine Meinung zum Gesamtzustand von Wirtschaft und Gesellschaft zu machen. Aufsichtsorgane – wie immer ihre Bezeichnung in den einzelnen Ländern sein mögen – befinden sich, zumindest formal, an den Schalthebeln der Macht einer modernen Gesellschaft und ihrer Wirtschaft. Wie kann man ihre Tätigkeit, ihre Aufgaben, die Art ihrer Machtausübung beurteilen und allenfalls Verbesserungsvorschläge machen, ohne sich ein solches Bild zu machen? Soll man sich auf die Seite der Kritiker stellen oder sich der Front der Beschwichtiger zuschlagen? Oder gibt es einen dritten Weg?

Nach meiner Auffassung geht es um viel mehr und etwas anderes, als in der bisherigen Diskussion zur Sprache kam. Die Schlüsselfragen müssen sein: *Sind Wirtschaft und Gesellschaft in Ordnung? Funktionieren sie so, wie sie – menschliche Fehlbarkeit und Unvollkommenheit berücksichtigt – funktionieren können?* Wenn ja, ist ein Buch dieser Art überflüssig. Wenn nein?… Man kann sich kaum Freunde machen, möglicherweise nicht einmal Leser, und als Consultant schon gar keine Kunden, wenn man zu einem negativen Urteil kommt und auch noch naiv genug ist, es zu publizieren. Wollen die Menschen in den Schlüsselpositionen der Wirtschaft die gegebene Art der Führung? Ist sie daher das Ergebnis ihrer Absichten und Ziele und das Ergebnis ihres Entscheidens und Handelns – und ist das Ergebnis akzeptabel? Wenn nein, warum werden die Dinge nicht geändert?

Das Unternehmen marktwirtschaftlicher Prägung ist bis heute die einzige funktionierende Organisationsform für die produktive Nutzung von Ressourcen. Die radikal gescheiterten Experimente in den früheren kommunistischen Ländern haben das über jeden Zweifel hinaus bewiesen. Das Unternehmen ist die einzige und somit wichtigste gesellschaftliche Institution zur Schaffung von Wohlstand. Sie braucht Management. Management ist daher das wichtigste gestaltende, entwickelnde und steuernde Organ einer modernen Gesellschaft – dies um so mehr, als die nationalstaatliche Politik in einer globalen Wirtschaft an klare Grenzen stößt und in vitalen Fragen entscheidend an Wirkung verloren hat. Management ist daher auch der wichtigste Beruf in einer Gesellschaft. Fast alles hängt von der Qualität und Gewissenhaftigkeit ab, mit der dieser Beruf ausgeübt wird. Es müssen höchste Anforderungen gestellt und erfüllt werden.

Daß Managementfehler vermieden werden müssen und Skandale nicht vorkommen dürfen, versteht sich von selbst. Aber selbst die Erfüllung auch der wohlverstandensten Interessen der Aktionäre genügt noch nicht. Es geht in Zusammenhang mit Unternehmensaufsicht und Corporate Governance, wie gesagt, um weit mehr – im Kern um das Funktionieren der *Gesamtgesellschaft*, um die Frage, was überhaupt eine »gesunde« Gesellschaft ist und welche Aufgabe darin das Unternehmen zu erfüllen hat. Es genügt nicht, daß die Unternehmensspitze *nicht* versagt; Orientierung an der Vermeidung von Versagen wäre zu wenig. Sie muß – viel wichtiger – in ihren Aufgaben, ihrer Funktionsweise und ihrer Kompetenz auf die *bestmögliche* Vorstellung von Führung ausgerichtet werden, und sie darf nicht an einer gewöhnlichen oder gar guten Wirtschaftslage gemessen werden, sondern am *schwierigsten* Fall, und sie muß auf diesen hin gestaltet werden. Dort wird sie wirklich gebraucht, und dann muß sie sich bewähren. Relativ zu dieser Sicht vorgebrachte, begründbare Kritik halte ich für wichtig; dieser sollte man sich nicht entziehen dürfen, und darauf müssen sich allenfalls die Verbesserungsvorschläge richten.

Ich habe vor den Führungskräften der Wirtschaft eine hohe Achtung, insbesondere deshalb, weil ich viele kenne. Seit nunmehr über 20 Jahren habe ich die Gelegenheit, jedes Jahr im Durchschnitt etwa 500 Manager neu kennenzulernen. Die meisten dieser Menschen erbringen täglich große Leistungen. Daher war ich nie dafür zu haben, in die in Abständen, aber mit schöner Regelmäßigkeit stattfindenden, modischen Managerbeschimpfungen einzustimmen.

Dennoch darf auch noch so viel Respekt vor den Leistungen der Führungskräfte nicht blind machen für Fehler, die passieren. Ich habe daher dort, wo ich glaubte, sie begründen zu können, auch nicht mit Kritik zurückgehalten. Mein Bemühen war *erstens* auf gerechtfertigte Kritik und *zweitens* auf konstruktive Kritik gerichtet. Da ich selbst seit zwanzig Jahren unternehmerisch tätig bin und auch einige Erfahrungen in Aufsichtsgremien sammeln konnte, ist mir wohl bewußt, wie leicht einem Fehler unterlaufen und wie oft man unterhalb jenes Standards handelt, der eigentlich möglich und geboten wäre. Wenn dieses Buch nebst, wie ich hoffe, nützlichen Vorschlägen auch einiges an Kritik an der Wirtschaftspraxis enthält, so hoffe ich vor allem, daß erkennbar ist, daß sie in konstruktiver Absicht vorgetragen wird. Nicht Beschimpfung ist mein Ziel, sondern Verbesserung.

Die Grundthese dieses Buches lautet: Die Unternehmensaufsicht *kann* und *soll* führen – in einem ganz bestimmten Sinne selbstverständlich und unter Wahrung der Funktionsfähigkeit und Integrität des Exekutivorganes. In Ländern mit einstufiger Regelung der Gesamtführung ist das ohnehin klar. Was nicht immer klar ist, ist die Frage, wie das konkret zu realisieren ist. In Ländern mit einem zweistufigen System mag diese These zunächst Skepsis auslösen oder sogar als provozierend empfunden werden. Ich halte es dennoch für notwendig, daß diese Lösung angestrebt wird, aus Gründen, die ich in diesem Buch ausreichend darzulegen hoffe.

Ich habe nicht die Absicht, eine wissenschaftliche Abhandlung vorzulegen. Daran besteht kein Mangel. Das Buch soll eher ein praktisches Brevier dafür sein, die Gesamtführung und insbesondere die Unternehmensaufsicht *wirksam zu gestalten*. Aus diesem Grunde sind Erörterungen von Spezialfällen und Ausnahmesituationen weggelassen worden.

Die in diesem Buch dargelegten Auffassungen resultieren aus mehreren Quellen. Sie stammen aus Erfahrungen, die ich in aktiven Funktionen und als Consultant in der Zusam-

menarbeit mit Spitzenorganen machen konnte. Eine weitere
Quelle sind zahlreiche Gespräche mit Führungskräften, die
Aufsichtsorganen angehören oder die mit solchen als Exekutivorgane zusammenarbeiten. Des weiteren waren die Inhalte aller Kapitel dieses Buches Stoff zahlreicher Vorträge und
vor allem von Seminaren, die ich für Tausende von Führungskräften in den letzten zwanzig Jahren durchgeführt
habe. Aus den damit verbundenen Diskussionen habe ich
sehr viel lernen können, und so gesehen sind die hier vertretenen Auffassungen und die Vorschläge, die ich mache,
durch recht viele Bewährungsproben gegangen. Vielleicht
darf ich, ohne die Gebote der Bescheidenheit übermäßig zu
verletzen, doch sagen, daß eine große Zahl von aktiven Managern und Unternehmern mir immer wieder attestierte, in
diesen Seminaren eine teilweise neue und bessere Sicht der
Dinge gewonnen zu haben.

Von wesentlichem Einfluß waren aber die Ergebnisse einer über eineinhalb Jahre sich erstreckenden Diskussion in
einem von Frau Dr. Dana Schuppert initiierten und von
Herrn Hans-Wolfgang Pfeifer geleiteten Arbeitskreis zur
Funktionsweise des deutschen Aufsichtsrates, dem folgende
weitere Persönlichkeiten angehörten: †Dr. Dr. H. c. Reinhard
Goerdeler, Wirtschaftsprüfer und Rechtsanwalt, Frankfurt
am Main; Dr. Michael Hoffmann-Becking, Rechtsanwalt,
Düsseldorf; Dr. Wolf R. Klinz, stv. Vorsitzender des Vorstands
der Lurgi AG, Frankfurt am Main; Dr. Heiko Lange, Mitglied
des Vorstands der Deutschen Lufthansa AG, Frankfurt am
Main; Dr. Frank Niethammer, Präsident der Industrie- und
Handelskammer, Frankfurt am Main; Dipl.-Ing. Dr.-Ing. E. h.
Hermann Franz, Vorsitzender des Aufsichtsrates, Siemens
AG, München; Dr. Guido Sandler, Persönlich haftender Ge-
sellschafter Dr. A. Oetker, Bielefeld; Dr. Horst Teltschik, Mit-
glied des Vorstands der BMW AG, München; Rüdiger von
Tresckow, Palm Tresckow & Partner, Frankfurt am Main; Dr.
Udo N. Wagner, Mitglied des Vorstands ABB AG, Mannheim.

Das Buch ist in zwei Teile gegliedert. Im *ersten Teil* geht es
um die Frage, *wohin* sich die Unternehmensaufsicht entwik-

keln und *warum* sie das tun soll. Kapitel eins wirft die Frage auf, ob die Unternehmensaufsicht führen soll. Kapitel zwei behandelt die heutige Funktionsweise des Aufsichtsorganes und seine Funktionsmängel. Das dritte Kapitel befaßt sich mit der Frage, ob die Unternehmensaufsicht – selbst wenn man für Vergangenheit und Gegenwart zu einem positiven Urteil käme – für die Zukunft gerüstet ist, ob sie ausreichend vorbereitet und wirksam genug ist für die tiefgreifenden Veränderungen, durch die Wirtschaft und Gesellschaft in fast allen Ländern gehen, für das, was ich die Große Transformation nenne. Kapitel vier ist dem Problem der Corporate Governance gewidmet, der Frage, nach welchen Maßstäben und in wessen Interesse ein Unternehmen zu führen ist, völlig unabhängig davon, in welcher Branche und in welchem Geschäftsgebiet es sich befindet. Ich halte es für unabdingbar, daß das Aufsichtsorgan in die Klärung dieser Fragen involviert ist und für die Antworten das letzte Wort hat. Daran anschließend werden im vierten Kapitel die Meßgrößen und Meßfelder für die Beurteilung eines Unternehmens besprochen, insbesondere im Lichte der Frage, was ein gesundes Unternehmen ist und wie man seinen Gesundheitszustand beurteilen kann.

Der *zweite Teil* behandelt das »Was« und »Wie« der Gesamtführung des Unternehmens. In Kapitel sechs findet sich eine knappe Übersicht über die Elemente der Unternehmensverfassung. Kapitel sieben und acht behandeln die Gestaltungsfragen von Aufsichts- und Exekutivorganen, ihre Aufgaben und Funktionsweisen sowie die Grundlagen ihrer Wirksamkeit. Kapitel neun nimmt Stellung zum Unterschied zwischen Management und Leadership, der zur Modewelle zu verkommen droht. Gerade die Spitzenorgane müssen sich aber sehr genau mit diesem Unterschied auseinandersetzen, denn an der Unternehmensspitze wird, wenn überhaupt, Führerschaft ihren Ursprung haben. In Kapitel zehn geht es um die Kernprobleme von Macht, Verantwortung und Haftung und in Kapitel elf um die Schlüsselfragen der Personalauswahl und der Besetzung oberster Positionen.

Ein Wort zur Erwähnung von Personen- und Firmenna-

men: Durch die Darstellung konkreter Fälle und Beispiele
hätte das Buch an Anschaulichkeit gewonnen und wäre wohl
auch der Sensationslust entgegengekommen. Dennoch habe
ich mir äußerste Zurückhaltung auferlegt. Obwohl ich einige
repräsentative Fälle dramatischen Versagens von Aufsichts-
und Exekutivorganen recht genau kenne, finde ich es nicht
passend, Daten, Fakten und Personen zu nennen – *erstens*,
weil dadurch kein zusätzlicher Informationsgehalt gewonnen wird; *zweitens*, weil damit andere Personen, die zwar in
ein Debakel involviert, an diesem aber nicht kausal beteiligt
waren, in einen falschen Zusammenhang gebracht würden;
und *drittens*, weil in vielen Fällen selbst die letztlich versagenden Personen vorher und auf anderen Gebieten Hervor-
ragendes geleistet haben. Wie ich noch begründen werde,
hängen Erfolg und Mißerfolg nicht nur von den Personen ab,
sondern in wesentlichem Umfange auch von der Situation, in
die sie gestellt waren, die sie sich häufig keineswegs freiwillig ausgesucht hatten. Das kann zwar letztlich keine Ent-
schuldigung sein; die Ergebnisse des Scheiterns lassen sich
nicht mehr korrigieren. Dennoch müssen Personen und Situationen in einem engen Zusammenhang gesehen werden.

Genau das ist der Grund dafür, daß ich die Wirksamkeit
der Unternehmensaufsicht nicht in erster Linie durch *perso-
nenbezogene* Vorschläge zu verbessern trachte, sondern
durch *konstitutionelle* Regelungen. Dieser Gedanke ist prä-
gend für das ganze Buch. Er ist, wie ich immer wieder erfahren kann, den betriebswirtschaftlich, technisch, naturwis-
senschaftlich und humanwissenschaftlich ausgebildeten
Führungskräften nicht sehr vertraut. Die Juristen hingegen
haben damit keine Schwierigkeiten. Sie wissen aus ihrem
eigenen Fach, daß – wenn überhaupt – nur konstitutionelle
Lösungen funktionieren können.

Wenn ich in diesem Buch Personen nenne, so habe ich
mich an folgende Grundsätze gehalten: *Erstens* kommen nur
Personen vor, die – meistens schon seit geraumer Zeit – nicht
mehr leben. Ich weiß, daß ein großes Interesse an aktuellen
Beispielen besteht, aber es braucht nach meiner Auffassung
einen gewissen zeitlichen Abstand, um die Leistungen eines

Menschen einigermaßen zuverläßig beurteilen zu können. In unserer Medienwelt scheinen mir die Urteile – und Vorurteile – häufig allzu rasch und allzu leichtfertig getroffen zu werden. *Zweitens* habe ich Personen, mit wenigen Ausnahmen, die mir ausreichend begründbar erscheinen, nur in positiven Zusammenhängen genannt. *Drittens* verwende ich nur Namen von Menschen, deren Leben ich glaube ausreichend studiert zu haben, um mir eine Meinung bilden zu können. Ich halte nichts vom so beliebten Spiel des »name droppings«. Auf der Basis dieser Grundsätze hoffe ich, mich in Zusammenhang mit einem Thema, das fast ausschließlich in personellen Kategorien diskutiert wird, an das gebotene Maß an Fairneß und Redlichkeit gehalten zu haben.

Ich danke allen Führungskräften, die mir zuhörten, Gelegenheit zu Diskussionen gaben und mich durch kritische Fragen immer wieder zwangen, die Dinge neu zu durchdenken.

Ferner danke ich Herrn Prof. Dr. Hans Siegwart für die Durchsicht des Manuskripts mit dem kritischen Blick des Betriebswirtschaftlers und erfahrenen Verwaltungsrates sowie für seine wertvollen Anregungen. Frau Ruth Blumer gebührt Dank für die Erledigung der Schreibarbeiten. Ich danke Herrn Hans-Wolfgang Pfeifer für seine Geduld. Er konnte eigentlich nicht mehr daran glauben, jemals ein Manuskript zu erhalten. Mein ganz besonderer Dank gilt Frau Dr. Dana Schuppert, die mit liebenswürdiger Konsequenz dafür sorgte, daß dieses Buch begonnen und abgeschlossen wurde. Sie hat ihre Coaching-Aufgabe mit Umsicht und Wirkung erfüllt.

Fredmund Malik

Einführung zur dritten Auflage

1. Grundlegende Reorientierung

Wirtschaft und Management – und als Folge dessen die Gesellschaft – sind in einer Phase fundamentaler Um- und Neuorientierung. In ihrem Zentrum steht die Frage nach der richtigen Corporate Governance und in erweitertem Sinne nach richtiger Institutional Governance.

Die Notwendigkeit für ein Umdenken resultiert meines Erachtens aus zwei weitverbreiteten Irrtümern: dem Shareholder Value als oberster und einziger Zielgröße des Wirtschaftens besonders für große Unternehmen einerseits und einem gründlich mißverstandenen Liberalismus andererseits, der so vor keinem der großen liberalen Denker hätte bestehen können. Beides ist unvereinbar mit erfolgreicher Unternehmensführung, nachhaltiger Wirtschaft und auch mit einer funktionierenden Gesellschaft. Ich meine, in diesem Buch einige der wesentlichsten Grundlagen für die erforderliche Reorientierung, für die Korrektur der Fehler, für die richtige Führung von Unternehmen und damit für die Neuausrichtung der Wirtschaft niedergelegt zu haben.

Ich stelle damit Argumente für jene bereit, die – wie ich selbst von Anfang an – einen guten Teil der jüngeren Wirtschaftsentwicklung und des damit verbundenen Denkens und der Theorien über die Wirtschaft für falsch und gefährlich halten. Das sind nicht in erster Linie jugendliche Rebellen gegen die Globalisierung, die nicht der Kern des Problems ist, sondern eines der eher weniger wichtigen Nebenphänomene. Aus den zahlreichen Seminaren und Vorträgen, die ich zu diesem Thema gehalten habe, und den daraus folgenden Diskussionen weiß ich, daß es bemerkenswert viele hochrangige Führungskräfte aus Wirtschaft und Politik gibt, die seit längerem über die Entwicklung besorgt sind. Es ist keineswegs so, daß die sogenannte herrschende Lehre, in Wahrheit eher eine medial propagierte Zeitgeistmode, von einer Mehrheit jener Personen unkritisch akzeptiert wird, die täglich mit den Realitäten der Führung großer Unternehmen zu tun haben und in der Verantwortung stehen. Sie haben meistens nur nicht die Zeit für lange Diskussionen, und nicht selten fehlen ihnen auch die theoretische Basis und daher die Argumente.

Ihnen widme ich die Neuauflage dieses Buches. Damit will ich weder ignorieren noch beschönigen, daß es unter den Top-Managern viele gibt, die das neue Credo, ohne zu hinterfragen, bereitwillig übernommen, es verbreitet und befolgt haben. Anders hätte es ja nicht zur Anwendung kommen können. Nicht wenige von ihnen und die von ihnen geführten Unternehmen stehen jetzt – das war abzusehen, weil es programmiert war – im Zentrum großer Schwierigkeiten. Unvermeidlich aber geht der Schaden weit über ihr direktes Wirkungsfeld hinaus. Die Zahl der Betroffenen ist weit größer als die der Verursacher. Daß dieses Buch bereits in einer dritten Auflage erscheint, könnte ein Indiz dafür sein, daß der Kreis der Nachdenklichen und kritisch Reflektierenden zunimmt.

Die Zeit für eine Neudiskussion ist nicht nur reif, sie ist auch günstig, denn die Anzeichen sind unübersehbar, daß Auffassungen, die seit etwa Mitte der neunziger Jahre für neue und teilweise letzte Wahrheiten gehalten wurden, fragwürdig sind oder sich als rundweg falsch – als Irrlehren – erweisen. Seit die neuen, unerwarteten, negativen Realitäten der Wirtschaftslage und der Finanzmärkte nicht mehr ignoriert werden können, beginnen sich dogmatisch vertretene Positionen aufzuweichen. Die Finanzanalysten sind leise geworden; der Terror, den sie – gestützt auf ihre vermeintliche Unfehlbarkeit – ein paar Jahre lange mit Arroganz ausüben konnten, funktioniert nicht mehr. Es wird erkannt, daß auf unheilvolle Weise Finanz- und Realwirtschaft verwechselt wurden. Die Illusion nicht endender Bull Markets und die New-Economy-Euphorie erweisen sich als das, was sie schon immer waren: Mangel an wirtschaftlichem Sachverstand, wenn auch im Glamour des Zeitgeistes gut verpackt, Fehlen von Kenntnissen der Wirtschaftsgeschichte, jugendliche Unerfahrenheit, nicht selten schiere ökonomische Dummheit, Casino-Mentalität, Hochstapelei und gelegentlich schlicht Wirtschaftskriminalität.

Eine grundlegende Diskussion über die Reorientierung unternehmerischen und manageriellen Denkens und Handelns – besonders die Großunternehmen betreffend – wird nicht nur kaum zu vermeiden sein, sondern sie sollte von jenen aktiv gesucht werden, die an einer freien Gesellschaft, einem Free-Enterprise-System und an einer, wo immer möglich, durch Märkte gesteuerten Wirtschaft interessiert sind. Die Diskussion muß von jenen gesucht und aktiv gestaltet werden, die für die Etablierung eines echten, statt eines falschen Liberalismus eintreten und die das Feld nicht den Ideologen – sei es von links oder rechts, oder seien sie von ganz neuer Art – überlassen wollen. Es wird die Stimme jener benötigen, die die reale Gefahr einer neuen, aus Enttäuschungen illusionärer Erwartungen entstehenden Wirtschaftsfeindlichkeit zu erkennen vermögen und die wissen, wie wichtig die Glaubwürdigkeit gerade der Wirtschaftsführer ist. Das Vertrauen in sie, ihre Überzeugungskraft und ihre persönliche Integrität scheinen mir noch wichtiger zu sein als in jene von Politikern, und dies um so mehr, je mehr sich Meldungen über zum Teil skandalöses Versagen in der Wirtschaft häufen, sei es unternehmerisches oder persönliches Versagen, seien es Insider-Geschäfte, die Manipulation von Bilanzen oder Bereicherungsexzesse.

Wenn – wie zu erwarten ist – die Emotionen weckende Meinung wieder modern wird, die Wirtschaft sei zu wichtig, um sie den Unternehmern und Managern zu überlassen, dann müssen jene in die Diskussion eingreifen, die die besseren Argumente an die Stelle falscher Kollegenloyalität setzen. Es wird dann eine auf besseres Sachwissen gestützte Zivilcourage gebraucht, um zu sagen, daß die Wirtschaft nicht den *schlechten* Managern und den *unfähigen* Unternehmern überlassen werden darf.

2. Was ist Corporate Governance?
Folgen einer falsch gestellten Frage

Als dieses Buch entstand, war Corporate Governance noch kein Allerweltsthema. Es war noch nicht durch die dann eingetretene und weithin kritiklos akzeptierte Einseitigkeit geprägt, die das Unternehmen und seinen Zweck ausschließlich aus der finanzwirtschaftlichen Perspektive sowie der Interessenlage der Börse, der Analysten, der Fondsmanager und des Börsenpublikums versteht.

Stellvertretend für zahlreiche ähnliche Beispiele ist ein typischer Fall für diese Einseitigkeit ein als Studie deklariertes Zahlenwerk, das im Auftrag eines großen deutschen Magazins von einem Beratungsunternehmen durchgeführt wurde. Darin werden die Euro Stoxx 50-Aktien nach den Kriterien *Aktionärsrechte, Qualität des Aufsichtsrates, Übernahmebarrieren, Transparenz* und *Verpflichtung zum Shareholder Value* von 200 Fondsmanagern und Analysten bewertet. Sie kommen – wie immer im Vergleich zu den amerikanischen Verhältnissen – zu einem für die europäischen Unternehmen vernichtenden Urteil. Mit Ausnahme des Kriteriums »Qualität des Aufsichtsrates« haben diese Bewertungskriterien aber so gut wie nichts mit der *Leistungskraft* und der *Konkurrenzfähigkeit* der untersuchten Unternehmen zu tun. Diese Art von Verständnis von Corporate Governance verliert offensichtlich aufgrund ihrer eindimensionalen Blindheit den eigentlichen Gegenstand ihrer »Untersuchung«: Alles wird bewertet, nur das Unternehmen selbst nicht... Daß sich unter den derart bewerteten Unternehmen solche befinden, die ihrer amerikanischen Konkurrenz deutlich überlegen sind, ist den selbsternannten Bewertungsexperten nicht aufgefallen. Der Wert solcher »Studien« liegt auf der Hand.

Der Ursprung dieser Entwicklung liegt in einer *falsch* gestellten Frage. Sie lautet: *In wessen Interesse soll ein Unternehmen geführt werden?* Von dort aus gibt es einen einfachen und logisch plausibel erscheinenden Weg zum Shareholder. Aber der Schein trügt. Diese Antwort ist weder logisch zwingend, noch ist sie die einzig mögliche Antwort. Schon gar nicht ist sie die beste. Sie kann überhaupt nur unter ganz bestimmten, eher selten vorzufindenden Bedingungen plausibel erscheinen.

Am ausgeprägtesten waren die dafür geeigneten Umstände Ende der achtziger Jahre in den USA vorzufinden, während sie in den meisten anderen Ländern gar nicht oder nur rudimentär gegeben waren und dort auch bisher nur künstlich und vorübergehend implantiert werden konnten. Deutliche Beispiele dafür sind die eine Zeitlang euphorisch als *die* ökonomische Zukunft schlechthin propagierten südostasiatischen »Tigerländer«, die wegen dieser künstlich geschaffenen Bedingungen – nämlich einer auf exzessiven Schulden beruhenden Finanzblase – kollabierten und nicht etwa wegen deren Fehlens.

Ein anderes, längere Zeit nicht sichtbares, jetzt aber um so gewichtigeres Beispiel für seltene Sonderbedingungen ist die Tatsache, daß die Shareholder-Theorie nur in Zeiten generell steigender Aktienkurse sinnvoll, gar als einzig mögliche, erscheinen kann, was in den USA ebenfalls gegeben war, und zwar seit 1982. Dieses Datum scheint den meisten völlig unbekannt zu sein, die in den neunziger Jahren begannen, an der Börse aktiv zu werden, und das Börsengeschehen – teilweise mit grotesken Theorien über die Rationalität der Kapitalmärkte und ihre überlegene Weisheit in Bewertungsfragen – in einen Zusammenhang mit der Prosperität der Wirtschaft und der Leistungskraft von Unternehmen stellten.

Dies sollte schließlich im Verbund mit den New-Economy-Illusionen für kurze Zeit zu jenem spekulativen Massenwahn führen, wie er in der Wirtschaftsgeschichte immer wieder in größeren Zeitabständen vorkommt – genügend groß, um die bitteren Erfahrungen vergessen zu lassen und die zu ziehenden Lehren mit »*diesmal ist alles ganz anders*« beiseite zu schieben. Was im ersten Fünftel des zwanzigsten Jahrhunderts die »*New Era*« war, war in seinem letzten Fünftel die »*New Economy*«. Schreibfaule Journalisten konnten die Schlagzeilen eins zu eins aus den damaligen Jahrgängen des Wallstreet Journals oder der New York Times übernehmen.

Selbstverständlich ist es eine Absurdität anzunehmen, daß Börsen immer nur steigen – genau diese Absurdität hat das Denken und Handeln aber bestimmt –, und ebenso absurd ist es, die Corporate Governance darauf zu stützen. Obwohl sie vorher schon falsch war, wird die ganze Wertlosigkeit dieser Vorstellung mit dem Fortschreiten des Bearmarktes sichtbar werden.

Den größten Anschein der Plausibilität hat die Shareholder-Antwort im Kontext der international tätigen, börsennotierten Großkonzerne, *deren Aktien steigen*. Aber es ist erstens auch dort nur der Schein der Plausibilität und keine echte Logik, und zweitens sind die Großkonzerne nicht repräsentativ für die Wirtschaft, sie finden lediglich überproportionale Beachtung in den Medien. Die Großunternehmen machen in allen Ländern nur einen vergleichsweise kleinen Anteil an der Wirtschaftskraft aus. Sie produzieren weniger als ein Drittel der ökonomischen Wertschöpfung, und sie beschäftigen auch weniger als ein Drittel der Arbeitskräfte. Die Konzerne sind zwar wichtig, aber sie sind keineswegs typisch für das Geschehen in der Wirtschaft.

Es ist auch nicht so, daß jenes Segment, das dann zehn Jahre nach Erfindung des Shareholder Values fast hypnotisch die Aufmerksamkeit der Massen an sich zog – die Startup-Unternehmen im Internet und E-Business-Sektor –, repräsentativ für die Wirtschaft ist, auch nicht für eine New Economy, die um so lauter propagiert wurde, je weniger jemand von Ökonomie verstand. Über zwei Drittel der ökonomischen Leistung entsteht in allen Ländern im Mittelstand, und dieser beschäftigt auch denselben Anteil an Arbeitskräften. Für diesen ist der Shareholder Value auch mit noch so vielen wohlgemeinten Anpassungen nicht nur unbrauchbar, sondern hier zeigt sich schnell und umwegsfrei seine irreführende und daher schädliche Wirkung.

Schon auf die falsch gestellte Frage wären somit mehrere verschiedene Antworten möglich gewesen, und nur ein ganz besonderer Umstand verschaffte der Shareholder-Theorie jene Rezeptivität, die sie zur einzig möglich erscheinenden werden ließ. Die Ironie der Geschichte will es, daß jetzt unter

dem Eindruck aktueller Ereignisse die ersten bisher dogma-
tischen Verfechter der Shareholder-Theorie – einsehend,
daß ihre Lehre zu kurz greift – zur großen »Reform« schrei-
ten. Sie besteht darin, daß sie zur *Stakeholder-Theorie* mu-
tieren – nicht sehend, daß dies nur eine andere falsche Variante der Interessengruppentheorie ist, und offenbar nicht
wissend, daß es exakt das praktische Versagen dieser Theorie war, die dem Shareholder Value seine zufällige Plausibilität und Rezeptivität verschaffte.

Wie immer man es dreht – auf falsch gestellte Fragen kann
man nie eine richtige Antwort bekommen. Die Fragestellung
muß nicht nur einen Schritt zuvor ansetzen, sondern an einem ganz anderen logischen Punkt: nicht bei der *Verteilung*
des Wirtschaftsergebnisses, sondern bei seiner *Schaffung.*
Sie muß daher lauten: *Was ist die richtige Führung eines
Unternehmens?* Und von hier aus muß weiter gefragt werden: *Was ist ein starkes, gesundes, lebensfähiges Unternehmen? Und was ist durch das exekutive Top-Management und
die Unternehmensaufsicht zu tun, damit ein solches entsteht
und erhalten wird?*

Dadurch – und nur dadurch –, durch eine richtige Führung
der Unternehmen kann das wirtschaftliche Resultat in Form
von produktiven Potentialen erzielt werden, seien es Fabriken oder Computer, seien es »bricks« oder »bytes«, in Form
von Gütern und Dienstleistungen, in Form von Volkseinkom-
men und Sozialprodukt, in Form von Löhnen, Steuern, Zinsen und Gewinnen.

Erst und nur wenn das wirtschaftliche Ergebnis geschaffen wurde, kann man darangehen, es zu verteilen. Und dann
erst bekommt die Schlüsselfrage der Shareholder-Theorie
überhaupt einen Sinn, nämlich an wen wieviel zu verteilen
sei. Erst hier kann sinnvoll darüber nachgedacht werden,
welche der verschiedenen Interessengruppen, wie auch immer sie sich legitimieren mögen, welchen Anteil am Wirt-
schaftsergebnis erhalten soll. Hier kann es dann durchaus
gute Gründe geben, die Shareholder bevorzugt zu behandeln.

3. Mißverständnisse und ihre Folgen

Als Grundfrage der Corporate Governance schlage ich somit die von der Shareholder-Theorie ganz verschiedene Frage vor, die auf die *Entstehung* statt auf die *Verteilung* von wirtschaftlicher Leistung zielt. Die Schaffung der Leistung ist der *schwierige* Teil des Wirtschaftens; die Verteilung des Ergebnisses ist die *leichte* Aufgabe.

Statt von den Interessen der verschiedenen Interessengruppen auszugehen und das Unternehmen auf diese Weise zum Spielball sich – unter Umständen rasch – ändernder politischer und sozialer Kräfteverhältnisse zu machen und es damit potentiell zu destabilisieren, wird durch die gleichzeitig ganz andere und viel umfassendere Fragestellung der Corporate Governance, wie ich sie hier vorschlage, das Unternehmen *selbst* als produktive Einheit gesehen, die Lebensstandard und Wohlstand um so stärker schafft, je besser sie funktioniert – und zwar gänzlich unabhängig von spezifischen Interessen der Interessengruppen. Nicht »*The best balances interest of interest groups*« darf das entscheidende Kriterium für das Handeln der Top-Management-Organe sein, sondern es muß »*The best interest of the company*« sein. Eine Lösung in diese Richtung wurde von Rappaport gar nicht in Betracht gezogen.

Diese Perspektive zielt auf die *realwirtschaftliche* Seite des Wirtschaftens, statt – wie es der Shareholder Value tut – auf die *finanzwirtschaftliche*. Durch die Shareholder-Theorie im Verbund mit der Börsenhausse ist es zur Verwechslung der beiden Seiten des Wirtschaftens gekommen: der Realwirtschaft und der Finanzwirtschaft. Die unvermeidliche Folge war somit auch die Verwechslung des Unternehmers und der unternehmerischen Aufgabe einerseits mit dem Investor und seiner davon ganz verschiedenen Aufgabe der Geldanlage andererseits.

Beide sind erforderlich; beide erfüllen wichtige Funktionen in einer modernen Wirtschaft, aber sie folgen einer vollkommen verschiedenen Logik. Früher standen Realwirtschaft und Finanzwirtschaft in einer klaren Beziehung: Die

Finanzwirtschaft diente der Finanzierung der Realwirtschaft. Die Finanzvolumina hatten daher bis etwa Ende der achtziger Jahre eine stabile Proportion zu den Welthandelsströmen und den Weltinvestitionen. Danach haben die beiden Wirtschaften sich so weitgehend auseinander entwickelt, daß man buchstäblich von zwei verschiedenen Wirtschaften sprechen muß. Sie haben ihre je eigenen, aber vollständig verschiedenen Gesetzmäßigkeiten, Logiken, Zeithorizonte und Beweggründe des Handelns.

Sie sind so verschieden, daß es immer wieder vorkommt, daß sich ihre Repräsentanten gar nicht verstehen, weil sie von verschiedenen Welten sprechen. Wie ich in diesem Buch darlege, ist das einer der Gründe, weswegen ich Zurückhaltung mit der Besetzung von Aufsichtsorganen von realwirtschaftlich tätigen Unternehmen durch Banker empfehle. Sie sind exzellente Finanzfachleute, aber ihr Verständnis für die Realwirtschaft ist limitiert. Wie Peter Drucker es sinngemäß einmal – vielleicht etwas überspitzt – formulierte: Banker verstehen alles vom Geld, aber wenig von der Wirtschaft.

Es gibt daher kaum Fälle, in denen ein Bankmanager in der operativen Führung eines Industrieunternehmens erfolgreich gewesen wäre. Und regelmäßig sind Unternehmen in Schwierigkeit gekommen, wenn Finanzleute, Bilanzexperten, Buchhalter, Treasurer und Controller an ihre Spitze gekommen sind. Daimler-Benz und die Ära Reuter ist ein Beispiel; die Swissair und die Ära Bruggisser ein anderes. Es könnte mehr als ein Zufall sein, daß Alfred Rappaport, der Erfinder des Shareholder Values, ein Accounting-Spezialist ist und daß besonders die Wirtschaftsprüfungsfirmen von dieser Theorie fasziniert waren und sie durch ihre Consultingabteilungen propagierten. Nicht zu vergessen ist, daß die Accounting-Firmen ja nicht deswegen in den Bereich des General Management Consulting expandierten, weil sie dort eine besondere Expertise gehabt hätten, sondern aus schieren wirtschaftlichen Überlebensgründen. Problematisch waren somit nicht nur die damit programmierten Interessenkollisionen – der Fall Enron ist nur *ein* Beispiel –, sondern auch die fragwürdige Kompetenz in Strategie- und Führungsfragen.

Es könnte sich dies als ein weiterer Beweis für das Postulat des vielleicht besten Fachmannes für Unternehmensstrategie, Alois Gälweiler[1], erweisen, daß man ein Unternehmen nicht mit den Größen des Rechnungswesens führen kann. Genau das ist aber die Illusion der »Buchhalter«, und sie versuchen, ihre Auffassung mit imponierenden, komplexen Formeln zu beweisen. Jede Verbesserung des Rechnungswesens ist selbstverständlich willkommen, und ich bin mit Rappaport völlig einverstanden, wenn er gleich zu Beginn seines Buches die Mängel des klassischen Rechnungswesens unter Kritik nimmt. Allerdings führen seine weitergehenden Betrachtungen keineswegs aus den Grenzen des Rechnungswesens heraus, und schon gar nicht führen sie in den Bereich der Unternehmensstrategie.[2] Die Kunststücke des Rechnungswesens leisten vor allem eines, und es ist keineswegs im Interesse richtiger Unternehmensführung: Sie wiegen unsichere Manager in der Illusion der Pseudosicherheit. Daß ein Teil der akademischen Welt in Ökonomie und Betriebswirtschaftslehre bzw. Business Administration tatkräftig dabei mitgeholfen hat, die Denkfehler mit »wissenschaftlichen« Weihen zu versehen, ist vielleicht auf den Umstand mangelnder Praxiserfahrung zurückzuführen. Ganz so viel Servilität gegenüber Medien und Analysten, wie zu beobachten war, wäre aber vielleicht doch nicht nötig gewesen.

Es dürfte ein wesentlicher Faktor für die rasche Verbreitung des Shareholder-Gedankens gewesen sein, daß man glaubte, dort rechnen zu können, wo man in Wahrheit Urteilskraft und Erfahrung braucht. Strategisches Manage-

---

1 Siehe Gälweiler, A., Strategische Unternehmensführung, 2. Aufl., Frankfurt/New York 1990.
2 Die Überlegungen von Rappaport gehen übrigens auch keineswegs über den Stand hinaus, den die deutschsprachige Betriebswirtschaftslehre in ihrer Theorie der Unternehmensbewertung schon vorher erreicht hatte, wie Horst Albach schlüssig nachweist. Siehe Albach, Horst; Shareholder Value und Unternehmenswert; in: Zeitschrift für Betriebswirtschaft; 71. Jg (2001) 643–674.

ment und Corporate Governance fangen dort erst an, wo das Rechnungswesen, auch das am weitesten entwickelte, zwangsläufig enden muß, weil wir die wirklich entscheidenden Fragen der Unternehmensführung nicht in Geldgrößen quantifizieren können.

Jedesmal, wenn in der Geschichte Geld mit Wirtschaft verwechselt wurde, wenn die Finanzwirtschaft mit ihrer Logik aufgrund meistens zufälliger Umstände die Vorherrschaft erlangte und über längere Zeit das Denken und Handeln prägte, war die Folge das Gegenteil dessen, womit finanzwirtschaftliches Denken gefordert und gerechtfertigt wird: nicht eine florierende Wirtschaft mit robuster Expansion und stabiler Wertevermehrung, sondern außer Kontrolle laufende Finanzmärkte aufgrund exzessiver Verschuldung mit nachfolgendem Zusammenbruch und einer Phase der wirtschaftlichen Schrumpfung und deflationären Wertevernichtung. Nicht Wohlstand für alle, sondern Armut für viele war geschichtlich ausnahmslos die Folge – woraus unter Umständen wegen des weitgehenden Vertrauensverlustes in die herrschenden Institutionen eine Periode der politischen Radikalisierung und des Totalitarismus entstand.

Ich spreche hier ausdrücklich von einer *deflationären* Wertevernichtung und nicht von der so häufig gerade von den Notenbanken zitierten Inflationsgefahr. Nicht die Vernichtung des Geldwertes ist die Folge dieser Art finanzwirtschaftlicher Zusammenbrüche, sondern die Vernichtung der Realwerte auf dem Wege sinkender Aktienkurse, rückläufiger Immobilienpreise und zurückgehender Produkt- und Dienstleistungspreise. Die Umsätze der Unternehmen und die Einkommen der Menschen sinken, es entsteht wirtschaftlicher Attentismus, und es kommt eine deflationäre Spirale in Gang, aus der leider keine Notenbankpolitik herauszuhelfen vermag.

Eine funktionierende Gesellschaft braucht prosperierende Unternehmen. Es ist die Maximierung der *realen* Produktivkraft der Unternehmen, die reale Werte im Gegensatz zu finanziellen Werten schafft, die jene Dinge bereitstellt, die das Leben der Menschen real verbessert, durch mehr und bessere Nahrung, Kleidung und Wohnraum, mehr und bessere Ausbildung, mehr Mobilität und Kommunikation, mehr und bessere Freizeit, mehr und bessere Kunst und Kultur. Es ist das, was unter Lebensstandard und Wohlstand verstanden wird. Im Gegensatz zu einer weitverbreiteten Meinung leisten Finanzwerte das nicht; und schon gar nicht tun es spekulative Finanzblasen, die die ökonomischen Ressourcen von der realen Wohlstandsschaffung abziehen und in die Börsen steuern. Eine Zeit lang kann es so aussehen, als würden dort noch mehr und größere Werte geschaffen; in Wahrheit entstehen damit die Bedingungen für ihre um so nachhaltigere Zerstörung.

4. Corporate Governance im Dienste des Unternehmens

Aus der Sicht der *Führung* eines Unternehmens, der Schaffung und Vermehrung seiner produktiven Leistungskraft und seines Markterfolges, ist mein Vorschlag also, keine der denkbaren Interessengruppen ins Zentrum zu setzen, weder die Aktionäre noch andere sogenannte Stakeholder, sondern das *Unternehmen selbst*. Im Buch findet sich dafür der Begriff des *Corporate Capitalism* im Gegensatz zum *Shareholder Capitalism* oder zum *Stakeholder Capitalism*.

Das Unternehmen ist aus dieser Sicht nicht Gegenstand eines Bündels von Interessengruppen, sondern eine eigenständige institutionelle Einheit, nämlich der Grundtypus des produktiven Organs einer entwickelten Gesellschaft. Dem juristischen Denken ist diese Auffassung wohlvertraut; nicht umsonst wurde die Kapitalgesellschaft als eigenständige juristische Person konstituiert. Was gut für das Unternehmen ist, wird zwar immer wieder zu Anpassungsnotwendigkeiten und für einzelne oder temporär auch alle Interessengruppen zu Opfern führen. Mein Vorschlag ist, davon auszugehen, daß ein Unternehmen nicht dazu da ist, Interessengruppen zu befriedigen, sondern eine produktive Leistung für den Markt zu erbringen. Selbstverständlich ist das kein »Natur-

gesetz«, und niemand kann gezwungen werden, diesen Vorschlag zu übernehmen. Man muß – welchen Ansatz man
auch immer in Betracht zieht – eine *Entscheidung* treffen,
und es sollte jene sein, die die höchste Wahrscheinlichkeit
für die richtige Führung des Unternehmens hat.

Aus dieser Sicht ist der Zweck des Unternehmens somit
weder, Aktionäre reich zu machen, noch – wie lange gemeint
wurde –, Arbeitsplätze zu schaffen. Es kann also keineswegs
darum gehen, eine diffuse soziale Verantwortlichkeit einzuführen, wie das von anderen Kritikern des Shareholder Values immer wieder getan wird. Diese Argumentationslinie
wurde durch die Erfahrungen mit dem Sozialstaat widerlegt.
Ein prosperierendes Unternehmen wird allerdings immer
die Interessen von Interessengruppen – allen voran vielleicht
durchaus jene der Aktionäre – ausreichend befriedigen können. Wie einleitend erwähnt, muß gerade derjenige, der an
einem funktionieren Free-Enterprise-System und an einer
dauerhaft funktionsfähigen Marktwirtschaft interessiert ist,
die Argumente akzeptieren, die für diese Logik sprechen.

Damit rückt die Schlüsselfrage in den Mittelpunkt: *Wann
prosperiert ein Unternehmen, und wie ist es zu führen, damit
es prosperiert?* Die Antworten finden sich in diesem Buch,
und die Entwicklung der Weltwirtschaftslage bestätigt sie.
Operativ und strategisch prosperiert ein Unternehmen nicht
dann, wenn es auf Aktionäre und die Börsenszenerie orientiert ist, sondern dann, wenn es *Kunden* hat, die für die Leistungen des Unternehmens bezahlen. Der *Zweck* eines Unternehmens sollte daher darin gesehen werden, Kunden zu
(er)schaffen. Wenn schon die Kreation von Werten Bedeutung haben sollte (was keineswegs zwingend ist), so muß
Customer Value und nicht Shareholder Value konsequent
und kontinuierlich die Leitgröße der Unternehmensführung
sein. Das – und nur das – maximiert die *Chancen*, nachhaltig
richtige Entscheidungen, nämlich Marktentscheidungen, zu
treffen, aber es ist keineswegs eine *Garantie* für richtige
Entscheidungen. Eine solche kann es nicht geben. Es müssen, wie ich in diesem Buch zeige, *mehrere* Größen – nämlich
mindestens sechs – *gleichzeitig* ins Kalkül gezogen werden.

Dies scheint einer der schwierigsten Gedanken zu sein, und daraus folgt offenbar immer wieder die Suche nach der *einen*, einzigen und endgültigen Leitgröße. So einfach ist Unternehmensführung aber nicht. Allerdings: Wer Kunden hat, wird immer Kapitalgeber finden und letztlich auch zufriedene Share- und Stakeholder haben, nicht als Ziel, sondern als Folge erfolgreichen Wirtschaftens. Die Top-Management-Organe, Exekutive und Aufsicht, sind darauf auszurichten, zu verpflichten und personell danach zu besetzen, zu beurteilen und zu honorieren.

Man mag einwenden, daß damit in Wahrheit doch wieder dem Stakeholder-Approach das Wort geredet werde, denn Kunden seien auch eine der möglichen Interessengruppen. Kunden als Interessengruppe zu verstehen, wäre aber grundfalsch und würde die gänzlich verschiedene Logik von Kunden und Interessengruppen verkennen. Rappaport selbst macht unter anderen diesen Fehler.[3] Kunden haben keine *Interessen*, sondern sie bezahlen für eine *Leistung*. Wenn sie ihnen von diesem Unternehmen nicht erbracht wird, dann werden sie zu einem anderen Unternehmen gehen. Sie sind auf Interessen und deren Wahrung oder Durchsetzung gar nicht angewiesen. Zur Interessengruppe werden Kunden nur dort, wo es keine Konkurrenz gibt, bei Monopolunternehmen, wo als Folge der Mutation vom Kunden zur Interessengruppe das wichtigste Merkmal des Kunden fehlt, nämlich die Wahlmöglichkeit – die Möglichkeit, Nein zu sagen. Die Logik des Kunden wird von seinem Nutzen bestimmt, vom Preis-Leistungs-Verhältnis im Vergleich zur verfügbaren Konkurrenz und nicht von Interessen.

Damit wird auch erkennbar, daß als Folge der Shareholder-Theorie die *Grundfrage* der Unternehmensstrategie falsch verstanden wurde. Logische Konsequenz des Shareholder Values waren die sogenannten Wertsteigerungsstrategien, worunter aber nicht die Steigerung des Wertes für den Kunden, sondern für den Aktionär verstanden wird. Die

---

3 Rappaport, A., Creating Shareholder Value, rev. edition New York 1998, Chapter 1.

Markt- im Sinne von Börsenwertsteigerung ist Ziel dieser Strategien.

Es ist aber kein Zweck des *Unternehmens*, wertvoll zu sein. Das kann nicht einmal ein Zweck der *Aktionäre* sein – außer dann, wenn sie in Wahrheit nicht am Unternehmen interessiert sind, sondern an den Papieren, die das Eigentum am Unternehmen verbriefen – eben den Aktien, und wenn sie Aktien mit Unternehmen verwechseln. Aus diesem Grunde findet sich auch in keinem Gründungsstatut ein Satz nach dem Muster, daß »hiermit eine Aktiengesellschaft gegründet wird, mit dem Zwecke, wertvoll zu sein«. In den Statuten finden sich andere Zweckbestimmungen, etwa daß der Zweck der zu gründenden Aktiengesellschaft der »Handel mit Waren aller Art« oder »das Betreiben von Bankgeschäften« oder »die Herstellung von Computer-Software, von Automobilen oder Werkzeugmaschinen« sei.

Zweck des Unternehmens muß es sein, auf seinem Gebiet *wettbewerbsfähig* zu sein. Das ist etwas ganz anderes als wertvoll. Konkurrenzfähig ist ein Unternehmen dann, wenn es das, wofür der Kunde bezahlt, besser kann als andere. Aus eben diesem Grunde kann man logisch gleichbedeutend auch sagen, der Zweck des Unternehmens sei es, *zufriedene* Kunden zu schaffen. Wie schon erwähnt: Die Schaffung von Arbeitsplätzen kann weder ein Zweck des Unternehmens, noch kann es die von Shareholder Value sein. Der Zweck eines Unternehmens ist auf die Schaffung von Customer Value auszurichten. Selbstverständlich bedeutet das nicht, wie gelegentlich, wenn auch selten, eingewendet wird, die Produkte und Dienste des Unternehmens zu »verschenken«. Der Begriff »zufrieden« kann logischerweise in der Wirtschaft immer nur heißen: »relativ zufrieden«, das heißt, den Kunden zufriedener zu stellen, als die Konkurrenz es kann. Die Auffassung Rappaports ist streckenweise sehr ähnlich[4], aber

---

4 Zum Beispiel, wenn er schreibt: »Even the most persistent advocate of shareholder value understands that without customer value there can be no shareholder value. The source of a company's long-term cash flow is its satisfied customers«; a.a.O., S. 8.

seine Gegenargumente in diesem Zusammenhang[5] und das von ihm verwendete Beispiel sind nicht schlüssig und führen genau an diesem Punkt zur falschen Lösung, weil sein ganzes Denken von der falschen Grundfrage geprägt ist. Selbstverständlich plädiert niemand dafür, Kunden zu subventionieren, bis das Unternehmen bankrott ist. Er hat schon Recht, wenn er sagt, daß Customer Value sich nicht automatisch in Shareholder Value verwandelt. Niemand hat das je behauptet. Es gibt keine derartigen Automatismen; es gibt sie auch nicht umgekehrt vom Shareholder Value zu irgendeinem anderen Value.

Zwischen dem Wert eines Unternehmens – egal, wie man ihn definiert und ermittelt – und seiner Konkurrenzfähigkeit gibt es keinen kausalen Zusammenhang. Man kann, wie die Börse nach dem Ende der Höhenflüge auch den Uneinsichtigsten zeigt, eben gerade nicht vom Wert der Aktie auf die Wettbewerbsfähigkeit des Unternehmens schließen. Man konnte es zu keiner Zeit der Wirtschaftsgeschichte. Man kann daraus nur auf Naivität, Gier und Angst der Anleger Schlüsse ziehen. Umgekehrt *kann* es einen Zusammenhang geben, es *muß* aber nicht so sein. Die Kausalbeziehung zwischen Konkurrenzfähigkeit und Aktienwert ist in keiner Weise zwingend, wie die Bewertungsexzesse der letzten Jahre eindrücklich zeigen.

Der Kunde bezahlt nicht – wie das der Aktionär tut – für den Wert des *Unternehmens*; er bezahlt für den Wert der *Produkte* oder *Dienstleistungen*. Das ist weder ein Wert *des* Unternehmens noch *für* das Unternehmen. Es ist ein Wert für den *Kunden*. Was in seinen Augen für ihn – und ausschließlich für ihn – wertvoll ist, das bezahlt er – und nur deshalb kauft er überhaupt. Ob durch diesen Kauf der Wert des Unternehmens gesteigert wird, ist für ihn bedeutungslos.

Der Wert des Unternehmens ist nur bedeutsam für Leute, die das Unternehmen gar nicht führen, es also betreiben wollen, sondern die es als Ganzes oder in Teilen kaufen bzw. verkaufen wollen. Für die unternehmerische Tätigkeit des

---

5 A.a.O., S. 8.

Unternehmens selbst, für das eigentliche *Wirtschaften* also, stellt sich die Frage nach dem Unternehmenswert überhaupt nicht, sondern es stellt sich – hart und dringlich – jeden Tag neu die Frage der Leistungs- und Konkurrenzfähigkeit.

Hier ist daran zu erinnern, daß eines der Hauptanwendungsgebiete des Shareholder Values und seiner rechnerischen Ermittlung nicht das Handeln *für* Unternehmen, also ihre *Führung*, ist, sondern der Handel *mit* Unternehmen – und zwar im Zusammenhang mit der in der zweiten Hälfte der achtziger Jahre in Schwung gekommenen Merger- und Akquisitions-Welle. Was hier vorliegt, ist eine – einfach zu erkennende – Verwechslung des Zwecks der *Aktionäre* mit dem Zweck des *Unternehmens* und eine höchst fragwürdige Gleichsetzung von beiden. Es ist, wie ich schon erwähnte und hier aus einer anderen Perspektive nochmals deutlich wird, auch die gefährliche Verwechslung dessen, was heute als Investor bezeichnet wird, mit dem, was unter einem Unternehmer zu verstehen ist, wobei auch der unternehmerische Manager eingeschlossen ist. Die Interessen von Investor und Unternehmer sowie die Logik ihrer Situation sind grundverschieden, was man ganz einfach daran erkennen kann, daß zwar jeder Unternehmer ein *Investor* sein muß, aber nur wenige Investoren *Unternehmer* sind.

Mein Vorschlag, das Unternehmen selbst und seine Prosperität ins Zentrum der Unternehmensführung zu stellen, ist nicht gegen den Gewinn gerichtet, ganz im Gegenteil. Wie in Kapitel 5 zu sehen sein wird, führt dieser Ansatz eher zu höheren Gewinnerfordernissen als der Shareholder-Ansatz. Vor allem führt er zu Anforderungen, die sich aus dem Betreiben des Unternehmens ergeben und nicht aus der Willkür – wie die Erfahrung zeigt, nicht selten der reinen, durch Analysten angestachelten Gier – von Aktionären. Und, noch wichtiger: Aus dem unternehmensbezogenen Ansatz folgen *echte* Gewinne und nicht die aus kreativer Buchhaltung und Bilanzierung folgenden Scheingewinne, zu denen der Shareholder-Ansatz mit innerer Zwangsläufigkeit führt, insbesondere in Zeiten eines Börsenbooms. Auch dafür liegen jetzt reichlich Erfahrungen vor.

Selbstverständlich muß also das Unternehmen seine Kapitalkosten decken und darüber hinaus Gewinn machen. Daraus folgt aber nicht, daß darin sein Zweck, gar der einzige Zweck besteht. Daß Menschen essen müssen, wird niemand bestreiten wollen. Daraus ist aber nicht abzuleiten, daß der Zweck des Menschen das Essen sei; und wer immer persönlich seinen Zweck so definiert, was jedem freisteht, wird mit den Folgen dessen kaum zufrieden sein können.

5. Illusionen

In den Köpfen einer Generation jüngerer Manager, Journalisten, Analysten, Consultants, Managementtrainer und Wissenschaftler hat sich mehrheitlich die *Shareholder-Value-Theorie* als scheinbar einzige Möglichkeit vernünftiger Unternehmensführung und wirtschaftlichen Handelns festgesetzt. Naturgemäß – weil sie nichts anderes erlebten – interpretierten sie alles im Kontext des Bullmarkets an den Börsen und wissen nicht, daß sie damit nur die *halbe* Börsenwahrheit, und zwar nur die *angenehme,* kennen. Sie kennen noch keinen Bearmarket; sie wissen nicht, wie brutal er sein kann, wie lange er andauern kann, wie weit die Kurse sinken können, und daß es geschichtlich ausnahmslos nach jeder Hausse eine Baisse gab, die die Kurse auf oder unter den Startpunkt der Hausse zurückführte. Sie haben nichts anderes als Shareholder Value und Börsenboom gelernt und erfahren. Sie kennen keine Alternative. Sie wissen nicht, warum diese Theorie Ende der achtziger Jahre überhaupt entstanden ist, aus welcher Situation und geschichtlichen Entwicklung heraus sie folgte. Sie halten diese Theorie daher für die einzig denkbare Wahrheit – und verteidigen sie mit dogmatischer Hartnäckigkeit, so wie Halbwahrheiten geschichtlich immer verteidigt wurden.

Wie dargelegt, ist die Shareholder-Theore aber keineswegs die *einzige* Theorie. Es war für diese Generation nur die *neueste* – und es ist möglicherweise die *schlechteste.* Der Doyen des Managements, Peter F. Drucker, hat seine Zweifel schon Anfang der neunziger Jahre geäußert und seither mehrfach wiederholt. Meine eigene Skepsis ist ausführlich in diesem Buch dargelegt. Ich halte diese Theorie für falsch und irreführend und in wesentlichen Punkten insofern für gefährlich, als ihre Befolgung zu schwerwiegenden negativen Folgen für Wirtschaft und Gesellschaft führt. Es ist nicht so, wie in Diskussionen oft gehört wird, daß man den Shareholder Value nur falsch *verstanden* hat; er wurde nicht falsch verstanden, sondern er *ist* falsch – nämlich als Orientierungsgröße für nachhaltiges unternehmerisches und managerielles Handeln. Er ist innovationsfeindlich und führt zu einer Fehlallokation von Ressourcen.

Das allein braucht natürlich, wie erwähnt, für Manager und Aufsichtsorgane noch kein *zwingender* Grund zu sein, den Shareholder Value abzulehnen. Es steht in einer freien Gesellschaft jedem frei, sich für diese oder jene Theorie – auch für eine falsche – zu entscheiden. Vernünftigerweise sollte man seine Wahl aber in Kenntnis der Konsequenzen einer Theorie und im Lichte verfügbarer Alternativen und deren Konsequenzen treffen.

Zu den unvermeidlichen Konsequenzen der Shareholder-Orientierung gehört die Versuchung der Manager, alles zu tun, um das Unternehmen profitabel erscheinen zu lassen, auch wenn es das gar nicht ist; es gehört dazu, das Publikum mit Erwartungen zu verwöhnen, Pro-Forma-Gewinne auszuweisen, wenn es keine echten mehr gibt, die Bilanzen zu schönen, wo immer es geht, und sämtliche Reserven an die Börse auszuschütten, um nur die selbstgenährten Erwartungen nicht zu enttäuschen.

Nicht nur konnte die Shareholder-Value-Orientierung, wie dargelegt, nur unter bestimmten – zufälligen – Bedingungen Platz greifen, sondern im Verbund mit der größten Börsenhausse der Geschichte und auf Illusionen gestützten Fehlinterpretationen der Wirtschaft und des Wirtschaftens ist ein Überzeugungsgemisch entstanden, das bei vielen Leuten den Charakter eines *Kultes* angenommen hat, der nicht selten statt mit Argumenten mit Aggressionen gegen jeden Zweifel verteidigt wurde. Ich habe das mehrfach selbst er-

lebt, am krassesten im Falle eines Top-Management-Mitglie-
des eines deutschen Elektronikunternehmens, das einen der
meistbeachteten und scheinbar erfolgreichsten Börsengän-
ge in der Blütezeit des Booms machte. Der Mann, bei dem die
Shareholder-Philosophie besonders markant ausgeprägt
war, konnte meinen Gedanken nicht nur nichts abgewinnen,
sondern er verstand überhaupt nicht, wovon ich sprach. Er
ließ mich seine Ablehnung mit unverhohlener Aggression
vor breitem Publikum hören und spüren. Im Grunde war er
aber nur bemitleidenswert. Heute sind seine Aktienoptionen
nicht nur wertlos, und er hat mehrere Jahre somit im wesentlichen gratis gearbeitet, sondern er steckt zusätzlich in
unlösbaren finanziellen Schwierigkeiten, weil er in großem
Stil und auf Kredit Aktien des eigenen Unternehmens und im
blinden Vertrauen auf den Zeitgeist auch andere »High
Techs« und »High Potentials« gekauft hatte.

Als Folge dieses Kultes sind einige der schlimmsten Fehlentwicklungen der Wirtschaftsgeschichte entstanden, die zu
den immer deutlicher erkennbaren strukturellen Schwächen der amerikanischen Wirtschaft und aufgrund unreflek-
tierter Nachahmung auch von vielen anderen Ökonomien
führten. Es ist leicht möglich, daß die neunziger Jahre, besonders die zweite Hälfte, als eine Periode der kollektiven
Irrtümer und des Massenwahns in die Wirtschaftsgeschichte
eingehen werden.

Wie konnte es zu diesen kultähnlichen Erscheinungsformen kommen? Ursache ist nicht allein die Shareholder-Value-Theorie mit ihrer vordergründigen Logik und Plausibilität, sondern ihr Zusammentreffen mit einigen anderen Faktoren, die in dieser Kombination zwar nicht einzigartig, aber
doch selten sind. Die wichtigsten sind: *erstens* das als spektakulär angesehene Wirtschaftswunder Amerikas nach einer zwar heftigen, aber im Vergleich zu anderen Ländern
nur kurzen Rezession zu Beginn der neunziger Jahre, vermeintlich ausgelöst durch die kluge US-Wirtschaftspolitik,
vor allem die Politik der amerikanischen Bundesbank und
durch die Leistungskraft der eben am Shareholder Value orientierten Managementphilosophie von Corporate America;

zweitens der scheinbar daraus folgende und darauf gestützte längste Börsen-Bullmarket der Geschichte, in dem jeder Kursrückgang nichts als eine gute Kaufgelegenheit war; *drittens* der Glaube an eine rückschlagsfreie, allen letztlich nützenden Globalisierung; und *viertens* die Theorie, daß Digitalisierung und Internet nicht nur eine Wirtschaft zur Folge hätten, die neu ist, sondern eine solche, die in jeder Beziehung *paradiesisch* ist. Dazu kommt *fünftens* – vielleicht am wirksamsten für die schnelle Verbreitung dieser Überzeugungen – eine noch nie zuvor dagewesenen Medienpropaganda für all diese scheinbar so neuen und wünschenswerten Phänomene.

6. Unterhaltung statt Information

Ein wesentlicher Aspekt war während des Booms – und ist noch immer – das *Auseinanderklaffen* der ökonomischen Tatsachen und der Medienberichte über die Wirtschaft. Sie haben fast nichts gemeinsam. Wie ich in vielen meiner Publikationen, besonders in meinen monatlichen Managementlettern, wiederholt sagte, gab es zwar immer eine gewisse Diskrepanz zwischen der dargestellten Wirtschaft und der wirklichen Wirtschaft. Noch nie, außer in den zwanziger Jahren des 20. Jahrhunderts, war diese Diskrepanz aber so groß wie in den letzten fünf Jahren, und überhaupt noch nie wurde sie mit derartiger Professionalität – und daher Wirksamkeit – gepflegt.

Der Grund dafür ist nicht ein Qualitätszerfall der klassischen Wirtschaftsmedien vom Range einer Neuen Zürcher Zeitung, einer Frankfurter Allgemeinen, der Financial Times oder des Economist. Diese Medien sind so gut, wie sie immer waren; sie sind auch genauso trocken und in den Augen vieler »langweilig«. Daher bezieht das Publikum seine Informationen nicht aus ihnen, sondern aus den neuen Wirtschafts-*Boulevard*-Medien, wie man sie nennen könnte.

Diese haben die Wirtschaft zur Arena für *Entertainment* gemacht. Nicht Information, sondern Stimmung ist ihr Ziel.

Dieses neue Wirtschafts-Showbusiness soll vor allem ein *Geschäft* sein, und das kann man nur mit optimistischen Meldungen machen. Hier dreht sich der alte Zeitungsgrundsatz »*Only bad news are good news*« ins Gegenteil um. Über die Wirtschaft und schon gar über die Börse will niemand »*bad news*« hören.

Damit ist eine unheilige Allianz mit den Verkaufsinteressen der Wallstreet-Industrie entstanden, die sich über die neuen Medienvehikel blendend präsentieren kann. Das gilt für viele Printmedien; besonders deutlich ist es aber im Fernsehen. Stellvertretend für das Genre sei hier CNBC genannt. Es ist schwer vorstellbar, daß die Professionalität – und eben daher Wirksamkeit – dieses Senders noch überboten werden kann. Die Tendenz der Berichte ist unübersehbar – bullish, bullish, bullish; Optimismus, Zweckoptimismus, Euphorie ... Es ist »beeindruckend«, wie kunstvoll selbst die negativsten Tatsachen und Ereignisse – zum Beispiel Großkonkurse, Wallstreet-Kriminalität und Gewinnkollaps bei den Unternehmen – ins Positive gedreht werden, ohne jeden Realitätsbezug zwar (außer dem der Psychologie der Gier), aber medial hervorragend gemacht.

Die Wirtschaft vieler Länder, allen voran der USA, ist aber als Folge der Fehlsteuerung durch die falschen Theorien der neunziger Jahre und der darauf gestützten Fehlallokation der Ressourcen in einem Zustand, der eine rasche und nachhaltige Konjunkturerholung unwahrscheinlich macht. Der fast universelle Glaube, daß es sich um eine kurzfristige, sogenannte »V-shaped Recession« handele, dürfte herb enttäuscht werden und zwar aus Gründen, die struktureller Natur sind.

Der erste und vielleicht wichtigste ist das, was man ohne Übertreibung als Gewinn-Implosion bei den US-Konzernen bezeichnen darf. Das gab es in der Geschichte der US-Wirtschaft noch nie. Die Ursache ist einfach: Die Gewinne wurden vorher bis an die Grenze der Bilanzfälschung geschönt – im Dienste des Shareholder Value-Kults und aus Servilität gegenüber den Analysten. Ein zweiter Grund sind die Verschuldungsexzesse bei Unternehmen und Privaten, ebenfalls ohne geschichtliche Beispiele. Ein dritter ist eine eklatante Investitionsschwäche, wie sie auch noch nie vorgekommen ist.

Aber viele wollen den Wahrheiten nicht ins Auge blicken, so wie man ja schon nicht zuzugeben bereit war, daß es überhaupt eine Rezession geben könnte, selbst zu einem Zeitpunkt, als sie schon begonnen hatte, wie im nachhinein von den zuständigen US-Behörden bestätigt wird. Man glaubte, Konjunkturschwankungen seien überhaupt nicht mehr möglich. Stellvertretend für die allgemeine Meinung gebe ich hier eine Meldung des Wall Street Journal vom Juni 1998 wieder, in der der MIT-Ökonomie-Professor R. Dornbusch zitiert wird: »*The U.S. economy likely will not see a recession for years to come. We don't want one, we don't need one, and, as we have the tools to keep the current expansion going, we won't have one. This expansion will run forever.*« Dornbusch ist nicht »irgend jemand«, sondern einer der maßgeblichen Meinungsmacher, Vortragsredner und Kommentatoren.

Auch die Wirtschaften anderer Länder, die euphorisch und undifferenziert eine Zeit lang hochgejubelt und als neue Paradiese hingestellt wurden, sind in einer desolaten Lage: die asiatischen Tigerländer und die meisten lateinamerikanischen Staaten. Wie es wirklich in Indien und China aussieht, kann man nur raten; wissen tut man wenig, weil die Zahlen notorisch unzuverlässlg sind.

7. Trügerischer Schein

Wer das Wirtschaftsgeschehen, insbesondere in den USA, wo die Irrungen der letzten Jahre ihren Ursprung haben, nüchtern analysierte, kam früh zu folgenden Ergebnissen, die sich Monat für Monat deutlicher bestätigten:[6]

Das vielgepriesene und naiv bestaunte amerikanische Wirtschaftswunder hat nie stattgefunden. Es war ein *Medienereignis* – sonst nichts. Insbesondere sind die amerika-

---

6 Siehe dazu die beiden Anhänge am Schluß des Buches.

nischen Wachstumsraten schon in ihrer offiziellen und veröffentlichten Form keineswegs größer als in früheren Perioden, wie jeder Vergleich seit dem Zweiten Weltkrieg beweist. Dazu kommt aber, daß sie durch den statistischen Effekt des sogenannten »*Hedonic Price Indexing*« massiv aufgebläht sind. Inzwischen haben die zuständigen Behörden begonnen, das Zahlenmaterial rückwirkend nach unten zu korrigieren, wovon allerdings naturgemäß niemand Notiz nimmt.

Es gab nie ein *Produktivitätswunder*, außer in dem kleinen Segment der Herstellung von Computern. Professor Robert Gordon von der Northwestern University in Chicago ist einer der wenigen klarsichtigen Analytiker der publizierten Produktivitätszahlen. Wie er gezeigt hat, gab und gibt es keine quantitative Evidenz für die Behauptungen steigender Produktivität.

Die amerikanischen *Gewinne* waren vorwiegend kreativer Buchhaltung und der Schönung der Bilanzen zu verdanken, aber nicht realer Wirtschaftsleistung. Sie sind *erstens* durch falsche Verbuchung von Stock Options einschließlich der daraus resultierenden Steuervorteile entstanden, *zweitens* durch die Aktivierung von Software-Ausgaben statt deren sofortigen Abschreibung, *drittens* durch die mit den Stockoptions verbundenen tiefen Löhne und *viertens* durch Finanzmarktmanöver, wie etwa die Aktienrückkaufprogramme.

Die *Börsenhausse* war nie auf echte Wertschöpfung gestützt, sondern auf die exorbitante Verschuldung aller amerikanischen Wirtschaftssegmente. Auch das vielgepriesene amerikanische *Haushaltswunder* gab es nie. Die öffentliche Verschuldung Amerikas steigt nach wie vor und ist heute höher als zu jedem früheren Zeitpunkt.

Die meisten amerikanischen Wirtschaftszahlen der letzten fünf Jahre sind *falsch* oder wurden falsch *interpretiert* und medienmäßig *propagiert*. Das Handeln der Menschen ist damit in eine falsche Richtung gesteuert worden, was wiederum eine massive *Fehlallokation* der Ressourcen zur Folge hatte. Dies führt jetzt, nachdem die Illusion einer stetigen

Aufwärtsentwicklung der Konjunktur aufgegeben werden
muß, zu massiven Korrekturnotwendigkeiten, deren Vollzug
viel Zeit beanspruchen wird.

Die Meinung, daß die amerikanische Wirtschaft so erfolgreich sei *wegen* ihres besonders guten Managements und
ihrer fortschrittlichen Corporate Governance ist *falsch* – und
es zeigt sich anhand der aktuellen Unternehmenskonkurse
und ihrer Folgen, daß diese Art der Corporate Governance
keine wirksame Kontrolle des Managements zu bewirken
vermag, weder im Dienste des Unternehmens noch – Ironie
der Situation – im Dienste der Shareholder. Trotz der im Vergleich mit Europa behaupteten Fortschrittlichkeit und Überlegenheit der amerikanischen Corporate Governance mit all
der geforderten Transparenz, den Aktionärsrechten und
sonstigen Sicherungen gibt es dort dramatische Konkurse,
wie der Fall Enron beweist, der kein Einzelfall bleiben wird.
Und trotz der behaupteten Unterentwicklung in Europa haben wir vorbildlich geführte Unternehmen, wie man, um nur
ein Beispiel zu erwähnen, anhand von Nestlé studieren
kann.

In Wahrheit gibt es in allen Ländern – unabhängig von den
Vorschriften über Corporate Governance – gut geführte und
schlecht geführte Unternehmen. Ich bin selbstverständlich
keineswegs gegen vernünftige gesetzliche Grundlagen für
die Führung von Unternehmen. Aber durch Gesetze und Vorschriften wird in dem Ausmaß, wie es von den Protagonisten
behauptet wird, gute Corporate Governance weder erzwungen noch schlechte verhindert. Der Schlüssel ist in weit größerem Umfang die Funktionsweise und Kompetenz der Top-
Management-Organe, der Exekutive und der Aufsicht. Wenn
ein Aufsichtsorgan nicht oder schlecht funktioniert, kann
das nicht kompensiert werden.

Der Glaube an die prinzipielle und universelle Überlegenheit der amerikanischen Managementpraktiken ist daher
genauso naiv, wie es der Glaube an die japanische Überlegenheit war, der von Mitte der achtziger bis Anfang der
neunziger Jahre vorherrschte. Die US-Wirtschaft hat viele
Stärken, die die europäischen und die asiatischen Ökono-

mien nicht haben; aber sie hat auch ihre Schwächen. Sie sollte dort nachgeahmt werden, wo sie Stärken hat. Corporate Governance im speziellen und Management im allgemeinen gehören, entgegen weitverbreiteter Meinung, nicht dazu. Leute mit Erfahrung haben das von Anfang an gesehen und sie haben auch dementsprechend gehandelt.

Unternehmer und Manager müssen sich darauf einstellen, daß eine gründliche Umorientierung erforderlich ist. Sie besteht darin, sich konsequent von den hochfliegenden Vorstellungen der neunziger Jahre zu trennen und sich auf eher frostige Zeiten einzustellen. Eine robuste, am Kunden orientierte Geschäftsstrategie, kompromißloses Verbessern der Produktivität, professionelles Innovationsmanagement, Entfernung der Illusionen, Angebereien und großsprecherischen Redeweisen aus allen Teilen des Unternehmens, nüchterne Überprüfung der E-Prahlereien, Leistung und Verantwortung auf allen Ebenen – das sind die wichtigsten Orientierungsmarken für die nächsten Jahre. Man darf Bluffern und Hochstaplern keine Chance in den Firmen geben. Sie hatten sie – reichlich – in den Neunzigern. Jetzt sollte wieder Substanz verlangt werden.

Kompetente Führungskräfte sind immun gegen Modewellen, und sie sind mental nicht abhängig vom Zeitgeist. Sie beherrschen ihr manorielles Handwerk. Sie repräsentieren die Referenzwerte für eine neue Bescheidenheit und Nüchternheit, die die Leistungsbereitschaft der Menschen, die für die Reorientierung nötig sein wird, besser mobilisieren können als die Visionen und Illusionen, die zu falschen Erwartungen und Hoffnungen führten.

Teil 1

1. Soll die Unternehmensaufsicht führen?

Wie soll man sich zu Führung und Führern stellen, nach all den Erfahrungen des 20. Jahrhunderts? Es ist mehr als nur Skepsis angebracht. Eine moderne Gesellschaft und ihre Wirtschaft kommen wohl ohne Führer aus, aber nicht ohne *Führung*. Wie soll sie aussehen, wie soll sie funktionieren? Von wo soll sie ausgehen? Wie soll sie verantwortet werden? So heikel das Thema ist, Führung wird wichtig sein; um so mehr, als Wirtschaft und Gesellschaft durch eine der größten Transformationen gehen, die es geschichtlich überhaupt je gab. In 10 bis 15 Jahren – vielleicht bleibt nicht einmal so viel Zeit – wird nicht mehr sehr viel so sein, wie es heute ist. Transformationsprozesse dieser Art sind noch nie glatt verlaufen. Sie stellen Gesellschaften vor ihre schwersten Belastungsproben. In gewöhnlichen Zeiten ist Führung weder nötig, noch kann sie größeren Schaden anrichten. Führung ist in *schwierigen* Zeiten nötig – und dann kann durch falsche oder auch nur inkompetente Führung irreparabler Schaden entstehen. Führung tut not – in den nächsten zehn Jahren möglicherweise mehr als je zuvor in diesem Jahrhundert. Aber *wer* soll führen?

Diese Frage kann in einer modernen Gesellschaft mit ihrer Vielfalt an Organisationen und Institutionen ohne Zweifel nur im *Plural* beantwortet werden. Aber ich bin nicht so anmaßend, den Versuch zu unternehmen, eine Antwort auf diese Frage zu geben. *Eine* Institution aber, die in den letzten zwei Jahrzehnten – wie noch zu begründen sein wird – teils überhaupt nicht mehr, teils nur sehr zögerlich und eingeschränkt, teils auch falsch an der Führung der *Wirtschaft* beteiligt war, soll nach Auffassung dieses Buches eine klare, deutliche und starke Stimme in der Symphonie der Führung haben – die *Unternehmensaufsicht*. Ich vertrete *nicht* die Meinung, daß die Aufsicht im Unternehmen etwa *allein* die Führung haben soll. Das wäre weder erwünscht noch praktikabel. In diesem Punkt halte ich die einstufigen Regelungen der Gesamtführung in manchen Ländern für unzweckmäßig. Das schweizerische Aktienrecht zum Beispiel geht in diesem Punkt meines Erachtens zu weit und kann – wie die jüngste Reform zeigt – dieses Problem nur kompensieren durch Überbindung einer *extremen* Verantwortung auf den Verwaltungsrat, was eher eine Erschwerung als eine echte Steigerung der Führungswirkung bedeutet. Aber der gemäß deutschem Recht *mögliche*, wenn auch durch dieses *nicht erzwungene* Rückzug der Unternehmensaufsicht auf reine, eng interpretierte – und praktisch fast immer nachlaufende – Kontrolle ist zu wenig.

Die Top-Management-Organe müssen vielmehr in einer wohldurchdachten, ausbalancierten Weise *zusammen*arbeiten, damit sie sich gegenseitig ergänzen, aber auch kontrollieren. Die in jüngster Zeit festzustellenden Bemühungen der Gesetzgeber, die Führungsrolle der Unternehmensaufsicht zu verstärken, stimmen in der *Richtung*. In erster Linie wird das über die Ausweitung von Haftung und Verantwortung versucht, und es muß damit gerechnet werden, daß sich diese Tendenz noch deutlich verstärkt. Die Reformansätze sind bisher zum größeren Teil aber nur halbherzig und unentschlossen. Sie bringen in vitalen Fragen kaum Klarheit. Dort, wo die Reformen der Unternehmensaufsicht (fast zu) mutig sind, wie etwa in der Schweiz, sind sie sehr einseitig, und die Praxis hinkt nach.

Die Unternehmensaufsicht soll führen – warum? Wie ich in den nächsten Kapiteln ausreichend zu begründen hoffe, gab es für Wirtschaft und Gesellschaft noch nie so große und so schwierige Aufgaben zu lösen, wie sie sich als Folge der vollziehenden, tiefgreifenden Veränderungen stellen werden. Daher wird es – obwohl es wünschenswert wäre, daß *alle* gesellschaftlichen Organisationen gut funktionierten – vor allem darauf ankommen, daß die Institutionen der *Wirtschaft* ihre Aufgaben erfüllen. Sie können zwar bei weitem nicht alle Probleme einer sich transformierenden Gesellschaft lösen. In Wahrheit kann die Wirtschaft nur sehr wenige Aufgaben erfüllen, und sie sollte sich auch strikte darauf beschränken. Dieses wenige ist aber die notwendige Voraussetzung für die Lösung aller anderen Probleme.

Die Unternehmen sollen eng definierte Aufgaben erfüllen, jene, für die dieser Typus gesellschaftlicher Institutionen – und nur dieser Typus – besonders befähigt ist, was er im großen und ganzen ausreichend bewiesen hat. Das Unternehmen muß diese eng begrenzten Aufgaben aber in einem sehr *viel weiteren Kontext* und unter Beachtung zahlreicher und sehr widersprüchlicher Ansprüche erfüllen, und zwar nicht etwa nur im Interesse der Gesellschaft, sondern im wohlverstandenen *eigenen* Interesse.

Die Arbeit kann nicht von einer Instanz allein getan werden, schon gar nicht von dem nach deutschem Recht dominierenden Exekutivorgan. Dazu bedarf es einer starken und wirksamen Unternehmensaufsicht. Das Exekutivorgan arbeitet zur Erfüllung seiner – exekutiven – Aufgaben, die für sich schon volle Leistung und ungeteilte Konzentration verlangen, gewissermaßen *im* System. Die Unternehmensaufsicht muß aber *am* System arbeiten. Sie hat die Aufgabe, dafür zu sorgen, daß das Exekutivorgan seinen Verpflichtungen nachkommen kann und nachkommt, daß die geeigneten Rahmenbedingungen für seine Effektivität geschaffen werden und daß seine Wahrnehmung und Aufmerksamkeit auf die richtigen Kategorien gerichtet sind. Die Unternehmensaufsicht muß – auch wenn es etwas pathetisch klingt – gleichzeitig Lehrer, Mentor und Richter sein. Zu diesem Zweck muß sich das Aufsichtsorgan in erheblichem Umfang mit Fragen befassen, die scheinbar wenig mit der Wirtschaft im engeren Sinne zu tun haben. In Wahrheit sind es aber Fragen, die die eigentlichen Grundlagen des Wirtschaftens und der Führung betreffen. Sie finden hier eine fast ausführlichere Behandlung als die gewissermaßen technischen Details der Organisation und Arbeitsweise der Top-Management-Organe. So wichtig diese sind, letztlich können sie nur im Lichte bestimmter Zwecke und Aufgaben festgelegt werden, deren Klärung daher Priorität haben muß.

In diesem Zusammenhang wird die Unternehmensaufsicht eine Reihe von Mißverständnissen, Irrtümern und Irrlehren über Unternehmensführung ausmerzen müssen, die in den letzten 15 bis 20 Jahren entstanden sind, und sie hat dafür zu sorgen, daß keine neuen entstehen können. Das erfordert Führung in mehrfacher Hinsicht – in geistig-konzeptioneller ebenso wie in personeller Beziehung.

Es ist Aufgabe des Aufsichtsorganes, zu definieren, welchen Zweck ein Unternehmen zu erfüllen hat, was es tun und was es nicht tun soll, worin Leistung und Ergebnisse zu sehen sind, welche Rahmenbedingungen die Unternehmenstätigkeit einzuhalten und nach welchen Gesichtspunkten sie zu beurteilen und zu verantworten ist. Weder kann man die Antworten auf diese Fragen dem Markt überlassen noch der Politik. Es sind Fragen, die zwar nicht ausschließlich, aber doch zu einem erheblichen Teil in die Autonomie des wirtschaftlichen Sektors fallen müssen und von diesem selbst zu beantworten sind, weil er sonst seine Aufgaben gar nicht erfüllen kann. Überzeugende, glaubhafte und richtige Antworten auf Fragen dieser Art zu finden, erfordert Führung in großem Ausmaß.

Es gibt aber weitere Gründe für eine starke Unternehmensaufsicht. In den letzten paar Jahren haben sich die ersten Auswirkungen der erwähnten fundamentalen Veränderungen bereits deutlich gezeigt. Die richtigen Reaktionen darauf erfordern harte, einschneidende, an Besitzstände gehende, Opfer und Verzicht verlangende Entscheidungen. Sie erfordern vor allem eine andere und neue Sicht des wirtschaftlichen Geschehens. Der Ursprung von beidem – neue Sicht und Entscheidungen – kann nur die Unternehmensaufsicht sein. Sie hat dafür zu sorgen, daß die richtige Sicht entstehen kann, und sie muß die Entscheidungen herbeiführen. Die Politik kann das, wie ich schon im Vorwort erwähnte und noch näher begründen werde, in der heute praktizierten Form der Demokratie und in einer Mediengesellschaft nicht mehr leisten, selbst wenn sie es wollte. Sie ist unwirksam geworden und kann – auch wenn deren Notwendigkeit erkannt ist – unpopuläre Entscheidungen nicht mehr treffen und schon gar nicht realisieren. Gegenwärtig scheint überhaupt die Wirtschaft noch die einzigen führbaren und handlungsfähigen Organisationen zu haben, wobei auch diese sich nicht immer durch besondere Vitalität auszeichnen. Die Unternehmensaufsicht *soll* führen – aber *kann* sie es auch? Die Antwort lautet gleichzeitig Ja und Nein. Sie lautet insofern *Ja,* als in *allen* Rechtsordnungen, selbst in der relativ einschränkenden deutschen, praktisch wirksame Führung durch den Aufsichtsrat durchaus *möglich* ist, und zwar in viel größerem Ausmaß, als dies üblicherweise in der allgemeinen Diskussion konzediert wird. Die Antwort lautet aber *Nein,* wenn es um einen großen Teil der konkreten Praxis geht, wo die von den Aufsichtsorganen ausgehende Führungswirkung deutlich unterentwickelt ist. Die Art der Organisation, die sich die Unternehmensaufsicht in Ausübung ihres Selbstorganisationsrechtes gegeben hat, die Aufgaben, die sie sich stellt, und ihre praktische Arbeitsweise sind in zu vielen Fällen ungeeignet, echte Wirkung zu erzielen. Sie ist damit auch nicht gerade das beste Beispiel für die Exekutive. Das Führungsvakuum, das dadurch entsteht, bleibt natürlich nicht ungenutzt. Es wird entweder vom Exekutivorgan oder dann von unternehmensexternen und nicht selten von wirtschaftsfeindlichen oder wirtschaftsunkundigen Interessen gefüllt.

Die Antwort *kann* aber durchaus auch positiv sein, wie jene Unternehmen zeigen, die eine ausgezeichnet funktionierende Corporate Governance haben. In einer von »Business Week« erstmals durchgeführten, im November 1996 publizierten Studie erhalten einige US-Unternehmen relativ zu ziemlich strikten Standards sehr gute bis ausgezeichnete Bewertungen. Von ihnen – wie selbstverständlich auch von einigen europäischen Firmen – kann Wichtiges gelernt werden. Im Grunde sind es einfache Dinge, die überall verwirklicht werden können. Die Unternehmensaufsicht läßt sich also sehr wohl verbessern. Dazu soll dieses Buch einen Beitrag leisten.

Ob das Aufsichtsorgan eines spezifischen Unternehmens führen *will,* muß es selbst entscheiden. Es mag gelegentlich Gründe dafür geben, die gesamte Führung mit Ausnahme der gesetzlich zwingend dem Aufsichtsorgan vorbehaltenen

Aufgaben an andere Organe zu delegieren oder sie ihnen *de facto* einfach zu überlassen. Falls die Unternehmensaufsicht aber aktiv führen will, *kann* sie das tun. Nach meiner Auffassung *soll* sie es tun.

Wenn die Entscheidung für ein starkes Aufsichtsorgan also in diesem Sinne positiv ausfällt, werden meine Empfehlungen vielleicht als nützlich empfunden. Die Hauptfrage dieses Buches lautet: *Was muß getan werden und was kann getan werden, wenn die Unternehmensaufsicht einen aktiven Beitrag zur Führung des Unternehmens leisten soll – und zwar unter den gegebenen rechtlichen Umständen?*

Ich möchte ausdrücklich betonen, daß ich mich für dieses Buch an die gegebenen Rahmenbedingungen der geltenden Rechtsordnungen halte. Obwohl da und dort eine Änderung bestimmter Rechtsvorschriften manches erleichtern und einiges erzwingen könnte, sind meine Vorschläge nicht an den Gesetzgeber gerichtet. Appelle und Empfehlungen an die Legislative mögen gelegentlich auch notwendig sein, aber im konkreten Fall kann man nicht auf juristische Reformen warten. Das ist zum Glück auch nicht notwendig, denn die Möglichkeiten der praktisch wirksamen Führung durch die Unternehmensaufsicht sind viel größer, als man glaubt und nützt, selbst in Deutschland. Man muß nur wollen. Und ich meine, man sollte das wollen – freiwillig, weil sonst mit gesetzgeberischen Offensiven zu rechnen ist, denn kein Staat kann sich eine schlecht oder auch nur mangelhaft geführte Wirtschaft leisten. Man kann aber nicht davon ausgehen, daß legistische Regulierungen in allen Teilen günstig ausfallen. Daher ist die bessere Lösung darin zu sehen, durch die Erfüllung autonom gesetzter Anforderungen dem Staat gar keinen Anlaß zu Regelungen zu geben.

Meine Vorschläge sind also für jene gedacht, die *wollen*, daß das Unternehmen, in dessen Spitzenorganen sie mitwirken, kompetent, wirksam und richtig geführt wird – im Interesse des Unternehmens selbst, seiner Eigentümer und Mitarbeiter, aber auch im Interesse einer gesunden Wirtschaft und Gesellschaft.

Dieses Buch wurde naturgemäß mit Blick auf die Großunternehmen geschrieben. Fast alles gilt aber auch für alle mittleren und kleineren Unternehmen, die zwar – je nach Größe und Rechtsform – vielleicht nicht gesetzlich dazu verpflichtet sind, entsprechende Organe zu etablieren, sie aber doch *de facto* haben oder brauchen. In Wahrheit braucht jedes Unternehmen dieselben Führungsfunktionen. Es müssen dieselben Aufgaben erfüllt werden. Sie können unterschiedlich organisiert sein, und die Aufgaben können von einer unterschiedlich großen Zahl von Personen ausgeübt werden. Im (schlechten) Extremfall findet sich alles in Personalunion in einer Person vereinigt. Es ist aber ein Kardinalfehler zu glauben, daß große Unternehmen vom *Prinzip* her anders zu führen seien als kleine oder mittlere. Zu dieser, nach meiner Auffassung falschen Meinung neigen fast alle Manager, jene der Großunternehmen aus anderen Gründen als jene aus dem Mittelstand. Die Größe eines Unternehmens hat fraglos Einfluß auf das »Wie« der Führung, aber nicht auf das »Was«.

Wichtig sind die hier dargelegten Überlegungen insbesondere auch für die *Familienunternehmen*, die immer der Versuchung ausgesetzt sind, familiäre Belange vor die Interessen des Unternehmens zu stellen. Gerade ihr Erfolg und Schicksal hängt aber von einer durchdachten und rechtzeitig konzipierten Regelung der Gesamtführung ab.

Ich gehe in diesem Buch ganz bewußt nicht beziehungsweise nur selten auf die rechtlichen Aspekte ein. Diese sind in der relevanten Fachliteratur juristischer, aber auch betriebswirtschaftlicher Provenienz ausreichend behandelt. Hier dominiert die Frage nach guter, richtiger und wirksamer – praktischer – Führung. Selbst wenn beispielsweise dem Aufsichtsrat nach deutschem Recht seitens des Vorstandes rechtlich etwas verweigert werden könnte, zum Beispiel ein Gespräch mit den Leitern von Tochtergesellschaften, so kann ein kompetenter und überzeugender Aufsichtsratsvorsitzender dieses Gespräch doch kraft seiner natürlichen Autorität und auf der Basis einer konstruktiven Zusammenarbeit mit dem Vorstand herbeiführen, wenn er es für wichtig hält. Er kann um dieses Gespräch »bitten«, und jeder Vorstandsvorsitzende weiß, was mit dieser »Bitte« gemeint ist.

Ein wesentliches Hindernis für die wirksame Gestaltung der Gesamtführung ist der weit verbreitete Irrtum, Führungsfragen in erster Linie in Kategorien persönlicher Macht zu sehen. Nicht, daß Macht – auch persönliche – in der Wirtschaft keine Rolle spielte oder spielen sollte. Das anzunehmen oder zu fordern, wäre naiv. Führungsprobleme können aber nur einigermaßen vernünftig diskutiert und vielleicht sogar gelöst werden, wenn man nicht mit Machtaspekten beginnt, sondern mit den *Aufgaben*, die zu erfüllen sind und der *Verantwortung*, die aus ihnen folgt. Diese müssen am Anfang stehen – die Machtfragen kommen zum Schluß.

Die Vorschläge, die ich zur Stärkung der Unternehmensaufsicht mache, resultieren keineswegs aus der Absicht, die Spielräume der Exekutivorgane einzuschränken. Im Gegenteil – eine wirksame Unternehmensaufsicht *ermöglicht* es erst, die Exekutivorgane mit größtmöglichen Freiheiten und Machtbefugnissen auszustatten. Außerdem wird man sehen können, daß eine Aufsicht, die sich nicht in eng verstandener Kontrolle erschöpft, sondern Führung – oder besser: Mitführung – ausübt, funktionell nicht in erster Linie mit hierarchischer Überordnung zusammenhängt. Vielmehr ermöglicht die hier vertretene Auffassung erst jenes partnerschaftliche Zusammenwirken der Organe, das aus der Unternehmensaufsicht weit über die Kontroll- und Überwachungsfunktion hinaus – und meines Erachtens mindestens so wichtig – eine echt *unterstützende* und *helfende* Funktion, ein Sounding- und Advisory-Board, für das Exekutivorgan macht, wie es von erfahrenen Exekutiv-Managern in aller Regel auch gewollt und geschätzt wird. Das erst ermöglicht es, daß Macht legitimierte und verantwortete Macht wird, ohne daß Leistungs- und Wettbewerbsfähigkeit des Unternehmens dadurch beschränkt werden.

2. Funktionsmängel der heutigen Systeme

2.1 Unternehmensaufsicht – eine Fiktion?

Bezeichnung und rechtliche Gestaltung der Aufsichtsorgane sind in den einzelnen Ländern sehr verschieden. Alle Varianten haben jedoch eine bemerkenswerte Gemeinsamkeit: Von Ausnahmen abgesehen – die es selbstredend gibt und von denen ich für dieses Buch sehr viel lernen konnte – funktionieren sie nicht oder jedenfalls nicht gut. In der Regel wird das Minimum an Aufgaben erfüllt, das der Gesetzgeber vorgesehen hat, unabhängig davon, ob dieser nun der Unternehmensaufsicht eine eher restriktive Rolle zuweist – wie in Deutschland – oder eine starke – wie unter anderem in der Schweiz. Jedenfalls war das so in der Vergangenheit.

Wo Ausnahmen zu finden sind, stößt man in der Regel auf eine besonders glückliche personelle Konstellation, auf Menschen, die ihre Aufgaben mit besonderer, eben ungewöhnlicher Sorgfalt, Gewissenhaftigkeit und Gründlichkeit und mit besonderem Verantwortungsbewußtsein erfüllen. Oder es liegt jene Konstellation vor, die ursprünglich – bei Entstehung der Kapitalgesellschaft – gegeben war und für die die Unternehmensaufsicht damals auch konzipiert wurde, nämlich die Präsenz starker Eigentümer im Aufsichtsorgan. In einer erheblichen Zahl von Fällen – die Zahl ist zu groß – erschöpft sich die Tätigkeit des Aufsichtsorganes aber in irrelevanten Ritualen, in Pflichtübungen und in der Erledigung von Formalitäten.

Scheinbar allgemeine Funktionstauglichkeit ist auch dann gegeben, wenn über lange Zeitperioden eine besonders günstige, durch *Stabilität* und *Prosperität* gekennzeichnete Wirtschaftslage vorherrscht und die Unternehmensaufsicht daher *nicht wirklich gefordert* war, also keine echten Bewährungsproben zu bestehen hatte.

Bei nahezu allen großen Firmenzusammenbrüchen oder

scheinbar plötzlichen Existenzbedrohungen sowohl vor wie nach dem Zweiten Weltkrieg gehörten die Aufsichtsorgane zu den letzten, die über die tatsächliche Situation informiert waren. Mitarbeiter und Angehörige des Managements, Kunden und Lieferanten, Medien und Öffentlichkeit hatten in aller Regel mehr, bessere und frühere Information. Dies kann anhand konkreter Beispiele sowohl aus der Vergangenheit als auch aus dem Zeitgeschehen belegt werden.

Jedesmal, wenn der »Skandal« publik wurde, waren dieselben Vorwürfe und »Begründungen« zu hören: Versagen der Aufsichtsräte, Ignoranz, Nachläßigkeit und Inkompetenz; oder dann das Versagen des Exekutivorgans, die Aufsicht rechtzeitig und vollständig zu informieren.

Größtenteils schwelt das Problem im Unsichtbaren. Nur die direkt Beteiligten können es sehen, wobei nicht alle es wahrnehmen. Auf die Frage: *Wie funktioniert bei Ihnen der Aufsichts- oder Verwaltungsrat?*, ist die Antwort in zwei Dritteln aller Fälle ein höfliches, mokantes Lächeln und beredtes Schweigen, und zwar unabhängig davon, ob die Frage an Mitglieder der Aufsichts- oder Exekutivorgane gerichtet ist.

Auf dramatische Weise *sichtbar* werden die Schwächen in der Gesamtführung nur in spektakulären Fällen mit nicht mehr zu verbergender Problemlage. Aber in zahlreichen anderen Fällen, die etwas weniger oder überhaupt nicht öffentlichkeitswirksam wurden, kann die Funktionsweise des Aufsichtsorganes ebenfalls nicht besonders gut gewesen sein. Wie sonst wären die zahlreichen Strukturprobleme in den Schlüsselbranchen der Wirtschaft zu erklären, die mit der ersten wirklichen Rezession nach dem Zweiten Weltkrieg in den neunziger Jahren scheinbar überraschend aufgebrochen sind? Einige Gründe mögen wohl in der Politik zu suchen sein; aber sehr viele andere Ursachen liegen in der *Führung* der Unternehmen: das Ausmaß des Produktivitätsrückstandes, Technologie- und Innovationsrückstand, der Reorganisationsbedarf in der Produktion, die aufgeblähten und teilweise grotesk übersetzten mittleren Managementebenen und Stabsabteilungen und höchst fragwürdige Akquisitions- und Diversifikationsentscheidungen. Auch das

Corporate Raiding, das in den USA seinen Anfang nahm, und alle damit verbundenen Exzesse sind letztlich nur aus dem Versagen des Boards erklärbar, das der Corporate Performance keine oder zu wenig Aufmerksamkeit widmete oder ein falsches Verständnis von Corporate Performance hatte.

Daß inzwischen entsprechende Gegenbewegungen und Korrekturen feststellbar sind, ist zwar erfreulich, ändert aber nichts an der Tatsache, daß *vorher* alle diese Entwicklungen *zugelassen* wurden, daß die sie ermöglichenden Entscheidungen irgendwo *getroffen* und *genehmigt* werden mußten oder daß die diese Entwicklungen verhindernden Entscheidungen eben *nicht* gefällt wurden. Die spät in Gang gesetzte Anpassung in der Wirtschaft erfolgte nicht aufgrund von *vorausschauender* Führung – sonst hätten die entsprechenden Entwicklungen ja gar nicht eintreten können –, sondern dem Markt- und Konkurrenzdruck *nachlaufend*.

Wenn eine Problematik so häufig vorkommt und unabhängig von den einzelnen rechtlichen Gestaltungsformen auftritt, dann kann sie (mit Ausnahme jener eher seltenen Fälle von deliktischem Verhalten) nicht im Versagen einzelner Personen begründet liegen, sondern es müssen tiefer liegende Gründe gegeben sein, nicht unbedingt juristische, wohl aber *konstitutive*. Die Konstitution der Kapitalgesellschaft war seit ihren Anfängen immer ein Problem. Das kann den verschiedenen Reformen der Aktiengesetze und ihrer Vorläufer entnommen werden. Sie wurden übrigens nie mit vorausschauendem Blick auf die Grundfragen der Gesamtführung eines Unternehmens durchgeführt, sondern immer aufgrund von Versagen, Bankrotten oder fragwürdigen Praktiken.

Zu Zeiten eines Georg von Siemens oder John P. Morgan hat das Aufsichtsorgan aber offensichtlich noch funktioniert, und seine Leistungsfähigkeit und funktionelle Wirksamkeit konnte als gegeben betrachtet werden. Was also hat sich geändert, und wo liegen die Gründe für die Probleme? Die folgenden sieben Punkte sind, ohne Anspruch auf Vollständigkeit, dabei wesentlich:[1]

---

1 Siehe dazu auch Drucker, P., Management, London 1973, S. 627ff.

1. Ein erster Grund liegt wohl in der *Entstehung und im prinzipiellen Erfolg der großen Publikumsgesellschaft.* In der ursprünglichen Konzeption sollten in den obersten Organen die
Eigentümer-Unternehmer vertreten sein, was auch im 19.
und sehr frühen 20. Jahrhundert in den damals großen Gesellschaften (die natürlich um ein Vielfaches kleiner waren
als die heutigen) so war. Die Aktien waren in den Händen
einiger weniger Einzelpersonen, die je einen beträchtlichen
Anteil an der Gesellschaft hielten. Ihre Interessen waren klar
und für jeden außer Zweifel – und es waren unternehmerische Interessen. Sie widmeten dem Unternehmen ihre volle
Aufmerksamkeit, einen erheblichen Anteil ihrer Zeit, und
wenn sie überhaupt in mehreren Aufsichtsorganen vertreten
waren, dann waren es in jedem Falle sehr *wenige* Mandate.

Heute gibt es nur noch in den wenigsten Aufsichtsorganen
in nennenswertem Ausmaß echte Eigentümer, die ein aus
dem Eigentum resultierendes, *unternehmerisches* Interesse
vertreten, mit ihrem persönlichen Kapital haften und über
Branche und Geschäft des Unternehmens wirklich Bescheid
wissen. Die Mitglieder heutiger Aufsichtsorgane haben zwar
allgemeine Wirtschaftskenntnisse und sie kennen *ihre* Branche und *ihr* Geschäft (zum Beispiel die Bankenvertreter),
aber typischerweise in viel zu geringem Umfange die Spezifika des beaufsichtigten Unternehmens.

2. Ein zweiter Grund besteht darin, daß die Erfüllung der
dem Aufsichtsorgan zugewiesenen Aufgaben in Wahrheit ein
Vollzeit-Engagement oder jedenfalls einen erheblichen Zeitanteil erfordert, während tatsächlich diese Funktion fast
überall teilzeitlich und noch dazu mit einem sehr *kleinen*
Zeitanteil erfüllt wird.

Eine Ausnahme könnte man vielleicht beim deutschen und
dem deutschen Recht nachempfundenen Aufsichtsrat machen, der im Gegensatz zu anderen Ländern, wenn man ihn
restriktiv interpretiert, *nur* Kontrollfunktionen ausübt. Aber
selbst diese, und die damit verbundenen Genehmigungs-
rechte und -pflichten sowie die daran geknüpfte Verantwortlichkeit erfordern um Faktoren mehr Zeit, als üblicherweise

aufgewendet wird, wenn die Aufgaben wirklich gewissenhaft und verantwortungsbewußt erfüllt werden sollen.

3. Ein weiterer, nicht unwesentlicher Grund für mangelhaftes Funktionieren liegt zweifellos darin, daß starke Exekutiv-Manager häufig gar kein kompetentes Aufsichtsorgan *wollen*. Zumindest haben viele, wenn auch unausgesprochen, eine sehr *ambivalente* Haltung gegenüber der Unternehmensaufsicht. Nach deutschem Recht haben sie weitgehende Möglichkeiten, den Aufsichtsrat »leerlaufen« zu lassen, und nicht selten tun sie es daher auch.

Die Gründe für diese Ambivalenz sind einsichtig: Ein wirksames, oberstes Organ verlangt *absolute Höchstleistungen* von den Exekutivorganen; es stellt *viele* und *unangenehme* Fragen; es will *Details* kennen und verlangt *Begründungen*, und zwar *bevor* Entscheidungen zu treffen oder zu genehmigen sind. Ein wirksames Aufsichtsorgan will *Alternativen* diskutieren, *bevor* es Anträge genehmigt, und es will bei wichtigen Personalentscheidungen *mehrere* Kandidaten sehen und kennenlernen, *bevor* es zustimmt.

Dies alles wird von den Exekutivorganen nicht selten als Einschränkung und Beschneidung ihrer Rechte empfunden, als Kompetenzüberschreitung, als Zweifel an ihrer fachlichen Kompetenz, als Mißtrauen und gelegentlich als Bedrohung ihrer Machtposition.

4. Ein vierter Grund für die Funktionsmängel liegt im *Informationshaushalt*, der den Aufsichtsorganen üblicherweise zur Verfügung steht. *Kompetente* Aufsichtsmitglieder werden gelegentlich auch wissen wollen, wie die *wichtigsten Systeme* in einem Unternehmen funktionieren (Strategie, Planung und Kontrolle), ob sich die Exekutivorgane mit den wirklich *wesentlichen Problemen* befassen, ob die *richtigen Dinge* verfolgt und gemessen werden (zum Beispiel die Produktivität), und sie werden gelegentlich ein Auge auf die *Unternehmenskultur* werfen. Sie wollen hin und wieder mit den Managern von Tochtergesellschaften und Geschäftsbereichen reden, und sie wollen sich dann und wann durch per-

sönlichen Augenschein ein Bild über die Lage in den Märkten, Vertriebsorganisationen und Absatzkanälen machen.

Ohne sich mit diesen Dingen zu befassen, ist es völlig *unmöglich*, wirksame, oberste Kontrolle auszuüben, außer, wie schon erwähnt, vielleicht in Perioden sehr stabiler und günstiger Wirtschaftsentwicklung, wie wir sie während des größten Teiles der Zeit nach dem Zweiten Weltkrieg hatten.

5. Die Ambivalenz der Exekutivorgane gegenüber Aufsichtsorganen, aber auch die Mängel in der Funktionsweise haben einen fünften Grund. Es ist keine Seltenheit, daß Mitglieder von Aufsichtsorganen *zu wenig Kenntnis über modernes Management* haben. Dieser Mangel ist übrigens auch bei den Exekutivorganen häufiger anzutreffen, als es wünschenswert ist.

Wie sonst wäre es zu erklären, daß mit schöner Regelmäßigkeit eine unsägliche Akquisitions- und Diversifikationspolitik betrieben wird, Konglomerate gebildet werden, eine falsche (in der Regel auf Sortimentsausweitung beruhende) Wachstumspolitik verfolgt wird, wesentliche Innovationen falsch angepackt werden, Organisationsstrukturen etabliert werden, die einfach nicht funktionieren können, und eine gelegentlich desaströse Personalpolitik festgestellt werden kann?

Man kann und muß als Aufsichtsorgan wissen, welches die Elemente einer guten und richtigen Unternehmenspolitik und Unternehmensstrategie sind; man kann und muß wissen, daß Akquisitionen, Diversifikationen und Konglomerate nur ganz selten funktioniert haben, und wenn, dann nur unter Vorliegen ganz bestimmter Voraussetzungen; man kann und muß wissen, wodurch sich Wachstum von *gesundem* Wachstum unterscheidet, und schließlich kann und muß man wissen, nach welchen Kriterien und mit welchen »Meßinstrumenten« man die Gesundheit eines Unternehmens zu beurteilen und zu bestimmen hat.

6. Ein weiterer, mit Punkt 5 zusammenhängender Grund liegt meines Erachtens darin, daß es bis heute keinen Kon-

sens darüber gibt, wie ein Unternehmen *überhaupt* zu führen ist. Was im Englischen als »Corporate Governance« bezeichnet wird, ist ein theoretisches Notstandsgebiet, nicht
wirklich durchdacht und aufgearbeitet. Teilweise mag das
daran liegen, daß hier eine Schnittfläche mehrerer akademischer Disziplinen vorliegt, Jura, Betriebswirtschaftslehre,
Ökonomie, Management, Psychologie und bis zu einem gewissen Grade auch Politologie. Thematische Schnittflächen
passen nicht in die akademischen Kategorien. Sie würden
interdisziplinäres Arbeiten erfordern.

Nur bei wenigen, besonders kompetenten Wirtschaftsfüh-
rern kann ein ihrer Funktion entsprechender Kenntnisstand
zur Corporate Governance festgestellt werden. Wenn nicht
einmal die *Grundlagen* klar sind, ist es kein Wunder, wenn
die Funktionsweise der Unternehmensaufsicht problematisch ist. Diese Grundlagen mochten früher keine entscheidende Rolle gespielt haben. Ihr Fehlen konnte durch Prag-
matismus überspielt werden. Die heutige Bedeutung der
großen Unternehmen macht Klarheit in diesem Punkt besonders wichtig.

7. Ein letzter Grund kann schließlich in vielen Fällen in der
unmittelbaren Führung eines Aufsichtsgremiums durch seinen Präsidenten gesehen werden. So banal dies klingen
mag: Schlecht vorbereitete, geführte und nachbearbeitete
Sitzungen sind weit häufiger selbst auf dieser Ebene anzutreffen (von den nachgelagerten Stufen des Unternehmens
ganz zu schweigen), als man meinen möchte und als dem
Unternehmen guttut.

Breite und Tiefe der Diskussion, Offenheit und Härte der
Auseinandersetzung, das Prozedere der Entscheidungsfin-
dung usw. lassen vielfach zu wünschen übrig. Gruppendyna-
mische und »Group Think«-Phänomene spielen eine weit
größere Rolle, als man zuzugeben bereit ist.

Wie ich schon im Vorwort sagte, kommt eine Auseinandersetzung mit der Funktionsweise der Unternehmensaufsicht
nicht um ein gewisses Maß an Kritik herum. Man kann mei-

nen kritischen Anmerkungen nun entgegenhalten, daß die größere Zahl der Unternehmen doch in Ordnung sei und daß man nicht von einigen Poblem-, Krisen- und Skandalfällen auf die Gesamtheit der Unternehmen schließen dürfe.

Zum *ersten* konzediere ich selbstverständlich, daß es auch gut funktionierende Unternehmensaufsicht gibt. Gerade daraus kann gelernt werden. Zum *zweiten* bezieht sich meine Kritik zunächst nicht auf die *Unternehmen* als solche, sondern auf die *Organe* der Gesamtführung, in erster Linie die Unternehmensaufsicht und in gewissem Umfange auch die Exekutive. Ein Unternehmen *kann* auch dann funktionieren, wenn die Aufsichtsorgane schwach und unwirksam sind. Ein guter Vorstand *kann* ja trotzdem ausgezeichnete Arbeit leisten. Er tut es dann trotz und nicht wegen des Aufsichtsorganes. Ich möchte sogar einen Schritt weitergehen und meinen, daß ein Unternehmen sogar mit einem schwachen Aufsichtsrat *und* einem schwachen Vorstand noch funktionieren *kann*, zumindest eine Zeit lang und in wirtschaftlichen Situationen, die keinen wesentlichen Entscheidungsbedarf mit sich bringen.

Es ist gar nicht so selten, daß ein kompetentes, erfahrenes Middle Management Schwächen des Vorstandes kompensiert. Die eigentliche Arbeit wird ja ohnehin häufig auf den Ebenen unterhalb des Vorstandes geleistet. Ich habe es in meiner Beratungspraxis immer wieder erlebt, daß Vorstände wenig bis gar nichts bewegten, und das Unternehmen trotzdem nach üblichen Maßstäben gute *operative* Ergebnisse vorwies. Meistens konnte ich allerdings gleichzeitig beobachten, daß die *strategische* Position schon erhebliche Erosionserscheinungen aufwies. Das interessierte aber oft die Vorstände nicht, oder es ging in den gelegentlich kafkaesken Machtgefügen unter, solange es sich in den Bilanzergebnissen nicht zeigte. Es ist ja auch keine Seltenheit in der Politik, daß unfähige Minister von einem exzellenten Beamtenstab daran gehindert werden, Schaden anzurichten. Aus dem guten Funktionieren des *Unternehmens* allein kann also *noch nicht* auf das gute Funktionieren aller oder einzelner Gesamtführungsorgane geschlossen werden.

In einigen Ländern wurden in den letzten Jahren die gesellschaftsrechtlichen Vorschriften für die Unternehmensaufsicht reformiert, meistens – wie erwähnt – nicht aus weiser Vorausschau oder um den geänderten wirtschaftlichen Umständen Rechnung zu tragen, sondern aus bitterer Erfahrung mit konkreten Anlaßfällen. Die Reformen gingen in der Regel in zwei Richtungen: *Erstens* brachten sie eine Verschärfung der Verantwortung des Aufsichtsorganes und eine Erleichterung des Verfahrens, um diese Verantwortung gegebenenfalls auch einzufordern. *Zweitens* wurden die Kompetenzen des Aufsichtsorganes ausgeweitet, unter Umständen, wie etwa in der Schweiz, so weit, daß die Gesamtführung des Unternehmens ausschließlich und teilweise undelegierbar dem Verwaltungsrat zugeordnet wird.

Die Reformen, die zum Teil zu weit oder jedenfalls an die Grenze des Vernünftigen gehen, haben aber keineswegs direkt zu einer Verbesserung der Funktionsweise der Aufsichtsorgane geführt. Bei den gut geführten Unternehmen brauchte sich nichts zu ändern, und bei den schlecht geführten hat sich (noch) nicht viel geändert. Zunächst ist vor allem Verwirrung und Verunsicherung entstanden, denn die Reformen haben erst das ganze Ausmaß und die Tragweite der Funktionsmängel sichtbar gemacht. Nun erst stellt sich die Frage, wie man denn *praktisch* den neuen, hohen Ansprüchen des Gesetzgebers nachkommen kann. Dies eben ist nicht ein juristisches oder legistisches Problem, sondern eine *Managementfrage* – nicht im trivialen Sinne des Wortes »Management«, sondern im Sinne einer umfassenden Gestaltung, Lenkung und Steuerung des Unternehmens, der einzigen Institution zur Schaffung von gesellschaftlichem Wohlstand. Jetzt erst zeigt sich, wie wenig Grundlagen und Klarheit es für die »Corporate Governance« gibt, wofür wir im Deutschen nicht einmal ein passendes Wort haben.

2.2 Ist Kritik gerechtfertigt?

Es stellt sich aber doch die Frage, ob die Wirtschaft im deutschsprachigen Raum – aber das gilt auch für andere Länder – wirklich so gut ist, wie sie sein könnte und wie sie sein müßte? Sie *war* gut über eine lange Periode *günstiger Konjunktur* und in einer Periode der *Verkäufermärkte*. Wie sieht es aber aus mit der *Vorbereitung für die Zukunft*? Ist man gerüstet?

Zweifellos gibt es in jedem Land bestens geführte und bestens funktionierende Unternehmen. Es steht mir nicht zu, im einzelnen Zensuren auszuteilen. Man kann aber doch eine Reihe von Branchen konstatieren, in denen sich in den letzten Jahren Schwächen entwickeln konnten, wo mit der Rezession die Unzulänglichkeiten sichtbar und Maßnahmen nötig wurden, die bei *vorausschauender* Führung durch die Exekutive und durch kompetente Aufsichtsorgane zu vermeiden gewesen wären.

Zum Beispiel:

- Programme zur *Kostensenkung* in zweistelligen Prozentsätzen sind nur nötig, wenn vorher über Jahre die Kostenkontrolle versagt hat, von den Vorständen nicht durchgeführt und vom Aufsichtsorgan nicht erzwungen wurde.
- *Kapazitätskürzungen* und *Massenentlassungen* können nur notwendig werden, wenn vorher jemand jene Entscheidungen getroffen hat und jemand anderer sie genehmigt hat, die zu Überkapazitäten und zu personellen Überbesetzungen geführt haben.
- *Produktivitätsrückstände* in den zu beobachtenden Größenordnungen können unmöglich über Nacht eintreten. Sie bauen sich über Jahre auf und können nicht anders denn als Beweis für das Versagen der Exekutiv- und Aufsichtsorgane verstanden werden.
- Mangelnde *Marktorientierung*, *Qualitätsnachteile*, Vorbeioperieren am *Kundennutzen*, das Übersehen der Entstehung völlig neuer *Vertriebskanäle* und eine Reihe – nicht alle – von *Technologieversäumnissen* können nicht

anders als mit mangelhafter Führung und Aufsicht erklärt werden.

- *Wuchernde Bürokratie* und *aufgeblähte Stabsorganisationen* können nur von der Spitze des Unternehmens aus verhindert oder bekämpft werden. Wird es dort nicht gemacht, kann es nirgends sonst gemacht werden.

- Vor den Augen einer amüsierten Öffentlichkeit und schokkierten Mitarbeitern über Wochen und Monate ausgetragene *Machtkämpfe* zwischen Vorständen sind nur möglich, wenn die Unternehmensaufsicht versagt.

Zumindest die Entstehung *dieser* Probleme ist den Unternehmensspitzen zuzuschreiben, und zwar völlig unabhängig von der Konjunkturlage und der Wirtschaftspolitik. Mit Ausnahme der Überkapazitäten haben diese Probleme auch nichts zu tun mit einer fehler*haften* Lagebeurteilung, sondern eher mit dem *Fehlen* einer solchen.

Mit Fehleinschätzungen der Lage wird man, solange es Menschen gibt, immer rechnen müssen. Das ist ein Punkt, den ich *nicht* zum Versagen der Unternehmensspitze zähle, sondern zu den unvermeidlichen Risiken des Wirtschaftens. Aus meinen zahlreichen Kontakten mit Führungskräften aller Organisationsstufen habe ich allerdings auch die Erfahrung ableiten können, daß die Kunst und Methodik der Lagebeurteilung in größerem Umfange unterentwickelt ist, als akzeptiert werden kann. Zu viele Führungskräfte, auch an der Spitze, sind unkritisch wachstumsgläubig; denken linear von der Vergangenheit in die Zukunft; vertrauen darauf, daß ihnen die Konjunktur schon helfen wird und befassen sich ganz allgemein zu wenig gründlich, gewissenhaft und sorgfältig mit dem *Durchdenken* und *Hinterfragen* der Grundlagen und Voraussetzungen ihres Geschäftes, mit Trends und vor allem mit Trendbrüchen. Nur wenige waren mental auf die Möglichkeit einer Rezession vorbereitet. Auch das gehört zu den Aufgaben des Aufsichtsorganes – dafür zu sorgen, daß eine präzise Lagebeurteilung durchgeführt wird.

2.3 Klassische, aber vermeidbare Managementfehler

In den letzten paar Jahren wurden – zu oft – einige *klassische* Managementfehler begangen, die die Kompetenz der Spitzenorgane nicht in ungetrübtem Licht erscheinen lassen. Wenn *kleine* Unternehmen in Schwierigkeiten geraten, findet das meistens keine öffentliche Beachtung. Wenn dies *großen* und renommierten Konzernen passiert, ist das – mit Recht – ganz anders. Große Unternehmen sind *sichtbar,* und man orientiert sich an ihnen als *Standard* für die Qualität des Handelns von Führungskräften. Sie werden als stellvertretend für *die* Wirtschaft wahrgenommen.

Wenn große Konzerne in eine Schieflage geraten, dann geht es um Dimensionen, die alle interessieren: Tausende von Arbeitsplätzen in einer ohnehin schon schwierigen Arbeitsmarktlage; Milliarden Verluste, die – scheinbar überraschend – plötzlich zur Kenntnis genommen werden müssen, obwohl doch noch kurze Zeit zuvor von zumindest ausgeglichenen oder sogar guten Ergebnissen gesprochen wurde; das Schicksal von Regionen und Industriezweigen. Prominente Führungskräfte, die bis dahin als Qualitätsmaßstab für weitsichtiges, unternehmerisches Handeln galten, treten zurück, müssen aufgeben, fallen in einen unternehmerischen Abgrund. Denkmäler werden von ihren Sockeln gestürzt, und nicht selten sind es dieselben Journalisten, die noch bis vor kurzem Loblieder auf die betroffenen Unternehmen und Personen sangen, die jetzt die schärfste Kritik üben.

Hatten sich diese Journalisten vorher getäuscht? Waren die Entwicklungen wirklich nicht vorhersehbar? Liegen die Ursachen der Debakel in den »Umständen« – der Wirtschaftslage, der Wirtschafts- und Industriepolitik –, oder haben die Manager Fehler gemacht?

Fast immer kommen in solchen Fällen *mehrere* Faktoren zusammen. Aber so sehr auch die »Umstände«, also die Wirtschaftslage, die Wirtschaftspolitik, Wechselkursschwankungen, Lohnkosten und Steuerbelastung eine Rolle spielen mögen – in den Fällen der jüngeren Vergangenheit sind einige klassische und gravierende *Managementfehler* erkennbar. Zumindest diese hätte man – sogar sehr leicht – vermeiden können. Sie illustrieren auf teilweise dramatische Weise, wie wichtig kompetentes, gutes und richtiges Management ist. Sie veranschaulichen auch sehr eindringlich, wie *Zeitgeistströmungen* und *Modewellen* das Denken verseuchen können. Dies mag toleriert werden müssen bei der breiten Masse. Es ist keinesfalls entschuldbar bei den *Spitzen-Führungskräften* in Wirtschaft und Gesellschaft.

Meine folgenden Kommentare zu diesen Fällen sind nicht »Besserwisserei im Nachhinein«, vielmehr habe ich meine Auffassungen zu diesen Dingen unter Nennung von »Roß und Reiter« seit langem öffentlich schriftlich und mündlich dargelegt. Diese Fehler passierten nicht zum ersten Mal in der Wirtschaftsgeschichte. Ganz im Gegenteil, sie wiederholen sich mit schöner, aber völlig unnötiger Regelmäßigkeit. Es werden lediglich die Lehren daraus immer wieder vergessen, oder man empfindet es als unnötig, sie überhaupt zu ziehen. Geschichte ist ja nicht gerade eine Stärke von Managern. Es würde sich aber lohnen, die Perioden von 1865 bis 1873 und von 1920 bis 1929 zu studieren. Auch aus den Jahren 1965 bis 1975 läßt sich einiges lernen. Eines der besten Beispiele ist auch der Fugger-Konzern und dessen Aufstieg und Fall zwischen Ende des 15. und etwa Mitte des 17. Jahrhunderts. Einzelheiten und Begriffswelt variieren; die Grundmuster von Ursachen und Verlauf sind immer dieselben.

Ich spreche hier *nicht generell* von unternehmerischen Fehlentscheidungen, die es immer, auch bei noch so gewissenhafter Arbeit, geben wird. Ich spreche auch nicht von Dingen, die niemand vorhersehen konnte und die man daher als Pech oder auch Schicksal hinnehmen muß. Hier ist die Rede von Manövern und Verhaltensweisen, von denen wir erstens *wissen*, daß sie *meistens falsch sind*, und von denen zweitens *bekannt* ist, daß sie *nur* dann gerechtfertigt werden können, wenn man immer die *günstigsten* Zukunftsentwicklungen unterstellt. Die Zukunft entwickelt sich aber nicht immer günstig. Ich habe manchmal den Eindruck, daß es Manager gibt, die stillschweigend davon ausgehen, der liebe Gott habe die Aufgabe, günstige Umstände für sie zu schaffen. Es steht zu befürchten, daß der liebe Gott andere Prioritäten hat.

Fehler Nr. 1: Diversifikation aus falschen Gründen

In den aktuellen Fällen werden sehr schön oder auch tragisch die Schwierigkeiten und Stolpersteine illustriert, die mit einer falsch angelegten *Diversifikationspolitik* verbunden sind. Ich will *nicht* behaupten, daß Diversifikation nie funktionieren kann. Es gibt einige Beispiele, in denen das gut ging. Aber sie sind *sehr selten*. Der weitaus größte Teil der Diversifikationsstrategien ist entweder gescheitert oder hat nur zu marginalen Erfolgen geführt. Es gibt ein altes Sprichwort: *»If you don't know how to run your business then diversify«*.

Alle wirklichen Unternehmenserfolge sind *Konzentrationserfolge*. In den vergleichsweise wenigen Fällen, in denen Diversifikation gut ging, lagen entweder *exzeptionell günstige Umstände* vor (zum Beispiel langanhaltende Phasen ungestörter wirtschaftlicher Prosperität), oder sie haben eine ganz *präzise Logik*. Erfolgreiche Diversifikationen werden auf eines von zwei Fundamenten gebaut, die ein Unternehmen schon hat – ich betone, Fundamente, die man *schon haben muß*, und nicht solche, die man erst aufbauen muß. Als Fundamente kommen *ausschließlich* in Frage *Markt* und *Technologie*, und zwar in dieser Reihenfolge. Praktisch niemals kann man andere Grundlagen (zum Beispiel Finanzen) erkennen, auf die erfolgreich und dauerhaft eine Diversifikationsstrategie aufgebaut werden konnte. Aber selbst die Begriffe »Markt« und »Technologie« sind noch zu allgemein. Fast immer sind es ganz *spezifische, enge* Stärken und Kompetenzen auf diesen beiden Feldern, die ausschlaggebend sind für den Erfolg, zum Beispiel die Fähigkeit, Massenverbrauchsgüter zu vermarkten, oder noch enger, Marken-Massenkonsumgüter-Marketing, wie das etwa bei *Philip Morris* unterstellt werden darf, die in den letzten Jahren aufgrund der Probleme in der Tabak-Industrie diversifiziert haben, und zwar nach allem was bisher gesehen werden kann, erfolgreich. Wahrscheinlich hätte das Unternehmen das aber gar nicht gemacht, wenn es nicht aufgrund des öffentlichen Druckes den Tabak wohl als sehr gefährdetes Geschäft hätte ansehen müssen.

In der Regel werden aber drei ganz andere Gründe für die Rechtfertigung einer Diversifikationspolitik genannt: *Wachstum und Expansion, Risikostreuung* und *Synergien*. Über alles wird dann als Baldachin eine *Vision* gespannt, und damit darf man sicher sein, daß einen eine Zeitlang der Applaus der Zeitgeistvertreter begleitet und in schöner Ruhe wiegt. Aber diese drei Gründe sind eben die *entscheidenden* Gefahrenquellen, und das Mäntelchen der Vision verschleiert sie.

1. Wachstum und Expansion oder der Unterschied zwischen Größe und Stärke

Wachstum und Expansion für sich genommen dürfen niemals oberste Unternehmensziele sein. Es ist mir bewußt, daß sehr viele Manager (wahrscheinlich eine Mehrheit), das ganz anders sehen und mit meiner Auffassung nicht einig gehen. Aber ich halte eben genau das – Wachstum um des Wachstums willen – für einen der wesentlichen Managementfehler.

Das hat gar nichts zu tun mit einer wachstumsfeindlichen Haltung. Ich habe nichts gegen große und expandierende Unternehmen. Aber man darf nie etwas tun, *weil man wachsen will.* Man *muß* möglicherweise wachsen, um ganz *andere* Ziele zu erreichen, meistens eine ausreichend verteidigungsfähige *Marktstellung*. Wenn *dieser* Grund gegeben ist, dann ist Wachstum *notwendig*, sonst aber nicht, jedenfalls nicht über jenes Maß hinaus, das beispielsweise durch eine inflationäre Wirtschaftslage nötig ist. Es gibt leider noch immer zu viele Manager, die *Größe* und *Stärke* nicht unterscheiden können. Wachstum, das zu Stärke führt, ist gut – und Stärke hängt mit Marktstellung zusammen. Wachstum, das zu Größe führt, ist im günstigsten Falle »Fettsucht«, im ungünstigen »Krebs«.

Hinter falsch verstandenen Wachstumszielen stehen entweder *krasse Unkenntnis* in Unternehmensführung und/oder eine *imperialistische* Einstellung des Managements, nicht selten einfach der Wunsch, wenn auch unausgesprochen und nie zugegeben, sich ein Denkmal zu setzen. Unternehmen haben aber nicht den Zweck, Denkmäler für ehrgeizige Manager zu sein, nicht einmal für Unternehmer, wobei die ja wenigstens noch mit eigenem Geld haften würden. Wachstum ist nicht selbst ein Ziel, sondern es muß in den Dienst klar definierter, *anderer* Ziele gestellt werden. Wachstum darf nicht Selbstzweck sein, es muß immer ein Mittel zu einem anderen Zweck sein, und zwar zu einem Zweck, der *außerhalb* und *jenseits* der persönlichen Ambitionen von Personen liegt.

Auch die Erzielung höherer Gewinne wäre kein guter Grund, eine forcierte Wachstumspolitik zu rechtfertigen. Meistens wird damit nämlich das zukünftige Desaster programmiert. Gewinn darf, wie ich in Kapitel 4 noch begründen werde, niemals das oberste Ziel der Unternehmensführung sein. Gewinn muß verstanden werden als der wichtigste *Maßstab* dafür, wie *gut* ein Unternehmen seinen *wirklichen* Zweck erfüllt, nämlich *durch seine Marktleistung zufriedene Kunden, ökonomische Werte und Nutzen zu schaffen.*

Ich weiß, daß dieser Gedanke noch immer größeren Teilen der Wirtschaft wenig vertraut ist, und daß er in Widerspruch zur Lehre vom Shareholder Value steht. Diese Lehre halte ich für *falsch* und *gefährlich*, so sehr sie auch zur Zeit in Mode ist. Sie wird sich als eine kurzlebige Mode erweisen und als ein Grund für weitere Unternehmenskollapse (siehe auch dazu Kapitel 4).

2. Risikostreuung oder die Illusion vom erfolgreichen Vielfrontenkrieg

Der Grund, die Risiken zu streuen, klingt in Zusammenhang mit Diversifikation immer sehr plausibel. Risikostreuung darf aber *nie* ein Diversifikationsgrund für das *Management* sein, obwohl das ein *guter* Grund für einen *Investor* sein kann. Das sind aber zwei ganz verschiedene Dinge, die strikt auseinandergehalten werden müssen. Manager (obwohl sie natürlich auch Investitionen tätigen) sind im Regelfall keine Investoren, ausgenommen vielleicht in einigen Bankenbereichen und in einem Teil der Versicherungswirtschaft. Vielleicht geht das auch noch an für die reinen Holdingkonstruktionen, aber schon dort ist erhebliche Skepsis bezüglich der langfristigen Sinnhaftigkeit und vor allem bezüglich der langfristigen Performance angebracht.

Fast immer führt Diversifikation in Wahrheit nicht zu einer Risiko*streuung*, sondern zu einer Risiko*akkumulation*. Je größer die Zahl der verschiedenen Geschäfte ist, um so mehr kann schiefgehen. Jeder Ingenieur weiß aus eigener Erfahrung, daß Murphy mit seinen »Gesetzen« schon recht hat, die sinngemäß lauten: *»Was immer schiefgehen kann, geht schief«* – und *»Ein Problem tritt nie allein auf«* – und *»Die Probleme treten immer zum ungünstigsten Zeitpunkt auf«*.

Wenn nicht ausgesprochenes Scheitern die Folge von Diversifikation ist, so ist das mindeste, was man immer wieder beobachten kann, daß die Performance von Mischkonzernen in Summe und über einen längeren Zeitraum betrachtet bestenfalls *mittelmäßig* ist.

3. Synergie oder die Jagd nach dem Regenbogen

Synergie ist der *gefährlichste* Grund für Diversifikation. Ich will hier nicht behaupten, daß es so etwas wie Synergie nicht gibt, aber es ist jedenfalls in der Wirtschaft etwas sehr Seltenes. Wo immer eine Strategie mit Synergie *begründet* oder *gerechtfertigt* wird, sollte man *außerordentlich* wachsam sein und sich die Dinge sehr genau ansehen.

Wenn ich Manager, die sehr häufig den Begriff »Synergie« bemühen, frage, was das sei, dann lautet die Antwort immer: *»Synergie liegt dann vor, wenn eins und eins gleich drei ergibt.«* – Aber das ergibt es eben nie. Eins und eins ist, solange wir auf dem Boden der Mathematik bleiben, immer und unter allen Umständen gleich zwei (oder, für die Feinspitze, ein logisches Äquivalent davon). Es gibt keinen denkbaren Fall, in dem das anders sein könnte. Aber natürlich wollen die Leute auch gar nicht mit Mathematik argumentieren. Sie flüchten sofort in Ausreden: *»Ja, so habe ich das natürlich nicht gemeint...!«* Ja, wie dann? Dann sind die meisten am Ende ihres Lateins – und das ist ziemlich gefährlich, ja grob fahrlässig, wenn es um große Investitionen und um Unternehmensführung geht.

Wenn man den Dingen auf den Grund geht, stellt sich fast immer heraus, daß sich hinter dem, was viele Manager als Synergie bezeichnen, einfache und altbekannte betriebswirtschaftliche Sachverhalte verbergen, die weder besondere Probleme aufwerfen noch neue Bezeichnungen benötigen. Hier zwei typische Beispiele, die ich nicht erfinde, sondern die aus zahllosen Diskussionen über Synergie schließlich als »Barwert« herauspräpariert werden konnten: (1) Bessere Auslastung der eigenen Kapazitäten, wenn man ein Konkurrenzunternehmen aufkauft und dessen Kapazitäten stillegt. Was hat das mit Synergie zu tun? Es ist eben *»bessere Kapazitätsauslastung«*, was sich nach einer langen und komplizierten Synergiediskussion schließlich herausstellte. (2) Bessere Nutzung des in zwei Unternehmensbereichen vorhandenen Know-hows, das deshalb brach lag, weil die beiden Vorstände sich gegenseitig nicht leiden konnten und alles unternahmen, um ihre Bereiche abzuschotten. Es wurden monatelang zeitraubende Unternehmenskulturprogramme und Synergieworkshops abgehalten, statt daß der direkte Vorgesetzte dieser beiden Bereichsleiter seine Führungsaufgabe wahrgenommen hätte und den beiden Streithähnen unmißverständlich klargemacht hätte, worin ihre Verpflichtungen gegenüber dem Unternehmen bestehen und wofür sie eigentlich bezahlt werden.

Diese und viele ähnliche Fälle, in denen endlos über Synergie geredet wird, haben damit nicht das geringste zu tun. Daß aus Wasserstoff und Sauerstoff unter gewissen Umständen Wasser entsteht, ist sowohl Chemikern als auch gebildeten Laien seit langem bekannt, ohne daß man den Begriff der

Synergie dafür gebraucht hätte. Man spricht von »chemischen Reaktionen«, bodenständig und klar. Synergie ist in der Physik ein klar und präzise definierter Begriff. Aber es ist eben ein *Begriff der Physik,* und man muß *extrem vorsichtig* sein mit der Übertragung von naturwissenschaftlichen Konzepten, Denkweisen und Begriffen auf die Wirtschaft und auf die Unternehmensführung. Die Entdeckung synergetischer Phänomene war die Grundlage für die Entwicklung der Lasertechnologie. Ich habe aber nur wenige Manager kennengelernt, die Kenntnisse auf diesem Gebiet aufweisen konnten. Kaum einer hatte zum Beispiel die Schriften von Dennis Gabor oder Hermann Haken gelesen – und ich meine hier natürlich nicht irgendwelche popularisierende Sekundärliteratur, sondern die ursprünglichen wissenschaftlichen Arbeiten.

Der Physiker weiß, wovon er redet, wenn er den Begriff »Synergie« verwendet, und es würde ihm nicht im Traum einfallen, diesen oder irgendeinen anderen physikalischen Begriff außerhalb seines speziellen Geltungsbereiches anzuwenden. Genau dies wird aber praktisch *immer* gemacht, wenn Laien hurtig und frohgemut mit Begriffen operieren, von denen sie nichts verstehen. Leider geschieht das fast täglich auf dem Gebiet des Managements. Das jüngste Beispiel dafür ist die *Chaostheorie.* Schon ganz kurze Zeit nach Erscheinen – bezeichnenderweise nicht der wissenschaftlichen Originalarbeiten, die eben für Laien gar nicht verständlich sind, sondern der ersten populär gehaltenen Publikationen mit ihren schönen Bildern – bastelten einige Schnellschreibeautoren die ersten Bücher mit Übertragungen auf das Management und auf die Wirtschaft. Sie fabulierten flugs und munter drauflos, und sie taten es um so sorgloser, je weniger sie von fundierten Kenntnissen über beide Gebiete – sowohl über Management als auch über die physikalische Chaostheorie – behindert waren.

Auf diese Weise sind leider *Management-Modewellen* entstanden, die bei genauer Betrachtung nichts anderes sind als Unsinn. Nun kann man nichts dagegen haben, daß sinnlose Bücher geschrieben und verlegt werden. Man kann schon etwas mehr dagegen haben, daß dieser Unsinn auch gelesen wird, insbesondere von Führungskräften, die ihre hochbezahlte und knappe Zeit besser für anderes einsetzen würden. Man kann und muß aber alles dagegen tun, daß dieser Unsinn in Form pompöser Programme in den Unternehmen Einzug hält, die Köpfe falsch programmiert werden und schließlich zu genau jenen Desastern beitragen, die wir zur Zeit vorliegen haben.

4. Visionen oder die Metaphysik der Unternehmensführung

Um diese Dinge wird nur zu gerne das Mäntelchen der »Vision« gelegt, ein Wort, daß sich ja seit Mitte der achtziger Jahre in Managerkreisen besonderer Beliebtheit erfreut. Es gilt als Ausdruck ausgeprägter Modernität und symbolisiert all jene Top-Management-Qualitäten, nach denen so laut gerufen wird: Kreativität, unternehmerischer Weitblick, Risikofreude, Pioniergeist und die charismatische Persönlichkeit.

Daß Manager über den Tellerrand des operativen Geschäftes blicken müssen, daß sie eine klare Vorstellung über die Entwicklung des Geschäftes brauchen, daß sie eine durchdachte Business-Mission benötigen und eine präzise, tragfähige und robuste Unternehmensstrategie, das alles ist unbestritten. Das gehört zu den *elementaren* Aufgaben des Managements. Visionen sind aber *etwas völlig anderes*. Der Brockhaus 1993 führt unter »Vision« kurz und bündig »*Gesichts- oder Sinnestäuschung*« auf. Und genau das ist es, auch wenn einige Mode-Autoren zum Teil verzweifelte, zum Teil auch nur amüsante und zum Teil einfach lächerliche Anstrengungen unternehmen, diesem Wort einen anderen Sinn zu geben. Um was es hier also geht, ist mehr als sprachliche Empfindlichkeit. Die Sprache beeinflußt das Denken und damit die Entscheidungen. Gute Führungskräfte wußten das immer schon – und die Verführer wußten es auch.

Was uns die Visionsapostel bis heute trotz ihrer ganzen voluminösen Schriftenproduktion schuldig geblieben sind, ist eine klare Unterscheidung (und präzise Kriterien dafür) von Visionen als tragfähiger Basis für die Vornahme von In-

vestitionen einerseits und den Tagträumen von Spätpuber-
tierenden andererseits, die Unterscheidung also zwischen
einer *guten* und einer *schlechten* Vision – wenn man schon
glaubt, auf dieses Wort nicht verzichten zu können. Ich würde es in einem Unternehmen aus dem Wortschatz streichen.
Was eine gute Strategie ist, *wissen* wir heute, und wir können sie klar von einer schlechten unterscheiden. Wir *wissen*,
welchen Anforderungen eine sauber formulierte Business-
Mission genügen muß, und ebenso ist *bekannt*, wodurch sich
ein brauchbares Unternehmensleitbild von inhaltsleeren
Floskeln unterscheidet. Alle diese in den letzten rund drei
Jahrzehnten hart erarbeiteten Fortschritte in der Managementlehre werden von den Visionsvertretern großzügig
übersehen, sie verschwenden ihre Zeit nicht für die Niede-
rungen arbeitsintensiver Forschung, weil sie sich ja den »höheren« Dingen widmen müssen. Sie befassen sich mit der
Metaphysik der Unternehmensführung und sie sind stolz
darauf, nichts von Bilanzen zu verstehen und einen Control-
ler-Report nicht lesen zu können. Der Unterschied zwischen
ihnen und einer vernünftigen und verantwortungsvollen Managementlehre ist derselbe wie jener zwischen Astrologie
und Astronomie.

Für eine *erfolgreiche* Diversifikationspolitik braucht man
in erster Linie eine *klare und präzise Logik* und nicht hoch-
gestochene Modewörter, die sich bei genauer Analyse als
weitgehend inhaltsleer erweisen und hinter denen schlicht
ein Mangel an Kenntnissen über Management steht.

Und *wenn* die Logik des Geschäftes stimmt, dann braucht
man noch etwas zweites: *Absolut professionelle Manager mit
reichlich Erfahrung in großer Anzahl.* Selbst die großen Unternehmen haben davon fast immer zu wenig. Die Schlagzeilen verursachenden Fälle synergetisch-visionärer Diversifi-
kationsdesaster hätten *vielleicht* gut gehen können, wenn
man ein »Management-Dream-Team« zur Verfügung gehabt
hätte, und sie hätten *vielleicht* gut gehen können, wenn wir
statt turbulenter Zeiten zwei Jahrzehnte rauschender Hochkonjunktur hätten – nota bene, beides in Kumulation. Dies
zu unterstellen ist Tagträumerei, und daher waren die Er-

folgschancen von Anfang an äußerst gering – etwas, was man auch *von Anfang an* wissen *konnte* und wissen *mußte*. Ein Aufsichtsorgan, daß der Entstehung solcher Fehler nicht sofort und entschieden entgegentritt, versagt in seiner wichtigsten Aufgabe.

Fehler Nr. 2: Integrierte Technologiekonzerne und die Faszination von High-Tech

In den Problemfällen der letzten Jahre spielt die Vorstellung von »integrierten Technologiekonzernen« eine wesentliche Rolle. *Noch irreführender* könnte man die Business Mission für ein Unternehmen gar nicht formulieren. Die erste Anforderung an die Formulierung des grundlegenden Geschäfts*zweckes* und des Geschäfts*auftrages* ist die konsequente *Außenorientierung*, die Fokussierung des gesamten Unternehmens auf den *Markt* und den *Kunden*. Dazu gehört selbstverständlich nicht nur der *heutige* Kunde, sondern auch der Markt und Kunde von *morgen*, nicht nur *aktuelle* Märkte und Kunden, sondern auch die *potentiellen*. Das alles ist klar für jeden, der die relevante Literatur studiert und seine Hausaufgaben gemacht hat.

Nichts davon ist allerdings in der Formulierung »Integrierter Technologiekonzern« zu finden. Sie ist ausschließlich *innenorientiert*. Besser könnte man Innenorientierung gar nicht ausdrücken. Sie konzentriert das Unternehmen exakt auf jene Dinge, die die Welt nun gerade *gar nicht* interessieren. Die Welt braucht keine integrierten Technologiekonzerne. Was sie braucht, sind Autos (vermutlich noch ziemlich lange und ziemlich gute), Computer und Computersoftware, Flugzeuge, Werkzeugmaschinen, Schiffe, Fernsehgeräte, Kühlschränke usw. Wie man das alles aber entwickelt und herstellt, ist der Welt völlig gleichgültig: Mit welcher Technologie, integriert oder nicht integriert, interessiert sie nicht. Davon ganz abgesehen ist ziemlich unklar, was »Integrierte Technologie« überhaupt ist, wo sie anfängt und aufhört, was noch dazugehört und was nicht. Selbst wenn in nachgeord-

neten Unternehmensebenen und im Bereich von Tochtergesellschaft dann etwas größere Klarheit besteht, weil es dort
ja eher um die konkreten Produkte und Dienstleistungen
geht, so ändert das nichts daran, daß ein Gesamtunterneh-
men, das so orientiert ist, eben *falsch* orientiert ist.

Daß man gelegentlich *mehrere* Bereiche der Technik kom-
binieren muß, um ein Produkt herzustellen, ist nichts Neues.
So gesehen hätte man bereits seit langem im Automobilbau
von »Integrierter Technologie« reden können, denn immerhin mußte man von Anfang an Mechanik und Elektrik und
später Elektronik und einige weitere Gebiete zusammen-
bringen, und man mußte sowohl von Stahl als auch von anderen Werkstoffen etwas verstehen. Ähnliches gilt für fast
jede Branche. Was sollen also diese Wort-Monster?

Eng verbunden mit dieser Fehlorientierung vom »Integrierten Technologiekonzern« ist eine andere Vorstellung,
die ebenso falsch und desaströs ist, zumindest dann, wenn
sie über einige wenige Unternehmen hinaus *verallgemeinert*
wird. Es ist die Vorstellung, daß *jedes* Unternehmen »High-
Tech« (oder »High-Chem« oder sonst irgendwie »High«) sein
müsse und daß die Zukunft und der Geschäftserfolg ausschließlich in High-Tech lägen. Es gibt viele Politiker, die
überhaupt nur noch darüber reden.

Wir werden in Zukunft zweifellos *mehr* von High-Tech haben, und es gibt Unternehmen, die sich damit intensiv befassen *müssen*. Aber es ist gänzlich falsch, das zu verallgemeinern, und es ist volkswirtschaftlich schädlich, wenn eine allgemeine Ausrichtung der Wirtschaft auf High-Tech erfolgt.
Man übersieht damit die riesigen Geschäftsmöglichkeiten
auf Gebieten, die *Low-Tech* oder *No-Tech* sind. Natürlich sind
Innovationen wichtig, aber nur ein kleiner Teil betrifft High-
Tech. High-Tech produziert Schlagzeilen, erregt Aufsehen
und macht viel Lärm. Außerdem fasziniert das – verständlich genug – die Ingenieure. Aber das ist nicht wesentlich.
Man braucht die *richtige* Technik, um Nutzen für Kunden zu
schaffen. Ob das High-, Low- oder No-Tech sein soll, muß in
den Dienst des Kundennutzens gestellt werden. Genauso,
wie wir *Over-Engineering* hatten und noch immer haben und

damit ja erst den Japanern und später den anderen Asiaten die Flanke öffneten, so haben wir jetzt die Fehlentwicklung der allgemeinen High- und damit *Over-Tech*. Daß dies als allgemeine Ausrichtung der Wirtschaft fragwürdig ist, mußte man sogar in Silicon Valley zur Kenntnis nehmen.

Fehler Nr. 3: Wuchernde Komplexität

Es ist unter Intellektuellen und Managern Mode geworden, über die Komplexität der Welt zu reden. Daß sie komplex ist und jeden Tag komplexer wird, ist natürlich eine Tatsache, und sie hat Konsequenzen. Dies wird aber von vielen zum Anlaß genommen und als Rechtfertigung dafür benützt, Strategien zu verfolgen, die ebenfalls komplex sind, die Sortimente explodieren zu lassen, drei Dutzend Dinge gleichzeitig anzupacken, zahllose Projekte loszutreten, die Stäbe über jedes vernünftige Maß auszuweiten, ein Unternehmen nach dem anderen zu akquirieren und ganz generell das Unternehmen dem Krebs wild wuchernder Komplexität auszuliefern.

Die Aufgabe des Managements ist das *genaue Gegenteil*: das Geschäft so zu definieren, daß das Unternehmen *einfach genug* bleiben kann, um noch *führbar* zu sein. Nichts ist leichter, als ein Unternehmen über jede Grenze der Führbarkeit hinauszutreiben. Dafür braucht man weder Manager noch Berater.

Gute Manager sind Leute, die die Weisheit besitzen, das Unternehmen auf jene Dinge zu *beschränken*, die es wirklich *beherrscht*, und es so zu organisieren, daß auch *gewöhnliche* Menschen die damit verbundenen Aufgaben erfüllen können. Gute Manager haben den Mut, sich gegen den modernistischen Zeitgeist zu stemmen, und sie machen sich und ihre Mitarbeiter *immun* gegen die Schalmeienklänge der intellektuellen Rattenfänger. Gute Manager wählen Strategien, die das Unternehmen, so gut es geht, *robust machen* gegen die Wechselfälle der Wirtschaft, mit denen immer zu rechnen ist, seien es Rezessionen, Wechselkursschwankungen oder politische Veränderungen.

Fehler Nr. 4: Personenkult

Ein neu bestellter Finanzvorstand läßt sich als *erste* Amtshandlung die Liste der Dienstwagen seiner Kollegen vorlegen. Er stellt fest, daß im Schnitt jedes Vorstandsmitglied drei Dienstwagen hat, er selbst aber nur einen. Seine Mitarbeiter hegen schon die Hoffnung, daß nun endlich einer gekommen ist, der den Mut hat, die »heiligen Kühe« zu schlachten und die Exzesse abzustellen. Sie werden bitter enttäuscht. Seine *zweite* Amtshandlung besteht nämlich darin, für sich zwei weitere, zusätzliche Wagen zu ordern. Was soll man von solchen Leuten halten? Das ist kein erfundener Fall, sondern traurige Realität.

Ebenso Realität ist jener Manager, der als neubestellter Vorstandsvorsitzender partout einen so großen Schreibtisch haben wollte, daß dieser nicht durch die Flure und Türen des Unternehmens transportiert werden konnte, sondern eine Außenwand herausgebrochen werden mußte, damit das Ding in das Büro des Vorsitzenden gelangen konnte.

Und was ist von Leuten zu halten, die sich aufführen wie der Sonnenkönig, denen jedes Mittel recht ist, um ihr Image zu polieren, die alle anderen für Dummköpfe ansehen, jedem zu erkennen geben, daß sie sich für unfehlbar halten, an jedem Symposium als Schulmeister der Wirtschaft auftreten, statt sich um das Geschäft zu kümmern, sich ein halbes Dutzend Ghostwriter halten, um sich ihre Reden und Bücher schreiben zu lassen? Jeder vernünftige Mensch wird von solchen Leuten – *nichts* halten. Ganz sicher wird sie niemand, außer den Höflingen und Günstlingen, respektieren und sie als glaubhaft oder vorbildhaft empfinden.

Aber leider gibt es Aufsichtsorgane, die solche Leute in höchste Positionen berufen oder sie dort ungestört agieren lassen. Niemand sage, dies alles sei im voraus nicht erkennbar. Im Lebenslauf jedes Menschen, der – in eine hohe Position gelangt – im Dienste seiner eigenen Privilegien, seines eigenen Glanzes und Images Personenkult betreibt oder für sich betreiben läßt, gibt es genügend Vorkommnisse mit Signalwirkung. Die Wissenschaft nennt das »Critical Incidents«. Man beruft in solche Positionen ja keine unbeschriebenen Blätter und keine unschuldigen Babies. Man muß den Dingen nur nachgehen, auf sie achten und sie sehen wollen. Die Neigung zu Personenkult zeigt sich *früh* und *deutlich*, wenn auch anfänglich nur an Kleinigkeiten. Zum Glück gibt es noch genügend andere Top-Manager, die mit echtem Beispiel vorangehen. Die geschilderten Fälle sind, wie schon gesagt, keine Erfindungen, sondern sie sind so passiert. Sie sind auch keine Einzelfälle, aber sie sind glücklicherweise auch *nicht typisch* für die Wirtschaft.

Wenn sie aber in Unternehmen von gesamtwirtschaftlicher oder auch nur regionaler Bedeutung vorkommen, so sind sie auch als Einzelfälle nicht tragbar. Genau um dies zu verhindern oder rechtzeitig zu korrigieren, haben wir Aufsichtsorgane. Die Erfüllung ihrer diesbezüglichen Pflichten mag gelegentlich unangenehm und schwierig sein, und es wird Fälle geben, in denen ein Höchstmaß an Zivilcourage nötig ist. Aber genau dafür sind diese Organe geschaffen worden, und genau in solchen Situationen entscheidet es sich, ob Führung ausgeübt wird oder man sich mit Mittelmaß und Opportunismus zufrieden gibt.

Es gibt Leute, die meinen, die Wirtschaft sei zu wichtig, um sie den Managern zu überlassen. *Nein, so ist das nicht.* Aber sie ist zu wichtig, um sie den *schlechten* Managern zu überlassen. Es könnten unschwer weitere Beispiele und Fehler genannt werden. Ich habe hier die offenkundigsten und gravierendsten herausgegriffen. Sie sind *unentschuldbar*, was immer auch sonst noch zu den Desastern beigetragen haben mag. *Man kann aus ihnen lernen und sie vermeiden.*

3. Genügt die Führung der Zukunft?
Die Große Transformation

3.1 Totale Fehleinschätzung der neunziger Jahre

Aussagen über Qualität und Wirksamkeit der Unternehmensführung erfordern einen Maßstab, einen Standard, mit dem verglichen werden kann. Trotz meiner Hinweise auf, wie ich glaube, ernst zu nehmende Fehlentwicklungen im vorangegangenen Kapitel und darauf, daß sie bei wirksamer Führung und Aufsicht gar nicht hätten eintreten dürfen, kann dem noch immer entgegengehalten werden, daß letztlich doch, wenn auch vielleicht etwas spät, reagiert wurde. Gelegentlich gibt es auch den Einwand oder die Begründung, ein erheblicher Teil der Schwierigkeiten habe seine Ursache gar nicht in der Wirtschaft, sondern in der Politik. Nun sind weder Dramatisierung noch Beschwichtigung gute Ratgeber. Auch der Hinweis auf politische Ursachen, selbst wenn er richtig wäre, hilft letztlich nicht. Es zählen nur die Ergebnisse und nicht die Gründe ihres Zustandekommens.

Würde man also mit einiger Großzügigkeit noch zu einem gesamthaft positiven Urteil für die *Vergangenheit* kommen und somit auch zum Ergebnis, daß kein ins Gewicht fallender Änderungsbedarf der Gesamtführung aus dieser Sicht gegeben ist, so stellt sich doch die Frage, ob die praktizierte Art der Führung *auch in Zukunft* genügen wird. Mein Vorschlag ist, diese Frage – gewissermaßen um auf der sicheren Seite zu sein – mit Nein zu beantworten. Dafür habe ich zwei Gründe.

Der *erste* Grund ist, daß die Gestaltung der Gesamtführung eines Unternehmens an den Anforderungen des *schlechtesten* und *schwierigsten* Falles ausgerichtet sein muß. Wie schon erwähnt wurde, sind in Zeiten gewöhnlicher Wirtschaftslage und eines gewöhnlichen Geschäftsganges die Exekutivorgane nur teilweise und die Aufsichtsorgane noch weniger gefordert. Ihre Wirksamkeit und Qualität zeigen sich erst dann, wenn man sich in einer schwierigen Situation befindet. Die Krisensituation im Unternehmen bringt es erst an den Tag, ob die Führungsorgane der Lage überhaupt nicht, gerade noch, oder eben souverän gewachsen sind. Die Anforderungen *solcher* Fälle müssen somit *Maßstab* für Ausgestaltung und Funktionsweise der obersten Instanzen sein. Das mag dazu führen, daß etwas »Reservekapazität« – nicht in erster Linie mengenmäßig, sondern qualitätsbezogen – vorzuhalten ist. Unter Umständen kostet das auch etwas, zum Beispiel höhere Honorare für die Aufsichtsmitglieder. Diese Kosten sind aber im Verhältnis zu den potentiellen Schäden einer versagenden Führung vernachlässigbar. Es hat ja Gründe, weshalb zum Beispiel Flugzeugpiloten regelmäßig während ihres gesamten Aktivdienstes immer wieder die schwierigsten und gefährlichsten Manöver trainieren müssen. Nach Plan verlaufende Schönwetterflüge stellen keine Probleme.

Es gibt aber noch einen *zweiten* Grund dafür, die Wirksamkeit der obersten Führungsorgane an den anspruchvollsten Maßstäben zu orientieren. Er hängt mit der mutmaßlichen Entwicklung der Zukunft zusammen. Ich schlage vor, ganz generell immer davon auszugehen, daß die Zukunft anders sein wird als die Vergangenheit. Das ist weniger banal, als es klingt. Diese Maxime ist von besonderer Wichtigkeit dann, wenn die Vergangenheit besonders günstig verlaufen ist, sei es für das Einzelunternehmen oder für die Gesamtwirtschaft.

»Wen die Götter zerstören wollen, dem schicken sie 40 Jahre Erfolg«, war eine Erkenntnis schon der Antike. Nun, sie schickten uns 40 Jahre Erfolg, die längste und beste Prosperitätsphase, die es geschichtlich überhaupt je gab. Noch nie zuvor sind so viele Menschen von so langanhaltendem Wirtschaftswachstum begünstigt und verwöhnt worden. Wenn etwas – und noch dazu etwas Willkommenes – über eine lange Zeit schon angedauert hat, dann ist es nach allem, was wir über menschliches Wahrnehmen und Lernen wissen, gar nicht zu vermeiden, daß die Vergangenheit in die Zukunft *extrapoliert* wird. Die Zukunft war aber – historisch

gesehen – noch nie so wie die Vergangenheit; manchmal war sie besser und manchmal schlechter. Lineare Trendextrapolation ist eine beinahe zwanghafte Reaktion der Menschen, und je länger ein Trend schon angehalten hat, um so berechtigter scheinen die Extrapolationen zu sein. Sie nähren aber falsche Hoffnungen und sind eine der *größten Gefahren* für jede Gesellschaft. Es gibt – wenn überhaupt – nur *eine* Gruppe, die *Führungselite*, die diese Gefahr erkennen, sie vermeiden und auf sie richtig reagieren kann – durch entsprechende Vorbereitung auf den schwierigsten Fall. Jedenfalls sehe ich darin die Aufgabe und Verantwortung der Führung. Nicht die gewöhnliche Situation, sondern die außergewöhnliche muß Richtschnur sein; nicht der Trend, sondern der Trendbruch ist wesentlich; nicht Kontinuität der Entwicklung, sondern ihre Diskontinuitäten. Die Geschichte ist voll von Beispielen; jede Katastrophensituation und jeder Krieg liefern Anschauungsmaterial.

Die Götter schickten uns also 40 Jahre Erfolg, in Form von vier Jahrzehnten Hochkonjunktur nach dem Zweiten Weltkrieg. Wird es so weitergehen? Ende der achtziger Jahre und noch anfangs der neunziger Jahre war das die allgemeine Überzeugung. Inzwischen ist sie deutlicher Ernüchterung und anhaltender Skepsis gewichen. Aber nur wenige Unternehmen waren auf die scheinbar überraschend in den neunziger Jahren eintretende Rezession vorbereitet, obwohl man diese Situation kommen sehen *konnte* und als Mitglied oberster Führungsorgane – wie ich meine – auch kommen sehen *mußte*.

Ich habe im Frühsommer 1990 ein Buch über Krisengefahren in der Weltwirtschaft publiziert[2], das damals in klarer *Gegenposition* zur allgemeinen Auffassung der Wirtschaftsexperten, Top-Manager und Politiker stand. Daher hatte ich noch eine Zeitlang viele und zum Teil heftige Diskussionen zu bestehen, in denen die Lage, die dann tatsächlich eingetreten ist, für unwahrscheinlich, ja unmöglich ge-

2 Malik, F./Stelter, D., Krisengefahren in der Weltwirtschaft, Verlag NZZ, Zürich 1990.

halten wurde, und daher die Meinung, die ich in diesem Buch vertrat, teils recht emotional abgetan wurde. Ich kann mich aus diesem Grunde sehr genau an diese Zeit und an den *totalen Mangel* an auch nur mentaler, ganz zu schweigen von unternehmerischer Vorbereitung sehr genau erinnern. Nach praktisch übereinstimmender Meinung der Mainstream-Ökonomie, aber auch der politischen und wirtschaftlichen Führungselite, hätten die neunziger Jahre *das* Goldene Jahrzehnt des 20. Jahrhunderts schlechthin werden sollen. Diese Meinung wurde nicht ohne gute Gründe vertreten. Im wesentlichen war sie auf zwei Elemente gestützt: Zum *ersten* auf den bevorstehenden *Europäischen Binnenmarkt* und die großen Erwartungen, die man bezüglich Konsum- und Investitionswirkung der Integration hatte, und zum *zweiten* auf den *Zusammenbruch der kommunistischen Regime* und die als logische Konsequenz erwarteten neuen, riesigen und völlig ungesättigten Märkte. War eine noch bessere Konstellation für einen gewaltigen Wachstumsschub überhaupt vorstellbar?

Meine eigenen Überlegungen und Analysen hatten mich damals zu einem *ganz anderen* und vollständig *konträren* Ergebnis geführt. Ich war der Auffassung – und das ist der Inhalt des erwähnten Buches – daß alle Voraussetzungen erfüllt waren für eine schwere und langanhaltende *Rezession*, verbunden mit hoher *Arbeitslosigkeit* und einer statt von Inflation (wie sie vorher 20 Jahre zu verzeichnen war) von *deflationären* Tendenzen geprägten Wirtschaft. Ich habe die Meinung vertreten, daß alle *hinreichenden* (noch nicht die notwendigen) Voraussetzungen zum ersten Mal nach 60 Jahren wieder erfüllt waren, um eine Wiederholung der dreißiger Jahre zu ermöglichen. Als Folge meiner Analysen habe ich dringendst davor gewarnt, den Trend der letzten vier Dekaden linear hochzurechnen und habe empfohlen, sich statt dessen auf einen langen und harten »Wirtschaftswinter« vorzubereiten. Meine Auffassung war, daß der Wirtschaft eine Periode schmerzlicher und tiefgreifender Anpassungszwänge bevorsteht und daß diese Anpassungen nicht nur Oberflächenkorrekturen an Wohlfahrtsstaat und Wohlfahrtsgesellschaft erforderlich machen werden, sondern an die Basis einer demokratischen und rechtsstaatlichen Gesellschaft gehen können – wenn nicht größte und umsichtigste Führungskompetenz in Wirtschaft und Politik mobilisiert wird.

Der bisherige Verlauf der neunziger Jahre hat das Szenario jener, die die damaligen Trends extrapolierten, ganz eindeutig *widerlegt*, und er hat mein Szenario zwar nicht in allen Einzelheiten, aber doch in seinen wesentlichen Komponenten *bestätigt*. Wir stehen jetzt aber *keineswegs* am Ende der Schwierigkeiten, wie das von vielen nach der nun doch schon längeren und zähen Rezession geglaubt oder gehofft wird. Ich schlage vor, im Gegenteil davon auszugehen, daß wir erst das erste Drittel, vielleicht sogar nur das erste Viertel einer fundamentalen Transformation von Wirtschaft und Gesellschaft hinter uns haben. Die größeren Probleme stehen noch bevor, und ihre Lösung wird höchste Führungskompetenz fordern.

Die Entwicklung der neunziger Jahre war in den Einzelheiten ihres Verlaufes je nach Region naturgemäß verschieden, aber nur in ganz wenigen Fällen war sie *grundsätzlich* anders, als ich es in dem angeführten Buch darstellte. *Japan* exerziert den Verlauf dieser Transformation vielleicht am deutlichsten vor. Das Land steht in einer schweren deflationären Krise der Wirtschaft. Die *europäische* Situation ist jedem Leser ohnehin bestens vertraut und braucht nicht näher beschrieben zu werden. Erwähnenswert ist vielleicht nur, daß kaum eine der Hoffnungen bezüglich der Entwicklung des *europäischen Ostens* erfüllt wurde. Von »blühenden Landschaften« kann nicht einmal in Ostdeutschland, trotz der massiven Hilfe gesprochen werden, und selbst das vergleichsweise beste Beispiel, *Tschechien*, steht vor schwierigen Problemen. In Westeuropa haben die *Niederlande* und *England* seit kurzem wieder eine bessere Entwicklung zu verzeichnen, aber auch sie sind keineswegs am Ende der Anpassungsnotwendigkeiten.

Die Rezession hat zeitgleich mit Europa, eher sogar noch etwas früher, auch die *USA* erfaßt, allerdings haben die amerikanischen Unternehmen und vor allem die amerikanischen Gewerkschaften schneller, energischer und radikaler reagiert, als das in Europa bisher der Fall war. Dadurch ist den USA eine raschere und in ihrem Verlauf eindrucksvolle Erholung gelungen, die sich aber nach meiner Auffassung als Zwischenerholung erweisen wird. Außerdem sind die sozialen Kosten der amerikanischen Anpassung noch nicht zur Gänze sichtbar. Immerhin haben die bisherigen Anpassungen dazu geführt, daß das reale Durchschnittseinkommen der Amerikaner auf den Stand von 1956 zurückgefallen ist. Das entscheidende Problem der USA ist aber die dort entstandene Finanzblase, deren Platzen zu einer ernsthaften Bedrohung der finanzwirtschaftlichen Lage führen könnte.

Mit Ausnahme Japans können einige *südostasiatische Länder* einen anderen Verlauf aufweisen, aber die dortigen Erfolge sind bei weitem nicht so groß, wie das in den Medien dargestellt und überraschenderweise auch von den meisten Führungskräften geglaubt wird. Zudem spricht vieles dafür, daß gerade die erfolgreichsten asiatischen Länder schon bald mit schweren Rückschlägen konfrontiert sein werden. Auch einige *südamerikanische Länder* haben große Fortschritte gemacht; von gelösten Problemen kann aber keineswegs gesprochen werden. *Afrika* muß wohl, von wenigen Ausnahmen abgesehen, zur Zeit als hoffnungslos eingestuft werden.

Diese Gesamtlage muß kontrastiert werden mit den großen, teilweise geradezu *euphorischen Erwartungen*, die es, wie dargestellt, zu Beginn der neunziger Jahre für die Entwicklung der Weltwirtschaft gab. Stellvertretend für den Grundtenor der damaligen Zeit sei hier nur eine von vielen Aussagen zitiert.

H. Jürgensen, Professor und Direktor des Instituts für Wirtschaftsintegration an der Universität Hamburg sagte im Herbst 1991: »Der Resonanzboden für die Kräfte der Innovation und Investition ist in den neunziger Jahren nirgends so günstig wie in Europa.« Daher sei, so liest man weiter, auch die Teilnahme der USA und Japans zu erwarten und in der Folge eine Ausweitung und Verstetigung der günstigen

Ausgangslage.[3] Nicht nur ist dies nicht eingetroffen, wir haben das *genaue Gegenteil* zu verzeichnen. Wirtschaft und Gesellschaft durchlaufen eine der *größten* Umwandlungen, die es geschichtlich je gab. Sie ist in Ausmaß und Bedeutung vergleichbar mit Entwicklungen, wie sie historisch erstaunlicherweise etwa alle 200 bis 250 Jahre zu verzeichnen sind.[4] Eine derartige Transformation fand im 13. Jahrhundert statt, geprägt durch die Gotik, die Entstehung der modernen Stadt und der ersten Universitäten[5] als Zentrum des geistigen Lebens, durch die neuen urbanen Ordensgemeinschaften der Dominikaner und Franziskaner, die Entstehung der Zünfte als dominanter sozialer Struktur und die Wiederentstehung des großräumigen Handels.

Eine weitere, ähnlich tiefgreifende Umwandlung fand zwischen 1455 und 1517 statt, beginnend mit der Erfindung des Buchdruckes und geprägt durch die Reformation. Es entstand die Renaissance, Amerika wurde entdeckt, es war die Entstehung der Wissenschaften und die Wiederbelebung der Medizin (besonders der Anatomie) zu verzeichnen, das arabische Zahlensystem fand allgemeine Verbreitung, und diese Zeit brachte die Etablierung des ersten stehenden Heeres – der spanischen Infanterie – seit den römischen Legionen.

Die bisher letzte derartige Transformation begann Mitte des 18. Jahrhunderts und wurde deutlich in den Ereignissen der amerikanischen Verfassung, der Perfektionierung der Dampfmaschine durch James Watt und der damit beginnenden Industrialisierung, in der Französischen Revolution und den Napoleonischen Kriegen. Diese Transformation verwandelte nicht nur die politische Struktur Europas, sie schuf auch die moderne Universität, die Entstehung von Liberalismus und Marxismus oder Kapitalismus und Kommunismus,

---

3 Jürgensen, H., Die Bundesrepublik Deutschland zwischen Wiedervereinigung und Binnenmarkt '93 – Wirtschaftsperspektiven für die neunziger Jahre, 1991.

4 Siehe dazu auch Drucker, P., Post-Capitalist Society, London 1993.

5 Oxford, sogar schon im 12. Jahrhundert, und dann Padua 1222, Neapel 1224, Paris 1253, Salamanca 1254, Lissabon 1290 und Rom 1303.

und sie brachte eine vollständig neue europäische Gesellschaftsstruktur.

Diesen Perioden ist gemeinsam, daß sich jeweils innerhalb von etwa 50 Jahren die Gesellschaft, ja die Welt der jeweiligen Zeitgenossen so radikal veränderten, daß später Geborene buchstäblich keine Vorstellung mehr von der Welt ihrer Eltern oder Großeltern hatten. 50 Jahre mögen im Leben eines Menschen als lange erscheinen. Geschichtlich ist das eine sehr kurze Periode. 50 Jahre waren *objektiv* lange in Relation zur Lebenserwartung des mittelalterlichen Menschen, des Renaissance-Menschen und des Zeitgenossen der französischen Revolution. Die damaligen Transformationen spielten sich somit über *mehrere* Generationen ab. 50 Jahre sind aber heute, selbst im Leben eines einzelnen Menschen, keine besonders lange Zeit mehr.

Die gegenwärtige Transformation wird daher schwerwiegender sein als die früheren. Sie wird nicht nur ähnlich tiefgreifend sein, wie die vergleichbaren bisherigen, sondern sie wird als dramatischer empfunden werden. Die *demographische* und *psychologische* Ausgangslage ist völlig verschieden. Der Anpassungsdruck, der sich früher auf mehrere Generationen verteilte, trifft heute geballt *eine einzige* Generation. Das ist der demographische Aspekt. Darüber hinaus ist die heutige Generation geschichtlich die erste, die sich im Glauben wiegen konnte und daher auch wiegt, daß es ewig so weitergehen könne wie bisher. Keine andere Generation hat bisher ein so hohes Wohlstandsniveau für die Masse zu verzeichnen gehabt und daher einen so hohen Verwöhnungsgrad. Das ist der psychologische Aspekt. Die Menschen früherer Epochen haben sich vom Leben, von der Gesellschaft und vom Staat nicht besonders viel erwartet. Sie hatten keine Illusionen. Den allermeisten ging es vor und nach einer Transformation nicht besonders gut, und sie hatten daher auch keine besonderen Erwartungen und Ansprüche. *Heute ist das anders.* Der vor sich gehende Wandel trifft *eine* Generation – und eine *hochverwöhnte*. Daher werden schon kleine Rückschläge im Wohlstandsniveau als dramatisch empfunden. Somit werden auch die Anforderungen an die

Führung, an die *Lotsen durch diese Transformation*, wesentlich höher sein. Dazu kommt, daß Konfusion und Orientierungslosigkeit erheblich größer sind.

Nach allem, was zu erkennen ist, ist kaum daran zu zweifeln, daß wir uns also inmitten einer ähnlich umfassenden, tiefgreifenden und schnellen Umwandlungsperiode befinden, wie die oben erwähnten historischen Beispiele. In 10 bis längstens 20 Jahren wird – wie zu Beginn von Kapitel 1 schon gesagt – nicht mehr sehr viel so sein, wie es heute ist, und es ist eine offene Frage, ob es besser sein wird oder schlechter. Alle Umwälzungsperioden der angeführten Art haben zumindest *vorübergehend* Wohlstandseinbrüche mit sich gebracht, die Verschiebung der Machtzentren und die Veränderung der politischen und sozialen Struktur.

Es wird nicht möglich sein, den Verlauf dieser Transformation und die sich daraus ergebenden Folgen *im einzelnen* zu beschreiben. Wir hatten zwar noch nie so viele Zukunftsforscher und Trend-Gurus wie heute, aber die Zukunft ist nicht prognostizierbar. Was hingegen beschrieben werden *kann*, sind einige Entwicklungen, die schon eingetreten sind oder die dabei sind einzutreten, und deren Folgen. Das erscheint äußerlich auch wie eine Prognose, ist aber im Kern etwas ganz anderes, nämlich das Durchdenken der Grundmuster schon gegebener Realitäten und ihrer logischen Konsequenzen.

Das halte ich für eine der *wichtigsten*, wenn auch zugegebenermaßen schwierigsten Aufgaben der obersten Führungsorgane von Wirtschaft und Gesellschaft. Wenn auch nur die Hälfte dessen stimmt, was sich als Szenario ergibt, dann müssen sich die Top-Management-Instanzen auf *sehr viel schwieriger zu lösende Probleme vorbereiten* und ihre Kompetenz und Wirksamkeit an etwas anderem messen, als an den vergangenen vierzig schönen Jahren. Dann sind die *höchsten* Maßstäbe *gerade gut genug*. Dann ist vielleicht auch die im zweiten Kapitel gewagte Kritik eher zu mild als zu hart.

3.2 (Fast) alles wird sich ändern

Ich will versuchen, im folgenden einige der jetzt schon erkennbaren Elemente dieser Transformation grob und holz-
schnittartig zu skizzieren. Man wird immer mit mehreren,
alternativen Szenarien arbeiten müssen. Ich schlage aber
vor, zumindest *ein* Szenario mit *diesen* Elementen im Spektrum zu haben und die Frage zu durchdenken, wie die Führung aussehen und funktionieren müßte, falls dieses Szenario Realität werden sollte.

Meine *erste* These lautet, wie schon angedeutet:

*Wirtschaft und Gesellschaft durchlaufen derzeit eine der
größten und fundamentalsten Transformationsperioden, die
es geschichtlich je gab. Die Natur dieses Wandels wird von
vielen Entscheidungsträgern in Politik und Wirtschaft nur
schlecht verstanden. Ein erheblicher Teil der öffentlichen
Diskussion konzentriert sich auf die falschen Schwerpunkte,
sie wird in den Denkkategorien der letzten 100 Jahre geführt, und man läuft daher Gefahr, auf die wirklich wesentlichen Faktoren dieser Transformation und deren Auswirkungen unvorbereitet zu sein. Man gibt heute viele sehr gute
Antworten – leider auf viele falsche Fragen.*

Meine *zweite* These ist:

*Die entscheidende gesellschaftliche Funktion für diese
Transformation wird Führung, wird Management sein, für
die Nutzung der Chancen ebenso wie für die Vermeidung der
Gefahren. Management gehört aber seinerseits zu den un-
verstandensten gesellschaftlichen Funktionen, und daher
wird das vorhandene Problemlösungspotential auch nicht
genutzt werden können, wenn sich an der Qualität des Verständnisses dafür nichts Wesentliches verändert. Nicht nur
ist Management unverstanden, sondern weithin akzeptierte
Vorstellungen darüber sind auf gefährliche Weise falsch und
kollektiv irreführend.*

Als Ergebnis der sich gegenwärtig abspielenden gesellschaftlichen Transformation werden wir eine grundlegende
Änderung von fast allem erleben, *was* wir tun und *wie* wir es
tun; und wir werden eine ebenso fundamentale Änderung
erleben, *warum* wir es tun. Einen Ansatz zur Bewältigung
der mit solchen Transformationen typischerweise verbundenen Probleme sehe ich in einer gleichermaßen grundlegenden Änderung der Art und Weise, wie wir solche Prozesse,
ihren Verlauf und ihre Richtung sowie die damit verbundenen Institutionen *gestalten* und *steuern*.

Die treibenden Kräfte dieser Transformation kann man zu
vier oder vielleicht fünf großen Problemfeldern zusammenfassen: *Demographie, Technologie, Ökologie* und alles durchseuchende *Verschuldung*. Ein fünftes Problemfeld, das daraus resultiert, kann als *Komplexität* bezeichnet werden. Dieses ergibt sich daraus, daß die ersten vier Problemfelder in
gegenseitiger Abhängigkeit stehen und sich wechselseitig
durchdringen.

Ich sagte, daß sich fast alles, *was* wir tun und *wie* wir es
tun, verändern wird, zum Beispiel was wir *konsumieren* und
produzieren, und wie wir das tun. Zwischen 50 und 60 Prozent des Bruttosozialproduktes in den entwickelten Ländern
resultieren aus *Konsum.* In den rund 50 Jahren wirtschaftlicher Prosperität, die wir seit dem Zweiten Weltkrieg zu verzeichnen hatten, haben wir ein Konsumniveau und damit einen *Sättigungsgrad* erreicht, den es noch nie zuvor auf dieser Welt gegeben hat. Dies ist ein Erfolg, der für frühere
Generationen kaum vorstellbar war. Natürlich bin ich jederzeit bereit, zuzugeben, daß es weltweit ein noch viel größeres Ausmaß an ungesättigten Bedürfnissen gibt. Aber eine
Wirtschaft kann keine *Bedürfnisse* befriedigen; sie kann nur
Nachfrage decken. Und Nachfrage sind nur jene Bedürfnisse, für die auch jemand bezahlen kann. Es gibt kein Naturge-
setz, wonach alle Bedürfnisse dieser Welt befriedigt werden.
Daß es so sein könnte oder sein müßte, ist eine Illusion, die
sich in eben jenen Ländern, die von der besagten Wohl-
standsperiode begünstigt waren, entwickeln konnte und von
hier über die Medien und einem Teil der Wirtschaftstheo-

retiker in jene Länder getragen wurde, die davon bisher nicht profitierten und nun mit verständlichem und teilweise aggressivem Neid diese Entwicklung nachzuholen versuchen.

Aber es ist eine Illusion. Bisher sind, historisch betrachtet, die meisten Menschen mit ziemlich denselben Bedürfnissen gestorben, mit denen sie geboren wurden. Nachfrage, das einzige, was die Wirtschaft decken kann, setzt nicht in erster Linie Bedürfnisse voraus, sondern *Kaufkraft*. Angesichts der *weltweiten Verschuldungslage* fällt es zumindest schwer, Kaufkraft und insbesondere *zusätzliche*, über das heutige Niveau hinausgehende Kaufkraft zu entdecken. Kaufkraft ist entweder verfügbares und aus ökonomischer Leistung (nicht aus der Notenpresse) kommendes Geld oder aus beleihbarem Eigentum resultierende Kreditspielräume. Beides wurde durch die Schuldenwirtschaft der achtziger und neunziger Jahre selbst in den reichsten Ländern der Welt völlig aufgebraucht. Konsum wird aus diesem *ersten* Grund ein *unzuverlässiger* Pfeiler der Wirtschaftsentwicklung sein.

Aber es gibt noch einen *zweiten* Grund dafür. In den entwickelten Ländern und dort bei jenen Bevölkerungsschichten, die noch über Kaufkraft verfügen, hat sich der *Charakter* des Konsums bereits massiv verändert. Mit Ausnahme von Lebensmitteln, Medikamenten u.ä. dient er nicht mehr, wie etwa nach dem Zweiten Weltkrieg, der Deckung drängenden und existentiellen *Bedarfs*, sondern nur noch der Erfüllung von *Wünschen*. Den meisten Leuten würde, wenn sie nichts mehr außer den täglichen Lebensmitteln kauften, nicht sehr viel fehlen – weil sie schon fast alles haben. Dies gilt insbesondere für die dauerhaften Gebrauchsgüter, wie Autos, Waschmaschinen, Kühlschränke, Fernsehgeräte usw. Man kann zusätzlichen und neuen Kauf nicht gerade unlimitiert, aber doch sehr lange *aufschieben*, ohne daß man einen wesentlichen *Mangel* verspürt. Man verfügt dann vielleicht nicht über das neueste technische Modell eines Gerätes, aber das kann man leicht verschmerzen.

Es wird einen gewissen *Ersatzbedarf* geben, und es wird vor allem *Substitutionsgüter* geben. Diese werden als Folge der technologischen und teilweise der ökologischen Entwicklung aber völlig anders sein als bisher, ob genmanipulierte Nahrungsmittel oder elektronifizierte Roboter.

Ähnliches, was ich hier zum Konsum sagte, gilt auch für den *Investitionsgütersektor*. Die Infrastrukturen der entwikkelten Länder sind vorhanden: Industrieanlagen, Transportsysteme, Schulen und Universitäten, Schwimmbäder und Verwaltungsgebäude usw. Am ehesten fehlen noch Sozialwohnungen. Diese Infrastruktur ist auf hohem Niveau, sie ist leistungsfähig. Sie ist vor allem auch in den Bilanzen noch längst nicht abgeschrieben. Natürlich kann man sich immer etwas noch Besseres vorstellen, es gibt Reparatur- und Ersatzbedarf, aber nur auf wenigen Gebieten Kapazitätserweiterungsbedarf, der drängend wäre.

Auch hier wird es eher um *Substitution* als um Ausweitung gehen. Substitution bringt zwar immer etwas Neues, aber sie gefährdet auch etwas Bestehendes. Wo ein Sonnenkollektordach gebaut wird, wird es in eben diesem Umfange kein Ziegeldach mehr brauchen; wo eine Glasfaserleitung installiert wird, benötigt man kein Kupferkabel mehr, wobei noch zusätzlich zu beachten ist, daß das Glasfaserkabel etwa die 300fache Kapazität zu Bruchteilen der Kosten der Kupfertechnologie ermöglicht.

Aber selbst der unbestrittene Reparatur- und Substitutionsbedarf stößt auf sehr eng gezogene Grenzen der *Finanzierung* aufgrund der bestehenden *Verschuldung*. Es hat ja fast immer denselben Grund, weshalb zum Beispiel die Öffentliche Hand auch außer Streit stehende Renovationen oder Ersatz nicht vornimmt: die Finanzierung. Und es hat fast immer nur zwei Gründe, weshalb ökologische Investitionen nicht getätigt werden: Entweder weil sie zumindest vorläufig durch ihre Kosten die Wettbewerbslage von Unternehmen, Branchen und Ländern verschlechtern oder weil sie nicht finanzierbar sind.

Aus einer Reihe von Gründen hat die Art, *wie* wir produzieren, sich nachhaltig zu verändern begonnen. Die bestehenden *Überkapazitäten* zwingen ebenso dazu wie die *Produktivitätsdifferenzen* zwischen konkurrierenden Unter-

nehmen und Ländern. Die *Prämissen*, von denen man ausgehen muß, lauten: Alles, was automatisiert werden kann,
wird auch in den nächsten 10 bis 20 Jahren automatisiert;
und alles, was elektronifiziert werden kann, wird auch elektronifiziert. Alles, was man weglassen kann, wird weggelassen; und alles, was man ›outsourcen‹ kann, wird ›outge-
sourct‹.

Auch wenn heute schon vermeldet wird, daß da und dort
der Automatisierungsgrad wieder zurückgenommen werde
oder es mit Outsourcing erhebliche Schwierigkeiten gäbe,
müssen diese Prämissen die Ausgangsbasis bilden. Wir stehen erst am Anfang dementsprechender Entwicklungen,
und keineswegs, wie manche Leute glauben machen wollen,
an deren Ende. Daß in Zusammenhang mit solchen tiefgreifenden Veränderungen auch Fehler gemacht werden und
Übertreibungen vorkommen, die man korrigieren muß, ist
unvermeidbar. Daraus aber zu schließen, daß es sich um
vorübergehende Modeerscheinungen handele oder die Bewegungen abgeschlossen seien, ist gefährlich. Nicht nur
Business-*Process*-Reengineering, sondern überhaupt Busi-
ness-*Restructuring* haben ihre Logik und ihre bemerkens-
werten Ergebnisse. Sie sind vielleicht nicht die einzige, aber
doch jedenfalls *eine* Antwort auf die fundamentalen Ver-
schiebungen im Wirtschafts- und Sozialgefüge.

Im Zuge dieser Entwicklung verändern sich ebenso radikal *Transportmodalitäten* und *Distributionsformen*. Wir stehen bereits inmitten dieser Entwicklung. Kaum etwas hat
sich in den letzten zehn Jahren in fast allen Ländern so nachhaltig verändert wie die Distributionskanäle und die Waren-
verteil- und Handelsformen. Aber auch hier ist die Veränderung längst nicht abgeschlossen. Inzwischen wird eingesehen, daß es zum Beispiel keinen Sinn manchen kann, weder
ökonomisch noch ökologisch, Güter von einem Ende Europas
an das andere zu transportieren und die Transportkapazitä-
ten leer zurücklaufen zu lassen. Die gesamte Logistik ist
weltweit in Reorganisation. Als Folge dessen fallen ganze
Ebenen oder Stufen der bisherigen Warenverteilsysteme
weg, verschieben sich Umschlagsplätze und Warenströme.

Es entstehen neue Dienstleistungs- und Geschäftsmöglichkeiten, die wiederum bisherige ersatzlos obsolet machen.
Aber es tritt eine völlig neue Entwicklung hinzu: Die Wirtschaft der letzten 100 Jahre funktionierte, wie *Peter Drucker*
das einmal so treffend formulierte, nach dem Muster »making and moving things and people«. Inzwischen sind wir
wohl am Ende dieser Wirtschaftsform angelangt. »Making
and moving things« ist fast nirgends mehr ein großes Problem. Selbst sehr unterentwickelte Länder können, wie etliche Beispiele zeigen, auf diesem Gebiet vergleichsweise rasche Erfolge erzielen, nicht nur im Sinne des Nach-, sondern
auch des Überholens. »Using knowledge« heißt wohl das
neue Problem, wozu später noch mehr zu sagen sein wird.
Und »moving people« ist angesichts der Verkehrsstaus, der
Verstopfung der Innenstädte, der Luftverschmutzung und
völligen Disproportionalität zwischen »unterwegs sein« und
»arbeiten« zumindest für die Arbeitswelt ebenfalls an Grenzen angelangt. Dies um so mehr, als wir ja die Technologie
haben, die es uns prinzipiell erlaubt, die Menschen nicht
mehr zur Arbeit, sondern die Arbeit zu den Menschen zu
bringen. Dies wird radikale Veränderungen der Arbeitswelt,
der Arbeitsformen und Arbeitszeiten und wahrscheinlich
auch der Einstellung zur Arbeit nach sich ziehen, einige davon negativer Natur, andere sehr positiver.

Ich habe *nicht* das Bild vor Augen, daß die Menschen zu
Hause vor Computern sitzen und »Tele-Arbeit« leisten werden. Der Mensch ist, und er wird es wohl noch einige Zeit
bleiben, ein Gemeinschaftswesen. Ich meine daher eher, daß
die Verwaltungszentren und Kopfarbeiter-»Burgen« aus den
Innenstädten hinaus an die Peripherie ziehen werden und
daß die Arbeit dort erledigt wird, wo die Menschen schon
sind. Es gibt bereits Beispiele dafür, wie etwa eine amerikanische Versicherungsgesellschaft, die ihre Policenverwal-
tung in Irland erledigen läßt, was über Satellitenverbindung
ohne weiteres möglich ist, ohne daß ein Ire sich nach New
York begibt.

Rohstoffe werden in der neuen Wirtschaft kaum noch eine
wesentliche Rolle spielen. Man wird weiterhin Rohstoffe

brauchen, das ist klar, aber sie werden nicht von jener zentralen Bedeutung sein, wie in den letzten Jahrhunderten, wo der Besitz von oder die Verfügungsgewalt über Rohstoffe Schlüssel zu Macht, Einfluß und Weltbedeutung waren. Die Rohstoff-Epoche hatte im wesentlichen bereits mit der Entstehung des OPEC-Kartells ihren Kulminationspunkt erreicht.

Erstens scheint es doch so zu sein, daß wir selbst von Schlüsselrohstoffen wie Öl mehr besitzen, als bisher angenommen wurde. *Zweitens* beginnen Recycling und Substitution inzwischen ihre Wirkung zu zeigen. Für stark ökologisch ausgerichtete Menschen mag das zur Zeit noch zu wenig sein, aber immerhin sinkt selbst in den Ländern mit größter Energieverschwendung der Energieverbrauch pro Einheit des Sozialproduktes, und immerhin sind 80 bis 90 Prozent der in einem modernen Automobil steckenden Rohstoffe wiederverwendbar. Zum *dritten* wird die neue Wirtschaft gar nicht mehr so viele Rohstoffe benötigen: Das Auto, als wohl typisches Produkt des 20. Jahrhunderts, hat einen Rohstoffanteil von 30 bis 40 Prozent, und es sind sehr teure Rohstoffe. Das für das 21. Jahrhundert typische Produkt, der Mikrochip, und alles, was um ihn herum entsteht, hat einen Rohstoffanteil von 2 bis 3 Prozent, und es sind ganz billige Rohstoffe, nämlich in letzter Konsequenz Sand.

Was wirklich knapp sein wird, ist ein ganz anderer Rohstoff, nämlich *Wissen,* zum Beispiel jenes Wissen, das man braucht, um vom Ausgangsmaterial Sand zu einem Mikrochip zu kommen. Mehr und mehr zeigt sich, daß die entscheidende und letztlich einzige, wohlstandschaffende Ressource Wissen ist, und damit hängt in letzter Konsequenz auch die Bedeutung von *Management* zusammen, wie noch zu diskutieren sein wird.

In Verbindung damit kann auch eine fundamentale demographische Folge gar nicht hoch genug eingeschätzt werden, nämlich der Ersatz des *manuellen* Arbeiters durch den *Kopfarbeiter.* Vor dem Hintergrund der bereits erwähnten Prämisse bezüglich fortschreitender Automatisierung gibt es zwei dominierende Vorstellungen, die ich für sehr fraglich halte: die eine ist die Vorstellung einer *High-Tech-Ökonomie*, und die andere jene einer *Dienstleistungsgesellschaft.* Von beidem werden wir wohl etwas mehr haben als bisher, aber nicht wesentlich mehr.

»High-Tech« macht Schlagzeilen und steht im Zentrum von Aufmerksamkeit, von Interesse und von Ängsten. Der weitaus größte Teil der produzierenden Wirtschaft ist aber noch immer (und wird es auch mit fortschreitender Automatisierung bleiben) Low- und No-Tech. Wovon wir wohl mehr brauchen werden, ist *High-Engineering,* und was vor allem steigt, ist der *Wissensgehalt* fast aller Tätigkeiten.

Das ist leicht daran zu erkennen, daß für immer mehr Arbeiten, für die noch vor vergleichsweise kurzer Zeit lesen und schreiben zu können eher hinderlich waren, heute ein erhebliches Maß an schulischer, nicht nur handwerklicher Ausbildung nötig ist. Der Maurer von früher konnte seinen Job auf der Basis einiger handschriftlicher Skizzen, man konnte sie kaum Pläne nennen, erledigen. Der Maurer von morgen wird wahrscheinlich vor Arbeitsbeginn ein portables CAD-System online über Satellit benützen, um den allerneuesten Planungsstand abzurufen, an dem in seiner Nacht andernorts, wo es Tag war, bis zuletzt real time Pläne geändert und à jour gebracht wurden, oder wo man, wie es indische Software-Ingenieure heute schon tun, in drei Schichten rund um die Uhr arbeitet, um die teuren Ressourcen bestmöglich zu nutzen.

Die Ablösung des manuellen Arbeiters bedeutet nicht in erster Linie eine Bewegung weg von wertschöpfender Produktion und hin zu Dienstleistung, sondern sie bedeutet weg vom *Industriearbeiter* und hin zum *Kopfarbeiter.*

Der Begriff »Dienstleistung« ist überhaupt sehr fragwürdig. Die gesamten wirtschaftlichen Klassifikationen, statistischen Kategorien, das darauf beruhende Datenmaterial und somit auch die daraus gezogenen Schlüsse werden bedeutungslos, ja gefährlich, weil sie irreführend sind. »Dienstleistung« ist eine völlig nichtssagende Kategorie. Wir finden in ihr Branchen mit den *niedrigsten* Löhnen (Restaurantketten, Supermärkte usw.) und solche mit den *höchsten* Einkommen

(Banken, Versicherungen, Software usw.). Unter dieser, früher einmal sinnvollen Bezeichnung (sie war eine Restgröße, die alles umfaßte, was keiner anderen Kategorie zugeordnet werden konnte und hatte einen Anteil von rund 5 Prozent des Bruttosozialproduktes) werden Tätigkeiten erfaßt, die *keinerlei* berufliche Qualifikation erfordern (einfache Reinigungsdienste) und solche, die *allerhöchsten* Bildungsgrad voraussetzen (Forschungslaboratorien). Wir finden darin Firmen mit *vernachlässigbarem* Anlagevermögen und solche mit sehr *hohem*. Immer mehr Unternehmen kann man überhaupt nicht mehr einer der Kategorien Industrie oder Dienstleistung zuordnen. Wohin gehört zum Beispiel General Electric, wenn 40 Prozent des Umsatzes aus Service resultiert und die Firma längst über ihre Kundenfinanzierungs- und Leasinggesellschaften eine der größten Banken Amerikas geworden ist, die aber in den immer wieder publizierten Bankenlisten überhaupt nicht aufscheint? Ähnliches gilt für General Motors und Ford.

Die Verschiebung vom manuellen Arbeiter zum Kopfarbeiter und eine Reihe anderer der skizzierten Entwicklungen bedeutet noch größere *Arbeitslosigkeit* als bisher, und zwar für eine längere Zeit, und/oder die Notwendigkeit für zahlreiche Menschen zu völliger beruflicher *Neuorientierung*. Dies ist aber keineswegs, wie viele Leute glauben, eine Folge des *Versagens* der Wirtschaft; es ist, ganz im Gegenteil, eine Folge ihres ungeheuren *Erfolges*. Es ist in den letzten 100 Jahren gelungen, den Arbeiter so produktiv zu machen, daß wir ihn jetzt nicht mehr brauchen. Dieser Erfolg hat seinen Ursprung darin, daß es doch eine genügend große Zahl von Menschen gab, die die verheerenden Irrlehren von Marx und den Marxisten ignorierten und sich die Aufgabe stellten, die Produktivität der manuellen Arbeit stetig zu verbessern. Deswegen ist der Arbeiter auch nicht, wie von Marx prophezeit, verelendet, sondern er ist der neue Mittelstand geworden, der im wesentlichen anständig leben, und seine Kinder in die Schulen und auf die Universitäten schikken konnte. Der Industriearbeiter teilt nun aber das historische Schicksal der landwirtschaftlich Beschäftigten und des

Hauspersonals, die zumindest in den entwickelten Ländern von ihrer früher dominierenden Majorität zur quantité négligeable geworden sind. Mit dem Arbeiter werden auch die von ihm gegründeten und hundert Jahre die Gesellschaft dominierenden Organisationen untergehen oder sich radikal wandeln müssen – die Arbeiterparteien und die Gewerkschaften. Das ist für die unmittelbar Betroffenen mit Tragik verbunden, die, so gut es geht, sozial abgefedert werden muß. Daß das zu einer sozialen Belastungsprobe größten Ausmaßes führt, braucht nicht betont zu werden. Ob sie kontrolliert bestanden werden kann, ist keineswegs ausgemacht. Die Entwicklung wird zwar nicht aufzuhalten sein, aber ebensowenig wird zu verhindern sein, daß um jeden Besitzstand erbittert gekämpft wird. Aber es ist die Folge eines Erfolges und nicht eines Versagens, und es ist weiter die Folge einer fundamentalen Verschiebung von einer Wirtschaft, die auf *Rohstoffen* und *manueller Arbeit* beruht, zu einer solchen, die auf *Wissen* und *Kopfarbeit* basiert. Daraus allerdings, wie das landläufige Meinung ist, den Schluß zu ziehen, daß wir in Zukunft keine Produktion mehr hätten, sondern nur noch Dienstleistung, halte ich für falsch. Produktion und Wertschöpfung aus Produktion wird nötig sein, und es wird sie, auch in den entwickelten Ländern, geben; aber um zu produzieren, brauchen wir nur mehr wenige Produktionsarbeiter.

Daher werden auch schon bald jene *Lohndiskussionen* und -*kämpfe*, die heute noch geführt werden, nämlich jene um die Arbeiterlöhne, keine Bedeutung mehr haben, weil diese Löhne nur noch einen *marginalen Kostenanteil* von vielleicht 5 bis 10 Prozent der Gesamtkosten ausmachen werden. Das sind Quoten, die in den bestorganisierten Fabriken der Welt bereits Tatsache sind. Die Auswirkungen auf Gewerkschaften, Parteienlandschaft und Politik werden erheblich sein.

Daraus nun wiederum zu schließen, daß damit die *Lohnsummenbelastung* sinken werde, ist ebenfalls falsch. Praktisch nirgends ist *wegen* Computern und Automatisierung die Lohn*summe* gesunken. Niedriger ist in einigen Fällen nicht die absolute Lohnsumme, sondern die Lohnsumme bezogen auf die Wertschöpfung oder auf das bewegte Volumen. Man kann also nach der Computerisierung mehr leisten mit derselben Basis. Dies ist natürlich eine Verbesserung. Was vor allem gesunken ist, ist die Zahl der beschäftigten *Personen*. Was *vor* Computerisierung und Automatisierung von *vielen*, aber relativ *billigen*, manuellen Arbeitskräften geleistet wurde, wird *danach* von zwar sehr viel *weniger*, dafür aber um so *teureren* Kopfarbeitern geleistet. Die klassische Stahlerzeugung benötigte viele, aber vergleichsweise billige Stahlarbeiter. Ein modernes Stahlwerk braucht nur noch wenig Personal insgesamt und davon nur einen verschwindenden Anteil an klassischen Stahlarbeitern. Die anderen »Wenigen« sind hochqualifizierte und sehr teure Kopfarbeiter – Spezialisten, wie Computeroperateure, Metallurgen und Prozeßingenieure, deren Ausbildung allein oft mehr gekostet hat, als die Kapitalausstattung eines Arbeitsplatzes.

Die neue Wirtschaft wird somit auch in gar keiner Weise mehr jenen *ökonomischen* Theorien entsprechen, die wir heute haben, die aber leider Theorien für die Wirtschaft der letzten 100 Jahre sind. Eine der Grundlehren aller Wirtschaftstheorien ist, daß eine Wirtschaft, eine Branche, ein Unternehmen *entweder* kapitalintensiv *oder* arbeitsintensiv sei, aber niemals beides gleichzeitig. So *war* es auch in den letzten 100 Jahren. Diese Theorien stimmten also. Sie sind jetzt aber dabei, *falsch* zu werden. Die moderne Wirtschaft wird beides *gleichzeitig* sein.

Der Vorreiter dieser Entwicklung ist ein Organisationstyp, der uns zwar jetzt bereits größte gesellschaftliche Sorgen macht, in seinem Charakter aber nur schlecht verstanden ist, nämlich das moderne Krankenhaus. Die Klinik ist die erste, in großer Zahl auftretende Organisation, die sowohl kapital- als auch arbeitsintensiv ist. Die Kosten des Gesundheitswesens sind nur zum geringen Teil untragbar hoch, weil Medikamentenverschwendung betrieben wird oder die Patienten zu lange stationär behandelt werden. Sie sind vor allem deshalb so hoch – und werden auch nicht sinken –, weil das Krankenhaus *gleichzeitig* teuerste Ausstattung *und* teuerstes, weil hochspezialisiertes Personal benötigt. Der gute alte Röntgenapparat, der für sich genommen schon vergleichsweise billig war, konnte auch von billigen Arbeitskräften noch bedient werden. Der teure Computertomograph benötigt für seine Nutzung aber eine ganze Mannschaft an hochbezahlten Spezialisten – Elektronikern, Kernphysikern und hochausgebildetem medizinischem Personal. Man kann das alles, wie historisch üblich, als »industrielle Revolution« bezeichnen. Industrielle Revolutionen waren aber in ihren Auswirkungen in erster Linie *soziale* Revolutionen und Transformationen. Die wichtigen Auswirkungen dieser »Revolution« werden zwar auch, aber nicht in erster Linie technologischer und industrieller Natur sein, sondern sozialer. Man kann Technik und Technologie nicht verstehen, wenn man sie nur oder in erster Linie technisch und technologisch sieht.

Zu Beginn dieses Abschnittes sagte ich, daß der in Gang befindliche Transformationsprozeß fast alles verändert, was wir tun und wie wir es tun. Er wird aber auch ändern, *warum* wir es tun. Es sieht alles danach aus, als ob wir nicht nur jene ökonomischen Theorien ad acta legen müßten, die davon ausgehen, daß eine Wirtschaft nur entweder kapitalintensiv oder arbeitsintensiv sein kann und uns daher überhaupt keinen Hinweis zu geben vermögen, wie zu handeln ist, wenn das »theoretisch Unmögliche« doch Wirklichkeit wird. Es sieht vielmehr auch vieles danach aus, als würden wir überhaupt eine *neue* Wirtschaftstheorie und ein *neues* Wirtschaftsverständnis brauchen. Warum?

Ich habe bereits erwähnt, daß eine der Triebkräfte für die fundamentalen Veränderungen die weltweite und alle Gesellschaftssektoren durchseuchende *Verschuldung* ist. Diese ist nicht nur eine der Triebkräfte für Veränderungen, sie ist gleichzeitig ein alles limitierender Faktor. Wir haben die historisch größte, absolute und relative Verschuldung, die es überhaupt je gab. Kein Land der Welt, mit Ausnahme der Schweiz und einiger kleiner Länder wie Luxemburg, ist mehr in der Lage, auch nur die Zinsen auf die Staatsschulden aus den Steuern zu bezahlen. Sie werden durch *Neuverschuldung* bezahlt, womit überall der *Zinseszinseffekt* seine zerstörerische Wirkung entfaltet. Alle Sektoren der Gesellschaft sind verschuldet, alle öffentlichen Haushalte, die privaten Haushalte und der Unternehmenssektor. Die veröffentlichten Zahlen entsprechen in keinem Land der Wirklichkeit, überall wird geschönt, verschwiegen und heruntergespielt. An der Verschuldungslage wird sich so rasch auf sanftem Wege nichts ändern. Steuern weiter anzuheben ist in einigen Ländern unmöglich und in allen zumindest schwierig und politisch inopportun. Die Kunst der sozialen Umverteilung ist ans Limit gekommen. Wem soll man noch etwas wegnehmen, das ergiebig genug wäre, um es anderen mit erkennbaren Wirkungen zu geben?

Wo viele Schulden existieren, müssen natürlich, das ist ein oft gehörtes Argument, auch viele Forderungen existieren. Wo es Schuldner gibt, muß es im selben Ausmaß auch Gläubiger geben. Was aber, wenn die Schuldner nicht mehr tilgen, ja nicht einmal mehr bedienen können? Dann sind die Forderungen eben wertlos oder zumindest massiv wertberichtungsbedürftig. Bestehendes Realvermögen, also Sachwerte, ist in solchen Situationen nicht viel »wert«, wie ja Werte (im Gegensatz zu landläufiger Meinung) überhaupt in einer Wirtschaft nur sehr bedingt existieren. In Wahrheit gibt es – allen Theorien und Bewertungsmethoden zum Trotz – gar keine Werte, sondern nur *Preise*. Der »Wert« eines ökonomischen Gutes ist das, was der *nächste* Käufer zu bezahlen bereit ist. »Wert« hat etwas nur so lange, als man es nicht *ver*werten muß. Man sieht das deutlich am teilweise drastischen Rückgang der Immobilienpreise in vielen Ländern, die allein in der Schweiz Abschreibungen von über 40 Milliarden sfr. in den bisherigen neunziger Jahren notwendig machten. Als ich im Jahr 1990 zum ersten Mal über die Gefahr sinkender Immobilienpreise sprach, waren die Reaktionen ziemlich verständnislos.

Sobald eine Wirtschaft in die Situation des Zwanges der Liquiditätsbeschaffung kommt, sind der Verwertung auch noch so »wertvoller Werte« enge Grenzen gesetzt. Dies gilt selbst für die Liquiditätsschaffung durch die Notenbanken. Hätten wir diese Situation nach einigen Jahren wirtschaftlicher Depression, wäre kein Wort dazu zu verlieren. Wir haben sie aber am Ende der *längsten Prosperitätsphase*, die es historisch je gab. Eigentlich müßten alle gesellschaftlichen Sektoren vor finanzieller Gesundheit strotzen, und würden sie dies tun, könnte man der Zukunft gelassen entgegensehen. Das genaue Gegenteil ist aber der Fall. Die finanzwirtschaftliche Lage ist äußerst besorgniserregend und bedrohend. Die Börsenhausse hat in fast allen Ländern, allen voran in den USA, zu einer Situation geführt, die jederzeit zum *Zusammenbruch der Finanzmärkte* führen kann. In Japan ist die Finanzblase Ende 1989 geplatzt und seither ist das Land – wie schon gesagt – in einer deflationären Krise, deren Ende noch nicht absehbar ist. Dort ist es nicht – oder *noch* nicht – zu einer sozialen Katastrophe gekommen, weil *erstens* das gesamte übrige Umfeld noch weiterhin günstig war und die anderen Märkte noch intakt geblieben sind und weil *zweitens* die Japaner vielleicht von ihrer Mentalität her nicht zur Revolution neigen.

Wenn die Börse in den USA aber kollabiert, wird das kaum abgefedert werden können. Es werden dadurch mit größter Wahrscheinlichkeit alle anderen Weltbörsen massiv betroffen sein, und zwar nicht nur die Aktienbörsen, sondern auch und vor allem die Obligationenmärkte, darüber hinaus die Währungs- und Rohstoffmärkte.

Was aber besonders ins Gewicht fällt, ist, daß in den USA die *Ersparnisse von zwei Generationen* auf dem Spiel stehen, die im Zuge der totalen Euphorisierung durch die Wall Street Industrie über die Pension Funds und Investment Funds in die Wertpapiermärkte gesteuert wurden, mit völlig unhaltbaren Versprechungen und Erwartungen. Inzwischen ist das Publikum derart gestimmt, daß die allgemeine Überzeugung besteht, die Aktienbörse werde ewig nach oben gehen, schlimmstenfalls unterbrochen von kleineren Korrekturen, die aber ausschließlich als »günstige« Möglichkeiten gesehen werden, noch weiter zu kaufen.

Wie und warum konnte es zu einer solchen Entwicklung

kommen? Ein Teil der Begründung mag im Verhalten gewisser Politiker und in einer gewissen Politik liegen. Aber ich habe schon länger den Verdacht, daß etwas ganz Grundsätzliches mit unseren *Wirtschaftstheorien* nicht stimmen kann. Sie erklären nämlich nichts; es sieht nur so aus, als ob sie dies täten. Sie sind zwar entsetzlich kompliziert, aber fast völlig inhaltsleer. Sie erklären weder, warum Menschen überhaupt wirtschaften, noch wie sie das tun. Sie erklären nicht, warum es Geld gibt und was das ist; warum es Zins gibt, was das ist und warum er unterschiedlich hoch sein kann; sie erklären auch nicht, warum eine Wirtschaft wächst und warum sie das mit einer bestimmten Rate tut, und sie erklären nicht, warum sie in manchen Ländern, trotz aller Bemühungen, Hilfe und Programme nicht wächst. Auch die Erklärungen, was ein Markt ist und welchen Zweck er hat, woher Kapital kommt usw. finde ich höchst unbefriedigend. Auf alle Fragen bekommen wir natürlich rasche Antworten, und die meisten klingen so plausibel, daß man ebenso rasch geneigt ist, sie hinzunehmen. Bei genauerem Durchdenken stößt man aber auf ein Minenfeld von Widersprüchlichkeiten, Unzulänglichkeiten und teilweise schlichtem Unsinn.[6]

Die Transformation von Wirtschaft und Gesellschaft, und die damit zusammenhängende Triebkraft der internationalen Verschuldung, gerade jener der »reichsten« Länder der Welt, wird es wahrscheinlich erzwingen, daß wir uns also ein völlig neues Verständnis für Wirtschaft und Wirtschaften erarbeiten, und dafür, warum wir die Dinge so tun, wie wir sie tun.

Soweit die Illustration meiner ersten These, der fundamentalen Transformation von Wirtschaft und Gesellschaft und zur Änderung dessen, was wir tun, wie wir es tun, und warum wir es tun.

---

6 Siehe dazu die im Literaturverzeichnis aufgeführten Schriften von G. Heinsohn, O. Steiger und P. C. Martin, W. Lüftl.

3.3 Management – die wichtigste gesellschaftliche Funktion

In welchem Zusammenhang damit steht nun meine zweite These, daß Management die wichtigste gesellschaftliche Funktion, allerdings weithin unverstanden, sei?

Das soziale »Gewebe« der Gesellschaft wird vermutlich aufgrund dieser Entwicklungen tiefgreifende Änderungen erfahren müssen, und hier sind die gängigen Denkkategorien vielleicht am gefährlichsten. Politik und Management werden sich wandeln müssen.

Die ziemlich genau 100jährige Entwicklung des *Wohlfahrtstaates*, dessen Beginn man mit der Einführung der ersten Sozialversicherung durch Bismarck in den achtziger Jahren des 19. Jahrhunderts festlegen kann, hat zwar ein ungeheures und früher kaum vorstellbares Ausmaß erreicht, sie ist jetzt aber wohl an ihrem Ende angelangt. Der Wohlfahrtsstaat ist am Ende, nicht weil er seine Aufgaben gelöst hätte, sondern weil er nicht mehr finanzierbar ist und weil seine Organisationsformen inzwischen untauglich geworden sind.

Der Wohlfahrts*staat* ist am Ende, aber die Wohlfahrts*aufgaben* sind geblieben, oder es sind neue entstanden. Wir haben immer mehr alte Menschen mit höchst fragwürdiger Versorgung, wenn man an den Zustand der Pensionsversicherungen denkt und daran, daß wir mit großer Geschwindigkeit auf eine überalterte Bevölkerung hinsteuern, in der nicht wie bisher zwei Arbeitende für einen Rentner sorgen, sondern zwei Rentner von einem Arbeitenden unterhalten werden müssen. Diese Alten leben aber viel länger, es muß also länger und mehr für sie bezahlt werden, denn sie brauchen mehr ärztliche Versorgung über längere Zeit als früher. Wir haben Kranke und Behinderte, Alkoholiker und Drogensüchtige, Obdachlose und unter der Armutsgrenze Existierende. Wir haben Arbeitslose, in sehr vielen Ländern vor allem einen hohen Anteil, bis zu 30 Prozent, *jugendliche* Arbeitslose. Der *alte* Arbeitslose ist eine Tragik. Der *jugendliche* Arbeitslose ist eine Quelle sozialer Unruhe, ein Potential für politische Radikalisierung, für Kriminalität und Gewalt.

Dies alles muß nach 100 Jahren wohlfahrtstaatlicher Entwicklung konstatiert werden, in die vermutlich mehr Intelligenz, Engagement, Mitleid, Barmherzigkeit und was es sonst noch alles an Idealen und hehren Motiven geben mag, geflossen ist. Haben wir diesen Zustand trotzdem oder deswegen? Die Antwort mag von weltanschaulichen Positionen abhängen, die Faktenlage ist dieselbe. Ungeachtet der ideologischen Position kann man aber so nicht weitermachen. Die Ziele mögen konsensfähig sein; die Wege und Mittel sind es kaum. Wir haben für alles einen Apparat, eine Behörde, eine Stelle, aber ihre Zweckerfüllung und Leistungsfähigkeit sind höchst fragwürdig. Ihre Kosten werden zwar ins Sozialprodukt gerechnet, aber sie sind kaum produktiv. Organisationsformen, Abläufe, Leitungsstrukturen, mögen sie früher auch einmal tauglich gewesen sein, sind inzwischen obsolet geworden. Sie können auch keinesfalls ein Modell für Schwellen- und Entwicklungsländer sein.

Die *Politik*, die das alles »gemanagt«, gestaltet und gesteuert hat, ist in fast allen Dimensionen unberechenbar, unwirksam und unglaubwürdig geworden, ob als Außen- oder Innenpolitik, als Sicherheits- oder Sozialpolitik, als Wirtschafts- oder Finanzpolitik, als Umwelt- oder Familien-, Schul- oder Wissenschaftspolitik. Kaum ein Bereich wird so weitergeführt werden können wie bisher.

Die Erfolge waren groß, viel größer, als man je erwarten konnte. Aber sie haben sich selbst überholt, und sie haben neue Probleme geschaffen. Wie muß eine Familienpolitik in Zukunft aussehen, die so überaus erfolgreich das Problem der kirchlich-oktroyierten und durch die wirtschaftlichen Umstände bedingten lebenslangen Zwangsgemeinschaft gelöst hat, daß in fast allen Ländern die Ehen geschieden werden können, und auch über ein Drittel geschieden wird, immer mehr Menschen den Weg der individuellen Selbständigkeit und des Single-Haushaltes mit unverbindlichen und wechselnden Partnerschaften wählen und die Frauen nach 100jährigem Ringen nicht mehr auf die Versorgung durch

Männer angewiesen sind, ihr Leben und ihre Karrieren frei gestalten können und somit ihre Aufgaben und Ziele völlig anders sehen, als dies früher alternativlos üblich war? Und wie werden Außen- und Innenpolitik aussehen müssen, nachdem die Integration riesiger Lebens- und Wirtschaftsräume so erfolgreich vorangetrieben wurde, daß die Menschen zwar deren Vorzüge genießen, ihre Nachteile aber nicht ohne weiteres in Kauf nehmen wollen, zum Beispiel Wanderungsbewegungen und Überfremdung, zusätzliche erbitterte Konkurrenz, Gefährdung von Arbeitsplätzen, Bedrohung der Währungsstabilität, anonyme Fremdbestimmung, Verlust ihrer Autonomie, Unbegreifbarkeit von Entscheidungen, grenzüberschreitende Kriminalität usw. Auch wenn die Interpretation bestimmter Entwicklungen nur *wahrnehmungsbedingt* ist, Befürchtungen und Ängsten entspringt, die für sich genommen dumpf und unaufgeklärt sein mögen, so ist diese Interpretation doch *verhaltenssteuernde Realität.*

Wenn zusätzlich die Menschen täglich durch die Medien vermittelt bekommen, daß Kriege in allen Teilen der Welt in den Kategorien und aus Motiven heraus geführt werden, die jenen des 19. oder des frühen 20. Jahrhunderts genauso entsprechen wie die darauf folgenden Reaktionen der internationalen Politik; wenn sie erleben, daß die Interventionen der internationalen Organisationen, wie auch immer sie gemeint sein mögen, fast immer das Gegenteil dessen erreichen, was beabsichtigt oder zumindest deklariert ist; wenn sie weiter sehen, daß die »blühenden Landschaften«, die ihnen in Aussicht gestellt wurden, nur mit »künstlicher Bewässerung« überleben können, dann ist es kaum verwunderlich, daß die Politik nur mehr wenig Überzeugungskraft entfalten kann. Die Appelle, die man hört, insbesondere jene nach Hilfeleistung und Solidarität, entstammen eben auch einer Zeit und einer gesellschaftlichen Situation, die als Folge eben dieser Politik heute nicht mehr gegeben ist. Mit wem soll man solidarisch sein, wenn man niemanden mehr kennt, und wem soll man helfen, wenn man die Wirkung der Hilfe nicht mehr sehen kann?

Ist Solidarität nicht eine Kategorie der Kleinräumigkeit, Verstehbarkeit und Übersichtlichkeit, des zumindest potentiellen Face-to-Face-Kontaktes und der mit allen Sinnesorganen erlebbaren Kommunikation? Sind ihre Erscheinungsformen nicht Regionalismen, Nationalismen, Ethnozentrismen, Quartiers-, Gruppen- und »Gang«-Bildung, die Familie, der Clan, die Sippe, der Stamm? Dies waren, über Jahrtausende, die Bedingungen der Evolution menschlicher Emotionalität, der Spielregeln des Zusammenlebens und der inneren Bindungen einer Gemeinschaft. Die Großorganisationen früherer Epochen, wie etwa die katholische Kirche, obwohl Hunderte Millionen Menschen umfassend, hatten dies sehr wohl verstanden. Sie waren groß, aber sie hatten eine kleinräumige Zellstruktur. Auch die Batallione und Regimenter der großen Armeen waren weitgehend nach landsmannschaftlichen Gesichtspunkten organisiert.

Wird daher nicht zwangsläufig, und schon heute deutlich erkennbar, eine Folge der Integrationspolitik und der ökonomischen Globalisierung eine *Gegenbewegung* sein, deren Art, Charakteristika und Erscheinungsformen jedenfalls jetzt noch nicht vorhergesehen werden können? Ich halte die Wahrscheinlichkeit für groß, daß eine Phase der allgemeinen *Desintegration* bevorsteht oder vielleicht besser, der *Exklusion*. Dies mag zur Zeit noch unglaubhaft erscheinen, weil man noch zu sehr damit beschäftigt ist, die letzten Integrations- oder Inklusionsschritte – mühsam und zwangshaft – zu vollziehen, etwa in Europa und im Nahen Osten. Aber der Zerfall der Sowjetunion und Jugoslawiens sind die ersten Beispiele. China könnte folgen; das Land hat ja längst nicht jene Homogenität und Kohäsion, die der Name impliziert. Es sind zu viele Dinge, die nicht zusammengehören, zusammengebracht worden – teils auf grundfalsche Weise –, und sie haben keineswegs jene Vorteile gebracht, die man den Menschen in Aussicht stellte.

Dasselbe könnte sich leicht in Europa abspielen. Ich halte die Integration Europas keineswegs für irreversibel. Selbst wenn eine gemeinsame Währung eingeführt wird – man kann sie *politisch* erzwingen –, braucht das überhaupt nicht zu bedeuten, daß sie eine *wirtschaftliche* Wirklichkeit wird.* Sie kann ebenso gut ein Schattendasein führen, parallel neben den anderen nationalen Währungen, die noch lange praktisch dominieren können. Eine Phase der Desintegration oder Exklusion braucht nicht zwingend zum alten Nationalstaat zurückzuführen, schon gar nicht zu einem funktionierenden Nationalstaat. Ethnische und regionale Aspekte werden dabei eine Rolle spielen; ebenso werden Interessen eine Rolle spielen, aber kaum jene Formen der Interessenorganisation, die zur Entstehung der heutigen großen politischen Parteien führte. Ökonomische Klasseninteressen und weltanschaulich-religiöser Wertkonsens werden schwerlich weiterhin eine Basis sein können, ausgenommen vielleicht in der islamischen Welt. Etwas anderes ist aber möglich, nämlich im Verbund mit den Massenmedien die Erpressung jeder denkbaren Mehrheit durch jede denkbare Minderheit, durch Bürgerinitiativen jeglicher Variation, Klein- und Kleinstgruppen, die sich um ökologische, soziale oder andere Interessen herum organisieren, manche dauerhaft, andere nur temporär und situationsbezogen, manche demokratisch agierend, andere alle Möglichkeiten modernen Terrors anwendend, dem jede entwickelte Gesellschaft fast schutzlos ausgeliefert ist.

Wirtschaften und Gesellschaften, in denen sich Entwicklungen der geschilderten Art abspielen, stehen unter *erheblichem Streß*. Sie können an vielen Stellen brechen, sie können kollabieren, partiell oder vollständig. Sie können in Eruptionen von Gewalt untergehen, in wirtschaftlichem Desaster und in Anarchie enden. Das ist eine Variante. Sie können aber auch lethargisch dahinsiechen; paralysiert zusehend, wie sich die Zentren des Geschehens und des Einflusses geographisch und politisch verschieben, sie können in

---

* Der erste Schritt des Einführungsplanes für die europäische Währung wurde programmgemäß vollzogen. Das mag als Erfolg für die Europaintegration gewertet werden. Dennoch ist keineswegs gesichert, daß es so weitergeht. Das Währungssystem und vor allem das neue europäische Zentralbanksystem haben Konstruktionsmängel, die die weitere Integration – so wünschenswert sie wäre – erheblich erschweren werden.

Agonie fallen. Dies ist eine andere Möglichkeit. Beide Varianten sind historisch immer wieder vorgekommen. Aufstieg und Niedergang von Nationen, Mächten und Imperien sind zur Genüge dokumentiert. Aber darin braucht man *keine Gesetzlichkeit* zu sehen. Es gibt auch eine *dritte* Möglichkeit, nämlich sich aktiv diesen Herausforderungen zu stellen – die von innen kommende *Revitalisierung* von Wirtschaft und Gesellschaft sowie ihrer Organisationen. Es ist zuzugeben, daß solche Kraftanstrengungen sehr oft nur aus einem vorhergehenden Desaster entsprungen sind, wie die Entwicklung in den USA nach dem Civil War und der New Deal Roosevelts oder der Wiederaufbau Deutschlands und Japans nach dem Zweiten Weltkrieg. Aber es gab auch die Renaissance in Europa und die Meiji-Reform in Japan.

Gleichgültig, was der Ursprung einer Reform- und Revitalisierungsbewegung gewesen sein mochte, der Schlüssel dazu war jeweils eine *neue Form der Führung*. Ich betone, der Schlüssel war Führung, und nicht ein Führer. Natürlich sind auch neue Führer solchen Situationen entsprungen, aber sie haben nach kurzer Zeit immer wieder ein neues, meistens noch größeres Desaster angerichtet.

Was ich also meine, sind nicht Führer und schon gar nicht *ein* Führer, sondern *Führung*. Die Geschichte der Führer ist ausreichend detailliert geschrieben worden, so daß man aus ihr lernen kann. Die Geschichte der Führung ist noch nicht geschrieben.

Die Voraussetzungen dafür, daß wir eine tiefgreifende Revitalisierung von Führung schaffen können, sind, so widersprüchlich dies klingen mag, gleichzeitig die besten und die schlechtesten. Sie sind die besten insofern, als wir eine pluralistische Gesellschaft haben. Darunter wird üblicherweise verstanden: eine Vielfalt von Werten und Meinungen, Zwecken und Zielen. Dies ist *auch* eine wichtige Tatsache. *Ebenso* wichtig, und weniger beachtet, scheint mir zu sein, daß wir statt *eines* Machtzentrums, statt eines oder ganz weniger Einfluß-, Steuerungs-, Gestaltungs- und Lenkungszentren deren außerordentlich *viele* haben. Wir leben in einer Gesellschaft von *Organisationen*, mehr, größere und vielfältigere Organisationen als je zuvor in der Geschichte. Was immer der Mensch tut, er tut es nicht mehr als Individuum, sondern als Mitglied, Mitarbeiter, Benützer von Organisationen. Jede dieser Organisationen ist ein Zentrum von Einfluß und Macht, von Gestaltung und Lenkung, die einen mehr, die anderen weniger. Noch nie zuvor in der Geschichte der Menschheit hatten absolut und relativ so viele Menschen de facto Führungsaufgaben. Dies ist eine sehr gute Voraussetzung für vitale Führung; es ist eine Stärke.

Die gleichzeitig gegebene Schwäche sehe ich darin, daß nur wenige auf die Erfüllung dieser Aufgaben *systematisch* vorbereitet werden, daß auf diesem Gebiet weder Ausbildung noch Bildung und schon gar keine Weisheit vermittelt wird, daß wir weder Maßstäbe für gute noch Sanktionen für schlechte Führung haben.

Hier zeigt sich ein eigentümliches Paradoxon: Nie zuvor gab es so viele Bücher und Magazine über Management, mehr Seminare und größere Ausbildungsbudgets. Wir haben die berühmten Business Schools und hatten nie eine größere Zahl an MBA-Programmen. So viel zur quantitativen Seite. Wie steht es aber mit den Inhalten? Was gelehrt und gelernt wird, hat dem Namen und den Bezeichnungen nach mit Führung und Management zu tun; eine Inhaltsanalyse kommt aber zu einem ganz anderen Ergebnis. Nie zuvor hatten wir weniger Konsens darüber, was die richtigen Antworten und noch weniger darüber, was die richtigen Fragen sind.

An den Business Schools wird, wie es ja auch ihrer Zwecksetzung entspricht, vornehmlich Business Administration gelehrt, eine Variationsform der deutschsprachigen Betriebswirtschaftslehre. Die Fächer heißen Production und Corporate Finance, Human Resources und Marketing; International Relations, Corporate Strategy und Corporate Structure. Überall kann man, wenn man will, auch noch das Wort »Management« vor- oder nachsetzen. Das ändert aber nicht viel an der Tatsache, daß eben Produktion, und nicht die Führung der Produktion gelehrt wird.

Ich will keinen Zweifel daran lassen, daß ich alle diese Fächer für wichtig halte. Es kann gar nicht genug Wissen auf all diesen Gebieten geben, und es kann gar nicht genug fachlich gut ausgebildete Leute geben. Ich teile die Meinung nicht, daß junge Leute keine höhere Ausbildung haben sollten. Ganz im Gegenteil. Man muß ihnen allerdings sagen, daß die fachliche Ausbildung noch nicht genügt und daß sie zusätzlich noch lernen müssen, wie man sein Wissen in Nutzen transformiert und wie man dies vor allem in einer Organisation tut.

Die skizzierten, in Gang befindlichen Veränderungen stellen die Führungskräfte sämtlicher Organisationen vor größte Herausforderungen. Klarheit des Denkens, Präzision des Handelns, Vorbildhaftigkeit des Verhaltens und Glaubhaftigkeit der Führung werden bis an die Grenzen beansprucht werden.

Schon die Veränderungen in den Märkten, die technologischen Entwicklungen, der Innovationsbedarf bei Produkten, Produktion, Distribution und Informationssystemen usw. werden Aufgaben größten Umfanges und erheblicher Komplexität mit sich bringen. Die entscheidende Problematik wird aber in den *sozialen* Folgen all dieser Veränderungen liegen. Wir werden nicht nur anderes und anders produzieren, distribuieren und konsumieren; wir werden anderes und anders arbeiten, lernen und lehren, wissen und können, sagen und hören müssen; wir werden uns anders verhalten und die Menschen anders behandeln müssen, und vor allem werden wir anders führen müssen.

Dies alles hat zu tun mit Management, wie ich die Gesamtheit aller gestaltenden, steuernden, richtunggebenden und entwickelnden Funktionen einer Gesellschaft bezeichne, wobei ich zunächst zwischen Management und Führung keinen Unterschied mache, obwohl ich prinzipiell eine gewisse Differenzierung akzeptieren kann, die aber in den achtziger und neunziger Jahren maßlos übertrieben wurde.

Der Kontext von Management ist die organisierte Gesellschaft, eine Gesellschaft also, in der, was immer Menschen tun, im Rahmen einer Organisation getan wird, sei es konsumieren oder produzieren, sei es lehren oder lernen, Kinder zur Welt bringen oder Tote beerdigen. Und es wird eine Wirtschaft sein, in der, wie schon gesagt, nicht wie bisher Rohstoffe und manuelle Arbeit die wesentlichen Ressourcen sein werden, sondern Wissen die entscheidende Komponente sein wird, um Leistung zu erzielen und Wohlstand zu schaffen. Ich schlage daher vor, *Management als die Transformation von Wissen in Leistung und Nutzen zu verstehen*. Aus dieser Perspektive, so glaube ich, kann man das beste und fruchtbarste Verständnis für diese Funktion gewinnen. Diese Sicht bestimmt besser als andere die Aufgaben, Werkzeuge und Grundsätze, die Führungskräfte erfüllen, beherrschen und befolgen müssen, wenn sie in der organisierten Wissensgesellschaft wirksam und produktiv sein wollen, und sie erlaubt auch die vergleichsweise ergiebigste Umschreibung der Anforderungen, die an Führungskräfte zu stellen sind, ihre Verantwortung und Haftung.

Führung muß konstitutionell verankerten, definierten Standards und Kriterien entsprechen. Diese zu bestimmen, ist keine leichte Aufgabe, so wenig es leicht war, moderne Staatsverfassungen zu entwickeln und die für ihren Vollzug und ihre Einhaltung erforderlichen Institutionen zu etablieren. Es wird sich aber auch nicht als schwieriger erweisen.

Über Jahrtausende konnte es als sekundär angesehen werden, was Führungskräfte taten und wie sie es taten, weil die Menschen davon nur am Rande berührt waren. Und wenn sie davon betroffen waren, so war es als alternativloses Schicksal hinzunehmen. Was kümmerte es den Fellachen des unteren Niltals, was der Pharao im tausend Kilometer entfernten Theben tat, und wenn es ihn zu kümmern hatte, welche Wahl hatte er? Führung zählte nicht viel; was zählte, war Überleben. Nun aber zählt Führung, auf allen Ebenen und in allen Organisationen. Fast alles hängt von Qualität und Kompetenz der Führung ab: Wohlstandsniveau, Gesundheitszustand, Erziehung und Bildung, und die Frage, ob ein Leben am Ende als sinnvoll angesehen werden kann.

Das Verhalten des Adels konnte noch als »Adelssache« angesehen werden, denn es war mit Geburtsprivilegien verbunden; das Verhalten des Klerus war »Kirchensache«, es wurde religiös begründet und außer Diskussion gestellt; das Verhalten des Unternehmers konnte als »Unternehmersache« betrachtet werden, denn er riskierte sein Vermögen.

Das Verhalten der Führungskräfte in der organisierten Gesellschaft ist aber *öffentlich*, denn sie sind *Angestellte* der Organisationen, sie werden mit *fremdem* Geld bezahlt, und sie setzen *fremdes* Geld ein. Ihr Verhalten ist *sichtbar*, denn es kann in einer Medienwelt nichts mehr geheimgehalten und vertuscht werden. Es wird diskutiert, kritisiert und bewertet, weil immer mehr Menschen Vergleiche anstellen und eine Meinung zu diesen Dingen haben können. Und vor allem haben immer mehr Menschen auch Alternativen. Führung mußte früher *erduldet* werden; sie kann heute *akzeptiert* oder *abgelehnt* werden. Man kann sich von Politikern trennen, und man kann, zumindest eine Zeitlang, Organisationen verlassen und im Falle des Kopfarbeiters sogar seine Ressourcen mitnehmen. Ich will die noch immer bestehenden Zwangsabhängigkeiten nicht verniedlichen, aber sie sind geringer als früher.

Führungskräfte müssen Standards, die für gesellschaftliche Stabilität wichtig sind, *vorleben* und *sichtbar* machen. *Vertrauen* und *Glaubwürdigkeit* sind fragile Güter. Sie vertragen nicht viele Fehler und gewisse Fehler überhaupt nicht. Für die Bewältigung der vor sich gehenden Transformation der Gesellschaft sind Vertrauen und Glaubwürdigkeit der Führung von allergrößter Bedeutung. Von eben solcher Bedeutung ist daher die Entwicklung von Mechanismen und Institutionen für Ausbildung und Formation von Führungskräften; für ihre Auswahl und Plazierung; für die Bewertung ihrer Leistung, bevor sich diese in schlechten Geschäftsergebnissen oder sichtbarem Versagen der Zweckerfüllung zeigen, für Sanktionierung von Fehlverhalten und schließlich Entfernung aus den Positionen.

Auf den ersten Blick mag es manchen absurd erscheinen, die Standards kompetenter Führung konstitutionell fassen zu wollen. Aber genau dies war historisch der Weg von den *Künsten* zu den *Berufen*. Dies machte die Künste nicht weniger bedeutsam. Das Einmalige und Einzigartige wird ihnen noch immer vorbehalten bleiben, und jenen wenigen, die Zugang dazu haben. Die Künste werden es vermutlich auch sein, die immer wieder neue und noch bessere Standards schaffen.

Verändert wird die Welt und das Leben der Menschen aber nicht durch die Künste, sondern durch die Berufe, nicht durch die Spitzenleistungen des Genies, sondern dadurch, daß die Kunst zum lehr- und lernbaren Handwerk wird. Dies hat den Fortschritt in der Medizin gebracht und vor allem die Möglichkeit, Millionen von Menschen bemerkenswert gute medizinische Versorgung zukommen zu lassen. Die Nachfolger von Leonardo sind nicht Genies, sondern Hunderttausende von kompetenten Ingenieuren; jene von Imhotep, Phidias, Bramante und Le Corbusier sind die zahllosen Architekten, die zwar nicht Kunstwerke schaffen, aber anständige und brauchbare Leistung für die Menschen erbringen; und die Nachfolger der Gebrüder Wright sind jene Tausende von Berufspiloten, die Zehntausende von Passagieren täglich sicher und zuverlässig zu ihren Destinationen fliegen.

Die Leistungen der Pioniere und Genies werden nach Jahrtausenden noch bestaunt; jene der Berufsleute, der handwerklichen *Professionals*, sind weniger spektakulär, aber sie haben unser Leben verändert.

Was in Hunderten von Disziplinen gelungen ist, braucht für *Führung* nicht als unmöglich angesehen zu werden. 1946 sagte Winston Churchill im Pentagon anläßlich eines informellen Treffens mit einer Gruppe von etwa 30 der herausragendsten Militärs der US-Streitkräfte, er habe gewußt, daß Amerika in der Lage sei, mit seiner ungeheuren Wirtschaftskraft das erforderliche Kriegsmaterial bereitzustellen, aber es habe ihn wirklich überrascht, daß die Amerikaner eine so große Zahl von so ausgezeichneten Offizieren in so kurzer Zeit einsetzen konnten.

Die Lösung der Frage, woher die Tausende von Kommandanten kamen, die eine Streitmacht von zuletzt über zehn Millionen Männern und Frauen führten, ist einfach: aus den Militärakademien, in denen sie ausgebildet und vorbereitet wurden, und aus den Trainingscamps, die im Zuge der nach dem Überfall auf Pearl Harbour initiierten Mobilisierung eingerichtet wurden.

Was auf dem Gebiet der militärischen Führung gelungen ist, kann selbstverständlich auch auf jenem der zivilen Führung gelingen, aus einer Kunst, die nur *wenige* Menschen beherrschen, ein Handwerk und einen Beruf für *viele* zu machen. Viele Inhalte und Methoden werden verschieden sein, manche Prinzipien mögen Ähnlichkeiten aufweisen. Die Notwendigkeit als solche ist hier wie dort gegeben. Jede Gesellschaft braucht für die erfolgreiche, friedliche und den Menschen gemäße Bewältigung der vor sich gehenden Transformation eine sehr große Zahl kompetenter, wirksamer und verantwortender Führungskräfte. Nicht nur Ingenieure werden gebraucht, sondern Ingenieure, die managen können; nicht nur Naturwissenschafter, sondern solche, die sich und andere führen können; nicht nur Betriebswirtschafter, sondern solche, die ihr Wissen und jenes anderer durch Management in Nutzen umwandeln können. Dies gilt nicht nur für die Wirtschaft, sondern für alle Organisationen und nicht nur für die obersten Ebenen, sondern für alle, auf denen sich Führungsaufgaben stellen.

Investitionen in Management und in Managementkompetenz können wir heute zwar noch nicht rechnen, aber sie werden die Leistungs- und Wettbewerbsfähigkeit von Organisationen, Branchen, Ländern und Wirtschaftsblöcken mehr als je zuvor bestimmen. Sie werden ausschlaggebend sein für den Wohlstand, die Beseitigung von Armut und Elend und die Korrektur der ökologischen Schäden; und sie werden entscheidend sein dafür, ob die junge Generation eine Zukunft hat und wie sie aussehen wird.

4. Corporate Governance

4.1 Die Bedeutung einer wirksamen Unternehmensaufsicht

Die Vermeidung von Unternehmenszusammenbrüchen und Sanierungsfällen und die damit verbundene Kapitalvernichtung *allein* sind schon ein hinreichender Grund für eine starke und wirksame Unternehmensaufsicht. Aber das genügt noch nicht. Es braucht ein starkes Aufsichtsorgan nicht nur, um – wichtig genug – etwas zu *vermeiden*, sondern man braucht es, um etwas zu *bewirken* – nämlich den bestmöglichen Einsatz des Kapitals und aller anderen Ressourcen.

Aus unmittelbar das Unternehmen betreffenden Gründen der Wettbewerbsfähigkeit, aber auch aus volkswirtschaftlichen Gründen hat die Unternehmensaufsicht dafür zu sorgen, daß produktive Leistung erbracht wird und Ergebnisse erzielt werden. Der Maßstab dafür, oder das Benchmark, wie heute vielleicht gesagt wird, müssen die weltbesten Produktivitäten und Resultate sein. Niemand weiß bis heute, *wie* produktiv »produktiv« ist. Die Wirtschaftslehre hat bisher keine absoluten Maßstäbe für die Nutzung von Ressourcen geliefert. Vielleicht gibt es sie auch nicht. Man kann bis jetzt nicht einmal sagen, *was* ökonomische Ressourcen sind, denn auch das ist ständigem Wandel unterworfen. Daher benötigt die gesellschaftliche »Zelle« wirtschaftlicher Tätigkeit ein Organ, das permanent darauf achtet und dafür sorgt, daß, auf den Einzelfall bezogen, und nicht nur abstrakt und allgemein, nach den bestmöglichen Verwendungen aller aktuellen und potentiellen Ressourcen gesucht wird. Das kann nur die Unternehmensaufsicht sein.

Aufgabe der Exekutivorgane ist es, sicherzustellen, daß die Arbeit *getan* wird; dafür zu sorgen, daß sie *richtig* getan wird, ist Aufgabe der Aufsicht. Das ist weit *mehr* und etwas *anderes* als nur gerade Kontrolle. Das erfordert Einflußnahme auf die Ziele, auf die Maßstäbe und Standards zur Beurteilung von Leistung und Ergebnissen. Obwohl es Menschen geben mag und auch immer gegeben hat, die drei Funktionen gleichzeitig und selbst erfüllen können, nämlich sich Ziele *zu setzen*, die entsprechende Leistung *zu erbringen* oder zu mobilisieren *und* die Qualität von Zielen und Ergebnissen *zu beurteilen*, ist das doch die Ausnahme und nicht die Regel. Oder anders formuliert, es darf nicht im Ermessen der einzelnen Menschen liegen, ob sie das tun oder nicht, sondern die Wahrnehmung dieser Funktionen muß *konstitutionell* sichergestellt sein. Nach allem, was man über menschliches Verhalten weiß, bedarf es dazu mindestens *zweier* konstitutioneller Organe.

Es ist aber etwas weiteres zu beachten: Die Unternehmensaufsicht kann beinahe als Zwillingsschwester des *Marktes* angesehen werden. Ich stehe nicht im Rufe, marktfeindliche Meinungen zu vertreten. Aber der Markt allein *genügt nicht*.

Wir leben – wie im letzten Kapitel dargestellt – in einer *organisierten* Gesellschaft, in einer Gesellschaft, die aus Organisationen und Institutionen besteht. Jede Organisation benötigt *Management* (welche Bezeichnungen auch immer dafür verwendet werden) als gestaltendes, bewegendes und lenkendes Organ. Es ist das *Management* der gesellschaftlichen Organisationen, das ihre Leistungsfähigkeit und ihre Leistung bestimmt und damit Leistungsfähigkeit und Leistung einer *Gesellschaft als Ganzes*.

Management ist der Beruf mit den größten *gesellschaftlichen Wirkungen*, seien sie positiver oder negativer Art. Durch Management werden die Ressourcen einer Gesellschaft, insbesondere ihr Kapital und ihre Menschen einer produktiven oder unproduktiven Nutzung zugeführt; Management schafft oder vernichtet Werte, betreibt oder verhindert Innovation, schafft oder verhindert die Zukunft.

Daher sind an die Ausbildung und Ausübung dieses Berufes die allerhöchsten Anforderungen zu stellen, und daher muß es eine *wirksame Kontrolle* der Ausübung dieses Berufes auch auf höchsten Führungsebenen geben, und zwar *bevor* der Markt seine Wirkung tut – *denn diese kommt leider immer zu spät*. Das Risiko eines Versagens des Managements ist viel zu groß, um es *allein* dem Markt zu überlassen. Der

Markt mag eine ausreichende Kontroll- und Korrekturinstanz gewesen sein noch zu Zeiten, in denen ein Firmenzusammenbruch kaum spürbare Folgen hatte. Außerdem: Der Markt – so wichtig er ist – genügt nicht, um wirtschaftliche Leistung *herbeizuführen* und schon gar nicht gesellschaftliche Leistung.

Diese Aussage ist keineswegs eine Konzession an marktfeindliche Auffassungen – ganz im Gegenteil. Es gibt Leute, die mit dem Markt und marktwirtschaftlichen Lösungen unzufrieden sind, weil ihnen die *Ergebnisse* marktwirtschaftlicher Prozesse nicht passen, etwa die Einkommensverteilung oder der Leistungsdruck. Das ist *nicht* mein Argument. Ich bin mit dem Markt aus anderen Gründen nicht zufrieden: Er ist zu *langsam*, er hat keine *voraus*-, sondern nur eine *nach*laufende Wirkung, und er hat im Kern *nur eine bestrafende* Wirkung.

Der Markt sagt nämlich nicht, wo und wie Ressourcen eingesetzt werden *sollen*, sondern nur, wo und wie man sie einzusetzen *gehabt hätte*. Wenn dieses Signal vom Markt kommt, ist es aber *zu spät* für das Unternehmen und insbesondere für *große* Unternehmen. Auch das schnellste Unternehmen hat seine »Totzeit«, wie man die Zeitverzögerung zwischen Signal und Wirkung des Signals in einem System in der Kybernetik und Regelungstechnik nennt. Der Markt als solcher bewirkt *nichts Positives* und er *vermeidet* nicht die Fehler. Er *bestraft* sie nur – aber erst, wenn sie schon passiert sind und daher eben zu spät. Das muß *gerade* von Befürwortern marktwirtschaftlicher Problemlösungen klar gesehen werden.

Ferner muß berücksichtigt werden, daß – so wichtig in anderer Hinsicht der Mittelstand ist – gerade die *Großunternehmen* vielleicht das wesentlichste Zentrum *gesellschaftlicher Anpassung und Erneuerung* sein müssen. Es ist eine Illusion, zu glauben, daß dies von der *Politik* geleistet werden könnte, und ein noch größerer Trugschluß ist die weit verbreitete Meinung, daß die wirklich wesentlichen Innovationen in erster Linie von kleinen oder mittleren Unternehmen – so wichtig sie sind – getätigt werden könnten. Diese sind weder ausreichend mit Management-Kapazität ausgestattet, noch haben sie genügend Kapital. Management wird sich – zum Teil ist dies heute schon der Fall – als *der* Schlüsselfaktor für Wettbewerbsfähigkeit schlechthin sowohl für Unternehmen als auch für die Gesellschaft erweisen. Dabei ist nicht nur an *technologische* Innovation zu denken. Die vielleicht *größte Herausforderung* werden die großen Unternehmen möglicherweise auf einem ganz anderen Gebiet zu bestehen haben: auf jenem der *sozialen Innovation* und in Zusammenhang mit der Frage, worin und wodurch Menschen *Sinn* finden. Diese Entwicklung ist keineswegs zu begrüßen, aber es gibt zahlreiche Indizien dafür, daß sie nicht mehr aufzuhalten ist, obwohl sie vielleicht noch nicht in ihren vollen Konsequenzen sichtbar ist.

Der Wohlfahrtstaat ist – wie schon gesagt – am Ende, aber er hat keine Aufgabe gelöst. Gesundheitswesen und Bildungssystem sind in fragwürdigem Zustand, und es ist sehr zweifelhaft, ob diese Systeme innerhalb einer nützlichen Frist reformiert werden können. Einzig die Wirtschaft hat immer wieder aufs Neue bewiesen, daß sie letztlich doch in der Lage ist, die erforderlichen Veränderungen – wenn auch gelegentlich sehr spät – vorzunehmen. Ihre Strukturen und Organisationsformen, ihre Systeme und Prozesse, ihre Leistungsfähigkeit und ihre Leistung mögen nicht besonders gut sein, aber sie sind jedenfalls weniger schlecht als die der anderen gesellschaftlichen Institutionen. Um so wichtiger ist es, der *Qualität ihrer Führung* größte Aufmerksamkeit zu schenken, höchste Maßstäbe anzulegen und auch scheinbar geringfügigen Erosionserscheinungen gegenzusteuern.

Den Großunternehmen aller Branchen kommt dabei nicht nur deshalb eine besondere Bedeutung zu, weil ihre Kapitalkraft und damit ihre Macht groß sind, sondern vor allem deshalb, weil sie *öffentlich sichtbar* sind. *Sie sind als maßstabprägende Institutionen relevant; sie setzen oder ruinieren die Orientierungsmarken.* Damit entscheiden sie über *Führung* oder *Verführung*. Leistung, Verantwortung, Haftung und Vorbild der für die Großunternehmen handelnden Personen, ihre Glaubwürdigkeit und das Vertrauen, das man in sie hat und haben kann, sind insbesondere in Zeiten grundlegenden Wandels einer besonderen Belastungsprobe ausgesetzt. Dann nämlich, wenn jene schwierigen, unpopulären, einschneidenden, harten und menschliches Leid verursachenden Entscheidungen getroffen und vollzogen werden müssen, die vom Heute in die Zukunft führen. Die Politik kann diese Entscheidungen, selbst wenn sie wollte, aus naheliegenden Gründen nicht treffen.

Die Menschen hatten zu allen Zeiten die *Fähigkeit*, sich anzupassen und Opfer zu bringen; sie waren fähig, hart zu arbeiten. Sie konnten auch mit Gewalt und Terror dazu gebracht werden. Über die bloße Fähigkeit jedoch hinausgehende *Bereitschaft* und *Motivation* ist aber immer nur dann und so lange möglich gewesen, als die Menschen *ihrer Führung vertraut* haben, wenn sie *glaubwürdig* war und zu ihrer *Verantwortung* gestanden ist. Nur dann ist aus bloßer Arbeit auch *Leistung* entstanden, sind *Wohlstand* und *Werte* geschaffen worden und haben die Menschen in ihrer Arbeit auch einen Sinn gesehen.

Daher ist Unternehmensaufsicht auch nicht nur eine Frage der juristischen Gestaltung, sondern vor allem ein Problem der *faktischen* Wirkung und Wirksamkeit. Die Frage der gewaltfreien, aber wirksamen Kontrolle von Menschen durch andere Menschen ist bis heute weitgehend ungelöst. Sie war früher aber nicht so bedeutsam, weil wir eine andere Gesellschaftsstruktur hatten, weil das Leben anders geführt wurde. Nicht zuletzt deshalb war das nicht so bedeutsam, weil Fehler und Versagen immer nur lokale und limitierte Auswirkungen hatten. *Zum ersten Mal in der Geschichte ist die Lösung dieser Frage wirklich wichtig.*

Wenn auch nur ein Teil meiner Analyse in Kapitel 3 zutrifft, dann kann die Bedeutung der Führung von Unternehmen gar nicht hoch genug eingeschätzt werden. In Wahrheit wird es nicht nur um die Führung der Wirtschaftsunternehmen gehen, sondern aller gesellschaftlichen Institutionen: der Gewerkschaften, der Institutionen des Bildungs- und Gesundheitswesens, der Verwaltung und vor allem des immer wichtiger werdenden Non-Profit-Sektors. Ich klammere die

Politik aus, nicht weil sie prinzipiell unwichtig wäre, sondern weil sie innerhalb der nationalstaatlichen Grenzen immer weniger Wirkung haben wird und es vermutlich noch lange dauern wird, bis wir eine transnationale Politik mit Effektivität haben werden. Die nationalstaatliche Politik wird aller Wahrscheinlichkeit nach über eine längere Zeit eher die Rolle des Verhinderns im transnationalen Spiel der Kräfte ausüben, wie das zum Beispiel England im Verhältnis zur Europäischen Union ganz offenkundig tut oder zumindest in wesentlichen Fragen bisher getan hat. Weil keine einzelne Regierung mehr imstande sein wird, jene Lösungen, die für das eigene Land gut wären (und zu ihrer Wiederwahl führten), aktiv herbeizuführen, wird sie sich wenigstens bemühen, für Land und Wiederwahl negative Entwicklungen so gut es geht zu verhindern. Die Politik wird sich somit weitgehend selbst paralysieren, wie ja praktisch alle jüngeren Fälle zeigen, in denen nur gemeinsames und international koordiniertes Vorgehen Lösungen hätte bringen können, von Bosnien bis zum Nahen Osten und von ökologischen Fragen bis zur Lebensmittelkontrolle. Es wird daher viel mehr auf die Wirksamkeit der Führung von Wirtschaftsunternehmen ankommen als je zuvor.

Das Unternehmen ist eine *ökonomische* Institution und hat als solche einen ganz bestimmten Zweck zu erfüllen. Das Unternehmen ist aber darüber hinaus weit mehr – es ist eine *politische* und *moralische* Institution – und daher muß es sich an bestimmte Rahmenbedingungen und Spielregeln halten. Die erste Aussage findet allgemeine Zustimmung. Die zweite ist sehr umstritten. Der Streit ist aber müßig, denn es steht in niemandes freier Entscheidung, ob Unternehmen auch politische und moralische Institutionen sind; sie sind es *de facto*, insbesondere die großen Unternehmen. Der Versuch, diesen zweiten Aspekt auszuklammern, der in letzter Zeit wieder in Form eines völlig mißverstandenen (Schein-) Liberalismus Mode geworden ist, ist bestenfalls naiv, in Wahrheit ist er aber gefährlich.

Man sieht das sofort, wenn man überlegt, unter welchen Bedingungen überhaupt ein Unternehmen betrieben werden kann. In einer verrotteten Gesellschaft kann man zwar *Geschäfte* machen, aber man kann nicht ein *Unternehmen* betreiben. Jede verkommene, ruinierte Gesellschaft bietet drastisches Anschauungsmaterial, von den zusammengebrochenen kommunistischen Ländern bis hin zu bestimmten korrupten lateinamerikanischen, afrikanischen oder asiatischen Fällen.

Eine Person, die das nicht zu begreifen imstande ist, gehört nicht ins Top-Management, und jemand, der das in einer Spitzenposition aktiv ablehnt oder zurückweist, muß rasch entfernt werden. Man löst ein Problem nicht, indem man es ignoriert. Daß es *schwierig* zu lösen ist, ist unbestritten. Deshalb gerade *wird* es ja von Managern so oft ignoriert und beiseitegeschoben.

Die Lösung dieses Problems ist eine Kernfrage einer modernen Gesellschaft. Wenn die Führungskräfte der Wirtschaft sich in der Lösung dieses Problems nicht sichtbar, aktiv und konstruktiv engagieren, dann wird es von *anderen* – außerhalb der Wirtschaft – gelöst und aller Wahrscheinlichkeit und Erfahrung nach in einer für die Wirtschaft nicht sehr vorteilhaften Weise. Nicht einmal ein Ausweichen in andere Länder – wie das jetzt etwa unter dem Etikett der Globalisierung gemacht wird – ist ein Ausweg.

Die soeben dargestellte Problematik ist das Kernthema der Corporate Governance. Die wesentlichsten Probleme hängen zusammen mit *Natur und Funktion des Gewinnes* und mit der Frage, *in wessen Interesse* und daher *nach welchen Maßstäben* ein Unternehmen geführt werden soll. Bezüglich beider Fragen gibt es gravierende Mißverständnisse und Irrtümer. Ich will im folgenden die wichtigsten Irrlehren knapp behandeln und die meines Erachtens richtige Position skizzieren. Selbstverständlich sind das Fragen, die es im Rahmen der Gesamtführung eines Unternehmens zu *diskutieren* gilt. Als Mitglied des Top-Managements übernimmt man Antworten zu so vitalen Problemstellungen nicht einfach aus Büchern. Es sind Fragen, in deren Diskussion die Unternehmensaufsicht eine maßgebliche Rolle spielen und nach meinem Dafürhalten das *letzte Wort* haben muß, und sei es auch nur über den Weg entsprechender Personalentscheidungen. Wie auch immer letztlich die Entscheidung in einem speziellen Falle aussehen mag, meine Empfehlung ist, zumindest die nachfolgenden Überlegungen dabei zu berücksichtigen.

4.2 Wesen und Funktion des Gewinnes

Der Gewinn gehört noch immer zu den am meisten mißverstandenen Elementen einer Wirtschaft. Er wird vom Publikum mißverstanden – und dies vor allem deshalb, weil er von den meisten Managern und Unternehmern mißverstanden wird und sie ihn daher auch falsch und irreführend gegenüber der Öffentlichkeit darstellen.

Er wird aber auch von einem großen Teil der Wissenschaft falsch verstanden. In den meisten marktwirtschaftlich orientierten ökonomischen Theorien finden sich die Denkfiguren des *Gewinnmotivs* als Grund und Antrieb für ökonomisches Handeln und der *Gewinnmaximierung* als Ziel. Gerade die Rezession der neunziger Jahre hat, wenn auch teilweise unter anderen Etiketten, das Gewinnmaximierungsdenken wieder in den Vordergrund treten lassen.

Man kann natürlich prinzipiell niemandem verwehren, ein Unternehmen aus der Sicht des Gewinnes zu verstehen und es als Mittel zur Gewinnmaximierung einzusetzen. Die diesbezüglichen »Theorien« erscheinen so plausibel, daß sie kaum hinterfragt werden und wenn, dann in erster Linie aus ideologisch-politischen Gründen.

Es gibt allerdings seit langem ernstzunehmende Kritik auch aus dem Lager jener, die ideologisch ganz klar für eine freie Marktwirtschaft sind. *Gerade* dann, wenn man für ein »*Free Enterprise-System*« ist, kann man den Gewinn *nicht* als oberstes Unternehmensziel akzeptieren. Immer wieder wurde gezeigt und meiner Auffassung nach schlüssig bewiesen, daß sowohl das Gewinnmotiv als auch die Ökonomie der Gewinnmaximierung *inhaltsleer* sind. Was aber viel wichtiger ist, sie sind *irreführend* und sie sind *gefährlich,* und zwar in mehrfacher Hinsicht. Gewinn als *oberstes Ziel* zerstört die Ertragskraft eines Unternehmens und führt zwangsläufig zu seinem Ruin.

Um keinen Zweifel aufkommen zu lassen: Selbstverständlich müssen Unternehmen Gewinne machen. Die finanzwirtschaftliche Disziplin, die zu fordern ist, muß höchsten Maßstäben genügen. Das hat aber wenig mit Gewinnmaximierung als oberstem Ziel oder als Zweckbestimmung zu tun. *Erstens* sind die Gewinnermittlung und -feststellungsmethoden außerordentlich problematisch; sie sind im Kern willkürlich und lediglich durch Konventionen quasi legitimiert. *Zweitens* können wesentliche Elemente des *Wertes* eines Unternehmens durch die Instrumente des Rechnungswesens gar nicht abgebildet werden, auch nicht durch die fortgeschrittensten und modernsten, und daher kann man ein Unternehmen auch mit den Mitteln der Bilanz und der Gewinn- und Verlustrechnung beziehungsweise des Rechnungswesens ganz allgemein weder beurteilen noch führen. Führung auf der Basis der Finanzkennziffern ist *operative* Führung. Wenn sich Probleme in den Zahlen des Rechnungswesens niederschlagen, ist es für deren Korrektur in der Regel *zu spät.*[7] Es braucht daher auch eine strategische Führung, die auf ganz andere Meßgrößen ausgerichtet, aber durch die finanzwirtschaftlichen Maßstäbe diszipliniert sein muß. Aus diesem Grunde werden in Kapitel 5 andere Meß- und Beurteilungsgrößen vorgeschlagen, und aus diesem Grunde darf sich auch das Aufsichtsorgan mit den Ergebnissen des Rechnungswesens nur limitiert befassen. Es gibt Wichtigeres.

Gewinn schlage ich vor, als *Ergebnis* der Geschäftätigkeit zu betrachten, aber nicht als deren *Ursache* oder treibende Kraft. Gewinn ist der *Maßstab* für die Richtigkeit und Effektivität dessen, was das Unternehmen tut, er ist aber nicht der *Grund* für das, was getan wird. Gewinn- und Gewinnmaximierung können niemandem sagen, was er tun *soll*. Die Ursachen für gute Ergebnisse sind *Innovation, Marketing* und

---

7 Diese und die nachfolgenden Überlegungen gelten auch dann, wenn an die Stelle des Gewinnes der Cash-Flow gesetzt wird.

Produktivität, und an diesen muß man sich orientieren, lange bevor überhaupt über Gewinn gesprochen oder dieser ermittelt werden kann. Der Zweck des Unternehmens muß *außerhalb* desselben liegen, im Markt und in der Gesellschaft. In der Erbringung einer wirtschaftlichen Leistung für den Markt und für die Gesellschaft liegt die Legitimation des Unternehmens. Sein Zweck ist *die (Er-)Schaffung von Kunden durch eine Marktleistung und die Transformation von Ressourcen in ökonomische Werte.* Der Kunde kauft und bezahlt nicht, *damit* das Unternehmen einen Gewinn erzielt, sondern weil er eine Leistung erhält. Der Gewinn ist aber der Maßstab dafür, ob das Unternehmen diesen Zweck richtig und gut erfüllt.

Aber ist nicht doch das *Gewinnmotiv* die treibende Kraft für Menschen, Unternehmer zu werden? Es mag solche Menschen zweifellos geben. Da es aber bis heute nicht gelungen ist, Motive überzeugend nachzuweisen, ist es wesentlich besser, diese Frage offen zu lassen. Die ökonomischen Theorien unterstellen das Gewinnmotiv einfach als Prämisse; sie können aber für dessen Existenz keineswegs Evidenz vorlegen. Das Gewinnmotiv als Prämisse macht das Theoretisieren leicht und vor allem das Rechnen einfach.

Jedenfalls kann den Biographien gerade der Gründerpioniere und Tycoone, aber auch Gesprächen mit vielen heutigen Unternehmern entnommen werden, daß sie keineswegs von einem Gewinnmotiv getrieben wurden, als sie ihre Unternehmen gründeten. Es gibt jede Menge Hinweise darauf, daß Unternehmer mindestens so häufig, wie sie angeben Gewinne machen zu wollen, etwas ganz anderes anstreben – nämlich tatsächlich eine Leistung zu erbringen, ein Produkt zu vermarkten, eine Idee zu realisieren. Viele haben jahrelang auf alles verzichtet, Bankrotte gemacht, wieder von vorne angefangen, immer wieder neue Wege versucht, bis sie endlich unternehmerischen Erfolg hatten, der sich auch in Gewinnen messen ließ.

Natürlich ist es ein leichtes, auch ihnen nichts anderes als Gewinnstreben zu unterstellen – halt eben nicht kurzfristig, sondern langfristig. Aber genau darin liegt eine der Schwächen der am Gewinn orientierten Theorien, sie müssen immer wieder *ausweichen* – vom Kurzfristigen ins Langfristige und vom Konkreten ins Abstrakte. Damit entleeren sie sich selbst ihres Gehaltes. Sie immunisieren sich gegen den Test der Wirklichkeit. Es gibt Leute, die gute und gesicherte Existenzen aufgeben, um Unternehmer mit einer höchst riskanten Zukunft zu werden. Hätten sie ökonomische Rechnungen gemacht und zum Beispiel den Barwert ihres berechenbaren, weil gesicherten Einkommens ermittelt und diesen mit dem völlig unberechenbaren, und wenn, dann katastrophal negativen Barwert ihrer unternehmerischen Tätigkeit verglichen, hätten sie diesen Schritt – ökonomisch gewinnmaximierend – nie machen dürfen.

Was also das Motiv ist, weiß man nicht. Einige mögen ihre Gewinne maximieren wollen, andere ein Lebenswerk schaffen und wieder andere berühmt oder mächtig werden. Man weiß es nicht – und die meisten dürften es nicht einmal selbst zweifelsfrei wissen. Es hat daher auch keinen Sinn, mit Motiven zu operieren. Wesentlich ist, auf das zu achten, *was* die Leute tun, nicht *warum* sie es tun. Dabei wird man leicht feststellen, daß selbst zahlreiche jener Unternehmer und Manager, die die Rhetorik der Gewinnmaximierung verwenden, sich tatsächlich überhaupt nicht gewinnmaximierend verhalten. Und jene, die es tun, sind meistens sehr rasch in großen Schwierigkeiten oder bankrott.

Selbstverständlich muß sich jemand dann, wenn er ein Unternehmen gegründet hat, der *Disziplin ökonomischer Gesetzmäßigkeiten* unterwerfen. Er muß das, was er tut, letztlich gewinnbringend tun, aber das bedeutet noch lange nicht, daß er es *wegen* des Gewinnes tut. Gewinn ist eine *notwendige* Bedingung unternehmerischer Existenz, aber er ist bei weitem keine *hinreichende* Bedingung für das, *was* das Unternehmen tut. Man kann aus dem Gewinn heraus daher auch gar nicht erklären, was das Unternehmen in der Vergangenheit getan hat und warum. Ebenso wenig läßt sich aus dem Gewinn ableiten, was das Unternehmen in Zukunft tun wird und warum.

Der Gewinn ist Ergebnis und Maßstab für die Qualität unternehmerischen Handelns. Er ist Test für die Richtigkeit der meist unausgesprochenen Prämissen und Theorien, die unternehmerischem Handeln zugrunde liegen, aber nicht der Grund für ihr Zustandekommen. Aber welchen Gewinn meint man? Es ist schon viel besser, statt von Gewinn von *Kosten* zu sprechen. Sobald man diese Betrachtung anwendet, sieht man sofort, daß auch das modernste Rechnungswesen nur einen Teil der wirklich relevanten Kosten zu erfassen erlaubt, und was es daher als Gewinn ausweist, nämlich den Unterschied zwischen Ertrag und Aufwand, ist entweder falsch oder es ist irreführend.

Es gibt zwei Arten von Kosten: Die Kosten des *laufenden* Geschäftes und jene Kosten, die erforderlich sind, *um im Geschäft zu bleiben*. Das sind nicht etwa *Kosten der Zukunft*, sondern es sind *heutige* Kosten; Kosten die schon angefallen sind, lediglich noch nicht zu bezahlen waren. Sie sind das, was man als »*deferred*« oder »*accrued costs*« bezeichnen kann.

Die Schlüsselfrage, die daher zu stellen ist, lautet nicht: *Wie groß ist das Gewinnmaximum?* Bemerkenswerterweise hat die gesamte Betriebswirtschaftslehre darauf bis heute keine Antwort zu geben gewußt. Die entscheidende Frage muß auf das Gegenteil gerichtet sein, nämlich auf das *Gewinnminimum*. Sie muß lauten: *Welches Minimum an Gewinn benötigt das Unternehmen, um auch morgen noch im Geschäft zu sein?*

Das hat gar nichts mit Gewinnfeindlichkeit zu tun, ganz im Gegenteil. Wer immer diese Frage gründlich und gewissenhaft durchdenkt, wird zum Ergebnis kommen, daß das so verstandene Minimum erheblich *oberhalb* dessen liegt, was die meisten Leute als Gewinnmaximum zu akzeptieren bereit sind.

Das Minimumerfordernis finanzwirtschaftlicher Disziplin ist selbstverständlich die Deckung der Kosten des Kapitals, und zwar des *Gesamtkapitals*. Das Problem eines Unternehmens ist daher nicht die Gewinnmaximierung, sondern es besteht darin, *genügend Gewinn* zu erzielen, um die *Kosten des Kapitals zu decken* und die *Risiken der zukünftigen, öko-*

nomischen Aktivität zu finanzieren. Gewinn ist die einzige Quelle, aus der ökonomische Risiken finanziert werden können, und zwar jene des Unternehmens selbst *und* jene der Gesellschaft.

Wie auch immer die Theorie sein mag, die *Praxis* der Führung eines Unternehmens nach dem Gewinnmaximierungsprinzip führt zwangsläufig zu *kurzfristig orientiertem, rein finanziell ausgerichtetem Handeln.* Sind aber nicht die US-*Unternehmen und ihre Erfolge ein Paradebeispiel dafür, daß das richtig ist?* Amerika gilt als Hochburg des Gewinnmaximierungsprinzips. Aber die klugen amerikanischen Manager wissen, daß es genau das Denken in kurzfristigem Gewinn war, das zum Verlust lukrativer und großer Märkte geführt hat, und zwar an Japan und an Deutschland – etwa auf den Sektoren der Unterhaltungselektronik, des Fernseh-, Video- und Faxgerätes, der Werkzeugmaschinen und großer Teile des Automobilbaus.

Beide Wirtschaften hatten nach dem Zweiten Weltkrieg praktisch keine Chance, jemals wieder eine weltwirtschaftliche Rolle zu spielen, die die Japaner früher ohnehin nie hatten. In beiden Ländern waren die führenden Unternehmen über sehr lange Zeit nicht in erster Linie am Gewinn, schon gar nicht am kurzfristigen Gewinn orientiert, sondern an ganz anderen Zielen – an *langfristiger Markterschließung* (die Japaner ganz explizit an der Maximierung ihrer Marktposition) und an *Kundennutzen* und *Qualität.* Die Gewinne waren ein *Ergebnis* dieser Strategien. In beiden Ländern waren die Unternehmen immer auch *gesellschaftlichen* Zielen verpflichtet, nicht immer freiwillig, aber dennoch. Deutsche und japanische Unternehmen und Führungskräfte waren sich in den letzten 150 Jahren darüber im klaren, daß soziale Spannungen, Klassenkämpfe, Streiks und eine verarmte Bevölkerung kein gutes Umfeld für unternehmerische Tätigkeit bilden. In Japan ist diese Auffassung bis heute gültig. (Die zur heutigen Krise führenden Verhaltensweisen hatten ihren Ursprung in der Finanzwelt, nicht in der Industrie.) In Deutschland und in der Schweiz hat diese Haltung in den letzten vier bis fünf Jahren zu erodieren begonnen.

Nach all den Desastern, die diese Länder (mit Ausnahme der Schweiz) zu bewältigen hatten – im Gegensatz zu den USA, die davon profitierten –, ist der vielgelobte amerikanische Wirtschaftserfolg jedenfalls zu *relativieren*. Er ist in nicht unerheblichem Maße seit dem Civil War auf *politisch-militärische* Umstände zurückzuführen, die nach meiner Auffassung mindestens so kausal waren wie die vielgepriesenen US-Management-Praktiken. Relativ dazu schätze ich die deutschen und japanischen Wirtschaftserfolge deutlich *höher* ein, da sie fast völlig von der Wirtschaft *selbst*, ohne politische Unterstützung – und zum Teil trotz politischer Desaster – erzielt wurden. Daß zur Zeit diese beiden Wirtschaften in zum Teil großen Schwierigkeiten stecken, ändert daran nichts und ist noch lange kein Grund, unkritisch amerikanische Gepflogenheiten zu übernehmen.

An dieser Stelle sei außerdem noch darauf hingewiesen – nicht als Argument, wohl aber als Illustration – daß einige der profitabelsten Unternehmen bezeichnenderweise gerade solche sind, die gar keinen Gewinn anstreben. Beispiele sind die Migros in der Schweiz, die Raiffeisenorganisationen in Deutschland und Österreich sowie überhaupt nicht unwesentlich die Genossenschaften. Aber auch die VISA-Kreditkartenorganisation wurde als nicht-gewinnorientiert gegründet. Sie ist heute das größte und profitabelste Unternehmen auf diesem Gebiet. Vielleicht liegt der Grund gerade darin, daß diese Organisationen sich eben vollständig in den Dienst am Kunden gestellt haben – und ihre Gewinne sind die *Folge* dieser Haltung.

Wie gesagt, jedes Organ der Unternehmensaufsicht wird in Zusammenarbeit mit den Exekutivorganen sich zu diesen Fragen eine Meinung bilden müssen, und es steht jedem Unternehmen frei, sich für die Gewinnmaximierung zu entscheiden. Man sollte das aber wenigstens in Kenntnis der Argumente und Bedenken tun, die dagegen vorgebracht werden können.

Wenn man sich *dafür* entscheidet, dann muß man es im vollen Bewußtsein dessen tun, daß man damit dem exekutiven Management eine sehr *leichte* Aufgabe stellt, und man

muß sich der Konsequenzen dieser Entscheidung bewußt
sein. Es ist keine Kunst, die Gewinne eine Zeit lang, durchaus einige Jahre, drastisch zu erhöhen, und die Börse wird
das honorieren. Die wesentliche Frage ist, auf welchem Wege das gemacht wird und welche Konsequenzen es haben
wird.

In aller Regel wird man feststellen, daß die *Voraussetzungen* des Gewinnes, die Ertrags*potentiale* des Unternehmens,
dadurch nachhaltig geschädigt werden. Es wird eine starke
Versuchung bestehen, zum Beispiel Investitionen in die
Marktstellung zurückzunehmen oder jedenfalls nicht forciert zu tätigen, bei Forschung und Entwicklung zu bremsen
und bei der Entwicklung des Humankapitals. In Wahrheit
gibt man dem Management damit einen Freipaß, die langfristige Gesundheit des Unternehmens erodieren zu lassen zugunsten kurzfristiger Gewinne. Und man muß damit rechnen, daß es dann, wenn die zunächst unsichtbare Erosion
der Gewinnpotentiale sich in den Zahlen des Rechnungswesens niederschlägt, zu spät ist, um die Entwicklung zu korrigieren. Gewinn als *oberstes* und *einziges* Ziel und *a fortiori*
Gewinnmaximierung zerstören die Leistungskraft des Unternehmens.

4.3 Die drei Modelle der Corporate Governance – und ein viertes

Ein klares Verständnis für die Funktion des Gewinnes für die
Unternehmensführung ist zunächst völlig unabhängig davon, *wem* schließlich der Gewinn zufließt. Sie ist daher auch
unabhängig davon zu entscheiden. Die zweite Frage ist
dann, in *wessen Interesse* das Unternehmen geführt werden
soll. Auch diese Frage muß vom *Aufsichtsorgan* diskutiert
und entschieden werden. Wegen ihrer wirtschaftlichen und
gesellschaftlichen Bedeutung, ja Brisanz, kann man die Frage nicht einfach den Exekutivorganen überlassen oder – wie
das häufig der Fall ist – überhaupt unbeantwortet lassen –
und damit Unternehmen und Management den Launen der

Finanzmärkte und dem Terror der Finanzanalysten überlassen.

Im wesentlichen sind bisher drei grundlegende Modelle zu verzeichnen, die gleichzeitig drei Grundformen eines marktwirtschaftlichen Systems oder des Kapitalismus darstellen: der Eigentümer-Kapitalismus (Owner Capitalism), der Unternehmens-Kapitalismus (Corporate Capitalism) und der Aktionärs-Kapitalismus (Shareholder Capitalism), der gelegentlich – etwas boshaft – auch als Spekulanten-Kapitalismus bezeichnet wird.[8]

Der Eigentümer- oder Unternehmer-Kapitalismus setzt voraus, daß es einen oder zumindest nur eine ganz kleine Zahl von Eigentümern gibt, die das Unternehmen kontrollieren. Dieses Modell wird also außerhalb des Mittelstandsbereiches von der Figur des klassischen *Großkapitalisten*, des Tycoons dominiert, den es heute in der westlichen Welt zwar vereinzelt noch gibt, der aber im großen und ganzen keine wesentliche Rolle mehr spielt.

An die Stelle des klassischen Eigentümer-Kapitalisten sind – geschichtlich – in *Europa* die *Banken* getreten – in Deutschland unter der Führerschaft der Deutschen Bank. In einigen Ländern waren es, bis die Deregulierung einsetzte, auch in wesentlichem Umfange direkt oder indirekt der Staat beziehungsweise die *Regierungen*, etwa in Italien, Frankreich und Österreich. In Japan sind es die *Keiretsus*. In den USA war es, bis die Pension Funds Gewicht erlangten, das *Publikum*.

Eigentum und Kontrolle liegen seither somit in den Händen von *Institutionen*, die durch ihre Führungsorgane in der Unternehmensaufsicht vertreten sind. Aus einer Reihe von Gründen überwog eine *langfristig orientierte Denkweise*, die an Investitionen, an Marktstellung und teilweise – in enger Koordination mit Regierungen und Gewerkschaften – an gesamtwirtschaftspolitischen, eventuell sogar an gesellschaftspolitischen Zielen ausgerichtet war.

---

8 Siehe zum Folgenden auch Drucker, P., Managing for the Future, London 1992.

Das deutsche »Hausbanken«-System, vor rund 100 Jahren von Georg von Siemens, dem ersten Vorstandsvorsitzenden der Deutschen Bank, erfunden, war im Grunde und in erster Linie nicht an Dividenden und Kursgewinnen des Portefeuille-Bestandes interessiert, sondern am Kommerzgeschäft mit seinen Großkunden. Die japanischen Keiretsus sind vor allem an wirtschaftlicher Macht interessiert und gleichzeitig am direkten Geschäft mit den »Familien«-Mitgliedern und nicht an Beteiligungserträgen; und in den politisch dominierten Ländern waren und sind es eben politische Interessen, die die Führung der Wirtschaftsunternehmen bestimmen. Geschäftliche und politische Interessen sind es also, die die Geschicke in diesem Modell bestimmen, und nicht die Aktionärsinteressen.

Die selbstverständlich nicht unumstrittenen personellen Verflechtungen, die dieses Modell zur Folge hat, haben neben vielen Nachteilen jedenfalls den Vorteil, daß in den Großunternehmen ein im Kern *uniformer Grundkonsens* darüber existiert, nach welchen Gesichtspunkten ein Unternehmen zu führen ist, worin Leistung und Ergebnisse bestehen müssen und wonach sie zu beurteilen sind. Das Ziel sind langfristige, fruchtbare Geschäftsbeziehungen und tragfähige Koexistenz politischer Gruppen.

Abgesehen von jenen Fällen, in denen nicht nur wohlverstandene Staats- und Regierungsziele als solche, sondern letztlich *parteipolitische* Interessen *vor* die Wirtschaftslogik gestellt wurden, wie etwa in Österreich und Italien, darf dieses Modell als sehr erfolgreich betrachtet werden. Wie gesagt, Deutschland und Japan hätten kaum auf anderem Wege ihre weltwirtschaftliche Bedeutung erlangen können. Der größte Nachteil beziehungsweise die größte Gefahr dieses Modelles liegt in der Machtakkumulation bei einer kleinen Zahl von Personen, von deren Fähigkeit, Qualität und Kompetenz die Wirtschaft unausweichlich abhängt – zum Guten, wenn es die richtigen Personen sind, zum Schlechten im gegenteiligen Fall.

In den USA war die Entwicklung zunächst ganz anders. Aufgrund eines gänzlich anderen Stellenwertes, den dort die

Finanzmärkte, insbesondere die Aktienbörse schon immer hatten, war das Eigentum sehr zerstreut. Kein einzelner Aktionär war – von Ausnahmen abgesehen – stark genug, das Unternehmen in nennenswertem Umfang zu kontrollieren. Die Aktionärsinteressen waren nicht organisierbar. Die Kontrolle lag somit nicht bei den Eigentümern, sondern beim *Management*. Aufgrund des US-Boardsystems mit seiner Vermischungsmöglichkeit von Aufsicht und Exekutive war somit das Top-Management in Wahrheit *niemandem* verantwortlich, bzw. es konnte sich seine Verantwortlichkeit *selbst definieren*. Aus dieser Situation heraus entstanden in der Zeit nach dem Zweiten Weltkrieg zwei Theorien der Corporate Governance, die *Stakeholder*-Theorie und die *Shareholder*-Theorie. Keine hat sich bewährt. Die erste ist sichtbar gescheitert; die zweite ist dabei zu scheitern.

Die erste Theorie ist unter der Bezeichnung »*Stakeholder-Approach*« populär geworden. Die Grundposition ist folgende: Wenn das Management keiner spezifischen Einzelgruppe verantwortlich ist, so muß das Unternehmen im Interesse *aller* am Unternehmen interessierten Gruppen geführt werden – »*in the best balanced interest*« eben aller »*Stakeholder*«, der Aktionäre, der Mitarbeiter, der Kunden, Lieferanten, Banken und eventuell der lokalen politischen Institutionen.

Nun mag das ja ein brauchbarer *Ausgangspunkt* sein, aber es stellt sich natürlich die Frage, was »*best balanced interest*« konkret heißt, welche *konkreten* Leistungen und Ergebnisse das Unternehmen also erreichen soll, und wie die Verantwortung des Managements tatsächlich eingeführt, eingelöst und unter Umständen erzwungen werden soll.

Eine Antwort darauf wurde nie gefunden, vielleicht wollte man sie auch nicht. Somit war die weitere Entwicklung vorgezeichnet. Die Manager – in enger Interessensgemeinschaft mit dem Board – letztlich *de facto* eben niemandem verantwortlich, haben die Zügel schleifen lassen und sind bequem geworden, oder sie haben sich als »gütige Tyrannen« oder »aufgeklärte Despoten« verhalten. In Ermangelung verbindlicher Maßstäbe wurde von Fall zu Fall – und nicht unwesentlich von eigenen Interessen geprägt – definiert, was in wessen Interesse lag.

Es war genau diese *konstitutionelle* Schwäche im amerikanischen System zusammen mit den Möglichkeiten, die die Aktienbörse bot, die zur Übernahmewelle führte, die in den achtziger Jahren, erleichtert durch die Börsenhausse, an Dynamik gewann und zu den bekannten Exzessen führte. Diese Entwicklung war konstitutionell programmiert, aber zunächst fehlte noch der Zugang zu den erforderlichen finanziellen Mitteln. Die amerikanischen Banken konnten feindliche Übernahmen nicht finanzieren, weil ihnen wegen des amerikanischen Spezialbanken-Systems die Mittel fehlten, oder sie waren aus prinzipiellen Erwägungen oder wegen eines befürchteten Klumpenrisikos sehr zurückhaltend. Die Voraussetzung zur Übernahmewelle ist durch das *Investment* und *Pension Fund System* entstanden, das zu einer *Kapitalakkumulation* ohne Beispiel in den Händen weniger Institutionen führte. Die Pension Funds allein kontrollieren rund 2,5 Billionen Dollar. Sie haben in den USA als Kapitalakkumulationsstellen weitgehend die Banken ersetzt.

Dieses akkumulierte Kapital sucht nach Anlagen und Rendite. Der größte Teil dieser Mittel ist in die Aktien- und Obligationenmärkte geflossen. Die amerikanischen »Werktätigen« sind somit über ihre Pensionskassen zu den Eigentümern der amerikanischen Wirtschaft geworden. Es ist das entstanden, was von Peter Drucker als »Pension Fund Socialism« bezeichnet wurde – es ist die amerikanische Art des Volkskapitalismus. Die Pension Funds sind mit etwa 40 Prozent an der Summe der Großunternehmen beteiligt, sei es über Aktien oder Obligationen.

Die *Eigentümer* der amerikanischen Großunternehmen sind somit Millionen von Amerikanern. Die *Verfügungsgewalt* über diese Mittel liegt aber direkt oder indirekt in den Händen der *Pension Fund Manager*, direkt, insoweit sie unmittelbar in Wertpapieren engagiert sind, und indirekt, insoweit sie die Mittel in Investment Funds angelegt haben. Das hat zwei zwangsläufige Folgen, die weder für die US-Unternehmen noch für die US-Gesamtwirtschaft vorteilhaft sind.

Die *erste* Folge ist, daß sie die Welle der *feindlichen Über-*
nahmen ermöglichten. Die »Wall Street Raiders« hätten
ohne die direkte oder indirekte Hilfe der Pension Funds ihre
feindlichen Übernahmeaktionen gar nicht realisieren können. Obwohl nicht wenige Fund Manager diesen Aktionen
durchaus skeptisch gegenüberstanden, waren sie *de facto*
und teilweise sogar nach dem Gesetz dazu gezwungen, Hand
zu bieten, weil sie sonst Treubruch- und Schadenersatzkla-
gen seitens der Anleger zu erwarten gehabt und auch ihre
Performance-Ziele nicht erreicht hätten.

Die kompetenten Pension Fund Manager waren zu Recht
skeptisch, denn es hat sich erwiesen, daß kaum eines der
feindlich übernommenen Unternehmen *nach* der Übernahme besser gestellt gewesen wäre als *vorher*. Im wesentlichen
haben nur die Management-Buy-Outs zu guten Ergebnissen
geführt, aber nicht die feindlichen Übernahmen. Mit Ausnahme einiger weniger Fälle sind schuldenüberlastete Rui-
nen oder überhaupt zerschlagene Firmen das Resultat dieser Übernahmen gewesen. Noch schlimmer, die Folge war
Bitterkeit, Zynismus und Lethargie bei den Mitarbeitern,
denn sie mußten zur Kenntnis nehmen, daß sie wie eine
Ware gehandelt und anschließend in Massen entlassen wurden, während ihre Manager, die zuvor mit hehren Worten
und großen Idealen operierten – Loyalität, Motivation usw. –
die Belegschaft opferten, selbst aber in oft gigantischem
Umfange von den Deals profitierten. Die Mitarbeiter konnten
das nicht anders denn als Verrat an allem empfinden, was
ihnen bis dahin gepredigt worden war. Diese Lektion blieb
keineswegs auf die unmittelbar betroffenen Firmen beschränkt, sondern die Signalwirkung ging weit darüber hinaus, weil jeder Mitarbeiter in jeder Firma damit rechnen
mußte, daß ihm dasselbe widerfahren kann. Es gibt kaum
einen schnelleren und wirksameren Weg, den sozialen Kitt
einer Gesellschaft zu zerstören.

Diese Dinge werden in der Rhetorik der Raiders und ihrer
Helfer gerechtfertigt mit dem Argument, daß die Aktionäre
von diesen Bewegungen profitiert hätten. Selbst wenn das
stimmte, wäre zu fragen, ob die sozialen Kosten dieser Pro-

fite nicht zu hoch sind. In Wahrheit stimmt es aber gar nicht, zumindest nicht allgemein. In aller Regel wurden die zum Teil in absurde Höhen getriebenen Übernahmepreise nur teilweise oder gar nicht bar bezahlt, sondern in Form von Schuldverschreibungen aller Art, in großem Umfange mit Junk Bonds, finanziert. Die meisten dieser Papiere haben nach den Übernahme-Coups rasch an Wert verloren. Per Saldo hat von diesen feindlichen Übernahmen und spektakulären Raider-Aktionen niemand profitiert, außer die Raider selbst, ihre Anwälte, einige Manager und die Investment-Banker, zum Teil in schamlosen Größenordnungen.

Die Übernahmewelle hat aber als *zweite* Folge die Art, wie die amerikanischen Unternehmen geführt werden, in wenigen Jahren *radikal* verändert. Alle Top-Manager sahen sich nun gezwungen, ihre Unternehmen nach Orientierungsmarken zu führen, die nichts mit solidem Unternehmertum zu tun haben, sondern mit den kurzfristig ausgerichteten, immer hektischer und immer begehrlicher werdenden Erwartungen der Finanzanalysten. Jeder mußte darauf achten, daß er nur ja nicht Objekt der Begierde der Raiders wurde und hat daher alles getan, um den Aktienkurs seines Unternehmens nach oben zu treiben.

An die Stelle des gescheiterten Stakeholder-Modells ist aus diesen Gründen das *Shareholder-Modell* getreten. Die Raiders konnten ihre Pläne ja nur verwirklichen, wenn sie glaubhaft machen konnten, den Interessen der *Aktionäre* besser zu dienen als das amtierende Management. Daß das gesamthaft nicht eingetreten ist, ist eine der Ironien des Marktes. *Einen* Zweck haben die feindlichen Übernahmen aber erfüllt. Sie haben die gemütlich vor sich hin dösenden, nach allen Seiten abgesicherten und niemandem verantwortlichen Manager aufgeschreckt und selbstverständlich auch die Aufsichtsorgane, die jahrelang die mangelhaften Leistungen der Manager geduldet haben.

Der Shareholder Value ist zum neuen *Credo* geworden und hat jede andere Überlegung beiseite gedrängt. Vielleicht nicht absichtlich, aber doch *de facto* ist damit aber eine Art von *Primitiv-Kapitalismus* etabliert worden, wie er nicht einmal in den schlimmsten Zeiten der Gründerbewegung vorherrschte. Alles wurde und wird in den Dienst der Kapitalrendite, ja schlimmer, in den Dienst der Eigenkapitalrendite gestellt. Daß dies ein Modell ist, das nicht einmal im erzkapitalistischen Amerika auf längere Zeit gutgehen kann, wo die vorbehaltlose Euphorie übrigens bereits abzuklingen beginnt, braucht kaum betont zu werden. Es sind dort sogar schon politische Bewegungen im Gange, die auf eine radikale Begrenzung der Aktionärsrechte zielen. Schon gar nicht paßt dieses Modell in die soziale Landschaft Europas, wo es nun aber fleißig und – wie mir scheint – auch etwas unüberlegt nachgeahmt wird.

Dabei wird leider übersehen, daß *erstens* die US-Wirtschaft keineswegs *wegen* ihrer Orientierung am Gewinn und am Aktionär stark ist, soweit sie es überhaupt ist, sondern aus anderen Gründen, u. a. aus politischen und deshalb, weil es noch genügend amerikanische Top-Manager gibt, die zwar ihre *Rhetorik* an die Wall Street-Denkweise angepaßt haben, aber nicht immer danach handeln. *Zweitens* wird übersehen, *warum* die Shareholder-Orientierung in den USA überhaupt entstanden ist und daß dort eine ganz andere Situation gegeben ist. Und *drittens* wird verkannt, daß Europa und Japan bezüglich der Corporate Governance in wichtigen Punkten sehr viel weiter entwickelt sind als die USA.

Alle Rhetorik und erklärten Absichten beiseite gelegt, wie sieht die *unvermeidbare, praktische* Wirkung des Shareholder-Value-Kapitalismus aus? Funds-Manager werden nach ihrer Performance beurteilt, d. h. nach dem finanziellen Zuwachs des von ihnen verwalteten Kapitals. Aufgrund der Konkurrenz zwischen den über 8 000 Funds um die nach Anlage suchenden Gelder und im Umfeld der total euphorisierten Wall Street Industrie heißt das nichts anderes als *kurzfristige* Performance; es *kann* in der Praxis nichts anderes heißen. Die Ergebnisse der Funds werden täglich publiziert. Dutzende von Rating-Agenturen und Investment-Services vergleichen monatlich, mindestens quartalsweise, das Abschneiden der Funds und veröffentlichen Ranglisten. Wer nicht ständig Top-Performance ausweisen kann, fällt zurück

– mit möglicherweise desaströsen Folgen für den Fund, insbesondere wenn Gelder abzufließen beginnen. Funds-Manager *können* sich also mit dem ihnen anvertrauten »Eigentum« gar nicht als *Eigentümer* verhalten, sondern sie *müssen* sich als *kurzfristige Spekulanten* betätigen. Sie investieren nicht in *Unternehmen*, sondern in *Aktien*. Sie verkaufen diese daher wieder genauso schnell, wie sie sie erwerben, sobald Dividenden oder Kurse nicht die von ihnen gebrauchten Performance-Werte erzielen – zum Beispiel weil das Unternehmen selbst eine langfristige Investitionsstrategie betreibt, die vorübergehend auf die Gewinne drückt. Sie sind im Grunde am Unternehmen überhaupt nicht interessiert; sie *können* es aufgrund der Logik des Finanzsystems gar nicht sein. So etwas wie Loyalität gegenüber einem Unternehmen hat darin keinen Platz. Die heutigen Hohepriester des Shareholder-Values, Funds-Manager und Finanzanalysten, werden sogar *aktiv* und *exzessiv* Shareholder-Value *vernichten*, sobald wir wieder einen Bear Market haben werden, der entgegen der jetzt vorherrschenden Meinung mit Sicherheit kommen wird. Die Funds-Manager werden dann nämlich Performance nur noch auf der Short-Seite erzielen können, und sie werden – falls es nicht durch Börsenregulierungen unterbunden oder erschwert wird – die Aktienkurse auf immer tiefere Niveaus treiben. Und die Finanzanalysten werden ihnen zu ihren Verkaufsstrategien raten.

Die Unternehmens-Manager können sich dem Diktat der am Shareholder-Value orientierten Performance-Messung ebenfalls nicht entziehen. Sie haben in der öffentlichen Meinung oder präziser in der Meinung der Finanzanalysten – nicht unbedingt in ihren Unternehmen – nichts als Schwierigkeiten, wenn ihre Aktien nicht erwartungsgemäß performen. Ihr Blick ist daher auf den Kursverlauf an den Finanzplätzen gerichtet – sie schauen in den *Reuters-Bildschirm*, statt dorthin, wo sie wirklich schauen sollten – auf den *Markt*. Sie beginnen, die Führung des Unternehmens an den Interessen und am Verhalten der *Börse* auszurichten, statt an dem der *Kunden*. Sie orientieren sich an den Interessen der *Spekulation*, statt an jenen des *Unternehmens*.

Selbst jene Top-Manager, die klug und erfahren genug sind, um die Gefahren des kurzfristigen, ausschließlich an Finanzzahlen orientierten Handelns zu kennen, sehen sich gezwungen, wenigstens rhetorisch den Erwartungen der Finanzwelt zu genügen. Ihre Rhetorik mag richtig sein gegenüber den Finanzanalysten; sie ist schädlich gegenüber Mitarbeitern, Kunden und Lieferanten, und leider können sie nicht zwei widersprüchliche Nachrichten gleichzeitig von sich geben.

Die Shareholder-Value-Theorie wird sich möglicherweise als *noch kurzlebiger* erweisen als die Stakeholder-Theorie und möglicherweise als *noch schädlicher*. Sie konnte nur Wirkung bekommen im Kontext eines der historisch größten Bull Markets, und sie wird mit dessen Ende und dem nächsten Bear Market auch wieder verschwinden, aber wahrscheinlich ein wirtschaftliches Trümmerfeld hinterlassen. Das wird auch die Pension Funds wieder zur Einsicht zwingen, daß es einen Unterschied zwischen Eigentum an *Aktien* und Eigentum an einem *Unternehmen* gibt, obwohl beides durch dasselbe Papier verbrieft wird. Sie werden sich zwar nicht als Manager der von ihnen dominierten Unternehmen verhalten können, aber sie werden sich als Unternehmer-Aktionäre verhalten müssen – weil sie nämlich gar nicht wie bisher ihre Aktien verkaufen können. Der Markt wird das – sobald wir in einem Bear-Market sein werden – gar nicht mehr ermöglichen, außer mit großen Kursverlusten. Sie werden die alte Erfahrung aller »Großkapitalisten« machen: *»If you can't sell, you have to care...!«*

Durch die Shareholder-Value-Theorie ist der Unterschied zwischen einem *Investor*-Eigentümer und einem *Unternehmer*-Eigentümer oder unternehmerischen Manager vollkommen verwischt worden. Dieser Unterschied fällt aber ins Gewicht, und er wird den Schlüssel darstellen für die Bewältigung der Folgen der in Kapitel 3 besprochenen Großen Transformation. Der Investor operiert auf *Zeit*; die unternehmerische Tätigkeit ist auf *Dauer* angelegt. Der Investor *gibt bei Schwierigkeiten auf – he sells –*, und wenn er klug ist, gibt er schon vor Auftreten von Schwierigkeiten auf, er legt seine Investments nachgerade so an, daß er sich möglichst rasch wieder von ihnen *trennen* kann; der Unternehmer (-Manager) *kämpft* aber gerade dann, wenn es Schwierigkeiten gibt – *he cares...* Der Investor maximiert *eine* Ressource, nämlich Geld; die unternehmerische Aufgabe ist aber in der Kombination *mehrerer* Ressourcen zu sehen. Der Investor ist nur am *finanzwirtschaftlichen* Ertrag interessiert; der Unternehmer ist aber an der *Leistung* und *Leistungsfähigkeit* des Unternehmens interessiert. Für den Investor ist die Börse *unabdingbar*; der Unternehmer braucht *keine Börse*, Unternehmen gibt es auch ohne Börsen, und selbst wenn diese zusammenbrechen und temporär geschlossen werden, wird es weiterhin Unternehmen geben. Der Investor des Shareholder-Value-Typs tritt nur in *Bull Markets* auf; der Unternehmer ist ein *Allwetter-Typ*.

Die meines Erachtens ins Gewicht fallenden Unterschiede, die ich hier herausarbeite, bedeuten *keineswegs*, daß ich *gegen* Finanzinvestoren bin; ich bin auch nicht gegen die Spekulation. Beide erfüllen ihre Funktionen in einer Marktwirtschaft. Es sind nur eben ganz *andere* Funktionen, als sie vom Unternehmen und vom Unternehmens-Manager zu erfüllen sind. Man kann sie nicht gegenseitig austauschen oder ersetzen. Man darf sie auch nicht verwechseln.

Es gibt nur *eine* richtige Art, ein Unternehmen zu führen – nämlich *im Interesse des Unternehmens* – und nicht im Interesse einer Gruppe oder auch aller Gruppen zusammen. Nicht »Best Balanced Interests of Interest Groups«, sondern »*Best Interests of the Company*« muß die bestimmende Maxime sein, und zwar wegen der spezifischen Aufgabe, die das Unternehmen in der Wirtschaft zu erfüllen hat.

Die echten Unternehmer in allen Teilen der Welt, die Führer von heute wirklich starken und gesunden Unternehmen, die »Empire Builders«, haben als *oberste* Richtschnur nichts balanciert, sie haben durchaus *maximiert*, aber nicht die Gewinne – *sie maximieren die wohlstandsproduzierende Kapazität des Unternehmens*. Sie achten schon *auch* auf die Gewinne, aber nicht im Sinne von etwas, das verdient ist und daher in erster Linie ausbezahlt werden kann, sondern als etwas, das wieder investiert wird und der Deckung von Risiken dienen muß. Ihre *Bottom Line* ist nicht das, was die Buchhalter als solche definieren, sondern es ist das *Überleben* des Unternehmens, und ihr *oberstes Ziel* ist die *Gesundheit* und *Lebensfähigkeit* ihrer Firma. Sie sind exakt aus diesem Grunde auch nicht an *Wachstum* als solchem interessiert, sondern an *Stärkung der Marktstellung*, und sie unterscheiden sehr sorgfältig zwischen verschiedenen Arten von Wachstum – zwischen Wachstum, das zu Stärke führt, Wachstum, das lediglich Fettansatz ist, und Wachstum, das Krebs bedeutet.

Zusammengefaßt: *Sie maximieren ihre Marktstellung und nicht ihr Wachstum; sie maximieren den Kundennutzen und nicht die Eigenkapitalrendite; sie maximieren ihre Innovationskraft und nicht den Gewinn. Sie kennen sehr genau den Unterschied zwischen einem Investor und einem Unternehmer. Statt auf den Shareholder Value achten sie auf den Customer Value. Sie beginnen ihre Planungen nicht mit den Finanzen, sondern mit ihrer Mission – und als Folge stellt sich der Gewinn ein, meistens viel höher als bei anderen.*

Die Orientierung an der Lebensfähigkeit und Gesundheit des Unternehmens ist die *einzige* Möglichkeit, alle anderen Interessen, gleichgültig wie lautstark und kraftvoll sie vertreten werden, gegeneinander und gegen die Interessen des Unternehmens abzuwägen. Es ist die *einzige* Möglichkeit, kurz- und langfristiges Denken zu integrieren, und es ist die *einzige* Möglichkeit, die Top-Management-Organe richtig zu organisieren, ihre Rollen- und Arbeitsteilung richtig zu gestalten, ihre Zusammenarbeit und ihre Beziehungen untereinander und zum Unternehmen richtig zu regeln. Es ist auch die *einzige* Möglichkeit, überhaupt eine Chance zu haben, die *schwierigsten* Konflikte zu lösen, nämlich jene, die ihre Wurzeln in den *Wertvorstellungen* bezüglich Zweck und Funktion eines Unternehmens – der Corporate Governance – haben.

In gewisser Weise ist das eine Rückkehr zum *Corporate Capitalism* – aber nur in einer bestimmten Hinsicht. Wie Peter Drucker es einmal sinngemäß formulierte: *Der Corporate*

Capitalism hat durchaus die richtige Frage formuliert, nur hat er eine falsche Antwort gegeben. Es ist aber sehr wohl möglich, eine *richtige* Antwort auf diese Frage zu geben. In den Grundzügen wird sie im nächsten Kapitel dargestellt. Es ist die in letzter Konsequenz vielleicht wichtigste Aufgabe der Unternehmensaufsicht, eine Antwort auf diese entscheidende Frage zu erarbeiten und sie im Unternehmen verbindlich als oberstes Ziel vorzugeben. Wie die Antwort in *kleinen* Unternehmen ausfällt, mag noch relativ bedeutungslos sein. Die *großen* Firmen tragen hier aber eine besondere Verantwortung. Äußerste finanzwirtschaftliche Disziplin und außer Diskussion stehende Performance als Unternehmen sind *oberste Gebote.* Daran darf es keinen Zweifel geben. Hier hat die *alte* Form des Corporate Capitalism versagt. Aber finanzwirtschaftliche Performance genügt nicht. Denn ebenso wichtig ist die Frage, in wessen Interesse und zu wessen Nutzen die Leistungen erbracht werden. Man wird es den Menschen in keiner Gesellschaft, unabhängig von ihrem Wohlstandsniveau, verständlich machen können, daß sie mehr zu leisten haben, produktiver sein müssen und unter Umständen in Massen entlassen werden – *nur um Aktionäre reich zu mache*n. Sie leisten – und bringen möglicherweise auch Opfer –, wenn es im *Dienste des Unternehmens* sein muß, aber nicht, um ohnehin schon »reiche Leute noch reicher« zu machen. So wird der Shareholder-Value, wie immer er gemeint sein mag, von jenen nämlich verstanden, die die Leistung erbringen – und es gibt keine Möglichkeit, es anders darzustellen. Man wird zumindest immer die Optik gegen sich haben; wie ich glaube aber auch die Wahrheit.

Genau so wenig kann man es den Menschen verständlich machen, daß sie Leistung für die Bereicherung von Managern erbringen sollen. Das einzige, was durch Rhetorik und Verhalten in dieser Richtung erreicht wird, sind neue Klassenkämpfe, Militanz der Gewerkschaften, totale Demotivation der Mitarbeiter und höhere Besteuerung der Kapitalgewinne.

Es geht hier um *weit mehr* als nur um ökonomische Leistung, so wichtig diese ist. Es ist sehr zweifelhaft, ob eine

Gesellschaft auf Dauer funktionieren kann, wenn alles nur gerade *einem* Ziel untergeordnet wird, und sei es ein so wichtiges wie wirtschaftliche Leistung. Seit Aristoteles sind alle großen Staats- und Gesellschaftsphilosophen – insbesondere die konservativen und liberalen – zu dem Ergebnis gekommen, daß die Unterordnung aller gesellschaftlichen Ziele unter ein einziges Ziel, gleichgültig welches es ist, letztlich die Fähigkeit dieser Gesellschaft zerstört, überhaupt noch Ziele zu erreichen, Leistung zu erbringen und Resultate zu erzielen – ja, überhaupt zu funktionieren. Daher darf man es als Aufsichtsorgan auch nicht zulassen, daß die exekutiven Manager Botschaften in die Welt setzen – und sei es auch nur aus rhetorischen Gründen und als Konzessionen an einen gewissen Zeitgeist –, die in diesem Zusammenhang gefährlich sind und zwangsläufig politische und soziale Gegenbewegungen auslösen müssen, die unter Umständen nicht mehr zu kontrollieren sind. Schon gar nicht darf ein solches Handeln geduldet werden.

5. Was ist ein gesundes Unternehmen? – Meßfelder für die Beurteilung eines Unternehmens

Wenn das Unternehmen selbst und dessen Prosperität, Gesundheit und Lebensfähigkeit im Zentrum der Unternehmensführung stehen sollen und nicht wie auch immer definierte Interessengruppen, dann muß auch klar sein, nach welchen Gesichtspunkten ein Unternehmen, seine Leistung und sein Erfolg zu beurteilen sind, um den Fehler der früheren Form des Corporate Capitalism-Modells zu vermeiden. Diese Frage ist sowohl für die Unternehmensaufsicht als auch für das Exekutivorgan wichtig und darüber hinaus für sämtliche höheren und mittleren Managementebenen.

Die Schlüsselfrage muß lauten: *Was ist ein gesundes Unternehmen und worauf ist zu achten, wenn man seine Gesundheit beurteilen will?* Die Antwort beeinflußt das gesamte Aufgabenspektrum der Unternehmensaufsicht – ja, es *definiert* sie nachgerade. Sie legt damit als Konsequenz auch die Tätigkeit aller anderen Organe und des Unternehmens als Ganzes fest. Die Antwort auf diese Frage bestimmt den Informationshaushalt des Aufsichtsorganes; sie bestimmt, worauf die Manager ihre Aufmerksamkeit richten müssen, und sie bestimmt, nach welchen Gesichtspunkten die Tätigkeit der Unternehmens-Controller und damit die Berichterstattung an die Unternehmensaufsicht erfolgen müssen. Die Meßgrößen für Erfolg und Gesundheit des Unternehmens führen nicht nur zu einer erheblichen Ausweitung der in Kapitel 7 zu behandelnden Rückschau-Funktion des Aufsichtsorganes, die viel zu stark und gelegentlich ausschließlich auf die Instrumente des Rechnungswesens gestützt ist. Diese Meßgrößen oder besser Meßfelder bestimmen *alle* Aufgaben der Aufsicht. Diese Faktoren sollten das »Cockpit« sowohl des Exekutivorganes als auch des Aufsichtsorganes bilden. Sie sind die Grundlage für die Ausübung der Corporate Governance und die *einzige* Möglichkeit, sowohl die Fallstricke der Stakeholder-Theorie als auch der Shareholder-Theorie zu vermeiden.

Über jede einzelne der hier dargelegten Meßgrößen könnte man leicht ein eigenes Buch schreiben. Ich konzentriere mich im folgenden auf das Grundsätzliche und Wesentliche. Die sich anschließend stellenden Fragen der Erhebung und Ermittlung der entscheidenden Meßgrößen, ihre Quantifizierung und schließlich ihr Reporting sind selbstverständlich auch wichtig, aus der Sicht des Aufsichtsorganes aber zunächst zweitrangig. Sie können größtenteils von jedem guten Controller gelöst werden. Zuerst kommt das »Was« und dann erst das »Wie«.

Wenn hier von *Meßgrößen* die Rede ist, so ist darauf hinzuweisen, daß nicht immer ein Messen im engeren Sinne gemeint ist. Einige der relevanten Größen können zweifelsfrei heute schon gemessen werden; bezüglich anderer wird noch Arbeit – auch wissenschaftliche – zu leisten sein. Es mögen auch Faktoren darunter sein, die sich grundsätzlich einer Messung im engeren Sinne des Wortes entziehen. »Messung« darf somit nicht im engen, technischen oder gar naturwissenschaftlichen Sinne verstanden werden. Numerische Quantifizierung ist zwar immer wünschenswert, aber sie ist leider nicht immer möglich. Wie einer der großen Pioniere der Management-Kybernetik einmal sagte: *»There is more to quantification than numeration«*[9].

In letzter Konsequenz ist gerade das Aufsichtsorgan *selbst* das »Meßorgan« des Unternehmens für alle jene Dinge, die nicht im herkömmlichen Sinne gemessen werden können – durch sein Urteil und seine Urteilskraft. Mehr dazu am Ende dieses Kapitels.

Einer der schwersten Fehler, der in Zusammenhang mit den zum Teil zugegebenermaßen schwierigen Fragen der Messung der Unternehmensleistung gemacht wird, besteht in der irrigen Auffassung, alles was nicht meßbar im übli-

---

9 Beer, Stafford, Brain of the Firm – The Managerial Cybernetics of Organization, 2nd edition, London 1981, S. 195.

chen Sinne ist, als unwichtig auszuklammern, nur *weil* es nicht meßbar ist. Genau das ist ja in den meisten Fällen der tiefere Grund dafür, daß man sich fast verzweifelt an die finanziellen Meßgrößen klammert, die eben leicht quantifiziert werden können und somit – scheinbar – Sicherheit, Objektivität, Genauigkeit und Zuverlässigkeit liefern. Bei genauer Analyse wird sich allerdings zeigen, daß finanzielle Meßgrößen das nur scheinbar leisten, in Wahrheit aber alles andere als sicher, objektiv, genau und zuverlässig sind. Genau das macht sie ja gefährlich.

Das dominierende Instrumentarium zur Kontrolle und Beurteilung eines Unternehmens und seines Geschäftserfolges ist, trotz aller Fortschritte, noch immer das laufende Budget, die Erfolgsrechnung und Bilanz. Dies gilt zwar nicht für alle Unternehmen, aber doch für die größere Mehrheit, insbesondere gilt es für die mittelständische Wirtschaft. Bei allen Verbesserungen, die heute durchaus auf diesem Gebiet festzustellen sind – Einführung von Controlling, monatliche oder mindestens quartalsweise Ergebnisberichte usw. –, genügt das *nicht*, um den Geschäftserfolg wirklich feststellen und beurteilen zu können. Es genügt nur – vielleicht – in wirtschaftlich stabilen Hochkonjukturzeiten.

Die Zahlen des Rechnungswesens geben *zu wenig* Aufschluß darüber, ob man es mit einer gesunden Firma, einem gesunden Geschäft, zu tun hat oder nicht. Selbst Firmen, die schöne Gewinne machen, können todkrank sein – es zeigt sich nur noch nicht in den Zahlen des Rechnungswesen. Und Unternehmen, die Verluste ausweisen müssen, können im Kern gesund und vital sein; sie haben zur Zeit vielleicht zwar eine»Grippe«, die sie für einige Zeit»ins Bett zwingt«, aber sie sind heilbar und werden sich rasch erholen.

Wie und woran kann man erkennen, ob ein Geschäft gesund ist? Welche Schlüsselgrößen liefern die richtigen Informationen, um eine Firma und ihren Geschäftsgang wirklich zuverlässig und umfassend beurteilen zu können? Auf welche Dinge muß man achten, um drohende Schwierigkeiten früh genug erkennen zu können und noch Zeit zum Handeln zu haben?

Es gibt zahllose Kommentatoren der Wirtschaft, Journalisten, Analytiker usw., die sehr gerne das Versagen von Unternehmern und Führungskräften geißeln. Managerbeschimpfungen sind ja populär, und man darf mit entsprechender Wirkung auf die Auflagenzahlen von Büchern und Zeitungen rechnen. Aber ist es *wirklich* so, daß Unternehmer und Manager *nicht* handeln? Es gibt solche, das muß zugegeben werden. Es gibt schnellere und langsamere Führungskräfte – und vielleicht gehören wir Europäer, wie so oft behauptet wird, nicht unbedingt zu den schnellsten.

Aber im großen und ganzen *handeln* Führungskräfte durchaus – vorausgesetzt, sie *erkennen* die Probleme. Es gibt zwar solche, die auch dann noch nicht handeln, aber diese scheiden über kurz oder lang aus dem Wettbewerb ohnehin aus. Die Schwierigkeiten sehe ich daher weniger im Mut und in der Entschlossenheit zum Handeln, sondern darin, daß die Probleme oft *nicht*, oder jedenfalls *erst zu spät*, erkannt werden. *Dem kann man abhelfen.*

Es gibt *sechs* Schlüsselgrößen, die – im Verbund – eine rechtzeitige und zuverlässige Beurteilung eines Unternehmens erlauben. Man muß dafür sorgen, daß die Controller diesen Größen ihre Aufmerksamkeit widmen, sie ermitteln und verfolgen und darüber in geeigneter Weise berichten. *Zusätzlich* zu diesen Größen wird man vieles andere auch noch haben und wissen wollen. *Ohne* diese sechs Schlüsselgrößen wird man aber zu kurz greifen; man wird ein systematisches Risiko der *Fehlbeurteilung* und *Irreführung* haben, und letztlich bewegt man sich im Nebel.

Diese sechs Größen erlauben es auch, die sehr problematische Kluft zwischen *kurzfristiger* und *langfristiger* Beurteilung zu überbrücken. Es ist ja – wie dargestellt – keine Kunst, den kurzfristigen Erfolg eines Geschäftes zu ermitteln; wie wird es aber mittel- und langfristig aussehen?

Die im folgenden – übrigens in der Reihenfolge ihrer Wichtigkeit – behandelten Kenngrößen kann man vergleichen mit den Anzeigeinstrumenten eines Autos oder eines Flugzeug-Cockpits. Sie liefern Informationen über den Zustand der wichtigsten Systeme, die für die Steuerung wichtig sind und zweck- und zielentsprechendes Handeln überhaupt erst ermöglichen. Natürlich ist es mit Arbeit verbunden, diese Signalgrößen für das Management bereitzustellen. Diese Arbeit ist aber eine sehr gute Investition.[10]

5.1 Die Marktstellung

Die erste Schlüsselgröße ist die *Markstellung* des Unternehmens und seiner einzelnen Geschäftsbereiche.

Es führt kein Weg daran vorbei, daß die Marktstellung eines Unternehmens »kriegsentscheidend« für den Geschäftserfolg ist. Es hat lange gedauert, bis diese Einsicht im größeren Kreisen der Wirtschaft ausreichend bekannt war und akzeptiert wurde. Obwohl inzwischen mehr und mehr Führungskräfte diese Auffassung teilen, findet man noch immer viele – zu viele – Leute, die mit dieser Tatsache Mühe haben, die das noch nicht voll begriffen haben und Dutzende von Gründen dafür angeben, warum das zum Beispiel nur für die Großkonzerne gelte, oder gerade für ihre Branche nicht, oder nur für die amerikanischen Unternehmen usw. Auch in der betriebswirtschaftlichen Standardliteratur nimmt dieser Aspekt keineswegs jenen zentralen Raum ein, der ihm zukommt.

Fortgesetzte Verbesserung der Marktstellung oder *zumindest das Halten* einer *verteidigungsfähigen* Marktposition ist die erste Schlüsselgröße für die Beurteilung des Geschäftserfolges. Es hilft alles Finassieren nichts: Die Marktstellung ist wesentlich – und zwar für *alle* Arten von Unternehmen, für *alle* Branchen und für *alle* Größenordnungen von Unternehmen.

Aber selbst in jenen Firmen, in denen das anerkannt wird, wird oft noch zu wenig getan, um diesen Faktor systematisch zu definieren, ihn zu ermitteln und kontinuierlich zu verfolgen. Die Marktstellung ist auch dort noch immer kein selbst-

---

10 Siehe zum Folgenden auch Drucker, P., Managing for the Future, London 1992.

verständlicher Standard-Tagesordnungspunkt in den Vorstandssitzungen und schon gar nicht in den Aufsichts- oder Verwaltungsräten. Man überläßt die Befassung mit dieser Meßgröße den Planungsabteilungen und Stäben. Sie gehört aber *als erstes* in das Wahrnehmungsspektrum der *Top-Organe.* Die Marktstellung ist eine *komplexe* Größe und daher gar nicht so leicht zu definieren. Sie läßt sich in aller Regel auch nicht durch eine einzige Kennziffer allein quantifizieren. Natürlich gehören der *Marktanteil,* beziehungsweise die Marktanteile je Geschäftseinheit, und vor allem die *relativen* Marktanteile dazu. Aber die Marktstellung als solche geht weit über die Erfaßbarkeit durch Marktanteile hinaus. Bekanntheitsgrad, Kundenzufriedenheitsgrad, Kundennutzen-Kennziffern, Präsenz in den einzelnen Segmenten usw. gehören ebenfalls dazu. In Wahrheit muß man mit den Fragen beginnen: *»Was charakterisiert in unserem speziellen Falle die Marktstellung? Was gehört dazu und was nicht? Und wie können wir sie am besten bestimmen und beurteilen?«* Man kann also nicht erwarten, vorgefertigte Antworten, etwa aus Lehrbüchern, zu bekommen. Im Gegenteil, die gründliche Auseinandersetzung mit genau diesen Fragen ist eine der primären Aufgaben der Spitzenorgane.

Verbessert sich die Marktstellung in den *richtigen* Märkten, bei den *richtigen* Kundengruppen und in den *richtigen* Vertriebskanälen? Es gibt zum Beispiel Pharmaunternehmen, die eine hervorragende Marktstellung haben – aber leider nur bei den Ärzten in den oberen Altersklassen, während die jüngeren Ärzte dazu tendieren, die Konkurrenzprodukte zu verschreiben. Andere Pharmaunternehmungen sind stark vertreten in den Apotheken, aber nicht in den Krankenhäusern.

Man muß darüber hinaus wissen, wie man relativ zu den *Substitutionsprodukten* steht. Eine gute Position im kommerziellen Kreditbereich beispielsweise wurde und wird noch immer als wesentlich für eine Kommerzbank angesehen. In den USA hat der Kommerzkredit aber in den letzten 15 Jahren in kaum für möglich gehaltenem Umfang an Bedeutung verloren. Selbst mittelgroße Firmen finanzieren sich über den Markt und nicht über den Bankkredit. Man muß auch die *Substitutionskanäle* kennen. Nichts hat sich in den letzten Jahren so rasch verändert wie die Vertriebskanäle. Fast alle Fachhandelssparten weisen massive Erosionserscheinungen auf, wurden abgelöst durch andere Handelsformen oder mußten sich anders organisieren. Dies alles scheint in den offiziellen Statistiken und vor allem im Sozialprodukt nicht auf. Die ökonomischen Analysen, wie sie typischerweise betrieben werden, erfassen diese Merkmale nicht. Es gibt keine Theorie oder Methode, mit der man zweifelsfrei und allgemein die Marktstellung bestimmen könnte. Jedes Unternehmen muß, bezogen auf seinen *Einzelfall,* diese Arbeit machen und gründlich durchdenken, welche Komponenten seine Marktstellung hinreichend umschreiben und abzubilden erlauben.

5.2 Die Innovationsleistung

Die zweite Meßgröße ist die *Innovationsleistung* eines Unternehmens. Sie ist das zuverlässigste *Frühwarnsignal* für die Beurteilung des *langfristigen* Erfolges. Ein Unternehmen, das aufhört, zu innovieren, oder dessen Innovationskraft deutlich nachläßt, befindet sich im Abwärtstrend, und zwar lange, bevor sich dieser in den Zahlen des Rechnungswesens feststellen läßt. Es kann Jahre dauern, bis diese Entwicklung mit den klassischen Instrumenten entdeckt werden kann.

Ein typischer Fall ist die US-Firma Sears Roebuck, nach allen Kriterien eine Erfolgsstory über 60 Jahre, dann in sehr großen Schwierigkeiten, aus denen sie sich nur langsam erholt. Das Unternehmen hat in den siebziger Jahren deutliche Schwächen bezüglich seiner Innovationsleistung erkennen lassen. Erst 15 Jahre später hat sich die volle Wahrheit gezeigt. Aber erkennbar war die Gefahr schon sehr früh.

Hier gilt dasselbe, wie für die Marktstellung: Es gibt keine Standardantworten, und schon gar nicht vorgefertigte, auf die Frage nach der Innovationsleistung. Die *Frage* ist zwar für alle Branchen und alle Unternehmen *gleich*; die *Antworten* sind aber für jeden Fall *verschieden* – und auch verschieden schwierig.

Eine der Kennziffern für die Innovationsleistung ist die *Innovationsrate*: Wieviel Prozent des Umsatzes macht man mit Produkten oder Leistungen, die nicht älter als drei bis fünf Jahre sind? Die richtige Höhe dieser Rate muß im Einzelfall bestimmt werden, aber unter 10 Prozent sollte sie nie sinken und wenn sie über 30 Prozent steigt, hat das in aller Regel deutlich negative Auswirkungen auf die mittel- bis langfristige Rendite.

Eine weitere Kenngröße für die Innovationsleistung ist das Verhältnis von *erfolgreichen Start-up's zu den Flops*. Wieder eine andere ist *Time to Market*, die Zeit, die man von der Idee bis zur Lancierung einer Neuerung auf dem Markt braucht. Diese Kennziffern müssen in Vergleich gesetzt werden, über die Zeit und mit jenen der Konkurrenz.

Aber die Innovationsleistung bezieht sich natürlich nicht nur auf marktbezogene Innovationen. Ebenso muß die Erneuerungskraft *innerhalb* eines Unternehmens »gemessen« und verfolgt werden, um beurteilen zu können, ob das Unternehmen zu wenig oder zu viel innoviert. Zu wenig innere Innovation bedeutet langsames Absterben und Verkalken; zu viel bedeutet Hektik, Unruhe, Aktionismus und Geschäftigkeit statt Wirksamkeit.

Die Beurteilung und Interpretation solcher Kenngrößen ist mit schwierigen und risikobehafteten Entscheidungen verbunden. Man hat es hier nicht mit so simplen Messungen zu tun, wie der Bestimmung etwa des Gewichts einer Masse oder der Temperatur eines Raumes. Aber auch für die Entwicklung dieser – heute »problemlosen« – Meßgrößen und Meßinstrumente sind beachtliche wissenschaftliche und technische Leistungen nötig gewesen. Und ebenso werden für die »Messung« der Innovationsleistung eines Unternehmens noch große Anstrengungen erforderlich sein. Aber alle Schritte in diese Richtung, auch kleine, sind wichtig und verbessern die Beurteilungsbasis des Geschäftserfolges.

5.3 Die Produktivitäten

Ein drittes Feld der Erfolgsbeurteilung ist die *Produktivität*, oder besser, es sind die Produktivitäten. Über die letzten 100 Jahre wurde die Produktivität im wesentlichen nur mittels *einer* Größe gemessen, nämlich der *Arbeitsproduktivität*. Diese bleibt wichtig, aber sie *genügt nicht mehr*. In zunehmendem Maße werden andere Produktivitäten bedeutsam, insbesondere die Produktivität des *Geldes*, die Produktivität der *Zeit* und die Produktivität des *Wissens*.

1. Die Produktivität der Arbeit

Die klassische Meßgröße der Produktivität schlechthin ist die Arbeitsproduktivität. Sie beschäftigt die Wirtschaft seit rund 100 Jahren, und ihre Verbesserung ist – wie ich in Kapitel 3 darlegte – eine ihrer großen Erfolgsgeschichten. Dennoch ist das am weitesten verbreitete und am häufigsten benützte Produktivitätsmaß – nämlich Umsatz pro Kopf – auch gleichzeitig das schlechteste. Der Anfang muß mit der *Wertschöpfung* pro Kopf gemacht werden. Aber obwohl diese Kennziffer sehr leicht zu ermitteln ist, wird sie nur in ganz wenigen Unternehmen systematisch verfolgt und in den Spitzenorganen diskutiert. Darüber hinaus ist es wichtig, die Arbeitsproduktivität der verschiedenen Arbeits- oder »Arbeiter«-Kategorien zu bestimmen: Wertschöpfung pro Blue-Collar-Worker, pro Außendienstmitarbeiter, pro Laborangestelltem, pro Manager, pro Stabsmitarbeiter, pro Administrationsmitarbeiter usw.

Man wird weiterhin die Arbeitsproduktivität verbessern müssen. Gerade in den letzten Jahren wurden aufgrund der Rezession ja, wie in Kapitel 2 dargelegt, große Versäumnisse sichtbar. Inzwischen wurde in Deutschland gesamtwirtschaftlich in den letzten drei bis vier Jahren die Arbeitsproduktivität um 15 – 20 Prozent verbessert. Das ist eine ansehnliche Gesamtleistung, und einzelne Unternehmen waren dabei noch viel erfolgreicher. Aber es genügt noch nicht. Es ist noch viel mehr zu tun, trotz aller sozialen Folgen, die das hat.

Dennoch muß klar gesehen werden, daß die Arbeitsproduktivität nicht mehr der »Hauptkriegsschauplatz« der Produktivitätsverbesserung ist. Wir werden dieses Problem weiterhin haben, aber es wird nicht mehr das Wichtigste sein. Andere Produktivitäten sind viel kritischer.

2. Die Produktivität des Geldes

Noch wichtiger als die Arbeitsproduktivität ist inzwischen die Produktivität des Geldes, des Kapitals, geworden. Sie läßt sich auch am schnellsten und leichtesten verbessern. Geld kennt keine Ermüdungserscheinungen, braucht nie motiviert zu werden, ist nicht gewerkschaftlich organisiert und arbeitet 24 Stunden und 365 Tage. Geld ist auch bis jetzt die einzig wirklich globale Ressource. Es spricht alle Sprachen, und es kann heute in Frankfurt, morgen in New York und übermorgen in Tokyo arbeiten. Um so erstaunlicher ist es, daß es noch sehr viele Firmen gibt, die dieser Produktivität deutlich zu wenig Aufmerksamkeit widmen. Anders läßt es sich kaum begründen, daß es derart große Unterschiede zwischen den Werten der Geldproduktivität bei Firmen ein und derselben Branche und Struktur gibt. So hat beispielsweise General Electric schon über Jahre etwa die doppelte Kapitalproduktivität von Westinghouse und deutlich mehr als Siemens.

Die Messung der Geld- und Kapitalproduktivität muß mit der *Wertschöpfung* pro investierter Geldeinheit beginnen. Diese – grobe – Anfangsgröße muß dann verfeinert werden: Wertschöpfung pro Geldeinheit in den verschiedenen Positionen des Anlage- und des Umlaufvermögens, bezogen auf das Geld, das im Durchlaufprozeß steckt, aber auch Wertschöpfung pro Geldeinheiten, die in den wichtigsten Aufwands- und Ertragspositionen aufscheinen. Das beste, wenn auch etwas radikale Mittel zur Verbesserung der Geld- und Kapitalproduktivität besteht darin, die Tochtergesellschaften und Geschäftsbereiche mit hohen Zinsen zu belasten und sie knapp mit Geld zu halten. Die Manager der Unternehmenseinheiten sollten unter dem Druck des knappen und teuren Geldes stöhnen, und das sollte ein Klagepunkt auf jeder Managementkonferenz und ein Standardthema jeder Budget- und Ergebnisbesprechung sein. Durch nichts lernen die Menschen so schnell und eindringlich das Alphabet der Wirtschaft, wie durch knappes und teures Geld; und nichts verseucht das Denken so sehr und so rasch, wie reichlich billiges Geld zur Verfügung zu haben. Letztlich ist das das einzige Mittel, um wirtschaftliches und unternehmerisches Denken ins Unternehmen zu bringen. Nur unter dem Druck hoher Kapitalkostenbelastungen beschäftigen sich die Manager mit den ökonomischen und betriebswirtschaftlichen Gesetzmäßigkeit, und nur auf diese Weise lernen sie diese Dinge.

3. Die Produktivität der Zeit

Mit den beiden ersten Produktivitäten, jener der Arbeit und jener des Geldes, besteht der relativ größte Vertrautheitsgrad. Weniger vertraut ist man mit der Produktivität der Zeit und am wenigsten mit der gleich folgenden Produktivität des Wissens. Hier wird also noch viel Arbeit zu leisten sein.

Eine der wenigen variablen Größen eines Unternehmens ist die Zeit. Man kann etwas schneller oder langsamer machen. Zeit ist eine der absolut kritischen Dimensionen des Marktgeschehens, und daher muß man wissen, auch im Aufsichtsorgan, ob das Unternehmen tendenziell schneller geworden ist, stagniert oder sich sogar verlangsamt hat. Auf dem Gebiet der Entwicklungs- und der Durchlaufzeiten ist das erkannt. Teilweise wurden erhebliche Verbesserungen erzielt. Auch die Reaktionsgeschwindigkeit bezüglich etwa des Kundendienstes oder der Bearbeitung von Kundenreklamationen ist zu einem Thema geworden. Aber das ist noch lange nicht genug.

Es müssen systematisch *alle* Vorgänge auf ihre Zeitproduktivität hin untersucht und verbessert werden. Am wichtigsten wird die Zeitproduktivität der am raschesten gewachsenen und noch immer wachsenden Einzelgruppe unter den Beschäftigten sein – die Zeitproduktivität der *Kopf-*

arbeiter. Aber nur in ganz wenigen Unternehmen hat man begonnen, die Zeitproduktivität der Kopfarbeiter, von geistiger Arbeit, zu bestimmen. Kaum auf einem anderen Gebiet gibt es daher größere Unterschiede zwischen den Spitzenleistungen, dem Mittelmaß und den schlechten Leistungen. Die meisten Kopfarbeiter haben noch nicht einmal begonnen, Zeitaufschreibungen zu führen, die die Grundlage der Produktivitätsbeurteilung und -verbesserung in diesem Bereich wären. Sie tappen daher völlig im Dunkeln. Viele bilden sich darauf sogar noch etwas ein und meinen, dies sei eben alles ganz schwierig und das könne man gar nicht, weil doch die *Qualität* und die *Komplexität* einer geistigen Leistung so entscheidend seien.

Natürlich sind Qualitätsfragen hier wichtig. Aber *erstens* gibt es eine ganz erhebliche Zahl von geistigen Arbeiten, die *durchaus vergleichbar* sind. Ich sehe zum Beispiel keine wesentlichen Gründe, warum man die Erstellung einer Marktanalyse für Italien nicht mit jener für Spanien vergleichen können sollte, wenn wir übliche Standards bezüglich des Inhaltes unterstellen, die es ja durchaus gibt. Ich sehe auch keinen Grund, warum nicht die Planung eines Hotels und jene eines Verwaltungsgebäudes zumindest teilweise vergleichbar sein sollten, bezogen etwa auf wichtige Kenngrößen, wie den umbauten Raum, die Geschoßflächen, die Bausumme usw.

Zweitens gibt es selbst mit Bezug auf an sich *sehr verschiedene* geistige Leistungen noch immer sehr wichtige Anhaltspunkte, wenn man die dafür erforderlichen Zeiten über eine längere Strecke und eine größere Zahl systematisch verfolgt. Zeitungsredakteure, die auf diese Dinge achten, können zum Beispiel nach einigen Jahren durchaus grob angeben, wie lange sie brauchen, um einen Leitartikel zu schreiben, auch wenn gänzlich verschiedene Themen zu behandeln sind. Erfahrene Orchesterdirigenten können sagen, wie lange sie etwa brauchen, um selbst sehr unterschiedliche Symphonien einzustudieren. Erfahrene Manager wissen, wie lange sie etwa für die Vorbereitung einer wichtigen Sitzung oder Verhandlung brauchen, und sie planen diese Zeit sehr bewußt ein; und Wissenschafter, die gelernt haben, auf solche Dinge zu achten, können ebenfalls angeben, wie lange sie etwa brauchen, um ein druckreifes Manuskript fertigzustellen, und wie groß etwa ihre Tagesleistung bezogen auf die produzierte Seitenzahl eines guten Artikels ist.

Selbstverständlich kann man nach einiger Zeit auch angeben, wie lange man üblicherweise für das Lesen eines Aktes oder eines Buches braucht. Ich selbst komme auf eine Stundenleistung von etwa 25 bis 30 Seiten beim Lesen eines typischen Fachbuches höheren Niveaus in englischer Sprache, wenn ich *ungestört* und *konzentriert* arbeiten kann. Vor 10 Jahren hatte ich noch keine Ahnung, wieviel Zeit ich dafür benötige. Es ist mir nicht einmal die Idee gekommen, auf so etwas zu achten. Nachdem ich mich nun aber beruflich wohl oder übel mit der Fachliteratur intensiv zu beschäftigen habe, wurde es wichtig, ja unverzichtbar, solchen Aspekten Aufmerksamkeit zu schenken. Ich kann selbstverständlich auch ziemlich genau sagen, wie lange ich gewöhnlich für das Schreiben eines Artikels, eines Gutachtens oder eines Buchkapitels brauche. Früher war mir das nicht bewußt. Heute ist das eines der wichtigsten Elemente meiner persönlichen Produktivität.

Natürlich arbeitet man hier mit *Spannweiten* und *ungefähren* Angaben. Selbstverständlich kommt es auf die Tagesform an und auf vieles andere. Aber über einen *längeren* Zeitraum gibt es *Regelmäßigkeiten*, es gibt *typische* Merkmale und *außergewöhnliche*, es gibt *Muster* und *Konvergenzen*. Und ganz sicher kann man mit der Zeit erkennen, ob sich die Produktivität *tendenziell verbessert* oder *verschlechtert*, auch wenn das nie auf zwei Kommastellen genau möglich ist, was übrigens auch gar nicht nötig ist.

4. Die Produktivität des Wissens

Völlig am Anfang steht man noch mit der Produktivität des Wissens. Wenn die These stimmt, die ich in Kapitel 3 darlegte, dann wird Wissen die wichtigste Ressource der Wirtschaft der Zukunft sein. In vielen Branchen ist das heute schon Realität. Und wenn es stimmen sollte, daß Management die Transformation von Wissen in Nutzen ist, dann werden wir dringend darauf angewiesen sein, die Produktivität von *Wissen* und seiner *Nutzung* und damit auch die Produktivität von *Management* als solchem zu messen. Ich meine, daß es durchaus schon möglich ist, in speziellen Fällen grob zu sagen, wieviel Prozent des an sich verfügbaren Wissens zum Beispiel von einer Arbeitsgruppe genutzt und verwertet wurde, die ein bestimmtes Problem zu lösen hat. Und man kann auch die Arbeit mehrerer Arbeitsgruppen damit, wenn auch sehr grob, vergleichen und beurteilen. Eine weitere, relativ einfache Möglichkeit besteht darin, die Wertschöpfung pro angestelltem Akademiker (und anderen Ausbildungskategorien) zu messen. Wenn sich diese im Zeitablauf nicht verbessert, haben wir zwar die hohen Kosten der akademisch ausgebildeten Leute, wahrscheinlich aber nicht den Nutzen aus ihrem behauptetermaßen besseren Wissen.

Für die Messung der Produktivität des Wissens wird noch sehr viel Arbeit zu leisten sein, und man wird sich noch für längere Zeit mit der Angabe grober Näherungswerte begnügen müssen. Aber es ist heute damit zu beginnen, wenn morgen das Problem unter Kontrolle sein soll; und es muß jedem Unternehmen dringend empfohlen werden, nicht zu warten, bis die Wissenschaft das Problem gelöst hat, sondern selbst mit der Arbeit anzufangen, so exotisch das auch zunächst erscheinen mag und so unbefriedigend die ersten Ergebnisse sein werden. Wenn man es nicht tut, könnte es leicht zu einem bösen Erwachen kommen, dann nämlich, wenn man feststellt, daß Konkurrenten es getan und aufgrund dessen wesentliche, vielleicht gar nicht mehr einzuholende Vorsprünge erlangten haben.

5. Total Factor Productivity

Letztlich müssen sich alle *Teilproduktivitäten*, also alle Produktivitäten der *wichtigen Schlüsselressourcen*, fortgesetzt verbessern. Man kommt damit zur Bestimmung der »*Total Factor Productivity*«. Diese und alle ihre Komponenten müssen stetig verbessert werden. Nicht alle Unternehmen werden in Zukunft stetig *wachsen* können; aber alle können ständig *besser* werden.

Eine *einzelne* Produktivitätskomponente *allein* genügt leider nicht mehr für die Beurteilung des Produktivitätsfortschrittes. Es ist durchaus möglich, daß man erfolgreich zwar die Produktivität der Arbeit *verbessert*, gleichzeitig aber die Produktivität des Geldes *verschlechtert*. Die Zeiten, in denen es als ökonomisches Gesetz gelten durfte, daß die Produktivitätssteigerung der Arbeit durch größeren Einsatz von Kapital automatisch Kostensenkung bedeutet, sind vorbei. Dies ist einer der wesentlichen Gründe für die großen Schwierigkeiten, in denen einige Bereiche stecken, wie zum Beispiel das Gesundheitswesen oder Teile der Computerindustrie.

Die zur Messung der Total Factor Productivity nötigen Kennziffern zu definieren, zu ermitteln und zu verfolgen ist zugegebenermaßen mühsam und schwierig. Es ist aber weder schwieriger noch mühsamer als jene Aufgaben, die sich den Pionieren des Rechnungswesens etwa zur Zeit Schmalenbachs stellten oder den Vorkämpfern der Computerisierung.

5.4 Attraktivität für gute Leute

Eine ganz wesentliche Meßgröße für Gesundheit und Erfolg eines Unternehmens ist die Fähigkeit, *gute Leute anzuziehen und zu halten*. Obwohl es inzwischen banal klingt, daß die Menschen die wichtigste Ressource einer Organisation sind, so ist es trotzdem wahr und wichtig; und obwohl es eine Selbstverständlichkeit sein müßte, handeln noch immer viele Führungskräfte nicht ausreichend danach.

Die *Personalfluktuationsrate* als solche und zum Beispiel die *Absenzenrate* sind zweifellos wichtige Kennziffern, die man ständig im Auge behalten sollte und über die regelmäßig berichtet werden muß. Aber diese beiden Kennziffern sind, obwohl sie wichtige Anhaltspunkte liefern, noch nicht das Wesentliche. Wirklich wichtig ist nicht, *wie viele* Leute das Unternehmen verlassen und eintreten, sondern *welche*. Ein Warnsignal, das man keinesfalls ignorieren darf, liegt dann vor, wenn *wirklich gute* Leute das Unternehmen zu verlassen beginnen, oder man Mühe hat, solche zu finden und sie für das Unternehmen zu interessieren.

Fluktuation im Personal als solche verursacht zunächst *nur Kosten*. Das muß man *auch* ernst nehmen, insbesondere wenn sie branchen- oder geschäftstypische Marken übersteigen. Aber Fluktuation der *wirklichen Performer*, der qualitativ wichtigen Leute, richtet ganz andere und ernstere Schäden an. Sie reduziert sofort die *Leistungsfähigkeit* einer Organisation, und sie ist vor allem ein *Signal*, auf das alle anderen Mitarbeiter in der Organisation sehr genau achten. Es ist ein Warnsignal bezüglich des *Vertrauens*, das man in die Führung des Unternehmens, in das Unternehmen selbst und seine Zukunft hat. Der Verlust guter Leute macht die anderen Mitarbeiter nachdenklich und läßt Zweifel aufkommen. Das hat unmittelbare Auswirkungen auf ihre Motivation, ihre Entschlossenheit und ihren Glauben an das Unternehmen.

Wenn dann zusätzlich noch seitens der Geschäftsleitung solche Vorkommnisse heruntergespielt und mit fadenscheinigen Begründungen gerechtfertigt werden, ist ihre *Glaubwürdigkeit rasch verloren*. Wenn man solche Ereignisse schon nicht vermeiden kann, muß man wenigstens dazu stehen. Man muß zeigen, daß man das ernst nimmt und entschlossen Maßnahmen ergreift, um Wiederholungen zu vermeiden. Hier kann man *Leadership* unübersehbar und wirksam zeigen.

Man muß also in Zusammenhang mit dieser Signalgröße die Fluktuationsraten sehr genau untersuchen; man darf sich nicht mit pauschalen Messungen zufriedengeben, sondern muß auf einzelne *Namen* abstellen. Es ist aus einer Reihe von Gründen außerordentlich wichtig, daß bei Austritten wichtiger Leute mit diesen gesprochen wird, daß man ihre Beweggründe kennt, und zwar auch dann, wenn man am Austritt selbst nichts mehr ändern kann. Diese Gespräche sind höchst unangenehm, weil man oft bittere Wahrheiten über die Firma und über sich selbst zur Kenntnis nehmen muß. Aber sie sind absolut notwendig, auch wenn man noch so sehr den Impuls verspürt, sie lieber nicht zu führen.

Jede Top-Führungskraft – auch die Mitglieder des Aufsichtsorganes – sind gut beraten, sich ständig die Namenslisten der austretenden Mitarbeiter vorlegen zu lassen, und zwar über alle Hierarchiestufen der Organisation. Es muß dafür gesorgt werden, daß die Vorgesetzten der einzelnen Ebenen diesen Dingen nachgehen und sie dokumentieren; und die wichtigen Fälle muß man selbst und höchstpersönlich untersuchen, um die Wahrheit zu ermitteln und Klarheit zu bekommen. Das ist eine der besten Methoden, um die wirklich wichtigen Dinge über die Unternehmenskultur und das Betriebsklima herauszufinden.

Ich rate nicht davon ab, gelegentlich auch Umfragen im Unternehmen – Culture Surveys, wie man wohl heute modern sagt – durchzuführen. Mein Rat ist aber auch, die Ergebnisse mit Augenmaß und ansehnlicher Skepsis zu behandeln. Es ist sehr zweifelhaft, ob die Mitarbeiter, selbst wenn die Umfragen anonym durchgeführt werden, erstens wahrheitsgetreu und zweitens wirklichkeitsgetreu berichten. Objektiv wirklichkeitsgetreu können sie das ohnehin nicht; nicht selten tun sie es aber nicht einmal relativ zu ihren subjektiven Empfindungen. Man weiß, daß die Antworten oft »Protestantworten« sind, genau wie es »Protestwahlen« in der Politik gibt. Die Leute wollen dem Management »eine Lehre erteilen«. Das mag auch seine Bedeutung haben, aber dafür die richtige Interpretation zu finden, ist schwierig bis unmöglich. Der einzige Augenblick der Wahrheit – wenn es ihn gibt – liegt dann vor, wenn der Mitarbeiter nach abgegebener Kündigung im Gespräch sagt: »*Wollen Sie wirklich wissen, warum ich gehe...?*«

5.5 Liquidität und Cash-Flow

Mit der nächsten Meßgröße komme ich zu den vertrauten Gebieten. Von all den Zahlen, die man aus dem Finanz- und

Rechnungswesen erhält, sind *Cash-Flow* und *Liquidität* von
besonderer Bedeutung.[11] Umsätze, Auftragseingang, Kosten
und Gewinne sind selbstredend wichtig. Aber es ist eine alte
Weisheit, daß ein Unternehmen *auch ohne Gewinn* noch lange über die Runden kommt, solange Cash-Flow und Liquidität aufrechterhalten werden können, während das Umge-
kehrte nicht stimmt. Im Falle von Verlusten trennt man sich
zuerst von den *schlechten* Geschäften, und das ist richtig und
führt oft schnell zu einer Verbesserung der Ergebnisse. Im
Falle eines Liquiditätsengpasses muß man sich aber von den
besten Geschäften trennen, denn nur diese Bewegung führt
rasch genug zu den rettenden Mittelzuflüssen. Damit sind
aber die späteren Schwierigkeiten schon unausweichlich
programmiert. Cash-Flow und Liquidität sind genauso wichtig wie Ölstand und Öldruck beim Auto. Warnsignale auf diesem Gebiet erfordern *unverzügliches* Handeln.

Man muß zum Beispiel auch und gerade im Aufsichtsorgan darauf achten, ob Manöver zur Gewinnsteigerung – zum
Beispiel über die Ausweitung der Umsätze – zu Lasten der
Liquidität gehen. Fast immer wird man in solchen Fällen
entdecken, daß das Management sich Umsätze »erkauft«,
statt sie zu »verdienen«, etwa durch die Rabattpolitik, durch
die Vorfinanzierung von Kunden, durch die Übernahme von
Zinsen usw. Märkte und Kunden aber, die auf diese Weise
»erkauft« werden, sind instabil. Sie werden verloren, sobald
ein Konkurrent noch bessere Konditionen bietet. Die amerikanische Autoindustrie mußte diese Erfahrung Anfang der
neunziger Jahre schmerzlich machen.

Die Cash-Flow- und Liquiditätsbewegungen müssen *ständig* verfolgt werden, *auch im Aufsichtsorgan*. Wenn Aufsichtsräte das Eintreten eines Sanierungsfalles damit begründen und sich selbst damit aus der Verantwortung ab-
sentieren, daß ein Liquiditätsengpaß für das Aufsichtsorgan
nicht erkennbar war, weil er zwischen zwei Bilanzstichtagen

11 Siehe Siegwart H., Der Cash-Flow als finanz- und ertragswirtschaftliche
   Lenkungsgröße, 3. überarbeitete und erweiterte Auflage, Stuttgart/Zü-
   rich 1994.

eingetreten ist, so kann man dem nur entgegenhalten, daß jedes Geschäftsereignis es an sich hat, zwischen zwei Bilanzstichtage zu fallen.

Das ist kein erfundener Fall, sondern genauso passiert in einem der dramatischen Sanierungsfälle der letzten Jahre in Deutschland. Aufsichts- und Verwaltungsräte, die so argumentieren, gehören aus ihren Ämtern entfernt. Und wenn es sich zufällig dabei auch noch um ein Vorstandsmitglied einer großen Bank handelt, dann gehört die Person auch aus dem Vorstand entfernt. Solche Denkweisen, gar noch öffentlich und als Ausrede vorgetragen, beweisen nur, daß der Mann entweder von Wirtschaft und Unternehmensführung nichts versteht oder daß er trotz besseren Wissens eben versagt hat und nur noch an seiner Machtposition hängt.

5.6 Profitabilität

Die letzte Meßgröße ist die *Profitabilität* der einzelnen Geschäfte und des Unternehmens als Ganzem. Das ist an sich eine Selbstverständlichkeit, und daher haben die meisten Unternehmen hier auch ein ausgebautes Instrumentarium und zahlreiche Kennziffern. Ich werde mich daher auf einige wenige Punkte konzentrieren. *Erstens* müssen alle außerordentlichen und/oder einmaligen Erträge und Aufwände für die Beurteilung der Profitabilität *ausgeschieden* werden, und *zweitens* muß man die Profitabilität *vor* Umlage von Overheads messen. *Drittens* muß man sich genau überlegen, welche Wirkung Inflation oder Deflation auf die Beurteilung der Profitabilität haben. In jedem Falle sollte man *inflationsbereinigte* Werte zusätzlich zu den nominellen Größen verwenden.

Ferner ist zu beachten, auf *welche Weise* die Profitabilität zustandegekommen ist. Operativer Gesamtgewinn ist bekanntlich Marge mal Umschlagshäufigkeit des Kapitals. Viele Firmen tendieren dazu, ihre *Margen* zu maximieren. Das ist aber eine offene Einladung an die Konkurrenten zur Offensive, und es ist daher eine Politik, deren Folgen man sehr

genau überlegen muß. Der Gesamtgewinn läßt sich in der
Regel zwar nicht schneller, aber doch leichter und gefahrlo-
ser verbessern durch die Veränderung der Umschlagshäufigkeit des Kapitals, entweder durch Reduktion des gebun-
denen Vermögens oder dadurch, daß das vorhandene Kapital ein größeres Geschäftsvolumen zu bedienen hat.

Zwei weitere Aspekte sind in diesem Zusammenhang we-
sentlich: erstens, die Profitabilität von Geschäften kann man
nur zuverlässig beurteilen, wenn man auch weiß, welche
Zinsen den einzelnen Geschäftsgebieten, Divisionen oder
Tochtergesellschaften für das in ihnen gebundene Kapital
belastet werden. *Costs of Capital* und *Total Costs of Money-
Management* sind *viel* wichtigere Faktoren, als die meisten
Führungskräfte wahrhaben wollen. Natürlich wissen das die
Finanzchefs, aber viele andere sind sich kaum darüber im
klaren.

Sie sind sich vor allem der Tatsache nicht bewußt, daß die
Total Costs of Money Management *viel höher* sind, als nur
gerade die Zinsen, also die Costs of Capital im engeren Sinne. Ganz grob kann man davon ausgehen, daß die gesamten
Costs of Money Management etwa *doppelt* so hoch sind, wie
der Kapitalmarktzins, wenn wir eine normale Zinssituation
haben. Bei einer außergewöhnlichen Zinslage von deutlich
über 10 Prozent wird diese grobe Zahl nicht mehr stimmen;
sie reduziert sich dann auf die Hälfte oder auf ein Drittel. Es
ist daher wichtig und »erzieherisch« außerordentlich wertvoll, den einzelnen Business Units *hohe Zinsen zu belasten*,
wie ich schon im Hinblick auf die Produktivität des Geldes
sagte.

Als zweiten und letzten Punkt möchte ich auf den Gedanken zurückkommen, den ich im Kapitel über Corporate Governance bereits darlegte. Hierher gehört er nun *praktisch*;
hier muß er seine *Anwendung* finden. Es ist die Orientierung
am *Gewinnminimum* statt am Gewinnmaximum. Hierher gehört also die diesbezügliche Schlüsselfrage:»*Wieviel Gewinn
– oder auch Cash-Flow – benötigt dieses Unternehmen mindestens, um auch morgen noch im Geschäft zu sein?*« Die
entsprechenden Begründungen sind im erwähnten Kapitel

zu finden und brauchen daher hier nicht wiederholt zu werden. Es sei hier nur nochmals erwähnt, daß die Fragestellung nach dem für die Zukunftsbewältigung erforderlichen Gewinnminimum keineswegs Ausdruck einer anspruchslosen, minimalisierenden und schon gar nicht einer gewinnfeindlichen Haltung ist. Die Haltung, die dahintersteht, ist in Wahrheit sehr viel anspruchsvoller, fordernder und führt zu höheren Leistungsstandards als die Frage nach dem Gewinnmaximum. Sie führt vor allem zur Diskussion der wirklich wichtigen Probleme.

Zum Schluß ist darauf hinzuweisen, daß ein zeitpunktbezogener Gewinnausweis und seine Beurteilung selbstverständlich gar nichts aussagen. Dem erfahrenen Praktiker ist das ohnehin klar. Aber auch der Vergleich mehrerer Zeitpunkte ist noch zu wenig. Am besten ist es, den Gewinn in Form von gleitenden Durchschnittswerten über einen Zeitraum von 36 bis 48 Monaten zu verfolgen, vorzugsweise nicht nur in absoluten Zahlen, sondern als Indexgröße. Erst die darin sich ausdrückenden Veränderungen und Tendenzen geben relevante Information. Gelegentlich empfiehlt es sich sogar, die Total Returns on Total Assets über sehr lange Zeiträume – 10, 15 oder 20 Jahre – über das gesamte Unternehmen anzuschauen. Man wird dabei immer wieder vor dem Problem der mangelnden Vergleichbarkeit stehen, weil das Unternehmen in diesen Zeiträumen seine Geschäftstätigkeit fundamental verändert hat oder mehrfach total umstrukturiert wurde. Trotz aller Schwierigkeiten ist die Vergleichbarkeit aber dennoch in gewisser Weise gegeben, beziehungsweise sie spielt gar keine entscheidende Rolle. Das Unternehmen hatte zu jedem Zeitpunkt ein Gesamtergebnis und es hatte ein Gesamt-Investment. Es ist wichtig zu wissen, ob die Fähigkeit, Ressourcen produktiv zu nutzen, insgesamt zu- oder abgenommen hat.

5.7 Präzision der Meßgrößen

Es gibt Leute, die glauben, nur eine sehr genaue, detaillierte und präzise »Messung« liefere Information. Aber jeder erfahrene Praktiker weiß natürlich, daß das ein Irrtum ist. Auch relativ grobes Datenmaterial kann einen sehr hohen Informationsgehalt haben. Wichtiger als Präzision, die in der Wirtschaft ohnehin selten ist, sind die Proportionalitäten, die Beziehungen zwischen verschiedenen Daten und vor allem ihre Veränderungstrends im Zeitablauf.

Dies ist der Grund, warum ich zwar von »Messung« spreche, aber dieses Wort immer wieder in Anführungszeichen setze. Wie ich schon zu Beginn dieses Kapitels sagte, können wir in der Wirtschaft nicht die Genauigkeit von naturwissenschaftlichen oder technischen Messungen erwarten. In der Wirtschaft werden *Interpretation, Beurteilung* und *Urteilskraft* wahrscheinlich immer mindestens so wichtig sein wie eine Messung, auch wenn wir sicher in Zukunft noch erhebliche Fortschritte auf diesem Gebiet machen werden. Es ist daher auch wichtig, daß Manager ihre Urteilskraft systematisch verbessern, trainieren und schärfen.

Ein Urteil kann nie nur aufgrund *eines* Datums, *eines* Datenpunktes, abgegeben werden. Man muß *Vergleiche* anstellen, insbesondere Strukturvergleiche und Vergleiche *im Zeitablauf.* Die üblichen Budget- und Soll-/Ist-Vergleiche sind daher auch *nicht* ausreichend, um sich ein Urteil über Gesundheit und Erfolg eines Unternehmens zu bilden.

Am besten ist es, wenn man, wie ich schon beim Abschnitt über den Gewinn darlegte, die wichtigen Kenngrößen als *gleitende Durchschnitte* über einen Zeitraum von 36 bis 48 Monaten ermittelt und darstellt, absolut und als Indizes. Diese Werte und ihre Veränderungen geben relevante Information.

5.8 Die richtigen Diskussionen führen

Geeignetes Controlling und Reporting der hier besprochenen Schlüsselgrößen für den Unternehmenserfolg führt zu *radikalen* Veränderungen der Qualität und Relevanz der Sitzungen von Exekutiv- und Aufsichtsorganen. Die Aufmerksamkeit ihrer Mitglieder wird damit auf die *richtigen* Dinge gelenkt. Aber der Nutzen einer Befassung mit diesen Fragen beginnt, lange *bevor* man diese Faktoren rapportieren kann.

Schon wenn man anfängt, sich mit diesen Problemen zu befassen, wird man feststellen, daß keine zwei Fachleute im Unternehmen oder in der Wissenschaft darüber übereinstimmen, welches die besten, wichtigsten und zuverlässigsten Faktoren, Variablen und Definitionen in Zusammenhang mit den genannten sechs Bereichen sind.

Die Meinung der Marketingleute, der Rechnungswesenexperten, der Produktionsspezialisten und der F & E-Mitarbeiter etc. werden weit auseinandergehen. Es wird daher hitzige Diskussionen geben – und diese gehören *zum Wertvollsten*, was die Organe in Gang setzen können. Selbst wenn am Ende längerer Diskussionsrunden noch immer keine einmütige Meinung herrschen wird (und dies ist nicht anders zu erwarten), werden alle Beteiligten *sehr viel mehr* über das Unternehmen wissen und gelernt haben als vorher. Sie werden den Charakter des Geschäftes sehr viel besser verstehen. Die Mitarbeiter werden kompetenter und wertvoller geworden sein; ihr Denken, ihre Aufmerksamkeit und damit schließlich ihr Handeln sind *relevanter* geworden, weil sie sich mit den *richtigen* und *wichtigen* Dingen befaßt haben.

Was gleichzeitig massiv zurückgehen wird, sind die dazu vergleichsweise deutlich weniger wichtigen Diskussionen über Motivationsfragen, Führungsstilprobleme, Betriebsklimakümmernisse und die große Philosophie der Unternehmenskultur.

5.9 Ist biologisches Denken im Management ein Irrweg?

Ich kann mir vorstellen, daß es Leser gibt, die schon seit längerem ein etwas ungutes Gefühl haben, weil ich im ganzen Buch einige Begriffe verwende, die nicht in den Kontext der Wirtschaft zu gehören scheinen und nicht der wirtschaftlichen Fachsprache, schon gar nicht der Fachsprache der Wirtschafts*wissenschaften* entstammen. Es sind eher Begriffe aus der Biologie oder Medizin, wie Gesundheit, Überleben und Lebensfähigkeit. Dazu sind vielleicht einige erklärende Bemerkungen angebracht.

Zum *ersten* kann man immer wieder erleben, daß Wirtschaftspraktiker selbst – und ich meine beobachtet zu haben, gerade die wirklich *kompetenten* und *erfahrenen* Praktiker – genau solche Begriffe verwenden, wenn sie über ein Unternehmen sprechen und dabei *mehr* meinen als nur gerade den Zustand, den das Rechnungswesen abbilden kann. Für das, was mit dem Rechnungswesen erfaßbar ist, verwenden sie selbstverständlich die Fachausdrücke des Rechnungswesens. Sobald es aber darum geht, *mehr* und *anderes* und vielleicht noch *wichtigeres* über das Unternehmen zu diskutieren, gebrauchen sie oft intuitiv und spontan eher Begriffe aus der *Biologie.*

Sie wissen eben nur zu gut, daß eine gesunde *Bilanz* noch lange nicht ein gesundes *Unternehmen* bedeutet. Es gibt – oder besser, gab – Unternehmen, die sogar über viele aufeinanderfolgende Jahre ganz ausgezeichnete Bilanzen und Ergebnisse vorlegten, die allen Finessen der Bilanz-, Cash-Flow-Analyse usw. standhalten konnten – und dennoch todkrank waren und schließlich untergingen. So war es beispielsweise in der schweizerischen Uhrenindustrie in den frühen siebziger Jahren, und so war es auch in der europäischen Büromaschinenindustrie bis Mitte der sechziger Jahre. Diese Unternehmen waren Perlen der Industrielandschaft. Die Desaster waren trotzdem programmiert und unabwendbar. Es war aber nicht das geringste Warnsignal mit den Instrumenten des Rechnungswesens erfaßbar, und das wäre auch mit dem heutigen Stand des Rechnungswesens nicht möglich. Es muß also einen Grund, wenn auch einen unausgesprochenen, haben, daß manche Praktiker eher die Terminologie der Biologie verwenden. Ich sehe daher keinen Anlaß, das in diesem Buch nicht auch zu tun. Die Frage lautet nicht, ob etwas zur Terminologie einer speziellen wissenschaftlichen Disziplin oder eines Faches gehört, sondern ob es nützlich ist und hilft, etwas besser zu verstehen. Die hier vorgeschlagenen Meßgrößen *definieren*, was ein gesundes Unternehmen ist. Wenn sich alle genannten Meßgrößen in einer guten Konstellation befinden und sich fortgesetzt verbessern oder wenigstens nicht verschlechtern, dann hat man schon sehr viel für das Unternehmen getan. Das ist immer noch kein Grund, sorglos zu sein, aber einige wichtige Dinge sind dann doch unter Kontrolle.

Zum *zweiten* ist meine Vermutung, daß wir ohnehin in Zukunft für die Führung eines Unternehmens, aber auch aller anderen Organisationen einer Gesellschaft, mehr aus den *biologischen Wissenschaften* lernen können als aus den Wirtschaftswissenschaften. Ich halte es für einen Grundmangel der gesamten Wirtschaftswissenschaften, daß sie sich noch immer auf eine Weise definieren, die vor etwa 200 Jahren üblich wurde, nämlich durch das, was man die »Abgrenzung akademischer Disziplinen« nennen kann. Bei Entstehung der heutigen Universität mußten die Fächer organisiert und daher voneinander abgegrenzt werden. Es entstanden eben die Disziplinen. Diese Art der Organisation wissenschaftlicher Arbeit hat zweifellos einiges zum Fortschritt der Wissenschaft beigetragen, aber sie ist auch ein ständiges Problem und hat wahrscheinlich ebenso oft Stagnation und Irrelevanz der Wissenschaft bedeutet. Albert Einstein soll einmal gesagt haben, der liebe Gott verstehe nichts von Physik. Damit wollte er kein Sakrileg begehen, sondern zum Ausdruck bringen, daß die Welt, die Natur, nicht in akademische Disziplinen gegliedert, sondern Ganzheiten sind. An der Universität und im Laboratorium kann man abgrenzen, isolieren und auf ein paar wenige Aspekte reduzieren. In der Wirklichkeit fließen aber alle Dinge zusammen.

Die Wirtschaftswissenschaften haben gar nicht *die* Wirtschaft zum Gegenstand, sondern nur gewisse Aspekte der Wirtschaft. In Wahrheit reden und forschen sie nicht über die Wirtschaft, sondern über das, was sie an der Wirtschaft als ökonomische Aspekte für wichtig halten. Die Wirtschaft ist aber *viel mehr*. Vor allem umfaßt sie eben auch den ganzen Menschen und nicht eine akademische Abstraktion, genannt Homo oeconomicus, und sie ist in eine Gesellschaft eingebettet, mit der sie untrennbar verwoben ist. Ganz besonders deutlich wird das beim Unternehmen und seiner Führung. Die Betriebswirtschaftslehre hat keineswegs *das* Unternehmen zum Gegenstand, sondern – wie jedem Lehrbuch entnommen werden kann – nur die »wirtschaftliche Seite« des Unternehmens. Daß diese wichtig ist, ist klar; ob sie genügt, wäre aber zu fragen. Der Unternehmer, ob Angestellter oder Eigentümer, und die Organe eines Unternehmens müssen zwangsläufig das Unternehmen als Ganzes mit all seinen relevanten Aspekten im Auge haben.

Diese Art von ganzheitlicher Sicht ist im Grunde nur in der *Biologie* und in den sogenannten *Systemwissenschaften* zu finden, die übrigens in einem engen Zusammenhang stehen. Die Biologie hat den lebenden Organismus als Ganzes zum Gegenstand und die Systemwissenschaften immer ein System als Ganzes. Aus diesen Gebieten werden wir, wie ich sagte, mehr lernen können als aus der sezierenden Betrachtungsweise der klassisch abgegrenzten Disziplinen.

Damit will ich keineswegs behaupten, daß ein Unternehmen ein lebender Organismus *ist*. Diese Sicht trifft man gelegentlich an, aber sie ist so natürlich nicht richtig. Man muß schon aufpassen, daß man nicht platte und vordergründige Analogien bemüht. Aber etwas weniger vordergründig kann doch die Frage gestellt werden: *Gesetzt den Fall, das Unternehmen wäre ein lebender Organismus, was könnten wir dann von der Biologie lernen?*

Zum *dritten* möchte ich hier noch einen Gedanken deponieren, der heute vielleicht noch etwas eigentümlich anmutet, aber wahrscheinlich schon bald eine erhebliche Rolle im Wettbewerb spielen wird. Die Transformation, die ich im 3.

Kapitel behandelte, ist ja ganz wesentlich von den Fortschritten in Informatik und Elektronik geprägt und getrieben. Daher wird sehr häufig gesagt, wir bewegten uns auf die *Informationsgesellschaft* zu. Es wird dann weiter behauptet, daß damit ein sogenannter *Paradigma-Wechsel* verbunden sei oder vor sich gehe: nämlich der Wechsel von einer grundsätzlich am Modell der *Mechanik* orientierten Wirtschaft zu einer, die grundsätzlich am Modell der *Informatik* ausgerichtet sei.

Das ist zwar nicht falsch, es ist aber nicht das Wesentliche. In der Tat gehen wir durch einen Paradigma-Wechsel – aber welcher Art? Informatik und Elektronik sind ihrem Wesen nach genauso *mechanistisch* wie die Mechanik selbst. Ja mehr, die Informatik ist nachgerade der *Superlativ* der Mechanik und einer mechanistischen Denkweise. Der »Doppelklick auf die Maus« ist das sichtbare Symbol dafür. Informatik und Elektronik führen zur perfekten Maschine, in der es nicht einmal mehr die »alten Bekannten« der Ingenieure, nämlich Reibung und Abnützung, gibt. Wir wollen ja, daß Computer perfekt und zuverlässig funktionieren. Die Informatik als solche führt also in gar keiner Weise aus dem bisherigen mechanistischen Paradigma heraus.

Aber etwas *anderes* wird durch die Informatik erstmals eröffnet: Der wirkliche Schritt zu einem neuen Paradigma wird erst getan sein, wenn wir die Informatik dazu benützen, die Organisationen der Gesellschaft, allen voran die Wirtschaftsunternehmen, nach dem *Modell biologischer Organismen* oder – allgemeiner – nach dem *Modell lebensfähiger Systeme* zu gestalten. Dann erst werden alle jene Eigenschaften und Fähigkeiten in die Reichweite des Möglichen kommen, die uns mit Recht an den lebenden Organismen so sehr beeindrucken – ihre Flexibilität, Anpassungsfähigkeit, Lernfähigkeit, ihre Selbstregulierung und Selbstorganisation und nicht zuletzt ihr nachgerade perfekter Wirkungsgrad. Der Schritt wird also vom *Modell der Mechanik* zum *Modell der Biologie* zu machen sein – und die Informatik kann und wird darin das »*Enabling Link*« bilden, genau jenes Element, das diesen Schritt ermöglicht.

Diese letzten Überlegungen mögen für den »hartgesotte-nen Shareholder-Value-Vertreter« weder verständlich noch relevant erscheinen. Es könnte sich aber für die obersten Organe eines Unternehmens auszahlen, diesen Aspekt etwas genauer zu durchdenken. Gelänge es nämlich einem Konkurrenten, vermittels der Informatik die Eigenschaften und Fähigkeiten eines hochentwickelten lebenden Organismus anstelle der doch erheblichen Schwerfälligkeit selbst der besten Unternehmen zu erlangen, so wäre das für alle anderen Konkurrenten ein gravierendes Problem. Erste Versuche werden gemacht, obwohl sie mir noch sehr untauglich erscheinen. Aber immerhin sind die Begriffe da – der lernenden Organisation, der Netzwerkstruktur usw. Die gegenwärtigen Versuche und Schriften halte ich deshalb für untauglich, weil sie etwas *naiv* sind und eben gerade den enormen Erkenntnisstand der biologischen Wissenschaften, der Systemwissenschaften und der Kybernetik *nicht nutzen*.[12] In Zusammenhang mit dem hier nur skizzenhaft vorgetragenen Gedanken wären dann die von mir verwendeten Begriffe wie Überleben, Gesundheit und Lebensfähigkeit im Zentrum des Geschehens. Bilanzieren werden wir sie allerdings nicht können.

---

12 Das Beste auf diesem Gebiet sind die Arbeiten des schon erwähnten Management-Kybernetikers Stafford Beer zum Modell lebensfähiger Systeme, das eine der größten Innovationen in der Managementlehre ist; sowie das Werk des deutschen Kybernetikers Frederic Vester, u.a. Die Kunst, vernetzt zu denken, 1999, 7. Auflage 2001. Diese Arbeiten sind leider nur wenigen Managern bekannt.

Teil 2

6. Architektur des Top-Managements

Eine kurze Rekapitulation:

In Kapitel 1 wurde die Auffassung vertreten, daß die Unternehmensaufsicht eine *aktive Rolle* in der Gesamtführung übernehmen soll. Kapitel 2 enthält eine Diskussion von ins Gewicht fallenden *Fehlern*, die in der unmittelbar zurückliegenden Vergangenheit zu verzeichnen waren – Fehler, die direkt dem Top-Management zugeschrieben werden müssen und bei kompetenter, professioneller Unternehmensführung zu vermeiden gewesen wären. Der damit verbundene *materielle Schaden*, direkt in Form von Verlusten und der Aufzehrung von Reserven könnte prinzipiell berechnet, zumindest einigermaßen geschätzt werden. Es ist erhebliche Kapital- und Ressourcenvernichtung zu verzeichnen. Die *indirekten Schäden* sind aber wahrscheinlich noch viel größer, auch wenn sie nicht berechnet werden können. Es sind die entgangenen Gewinne und es ist vor allem der Verlust an Weltmarktpositionen beziehungsweise das Versäumnis, diese auszubauen. Die Chancen wären gerade seit 1990 sehr groß gewesen, weil die in diesem Jahr einsetzende und seither anhaltende Rezession in Japan die japanischen Firmen eher in die Defensive gedrängt hat. Diese Chance wurde vertan. Dies allein wäre also Grund genug, Verbesserungen der Unternehmensführung zu fordern.

Es gibt aber weitere, noch wichtigere Gründe. In Kapitel 3 wurde dargelegt, daß die größten Bewährungsproben für die Führung noch bevorstehen, weil sich Wirtschaft und Gesellschaft in einem radikalen *Umwandlungsprozeß* befinden und wir mitten in einer Periode stehen, in der die Führung höchsten Maßstäben genügen muß.

In Kapitel 4 und 5 wurde schließlich gezeigt, daß es durchaus eine brauchbare, wenn auch vielleicht noch nicht in allen Details fertige *Theorie der Corporate Governance* gibt, und daß darauf gestützt auch die wichtigsten *Größen zur Be-*

urteilung von Unternehmen und ihrer Gesundheit abgeleitet
werden können.

Relativ dazu muß allerdings festgestellt werden, daß gerade die jüngsten Bewegungen in der Wirtschaft, nämlich die
Ausrichtung am Shareholder Value zwar eine prinzipielle
Veränderung der Denkweise in den Top-Etagen bedeutet,
aber in die exakt *falsche* Richtung. Dadurch ist das Risiko
entstanden, die langfristige Performance durch kurzfristige
und vordergründige Erfolge zu schädigen. Das verschärft
das Problem noch zusätzlich. Die Diagnose lautet somit – leider –, daß eine erhebliche Zahl von Unternehmen nicht geführt, sondern *irregeführt* wird. Die daraus potentiell resultierenden Folgen können an die Fundamente einer demokratischen, rechtsstaatlichen Gesellschaft gehen. Der Zustand
der Wirtschaft wiegt um so schwerer, als das Unternehmen
im Grunde die *einzige* gesellschaftliche Institution ist, die im
Kern handlungsfähig ist oder es zumindest sein könnte.

Selbst auf der Basis der gestellten – wie ich meine, besorg-
niserregenden – Diagnose wäre es aber vergleichsweise
leicht, Professionalität und Wirksamkeit des Top-Managements *rasch* und *radikal* zu verbessern. In den 100 größten
deutschen Unternehmen gibt es rund 1500 Aufsichtsräte.
Grob gerechnet werden noch etwa 1000 Vorstände hinzu-
kommen. Pro Unternehmen sind es somit 25 bis 30 Personen, in deren Händen es liegt, wie gut das Top-Management
arbeitet. Ähnliche Überlegungen gelten für andere Länder.

Wie auch immer der Zustand jedes einzelnen Unternehmens sein mag – manche sind schon fortgeschritten, andere
hängen zurück –, es wäre ein leichtes, innerhalb eines hal-
ben Jahres überall eine brauchbare Unternehmensverfassung einzuführen und das Handeln daran auszurichten. Was
ist dafür erforderlich?

1. Eine funktionierende Top-Management-Struktur muß
aus *zwei Organen* mit einer sorgfältig durchdachten Arbeitsteilung bestehen, ergänzt und unterstützt durch eine *Revisionsinstanz*. Das einstufige Modell ist konstitutionell nicht
funktionsfähig, obwohl es dann funktioniert, wenn es in den

Händen der richtigen Personen liegt. In der Praxis der gut geführten Unternehmen hat es sich daher auch dort, wo die Rechtsordnung es zuläßt, zu einem *de facto* dualistischen System entwickelt. Es hat allerdings den Vorteil, daß es sehr *flexible* zweistufige Lösungen ermöglicht. Das *zweistufige* System ist somit vorzuziehen, allerdings nur dann, wenn Aufsicht nicht als reine Kontrolle und schon gar nicht als nachlaufende Kontrolle verstanden wird. Es muß also etwa in Deutschland deutlich mehr als nur gerade das gesetzliche Minimum erfüllt werden. Aber, wie schon gesagt, auch die deutsche Regelung erlaubt durchaus die Etablierung von zwei Top-Organen, die *allen* Anforderungen im Prinzip gerecht werden können.

2. Vom Grundsatz her kann und muß die Aufgabenverteilung zwischen den beiden Top-Management-Organen überall *gleich* sein. Sie kann, abhängig von personellen Gegebenheiten, mit etwas unterschiedlichen Akzenten gehandhabt werden. *Aufgaben* und *Verantwortlichkeiten* sowie *Arbeitsweise* der beiden Spitzenorgane müssen schriftlich dokumentiert werden, entweder in der Satzung selbst oder – was vorzuziehen ist – in separaten Dokumenten, deren Legitimität sich aus der Satzung ableitet. Gleichzeitig ist zu bestimmen, wie die Revisionsinstanz organisiert sein soll. Wenn zu diesem Zweck Satzungsänderungen und daher Aktionärsversammlungen für ihre Genehmigung erforderlich sind, braucht die Inkraftsetzung etwas länger als das erwähnte halbe Jahr. Die *praktische* Ausrichtung an einer neuen Unternehmensverfassung kann aber in den meisten Fällen schon beginnen, bevor die Formalitäten erledigt sind.

Ich spreche hier bewußt zuerst von *Aufgaben* und *Verantwortlichkeiten* und *nicht* von *Rechten* und *Pflichten*. Daß Aufgaben immer auch mit Rechten und Pflichten verbunden sind, ist klar. Diese müssen aber aus den Aufgaben abgeleitet werden und nicht umgekehrt.

3. Gestützt auf diese Elemente der Unternehmensverfassung müssen im zweiten Schritt die *materiellen* Fragen der

Corporate Governance geklärt werden. Die Ergebnisse sind ebenfalls schriftlich festzuhalten. Das ist ein weiteres Dokument für die Arbeit des Top-Managements.

4. Im Anschluß daran und gestützt auf diese Reglemente muß es meines Erachtens zu einer *Verpflichtung* der Mitglieder von Aufsichts- und Exekutivorgan kommen, ihre Mandate entsprechend der erwähnten Dokumente auszuüben. Am besten wäre es, das in einem speziellen Vertrag zu regeln. Hier sind wohl einige juristische Fragen bezüglich der Abschlußzuständigkeit für derartige Verträge zu lösen. Aber selbst wenn das aus irgendwelchen Gründen nicht gehen sollte, als unnötig oder nicht opportun erscheint, kann dennoch eine *faktische* Verpflichtung entstehen beziehungsweise von den Top-Managementmitgliedern eingegangen werden, die Unternehmensverfassung einzuhalten und sich daran auszurichten. Man muß diese ja nicht gleich einen Eid schwören lassen. Nicht alle werden eine solche Verpflichtung eingehen, und gegenüber den Mitgliedern des Exekutivorganes wird es in einer Reihe von Fällen zu Kollisionen mit den bestehenden Anstellungsverträgen kommen. Somit wird sich einiges an juristischen und personellen »Aufräumarbeiten« ergeben, deren Erledigung Zeit benötigen wird. Der Grundsatz muß aber sein, daß Personen, die nicht nach den Vorgaben und Leitlinien der Unternehmensverfassung arbeiten wollen oder können, eben auch nicht Mitglieder der Spitzenorgane sein sollen.

5. Bis hierher sind die einzelnen Schritte fast vollständig *unabhängig* von Branche und Geschäftstätigkeit des Unternehmens.

In einem weiteren Schritt sind sodann *Geschäftsverteilung* und *Geschäftsordnung* für das Exekutivorgan entsprechend anzupassen. Dafür sind Branche und Geschäftstätigkeit zu berücksichtigen, obwohl ein erheblicher Teil der Organisation des Exekutivorganes davon noch immer unabhängig ist, und zwar gerade jener Teil, der Effektivität und Qualität der Unternehmensführung als solcher bestimmt.

6. Als letzten und fakultativen Schritt würde ich dann vorschlagen, einen systematischen Prozeß der Überprüfung und allenfalls Neubestimmung von *Zweck, Auftrag* und *Mission* des Unternehmens einzuleiten – dessen also, was man »*The Theory of the Business*« nennen kann.

Ich schlage vor – falls man im wesentlichen auf die hier vertretene Auffassung über Unternehmensführung eingehen will sowie auf die damit verbundenen Funktionen und die Zusammenarbeit der Organe –, die Unternehmensverfassung an den nachfolgenden Kapitel 7 und 8 zu orientieren.

7. Gestaltung des Aufsichtsorganes

Die Aufgaben der Unternehmensaufsicht sind im Grunde völlig unabhängig von der Rechtsordnung. Die Gesetze mögen es erleichtern oder erschweren, sie zu erfüllen; sie mögen im einzelnen auch einen bestimmten Rahmen, bestimmte Bedingungen und Verfahren für ihre Erfüllung vorschreiben. Die Aufgaben ergeben sich aber nicht in erster Linie *aus* der Rechtsordnung; sie sind durch diese auch nicht ausreichend formuliert. Die Aufgaben der Unternehmensaufsicht resultieren aus *zwei* Quellen: *erstens*, aus der Funktion des Unternehmens als wirtschaftlich-gesellschaftlicher Institution, und *zweitens*, aus der Tatsache, daß Unternehmen von Menschen geleitet werden.

Worin der Zweck eines konkreten, einzelnen Unternehmens besteht und bestehen soll, mag schon Gegenstand schwieriger und kontroverser Diskussionen sein. Worin der Zweck von Unternehmen als Klasse gesellschaftlicher Institutionen zu sehen ist, kann ebenfalls verschieden gesehen werden, wie Kapitel 4 gezeigt hat. Eines aber ergibt sich aus praktisch allen diesbezüglichen Überlegungen: Diese Fragen können nicht einfach *en passant* durch die Exekutivorgane beantwortet werden – neben ihrer meist totalen Inanspruchnahme durch die unmittelbare operative und strategische Führung des Unternehmens. Dafür ist ein eigenes Organ erforderlich.

Daß als zweite Quelle der Umstand angeführt wird, daß Unternehmen von Menschen geleitet werden, mag trivial erscheinen. In Wahrheit ist es aber der wichtigste Grund für die Notwendigkeit eines Aufsichtsorganes. Die Führung eines Unternehmens und insbesondere eines großen Unternehmens, das sich dem globalen Wettbewerb stellen muß, erfordert ein Zentrum – das Exekutivorgan – mit einer beträchtlichen Machtfülle. Macht kann aber nur legitimiert werden, wenn sie verantwortet wird. Macht korrumpiert bekanntlich, und absolute Macht korrumpiert absolut. Daher darf Macht nicht absolut werden, sondern muß kontrolliert sein. Wenn die Geschichte eines beweist, dann, daß sich niemand selbst kontrollieren kann. Den Exekutivorganen muß und soll ein erhebliches Maß an Macht gegeben werden. Sie brauchen es, um ihre Aufgaben der Unternehmensführung zu erfüllen. Es ist aber gleichzeitig eine Gegenmacht erforderlich, um die unter Umständen an die Grenze des menschlich Zumutbaren und Erträglichen gehende Macht zu einer kontrollierten und verantworteten Macht zu machen.

7.1 Aufgaben des Aufsichtsorganes

Um ein Unternehmen wirksam kontrollieren zu können, sind *fünf Funktionen* erforderlich. Sie können mit ausreichender Wirkung in allen Rechtsordnungen des deutschsprachigen Raumes prinzipiell erfüllt werden; die prozeduralen Aspekte sind im einzelnen etwas unterschiedlich. Die Basis für die Erfüllung dieser Funktionen und ihr Gegenstand sind die im letzten Kapitel behandelten Meßgrößen für die Gesundheit des Unternehmens.

1. Die Rückschau-Funktion

Die Feststellung der Ergebnisse und vor allem die Beurteilung der Qualität dieser Ergebnisse sind ein erstes Aufgabenbündel eines Aufsichtsorgans, das ja auch in allen Rechtsordnungen explizit diesem zugewiesen ist. Die entscheidende Frage ist aber, worauf sich diese Aufgabe beziehen muß und wie sie zu erfüllen ist. Diese Funktion kann sich aus den in Kapitel 4 dargelegten Gründen keineswegs in der Feststellung und Beurteilung des Geschäftsabschlusses, von Bilanz- und Ergebnisrechnung erschöpfen. Es sind somit *mindestens* die *sechs,* in Kapitel 5 behandelten, großen und komplexen Felder zu kennen und zu diskutieren, um sich ein Urteil bilden zu können, und zwar nicht nur für das Unternehmen als Ganzes, sondern auch für jedes seiner wichtigen Geschäftsgebiete, also:

- die *Marktstellung* des Unternehmens und ihre Veränderung über die Zeit;
- die *Innovationsleistung* des Unternehmens;
- die *Produktivität* und ihre Veränderung bezogen auf die wichtigsten Segmente der produktiven Ressourcen – Arbeit, Kapital, Zeit, Wissen;
- die Fähigkeit des Unternehmens, *gute Leute* anzuziehen, zu halten und richtig einzusetzen;
- *Liquidität* und *Cash-Flow*, ihre Veränderung und vor allem ihre Qualität, und
- die *Profitabilität,* deren Veränderung und innere Qualität.

Nur die beiden letzten (manche Kritiker bestreiten sogar das) gehören heute zum selbstverständlichen und regelmäßigen Inhalt der Tagesordnungen von Aufsichtsorganen. Aller Wahrscheinlichkeit nach werden in Zukunft – in einigen Branchen ist es schon so – noch *zwei weitere* Faktoren dazukommen: die Ergebnisse bezüglich der Wahrnehmung der *ökologischen* Verantwortlichkeit und der *sozialen* Verantwortlichkeit im weitesten Sinne.

2. Die Vorschau-Funktion

Nachlaufende, ja selbst begleitende Kontrolle funktioniert, wie schon erwähnt, nur in einem stabilen und prosperierenden Umfeld. Eine von Turbulenzen, Diskontinuitäten und fundamentalem Wandel gekennzeichnete Welt erfordert *vorauslaufende, vorsteuernde* Kontrolle.

Es ist notwendig, auch wenn es aufgrund einer spezifischen Gesetzeslage schwieriger als wünschenswert sein mag, daß sich Aufsichtsorgane – wenn sie ihrer Aufgabe nachkommen wollen – intensiv mit den *Strategien, Strukturen* und *Systemen* eines Unternehmens befassen sowie mit der *Unternehmenskultur,* daß sie in das Zustandekommen diesbezüglicher Entscheidungen involviert sind und hierbei das letzte Wort haben. Es wird zu prüfen sein, ob sich die Exekutivorgane mit den *richtigen Themen* und den *richtigen Prioritäten* befassen, ob sie dies *gründlich* und *sorgfältig* genug tun; welche *Infrastruktur* ihnen zur Verfügung steht, um *Trends* und *Trendbrüche* so früh wie möglich wahrzunehmen, ob diese Infrastruktur zu groß oder zu klein ist, welche Leistungsfähigkeit und Wirksamkeit sie hat.

Es ist nicht nur der Erfolg von Gegenwart und Vergangenheit zu beurteilen, sondern die diesem vorauslaufenden Erfolgs*potentiale,* etwa die technologische Innovation und Substitution, und zwar nicht nur anhand der vorgelegten Investitionsplanungen, sondern anhand der *Wahrnehmungskategorien* der Exekutivorgane selbst, denn ein zu spät vorgelegtes Investitionsvorhaben ist in der Regel auch ein falsches Investitionsvorhaben. Und es wird weiter zu prüfen sein, ob und in welchem Ausmaß *Modewellen, Irrlehren* und *Scharlatanerien* im Unternehmen zugelassen oder sogar aktiv gefördert werden, die letztlich zu nichts anderem als Zeitverschwendung und *»Geistverschmutzung«* führen. Daher müssen gelegentlich auch die *Personalentwicklungs-* und *-ausbildungsprogramme* materiell überprüft werden und nicht etwa nur die diesbezüglichen Budgets.

3. Auswahl, Führung, Beurteilung, Kompensation und Entfernung der obersten Exekutivorgane

Da auch dies eine vom Gesetzgeber explizit dem Aufsichtsorgan zugeschriebene Aufgabe ist, die darüber hinaus einen der stärksten Hebel bildet, sollte man meinen, daß sie gut erfüllt wird. Die Wirklichkeit stimmt allzu häufig aber nicht mit den Intentionen des Gesetzgebers überein.

Die Art und Weise, wie Personalentscheidungen getroffen werden, ist keineswegs außer Zweifel (siehe dazu Kapitel 11). Die Kriterien sowohl für die *Auswahl* von obersten Exekutiv-Managern als auch für die *Beurteilung* ihrer manageriellen Leistung sind weder klar noch konsensiert. In aller Regel findet eine ernsthafte Beurteilung gar nicht statt. Am wenigsten problematisch ist bisher im deutschsprachigen Raum die *Einkommensbemessung* für die Top-Manager – aber auch das beginnt sich zum Schlechten zu verändern –, während sie in den USA teilweise völlig aus dem Ruder gegangen ist, was für die amerikanische Wirtschaft noch erhebliche Schwierigkeiten nach sich ziehen wird. Fragwürdig sind hingegen auch in Europa die in den Verträgen der Exekutivmitglieder in aller Regel vorgesehenen *»Golden Parachutes«*, die *Abfertigungen* und *Pensionsregelungen*. Diese Konditionen sind qualitativen Höchstleistungen keineswegs förderlich, insbesondere deshalb, weil sie fast jedes Risiko eliminieren und außerdem in den meisten Fällen an die falschen Bemessungsgrößen gebunden sind.

Ein spezielles Problem stellt in Deutschland und Österreich die *Abberufung eines Vorstandes* dar. Der allgemeinen Meinung zufolge kann das – unter Wahrung seiner anstellungsvertraglichen Ansprüche selbstverständlich – relativ problemlos vorgenommen werden. Das ist aber ein großer Irrtum. Gesetz und Rechtsprechung zufolge ist eine Abberufung nur aus wichtigem Grunde möglich, und das wird außerordentlich restriktiv ausgelegt. So sind beispielsweise *»unüberbrückbare Differenzen zwischen Vorstand und Aufsichtsrat* über grundsätzliche Fragen der Unternehmenspolitik grundsätzlich kein wichtiger Grund zur Abberufung, solange sich der Vorstand im Rahmen des ihm nach Paragraph 76 AktG zustehenden Ermessensspielraumes bewegt, d. h. seine Ermessensentscheidung vertretbar ist.«[13] Der Aufsichtsrat müßte in einem solchen Falle eine Hauptversammlung einberufen, die dem Vorstand das Vertrauen zu entziehen hätte. Es sind durchaus praktische Fälle denkbar, in denen ein abberufenes Vorstandsmitglied seinen Wiedereinsatz sogar gerichtlich einklagen kann.

Vor dem Hintergrund der in diesem Buch vorgesehenen Rolle des Aufsichtsorganes sind selbstverständlich gerade »unüberbrückbare Differenzen über grundsätzliche Fragen der Unternehmenspolitik« der entscheidende *casus belli*, der klare Führung erfordert. In einem solchen Fall muß man sich also praktisch »im guten Einvernehmen« trennen, was in der Regel nicht nur hohe Kosten mit sich bringt, sondern

---

13 Münchener Handbuch des Gesellschaftsrechts, Band 4: Aktiengesellschaft, München 1988, S. 141 (Hervorhebungen im Original).

auch die falsche Signalwirkung hat. Die Abberufung des Vorstandes ist einer der Punkte, der eine gesetzliche Neuregelung des deutschen Rechtes wünschbar erscheinen läßt. Sie sollte problemlos möglich sein. Exekutivorgane müssen, entgegen einer weitverbreiteten Meinung, *geführt* und nicht nur kontrolliert werden. Sie müssen zweifellos nach anderen Gesichtspunkten, anderen Kriterien und auf andere Weise geführt werden als »gewöhnliche« Manager, aber sie sind eben doch zu führen. Insbesondere ist es wichtig, dafür zu sorgen, daß die Exekutivorgane ihre nach innen und nach außen erforderliche *Vorbildfunktion* auch tatsächlich erfüllen und nicht nur darüber reden. »Vorbild« mag ein altmodischer Ausdruck sein. Aber nicht nur Unternehmen, sondern die Gesellschaft als Ganzes können auf Dauer nicht funktionieren, wenn jene Personen, die hohe und höchste Führungsaufgaben zu erfüllen haben, *kein* beziehungsweise ein *schlechtes* Vorbild sind. Nichts ist rascher verloren – insbesondere in einer Medienwelt – als *Vertrauen* und *Glaubhaftigkeit*, und nichts verseucht die Gesellschaft, ihre Organisationen und deren Leistungsfähigkeit so nachhaltig wie dieser Verlust.

Terrorregime, Privilegienwirtschaft, demonstrativer Luxus, Intrigen, Arroganz, Inkompetenz, Bereicherung, exzessive Entlöhnung, ja selbst »kleine« Unkorrektheiten an der Spitze machen eine Organisation über kurz oder lang *unführbar*. Auch noch so gut gemeinte Maßnahmen und Programme greifen dann nicht mehr; sie werden im Gegenteil als besonders raffinierte Formen des Zynismus empfunden. Dies sind *wesentliche* Ursachen für das Entstehen von sozialen Gräben, von Feindseligkeiten, Bitterkeit und Agonie in der Belegschaft, für den Zusammenbruch der Motivation und für die Entstehung von »Klassengesellschaften« innerhalb eines Unternehmens, denn jede nachgelagerte Organisationsebene macht das »Vorbild« von oben auf ihre Weise nach. Außerhalb des Unternehmens entstehen dadurch Wirtschaftsfeindlichkeit, Aggressivität, militantes Verhalten der Gewerkschaften und letztlich politische Bewegungen zur überdimensionierten Regulierung der Wirtschaft.

Es wird aus diesen und anderen Gründen daher häufiger, als tatsächlich zu beobachten ist, nötig sein, Führungskräfte aus ihren Positionen zu *entfernen*, sie verantwortlich zu halten, Verantwortung und Haftung auch einzulösen und zu erzwingen, und zwar ohne »Golden Handshake« und sicheres Auffangnetz. Dies ist eines der wenigen, wirksamen Mittel, um die Qualität von Entscheidungen, die Wirksamkeit der Führung und die Unternehmenskultur nachhaltig zu verbessern. Es ist auch das einzige Mittel, um die Kredibilität der Wirtschaft gegenüber der Gesellschaft zu erhalten.

4. Organisation des Exekutivorganes, Geschäftsverteilung und Geschäftsordnung

Das Aufsichtsorgan hat die Aufgabe, das Exekutivorgan zu organisieren, seine *Geschäftsverteilung* und *Geschäftsordnung* festzulegen. Das ist zusammen mit Aufgabe 3 der *stärkste Hebel*, mit dem auf die Gesamtführung des Unternehmens Einfluß genommen werden kann. In Ländern, die eine an das amerikanische Board-System angelehnte, also monistische Regelung der Gesamtführung haben, ist das ohnehin klar, wird aber leider bei weitem nicht immer professionell gehandhabt.

Aber auch im dualistischen deutschen Aktienrecht fällt diese Aufgabe in die Kompetenz des Aufsichtsrates, die ihm nach dem Stand von Lehre und Rechtsprechung[14] nicht entzogen werden kann. Bezüglich der Inhalte einer Geschäftsordnung ist im Aktiengesetz nichts geregelt. Dieses Mittel kann somit extensiv eingesetzt werden.

In der einschlägigen Literatur[15] gibt es Hinweise darauf, daß Änderungen der Geschäftsverteilung Probleme bereiten können, wenn sie mit den anstellungsvertraglichen Regelungen der Vorstände kollidieren. Daraus ergibt sich, daß eben

---

14 Siehe Münchener Handbuch des Gesellschaftsrechtes, Band 4. Aktiengesellschaft, München 1988, Seite 175ff.
15 Ebenda.

die Geschäftsverteilung Grundlage der Anstellungsverträge sein muß und nicht umgekehrt. Die Bedeutung dieser Aufgabe des Aufsichtsorganes ist daher um so größer. Worauf bei Geschäftsverteilung und Geschäftsordnung geachtet werden muß, findet sich in Kapitel 8.

5. Die Gestaltung der Beziehungen zu den Anspruchsgruppen

Weil sich das Großunternehmen *de facto* längst über seine unmittelbar wirtschaftliche Funktion hinaus entwickelt hat und zu einem der entscheidenden Faktoren sozialer, ökonomischer, ökologischer und politischer *Stabilität*, aber gleichzeitig auch zu dem vielleicht wesentlichsten Organ gesamtgesellschaftlicher Anpassungsfähigkeit geworden ist, hat es nicht mehr *einen* Konstituenten, die Eigentümer, sondern deren *viele*, und sehr *verschiedenartige*. Ob dies wünschenswert und ordnungspolitisch vorteilhaft ist, bleibe dahingestellt. Es ist eine Tatsache. Auch wenn die »Stakeholder-Theorie«, wie in Kapitel 4 dargestellt, nicht richtig ist, so kann man doch an der Gegebenheit nicht vorbeigehen, daß Großunternehmen viele, sehr verschiedenartige und sich meistens kraß widersprechende Ansprüche zu befriedigen oder jedenfalls unter Kontrolle zu halten haben.

Daher muß es mit zu den Aufgaben eines Aufsichtsorganes gehören, sich mit den zahlreichen *Konstituenten* zu befassen und vor allem mit der Frage, ob, in welchem Ausmaß und wie deren legitime oder faktische Ansprüche und Interessen zu befriedigen sind. Das erfordert Zeit, intensive Kontakte mit den einzelnen Anspruchsgruppen und ihren Vertretern sowie erhebliche Kommunikations- und Erklärungsfähigkeit. Diese Dinge können, zumindest in den Grundsatzentscheidungen, unmöglich subalternen Stellen wie PR-Abteilungen überlassen werden, auch wenn diese in der Ausführung einen wesentlichen Beitrag zu leisten haben werden. Das Aufsichtsorgan wird diese Aufgabe nicht allein erfüllen können, sondern dies in Zusammenarbeit mit dem Exekutivorgan tun. Zumindest müssen entsprechende Aufgaben und

Regelungen in der Gestaltung der Geschäftsordnung für das Exekutivorgan enthalten sein.

Dies sind also die *Schlüsselaufgaben* für das Aufsichtsorgan. Damit wird klar, daß wirksame Unternehmensaufsicht deutlich mehr ist als nur Kontrolle; auch der Begriff »Aufsicht« ist in Wahrheit ungeeignet. Der Umstand, daß es im Deutschen im Grunde keinen passenden Ausdruck für das hier dargestellte Aufgabenbündel eines Aufsichtsorganes gibt, ist möglicherweise bezeichnend dafür, daß die Frage der wirksamen Führung formal und materiell bis jetzt weitgehend ungelöst ist.

7.2 Größe und innere Organisation des Aufsichtsorganes

7.2.1 Größe

Größe, innere Organisation und Arbeitsfähigkeit des Aufsichtsorganes stehen in engem Zusammenhang. In der Vergangenheit war eher ein Trend zur Vergrößerung des Aufsichtsorganes festzustellen.es gab viel zu wenig Überlegung zur Frage nach der optimalen Anzahl der Mitglieder eines Aufsichtsgremiums. In zahlreichen Fällen wurden Aufsichtsorgane aus Prestigegründen, wegen guter Beziehungen, um Gegenrecht zu halten usw. über jedes vernünftige Maß hinaus aufgebläht.

Eine Untersuchung, die in der Schweiz durchgeführt wurde, legt den Gedanken nahe, daß es ein »Gesetz der abnehmenden Effizienz« von obersten Organen gibt. Zwar wird die Sache nicht so simpel sein, wie es in der Grafik auf Seite 163 zum Ausdruck gebracht wird; insbesondere kann man den Erfolg eines Unternehmens nicht nur am Aktienkurs und seiner Veränderung beurteilen, aber die Größe muß ein Thema sein.

Inzwischen sind Veränderungen im Gange. Es besteht die deutliche Tendenz zur *Verkleinerung*, auch wenn das nicht leicht zu realisieren ist, vor allem aus Gründen vermeintli-

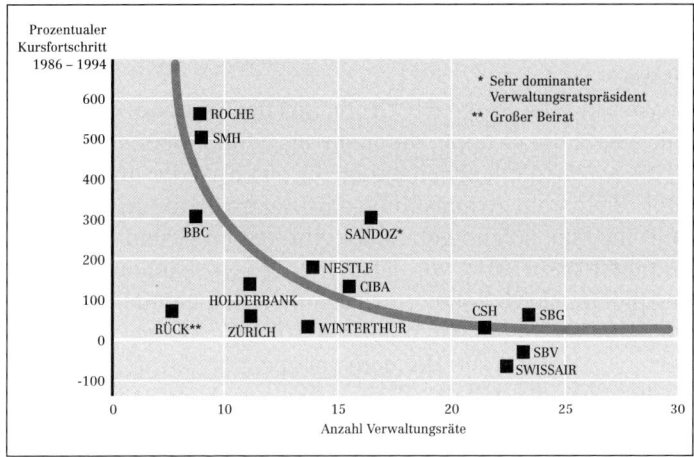

Abbildung: Das »Gesetz« der abnehmenden Verwaltungsratseffizienz[16]

cher Rücksichtnahme. Die Größe eines Gremiums ist ein absolut kritischer Faktor für seine Effektivität. Es spricht fast alles für ein *kleines* Aufsichtsorgan. Dazu stehen Praxis und zum Teil Gesetz in deutlichem Widerspruch. In Deutschland muß zwischen mitbestimmungsfreien und mitbestimmten Unternehmen unterschieden werden. Für mitbestimmungsfreie Aktiengesellschaften ist eine Mindestzahl von drei Aufsichtsräten vorgeschrieben; wenn eine größere Zahl von Aufsichtsräten bestellt wird, muß ihre Zahl durch drei teilbar sein. In mitbestimmten Unternehmen sind bis 10000 Arbeitnehmer zwölf, bis 20000 Arbeitnehmer 16 und darüber 20 Mitglieder vorgesehen.

In der Schweiz sieht das Gesetz nichts vor. Der Verwaltungsrat kann aus einem Mitglied bestehen. In der Praxis ist die Größe sehr unterschiedlich. Im Durchschnitt liegt die Zahl der Verwaltungsräte bei zwölf in der Industrie und bei 15 im Dienstleistungsbereich.[17] Es gibt große Unternehmen,

---

16 Die Weltwoche, Nr. 16, 21. April 1994.
17 Glaus, B.U., Unternehmungsüberwachung durch schweizerische Verwaltungsräte, Zürich 1990.

die kleine Verwaltungsräte mit fünf Mitgliedern haben, während die größten Verwaltungsräte 20 bis 30 Mitglieder umfassen.

Wie sieht die Frage der Größe aus der Sicht der Wirksamkeit aus? Eine Gruppe, die mehr als zehn Personen umfaßt, ist *als solche* nicht arbeitsfähig. Sie ist entweder unwirksam, oder es entsteht zwangsläufig eine innere Struktur, oder man muß ihr eine solche geben. Es gibt *keinen* Grund für Mammutaufsichtsorgane, wie sie so häufig festzustellen sind, außer jenem, sie *de facto* unwirksam zu machen oder einigen wenigen Personen eine in letzter Konsequenz nicht kontrollierbare Macht in die Hand zu spielen.

Eine über die Arbeitseffizienz hinausgehende Größe eines Aufsichtsorganes kann selbstverständlich immer mit zahlreichen Argumenten begründet werden – Rücksichtnahmen auf die verschiedensten Beziehungen, Repräsentations- und Imagegründe bis hin zu Versorgungspositionen für Familienmitglieder oder altgediente Politiker. Diese Gründe mögen ihren Stellenwert im Einzelfall haben, mit Arbeitswirksamkeit hat das aber nichts zu tun.

Je größer ein Aufsichtsorgan ist, um so schwerfälliger ist es in praktisch jeder Hinsicht; um so weniger Disziplin wird es geben; um so mehr Absenzen sind festzustellen, weil ja das einzelne Mitglied weder auffällt noch fehlt; es fällt auch nicht mehr ins Gewicht, es werden kaum noch aktive Beiträge geleistet, und die zwangsläufige Folge ist faktische Wirkungslosigkeit und die Entstehung aller denkbaren Varianten von Kleingruppierungen, Koalitionen, Allianzen usw. Ein großes Gremium wird in kurzer Zeit kein Aufsichtsorgan mehr sein, sondern ein *politischer* Apparat im negativen Sinne des Wortes. Es braucht somit eine innere Struktur – Ausschüsse –, aber die Arbeit kann genau so gut gleich von einem kleinen Gremium geleistet werden.

Wenn man davon ausgeht, daß der Vorsitzende eines Aufsichtsorganes zwei Stimmen hat, wofür sehr vieles spricht und was die Rechtsordnungen auch zulassen, muß das Aufsichtsorgan eine *gerade Zahl* von Mitgliedern einschließlich des Vorsitzenden haben, ansonsten würde das Stichentscheidungsrecht des Vorsitzenden unwirksam. Die *optimale Zahl* liegt daher entweder bei *sechs* oder bei *acht* Mitgliedern. Mit *zehn* Mitgliedern wird man noch arbeiten können. Was darüber liegt, halte ich im Grundsatz von der Effektivität her für nicht mehr vernünftig. Selbstverständlich wird man immer Einzelfälle anführen können, wo auch ein größeres Gremium volle Wirksamkeit entfalten konnte. Es liegt dann meistens an der besonders ausgeprägten Professionalität aller Beteiligten, mit der man aber selbst bei sorgfältigster Auswahl der Personen nicht prinzipiell rechnen kann.

In Deutschland kann aufgrund der Mitbestimmung leider bei großen Unternehmen die optimale Größe des Aufsichtsorganes nicht eingehalten werden. Dies trägt jedenfalls nicht zur Verbesserung der Unternehmensaufsicht bei. Man muß somit zwangsläufig entweder mit Ausschüssen arbeiten oder dann mit einem schwerfälligen Plenum.

Eine Gruppe von *weniger* als sechs Personen entwickelt eine *zu große Intimität*. Selbst bei größtem Bemühen um Sachlichkeit hat man es immer mit Menschen und ihren spezifischen Verhaltensweisen zu tun. Es läßt sich gar nicht vermeiden, daß persönliche Beziehungen entstehen, positive wie negative, die sich vom Prinzip her immer dysfunktional auswirken, wenn die Aufsicht wirklich gefordert ist.

Wenn, aus welchen Gründen auch immer, mit einer Größe gearbeitet werden muß, die über die genannten Zahlen hinausgeht, bleibt nichts anderes übrig, als Ausschüsse zu etablieren. Sie haben ihre Vor- und Nachteile.

7.2.2 Innere Organisation – Präsidium und Ausschüsse

In einem kleinen Aufsichtsorgan bis zu sechs Personen empfiehlt sich weder die Bildung von Ausschüssen noch eines Präsidiums. Sie verbessern die Effektivität nicht wesentlich, werden aber leicht als diskriminierend von jenen Aufsichtsmitgliedern empfunden, die nicht in einem Ausschuß vertreten sind. Will man das vermeiden, dann muß *jedes* Mitglied in einem Ausschuß mitwirken können, was aber auch wieder zu eigentümlichen Konstruktionen führt. Ein Gremium dieser Größe braucht lediglich einen *Vorsitzenden* und einen, eventuell zwei *Stellvertreter*. Sie sollen aber nicht als *Präsidium* agieren. Mit sechs Personen kann praktisch alles im Plenum erledigt werden. Statt Ausschüsse zu bilden, ist es viel besser, *bei Bedarf* die einzelnen Mitglieder des Aufsichtsorganes mit speziellen *Aufgaben* beziehungsweise *Aufträgen* zu betrauen.

Bei Größen von acht bis zehn Mitgliedern gilt im wesentlichen dasselbe. Allerdings empfiehlt es sich hier, ein *Präsidium* aus drei Personen – Vorsitzender und zwei Stellvertreter – zu etablieren, das mit bestimmten Agenden betraut wird, wobei insbesondere die Vorbereitung von Personal- und Finanzentscheiden in Frage kommt. Das Präsidium sollte keine Entscheidungsbefugnis haben – außer für Krisenfälle –, und wenn es sie für Einzelfälle hat, soll der Stichentscheid des Vorsitzenden im Präsidium keine Wirkung haben.

Wenn ein Aufsichtsorgan über die hier empfohlene Größenordnung hinausgeht, ist über das Präsidium hinaus die Bildung von Ausschüssen *unvermeidlich*. Damit stellt sich die Frage, nach welchen Gesichtspunkten, vor allem zu welchen Themenbereichen diese gebildet werden sollen. Aus der Management-Perspektive kommen in erster Linie die Problembereiche *Personal*, *Finanzen* und *Strategie* in Frage, und zwar in dieser Prioritätenfolge.

In letzter Konsequenz kann man ein Unternehmen nur über die Personal- und über die Finanzentscheidungen kontrollieren. Von Strategie soll das Aufsichtsorgan zwar etwas verstehen, und es muß sie letztlich auch verantworten, aber es muß sie nicht selbst entwickeln. Vor die Situation gestellt, aus Personal und Finanzen nochmals ein Gebiet auswählen zu müssen, ist meine Empfehlung, sich auf die *Personalfragen* zu konzentrieren.

Darüber hinaus, wenn es die personellen Ressourcen erlauben, kommt fast jedes Thema aus dem Spektrum der Top-Management-Aufgaben für die Bildung eines Ausschusses in Frage. Man kann dafür keine Empfehlungen aussprechen, weil sie von den Notwendigkeiten des spezifischen Falles abhängen.

Mindestens so wichtig wie die Bestimmung der themati-
schen Schwerpunkte ist es aber, dafür zu sorgen, daß die
Ausschüsse *effizient* arbeiten. Sie brauchen einen klaren
Auftrag, eine Leitung, eine spezifische Arbeitsmethodik, die
Dokumentation ihrer Arbeit muß sichergestellt werden und
außerdem ihre Berichterstattung an das Gesamtorgan. Weiter ist dafür zu sorgen, daß Ausschüsse auch wieder *aufgehoben* werden, wenn sie ihre Aufgaben erfüllt haben.

7.3 Personelle Zusammensetzung

Daß der personellen Zusammensetzung des Aufsichtsorganes im Kontext der genannten Aufgaben größte Bedeutung
zukommt, braucht kaum betont zu werden. Die Rechtsordnungen machen im allgemeinen diesbezüglich keine Vorschriften. Ausnahmen bilden die in einigen Ländern vor-
gesehene *Arbeitnehmervertretung* im Aufsichtsorgan, die
ebenfalls in einigen Ländern bestehende *Unvereinbarkeit*,
gleichzeitig im Exekutiv- und im Aufsichtsorgan mitzuwirken (ergänzt durch Prokuristen und Generalbevollmächtigte
im deutschen Recht), sowie das Verbot der *Überkreuzver-
flechtung* im deutschen Aktiengesetz. Ansonsten ist prinzipiell jede geschäftsfähige Person wählbar. In der Praxis haben sich freilich für die Wahl in ein Aufsichtsorgan Kriterien
und Usancen herausgebildet, die allerdings zu einem erheblichen Grad keineswegs zur Wirksamkeit der Unternehmensaufsicht beitragen.

Im allgemeinen wird die Meinung vertreten, die Funktionsweise und vor allem die Effektivität der Unternehmensaufsicht hänge von den darin vertretenen *Persönlichkeiten*
ab. Dies impliziert gleichzeitig zu viel und zu wenig. Es ist
gleichzeitig richtig und doch grundfalsch.

Diese Auffassung ist selbstverständlich in dem Sinne richtig, als man Personen braucht, die den anspruchsvollen Aufgaben genügen können. Das ist sowohl richtig als auch trivial, obwohl es nicht immer eingehalten wird. Sie ist aber in
dem Sinne falsch, ja grundfalsch, als die Funktionsweise des

Aufsichtsorganes gerade nicht von den letztlich doch gegebenen Zufälligkeiten auch einer noch so sorgfältigen Auswahl abhängig sein darf, sondern *konstitutionelle* Bedingungen erfüllt sein müssen, wie sie in Kapitel 6 behandelt wurden.

Vom Grundsatz her gelten für die Ausgestaltung der Unternehmensaufsicht dieselben Überlegungen wie für die Funktionsweise der Organe eines Rechtsstaates. So wichtig es ist, daß sie mit den bestgeeigneten Persönlichkeiten besetzt werden, und so sehr alles dafür getan werden muß, daß dieses Ziel auch erreicht wird, so wenig gibt es eine Garantie dafür, daß dies auch gelingt. Gerade für den Fall des Nichtgelingens müssen zwingende konstitutionelle Vorkehrungen vorhanden sein, die auch bei Versagen der personellen Komponente wenigstens den Schaden für das Unternehmen minimieren.

Im Einzelfall werden bei der Bestellung des Aufsichtsorganes zahlreiche Faktoren zu berücksichtigen sein, von der öffentlichen Reputation einer Person bis zu familiären Rücksichten. Die beiden wichtigsten Auswahlkriterien sind aber *fachliche Kompetenz* und *Unabhängigkeit*.

7.3.1 Fachliche Kompetenz

Daß Kompetenz *in der Sache* wichtig ist, braucht kaum erwähnt zu werden. Erfahrung im Geschäftsleben oder in einem anderen gesellschaftlichen Bereich und wohl auch ein erhebliches Maß an Lebenserfahrung sind unverzichtbare Voraussetzungen für die wirksame Ausübung eines Aufsichtsmandates. Es ist *nicht* unbedingt erforderlich, daß jemand unmittelbare Branchenerfahrung mitbringt. Branchenkenntnisse lassen sich aneignen. Es müssen auch nicht umfassende Generalistenkompetenzen verlangt werden. Obwohl der Ruf nach Generalisten sehr häufig zu vernehmen ist, sind die echten und brauchbaren doch sehr selten. Da ein Aufsichtsorgan immer aus mehreren Personen besteht, kommt es eher auf die Zusammensetzung an, auf die *Kombination* von individuellen Kompetenzen, die für das Unter-

nehmen wichtig sind. Eine besondere Stärke einer Person
auf einem Gebiet, die für das Unternehmen besonders wichtig ist, ist in der Regel in Kombination mit Stärken anderer
Personen besser als unverbindliches Generalistentum.

Von entscheidender Bedeutung ist es aber, daß *alle* Mitglieder der Unternehmensaufsicht sich völlig darüber im
klaren sind, welche Aufgaben das Aufsichtsorgan zu erfüllen
hat, und daß sie sich diesen Aufgaben mit aller *Gewissenhaftigkeit* stellen. Wirksames Arbeiten in der zur Verfügung stehenden, meist viel zu kurzen Sitzungszeit setzt voraus, daß
die Eckwerte klar sind, an denen sich die Corporate Governance auszurichten hat; es müssen die Meßgrößen für die
Beurteilung eines Unternehmens bekannt sein usw. – und
zwar *allen* Mitgliedern der Unternehmensaufsicht. Diese
Dinge sind unabhängig von der Branche eines Unternehmens. Wenn auf diesen Gebieten zuerst Grundlagen-, Über-
zeugungs- und Bildungsarbeit zu leisten ist, wird die Arbeit
eines Aufsichtsorganes mühsam und zeitraubend.

Was leider sehr häufig festgestellt werden kann, ist, daß
Personen, die in ihren eigenen Unternehmen *exekutive* Aufgaben erfüllen, die damit verbundene Denkweise in die Aufsichtsorgane anderer Unternehmen einbringen. Es ist bei
weitem keine Selbstverständlichkeit, daß selbst hochkarätige Führungskräfte gewissermaßen »ihre Hüte wechseln«
können. Genau das ist aber notwendig, weil es sonst zu einer
sachlich und psychologisch unheilvollen Vermischung von
exekutiver Rolle und Aufsichtsfunktion kommt. Im Zweifel
ist es Sache des Präsidenten oder Vorsitzenden, die nötige
Klarheit zu schaffen und dafür zu sorgen, daß niemand »aus
seiner Rolle fällt«.

7.3.2 Unabhängigkeit

Noch wichtiger aber als sachliche Kompetenz ist – ausgenommen die Interessen, die aus dem *Eigentum* resultieren –
das Kriterium der *Unabhängigkeit,* und zwar in zweifacher
Hinsicht. Das Aufsichtsmitglied darf in seiner Interessenlage
nicht vom Unternehmen berührt sein. Umgekehrt darf das

Unternehmen aber auch nicht von der Interessenlage des Aufsichtsmitgliedes abhängig sein.

Ich finde es bemerkenswert und bezeichnend, daß dieses Kriterium bei Bleicher[18] überhaupt keine Erwähnung findet, und zwar weder in den Fragen noch in den Antworten seiner doch repräsentativen Untersuchung. Auch in der sehr ausführlichen und umfassenden Untersuchung Wunderers[19] über den Verwaltungsratspräsidenten gibt es dazu keinen Hinweis. Andererseits wird »Independence« in den USA durchgängig als wichtigstes Kriterium genannt.[20]

Unternehmensaufsicht kann nicht wirksam ausgeübt werden, wenn auch nur der Schein einer Interessenabhängigkeit besteht. Ein Aufsichtsmitglied muß für die Erfüllung seiner Aufgaben, insbesondere in schwierigen und heiklen Fällen *Gewicht* haben. Das wird nur möglich sein, wenn es *Glaubwürdigkeit* und *Überzeugungskraft* hat. Das ist besonders dann gefordert – und im Grund auch nur dann, aber dann *wirklich* wichtig –, wenn es um Entscheidungen geht, die nicht aufgrund von Sachargumenten allein entschieden werden können. Diese sind in Aufsichtsorganen relativ häufig; sie sind sogar eher die Regel als die Ausnahme. Aber selbst Sachargumente haben keine Überzeugungskraft mehr, wenn Interessenlagen gegeben sind oder unterstellt werden können. Aus diesem Kriterium leitet sich logisch eine Anzahl von Negativ- oder *Ausschlußregeln* ab, die – das muß zugegeben werden – zu sehr schwierigen Entscheidungen zwingen.

Es ist somit viel leichter zu sagen, wer *nicht* in ein Aufsichtsorgan gehört, als zu bestimmen, wer hineingehört. Letztlich kann die positive Entscheidung – wer also zu wählen ist – nur auf den Einzelfall bezogen getroffen werden; die negative Entscheidung – wer nicht zu wählen ist – kann aber verallgemeinert werden.

---

18 Bleicher, K., Der Aufsichtsrat im Wandel, Verlag Bertelsmann Stiftung, Gütersloh 1987.
19 Wunderer, F. R., Der Verwaltungsrats-Präsident, Zürich 1995.
20 NACD-Report on Director Professionalism, Washington 1996.

Auch wenn die nachfolgende Negativliste extrem erscheinen mag und im Einzelfall auch Gründe für einen Kompromiß gegeben sein mögen, kann sie nicht ignoriert werden. Die schwerwiegendste Konsequenz dieser Liste ist, daß die Besetzung von Aufsichtsorganen *schwieriger* wird und sorgfältiger Vorbereitung bedarf, weil der in Frage kommende Personenkreis eingeengt wird, was aber nicht unbedingt ein Nachteil ist, sondern nur zu *mehr* Vorbereitungsarbeit und zu *kleineren* Gremien führt.

7.3.3 Ausschlußregeln

Vom *Prinzip* her gehören *nicht* in ein Aufsichtsorgan:

1. Aktive und ehemalige Mitglieder des Exekutivorganes *desselben* Unternehmens.
2. Personen, die in *aktiver* Geschäftsbeziehung zum Unternehmen stehen (Kunden, Lieferanten, Anwälte, Berater, Wirtschaftsprüfer usw.).
3. Vertreter der *Hausbanken*, außer wenn sie echte Eigentümerinteressen vertreten.
4. Personen mit *vielen Mandaten*, außer es sind Genies.
5. Personen, die *keine Zeit* haben.

Diese Negativliste muß kommentiert werden. Sie »verstößt« gegen eine Reihe von ungeschriebenen Gesetzen der Wirtschaftspraxis und von Usancen, für die unter Umständen gewichtige Gründe vorgebracht werden können. Zum Teil kollidiert sie auch mit Besitzständen und Machtpositionen. Daher wird mein Vorschlag möglicherweise nicht nur sachliche Reaktionen auslösen.

Das Kriterium der fachlichen Kompetenz *allein* würde selbstverständlich zu einer anderen Liste führen. Ich halte aber, wie schon erwähnt, das Unabhängigkeitskriterium für *noch wichtiger*. Mitglieder eines Aufsichtsorganes müssen unter Umständen sehr unangenehme Aufgaben erfüllen. In einer Reihe von Aspekten muß daher ihre Unabhängigkeit derjenigen von Richtern entsprechen oder nahekommen, sonst können sie ihre Funktion nicht wirksam wahrnehmen. Solange ein Unternehmen gut geht, das wirtschaftliche Umfeld günstig ist, die Konjunktur läuft usw. ist Unabhängigkeit nicht wichtig. Die einzige unangenehme Aufgabe der Unternehmensaufsicht besteht dann möglicherweise darin, gelegentlich zu fragen, ob das Unternehmen nicht noch viel bessere Ergebnisse erzielen könnte, als es sie ohnehin ausweist. Damit ist man als Aufsichtsmitglied vielleicht lästig und penetrant, aber im Grunde nicht wirklich unangenehm und vor allen Dingen nicht bedrohlich.

Die Bewährungsprobe für die Unternehmensaufsicht stellt sich dann, wenn es *echte* Probleme zu lösen gilt, gleichgültig, worin sie ihre Ursache haben. Massive Veränderungsnotwendigkeiten, Umstrukturierungen des Unternehmens, harte Auseinandersetzungen um die richtigen Entscheidungen in unternehmensbedrohenden Angelegenheiten, Opposition gegen das Exekutivorgan, gravierende Personalentscheidungen usw. sind Beispiele, in denen neben der sachlichen Kompetenz eines Aufsichtsmitgliedes vor allem seine Unabhängigkeit und die nicht nur formelle, sondern faktische, vor allem auch psychologische Freiheit seiner *Meinungsbildung* und *Meinungsäußerung* vital sind. Es sollte keinen »übermenschlichen« Mut und kein »Märtyrertum« brauchen, um in einem Aufsichtsorgan wirksam zu werden.

1. Aktive und ehemalige Mitglieder des Exekutivorganes

a) Die Mitgliedschaft aktiver Exekutiv-Manager in der Aufsicht *desselben* Unternehmens ist nur in Ländern mit einer einstufigen Regelung der Unternehmensaufsicht möglich. In Deutschland ist sie von Gesetzes wegen ausgeschlossen. Ich halte das deutsche Prinzip in diesem Punkt für geeigneter. Es ist vom Grundsatz her nicht gut, wenn Menschen an ihrer eigenen Kontrolle mitwirken. In Wahrheit ist es inhuman oder korrumpierend – und es funktioniert nicht. Was immer sie sagen oder tun, sie können der Befangenheitsvermutung nie entkommen. Für besonders schlecht halte ich es, wenn die Exekutiv-Manager gar eine Mehrheit im Aufsichtsorgan

haben, wie es etwa nach schweizerischem Recht durchaus
möglich ist. Wenn das gegeben ist, wird man progressiv
Schwierigkeiten haben, überhaupt kompetente externe Persönlichkeiten für eine Mitwirkung im Verwaltungsrat zu
gewinnen. Sie haben *erstens* nie den Informationsstand der
Insider, und sie würden *zweitens* im Zweifel auch noch bei
Abstimmungen unterliegen – die typische Situation einer
Marionettenrolle oder eines Aushängeschildes. Kein kompetenter Mensch wird sich dafür hergeben, auch wenn die Honorare noch so verlockend sind. Und wenn er es doch tut,
weiß jeder, warum er es tut.

b) Aktive Exekutiv-Manager können jederzeit auf andere
Weise in die Arbeit des Aufsichtsorganes ihres eigenen Unternehmens und im konkreten Falle des Verwaltungsrates
einbezogen werden. Sie können und sollen selbstverständlich an den Sitzungen in ihrer Gesamtheit oder zu ausge-
wählten Tagesordnungspunkten teilnehmen. Sie berichten,
beantragen und nehmen aktiv teil an der Diskussion. Diese
Arten der Kooperation mit den Exekutivorganen werden bei
guter Zusammenarbeit sogar eher die Regel als die Ausnahme sein. Dennoch muß es die Möglichkeit geben, daß das
Aufsichtsorgan allein, unter Ausschluß der exekutiven Manager, diskutiert, berät und entscheidet. Man muß das auch
praktizieren, damit es nicht zu tatsächlichen oder psychologisch als solchen empfundenen Besitzständen kommt und
dann sehr heikle Belastungen der Stimmung und Zusammenarbeit entstehen können, wenn man dann doch einmal
den Ausstand der Exekutive verlangt.

c) Auch *frühere* Exekutivmitglieder – das ist vielleicht die
heikelste oder umstrittenste Ausschlußregel – sollten nicht
in das Aufsichtsorgan *desselben* Unternehmens wechseln. So
wertvoll ihre Erfahrung und vielleicht sogar Weisheit ist –
die japanische Methode ist in diesem Zusammenhang weit
besser, nämlich für diese »Elder Statesmen« ein Advisory
Council zu etablieren oder ihre Fähigkeiten durch Konsulen-
tenverträge für das Unternehmen verfügbar zu halten. Je

mehr frühere Vorstände in der Unternehmensaufsicht mitwirken, um so schwieriger ist es, im Unternehmen Änderungen herbeizuführen. Wenn die Ära des früheren Vorstandsvorsitzenden positiv für das Unternehmen war, wird er nun als Aufsichtsratsmitglied oder gar Vorsitzender des Aufsichtsrates das ganze Gewicht des früheren Erfolges für sich haben, und daher werden aus diesem Grunde Änderungen durch den neuen Vorstandsvorsitzenden nur sehr schwer durchsetzbar sein. War die Ära des früheren Vorsitzenden nicht besonders erfolgreich, spricht ohnehin nichts dafür, ihn in den Aufsichtsrat zu bestellen, und falls man es tut, wird er Änderungen immer als direkten oder indirekten Vorwurf gegen seine frühere Amtsführung empfinden müssen. In jedem Falle ist er befangen. Es ist mir bewußt, daß es Fälle gab und gibt, wo die Rochade vom Vorstandsvorsitz an die Spitze des Aufsichtsorganes ganz ausgezeichnet funktioniert. Es gibt *starke* Gründe, die man zu ihren Gunsten anführen kann. Es ist eine der schwierigsten und auch riskantesten Entscheidungen, und man wird in diesem Punkt am ehesten von der Regel abzuweichen geneigt sein.

Zusammenfassend und grundsätzlich halte ich es aber für besser, wenn bisherige Mitglieder der Exekutive nicht ins Aufsichtsorgan wechseln. Der Weg für ein neues Management muß frei sein. Der oder die Nachfolger müssen ihre Aufgaben auf ihre Weise erfüllen können, ohne Rücksicht nehmen zu müssen.

2. Personen mit aktiver Geschäftsbeziehung

Personen mit aktiver Geschäftsbeziehung zum Unternehmen beziehungsweise solche, die Firmen repräsentieren, die solche unterhalten, werden ständig mit dem Problem der tatsächlichen oder potentiellen, der gegebenen oder vermuteten Interessenkollision konfrontiert sein. Selbstverständlich ist der oben unter Punkt 2 und 3 genannte Personenkreis an sich in Aufsichtsorganen sehr wertvoll und willkommen. Das Mindeste ist jedoch, daß für die Zeit eines Mandates klargestellt werden muß, daß keine kommerziellen Beziehungen nennenswerten Umfanges mit dem Unternehmen gegeben sind.

Eine Kompromißlösung kann darin bestehen, daß sie sich bei den heiklen Entscheidungen ihrer Stimme enthalten oder generell bei solchen Tagesordnungspunkten in Ausstand treten. Die Geschäftsordnung muß Bestimmungen enthalten, die es sowohl dem Vorsitzenden als auch jedem Mitglied ermöglichen, das unter Umständen auch zu erzwingen. Es geht hier außer dem Problem der Befangenheitsvermutung auch darum, daß es dem Unternehmen freistehen muß, unberührt von Beziehungen zu Aufsichtsmitgliedern die Marktkonkurrenz in vollem Umfange und ohne Rücksicht auf Mitglieder des Aufsichtsorganes zu nutzen. Im speziellen sind bei der gegenwärtigen und auf eine lange Tradition zurückblickenden Praxis die *Hausbankenvertreter* von dieser Ausschlußregel betroffen. Es gelten dieselben Argumente, außer die Hausbanken vertreten *echte* Eigentümerinteressen.

3. Personen, die keine Zeit haben

Obwohl inzwischen der Unsinn der Mandatskumulierung weitgehend gesehen wird und entsprechende Begrenzungen der Zahl der Mandate pro Person in den Rechtsordnungen verankert sind, sind auch diese Grenzen noch zu hoch – nach meiner Auffassung *viel* zu hoch – gesetzt. Es mag sein, daß es Menschen mit derart ausgeprägter fachlicher Kompetenz und Erfahrung gibt, die zusätzlich auch noch eine perfekte Arbeitsmethodik und/oder eine entsprechende Infrastruktur haben, daß sie zehn Mandate wirksam erfüllen können. Sie sind aber die *Ausnahme* und nicht die Regel, selbst in der ohnehin schon kleinen Gruppe der Top-Leute, denen man solche Fähigkeiten zuzuschreiben geneigt ist. Aber selbst wenn jemand das bewältigen kann, ist die Gefahr von Interessenkollisionen, wirklichen oder scheinbaren, nur um so größer. Darüber hinaus wird es zu einer Häufung von Terminkollisionen kommen. Es müssen unangenehme, optisch nicht sehr förderliche und in Wahrheit eine Zumutung darstellende Prioritätenentscheidungen getroffen werden, wenn Sitzungstermine verschiedener Firmen kollidieren. Dies alles erleichtert die Arbeit des Aufsichtsorganes in keiner Weise. Auch bei größter Kompetenz und Arbeitseffektivität wird man ständig mit der vielleicht unausgesprochenen Frage konfrontiert sein, ob man wirklich zehn Großkonzerne, die ja aus Konkurrenzgründen wohl in verschiedenen Branchen tätig sein werden, mit all ihrer typischen Komplexität wirklich so gut verstehen kann, daß man mit gutem Gewissen an lebenswichtigen Entscheidungen mitwirken kann. Unternehmen dieser Art sind unter Umständen in mehreren Dutzend verschiedenen Geschäftsgebieten engagiert. Jeder Geschäftsbereich ist meistens an sich schon ein Unternehmen von ansehnlicher Größenordnung; alle operieren in unterschiedlichen Märkten, mit unterschiedlicher Konkurrenzsituation, in unterschiedlichen Ländern und unterschiedlichen Technologien. Wie groß also muß das Genie einer Person sein, um selbst auf der Abstraktionsebene eines Aufsichtsorganes alles ausreichend zu überblicken, zu verstehen und beurteilen zu können? Es wird immer bei allen anderen Aufsichtsmitgliedern, vor allem aber bei den Exekutiv-Managern ein nagender Zweifel vorhanden sein, der der Glaubwürdigkeit und Überzeugungskraft des betreffenden Aufsichtsmitgliedes nicht förderlich ist.

Die entscheidende Problematik – und das wäre für mich das *schlagende* Kriterium bei einer solchen Entscheidung – tritt aber dann auf, wenn es irgendwo – und wie es leider meistens der Fall ist – an mehreren »Frontabschnitten« gleichzeitig, *Schwierigkeiten* gibt. Dann wird eine solche Person keinen Nutzen mehr bringen, weil sie keine Zeit hat. Die Mandatshäufung ist eine typische Folge langanhaltender wirtschaftlicher Prosperität, Stabilität und Kontinuität, eine Folge jener Zeiten, in denen weder die Exekutiv- noch die Aufsichtsorgane wirklich gefordert waren.

Zusammenfassend kann gesagt werden, daß die personelle Zusammensetzung eines Aufsichtsorganes mit Blick auf die *schwierigen* Situationen – im negativen wie im positiven Sinne – vorzunehmen ist. Man muß jene Situationen im Auge haben, in denen vom Aufsichtsorgan wirklich *voller* Einsatz und *ungeteilte* Aufmerksamkeit verlangt werden muß. Dann wird es wirklich gebraucht. Niemand kann im voraus wissen, ob und wann solche Situationen eintreten und wie sie dann aussehen werden. Vielleicht kommen sie nie; vielleicht kommen sie rasch und überraschend. Aufgrund der tiefgreifenden Veränderungen, die in Wirtschaft und Gesellschaft vor sich gehen, muß für die nächsten Jahrzehnte wohl eher mit dem zweiten Fall gerechnet werden.

Ob es Krisen oder Chancen sind, spielt keine Rolle. In beiden Fällen haben weder Exekutiv- noch Aufsichtsorgan »business as usual«. Dann müssen schwierige und fast immer auch rasche Entscheidungen getroffen werden. Es ist eine größere Zahl von Sitzungen notwendig, die kurzfristig einzuberufen sind usw. Dann müssen die Mitglieder der Unternehmensaufsicht wirklich verfügbar sein, und darüber hinaus sind genau dann auch jene *gründlichen* Kenntnisse über das Unternehmen unabdingbar, die man viel zu häufig zu Gunsten des unverbindlichen Generalistentums zu unterschätzen neigt.

Aufgrund der Bedeutung der personellen Besetzung des Aufsichtsorganes möchte ich nochmals auf die *positive* Frage eingehen – warum also jemand gewählt werden soll. Ich sagte einleitend, daß man diese Entscheidung nur im Einzelfall treffen könne. Das ist richtig. Dennoch möchte ich vor einem weit verbreiteten Fehler dringend warnen. Das ist die Suche nach dem *Universalgenie*. Leider gibt es viele Publikationen zu den Anforderungen, die an Mitglieder der Unternehmensaufsicht gestellt werden oder werden sollen, die einfach *unerfüllbar* sind. Dasselbe gilt übrigens auch für die Exekutivorgane und für Management schlechthin. Es ist ziemlich leicht, einen Katalog für die *ideale* Person aufzustellen – die Liste der geforderten Eigenschaften und Fähigkeiten wird immer sehr *imposant* aussehen. Sie hat nur den Nachteil, daß es *niemanden* gibt, der alles erfüllt. Solche Kataloge sind Fiktionen – häufig akademische. Wenn ich gelegentlich selbst von »höchsten Ansprüchen« spreche, die an Aufsichts- und Exekutivmitglieder zu stellen sind, dann mei-

ne ich immer »höchste, *realistische* Ansprüche« (siehe dazu
auch Kapitel 11). Was man braucht, sind nicht Menschen, die einfach in einem *allgemeinen* Sinne »gut«, »reputiert« usw. sind, sondern
solche, die *spezifische* Stärken haben, aufgrund welcher sie
einen *konkreten* Beitrag für das Unternehmen leisten können. Das Ideal ist somit nicht der »ideale Anforderungskata-
log« an eine Person, sondern das Ideal bestünde darin, für
jede Unternehmenssituation das Aufsichtsorgan mit genau
jenen Personen besetzen zu können, die für die *Situation* die
größte Kompetenz mitbringen. Das stößt naturgemäß an
praktische Grenzen, kann aber bis zu einem gewissen Grade
durch die Bestimmung der Amtsdauer und bei jeder Neube-
stellung berücksichtigt werden (siehe dazu auch den nächsten Abschnitt). Ein rasch und forciert wachsendes Unternehmen benötigt im Grunde ein anderes Aufsichtsorgan als
ein Unternehmen, das in einer Krise steckt. Ein Unternehmen, das eher regional operiert, braucht andere Kompetenzen in der Aufsicht als eines, das weltweit tätig ist oder den
Schritt zur Globalisierung zu machen beabsichtigt. Mehr zur
Personalauswahl und zu Personalentscheidungen findet sich
in Kapitel 11.

7.3.4 Amtsperiode und Altersgrenze

In Deutschland ist keine Mindestdauer, sondern nur eine
Höchstdauer der Amtsperiode vorgesehen, die in der Praxis
regelmäßig fünf Jahre beträgt.[21] In der Schweiz dauert eine
Amtsperiode mindestens drei und maximal sechs Jahre. In
beiden Rechtsordnungen ist unlimitierte Wiederwahl möglich. Aus der Perspektive der Wirksamkeit der Unternehmensaufsicht ist die Amtsdauer keine Nebensächlichkeit. Einerseits braucht ein Aufsichtsmitglied eine gewisse *Mindest-
zeit*, um sich einzuarbeiten und um zu zeigen, daß es einen
Beitrag zu leisten in der Lage ist. Andererseits muß man sich

---

21 Münchener Handbuch des Gesellschaftsrechts, Band 4: Aktiengesellschaft, München 1988, S. 273ff.

von als unfähig oder ungeeignet erweisenden Mitgliedern einigermaßen problemlos und mit Anstand trennen können. Unlimitierte Wiederwahlmöglichkeit läßt außerdem eine *Interessenlage* entstehen, nämlich auf Wiederwahl, insbesondere wenn die Honorare hoch sind.

Im Kern geht es bei der Bestimmung der Amtsdauer sowohl für das Aufsichts- als auch für das Exekutivorgan um die Bewältigung von *zwei* Dilemmas: Flexibilität bezüglich der personellen Zusammensetzung versus Kontinuität einerseits und kurzfristiger Leistungsdruck versus langfristiger Orientierung andererseits. Es scheint, insbesondere wenn man beide Organe gleichzeitig im Auge hat, keine ideale Lösung zu geben. Sicher gibt es auf diese Fragen auch nicht nur eine Antwort. Jedes Unternehmen muß die für seinen Fall zweckmäßigste Lösung unter Berücksichtigung aller Umstände finden. Nach Abwägung der Vor- und Nachteile neige ich dazu, Flexibilität und Leistungsdruck den Vorzug zu geben, weil ich glaube, daß deren potentiell nachteilige Wirkungen leichter kompensiert werden können als im umgekehrten Fall.

Die beste Lösung scheint mir eine Amtsdauer von *drei Jahren* mit *einmaliger*, eventuell *zweimaliger* Wiederwahlmöglichkeit zu sein. Innerhalb von drei Jahren kann man beurteilen, ob eine Person im Aufsichtsorgan etwas leistet oder nicht. Die Zeit ist lange genug, um sich auch in ein komplexes Unternehmen einzuarbeiten. Man kann beweisen, was man kann. Wenn eine Person keine Leistung bringt, kann das Mandat nach drei Jahren dadurch beendet werden, daß man es nicht mehr erneuert. Damit können alle Beteiligten ihr Gesicht wahren. Ein Austausch ist dann auch flexibel möglich, wenn das Unternehmen aufgrund einer veränderten Situation eine andere Stärkenkombination im Aufsichtsorgan benötigt. Diese Flexibilität scheint mir aufgrund des raschen Wandels besonders wichtig zu sein.

Erweist sich ein Aufsichtsmitglied aber als befähigt, kann es wiederbestellt werden. Durch eine lediglich einmalige Wiederwahlmöglichkeit kann keine ins Gewicht fallende Interessenlage entstehen. In der zweiten Amtsperiode fehlt sie völlig. Man kann also mit voller Unabhängigkeit und Freiheit agieren.

Der Nachteil dieses Vorschlages besteht darin, daß man nach sechs resp. allenfalls neun Jahren auf die weitere Mitwirkung einer wirklich fähigen Person verzichten muß. Das mag bedauerlich sein, aber es gibt andere fähige Personen, und neue Köpfe bringen möglicherweise auch neue Ideen. Abgesehen von den sonstigen Vorteilen, hat diese Lösung auch den Vorzug, daß keine dauerhaften Seilschaften und Allianzen unter Aufsichtsmitgliedern entstehen können.

Eine Ausnahme könnte gemacht werden für den Präsidenten. Es kann Vorteile haben, wenn ein fähiger Präsident zwei Präsidialperioden bestreiten kann. Für diesen Fall könnte somit eine zweimalige Wiederwahl als Präsident vorgesehen werden. Konkret würde das bedeuten: Wenn eine Person eine Amtsperiode als gewöhnliches Aufsichtsmitglied gewirkt hat, was die Regel sein wird, und in der zweiten Amtsperiode Präsident war, dann könnte sie nochmals – als Präsident – wiederbestellt werden, nicht jedoch als gewöhnliches Mitglied. Insgesamt neun Amtsjahre genügen aber auch für die allerfähigsten Menschen, *erstens* ihre Fähigkeiten zu vollem Einsatz zu bringen und *zweitens*, um dann eben ein Mandat auch wieder zurückzulegen. Wenn man sich für eine zweimalige Wiederwahl der gewöhnlichen Aufsichtsmitglieder entscheidet, muß die Regelung für den Vorsitzenden entsprechend angepaßt werden.

Bezüglich der Altersgrenze schlage ich eine sehr großzügige Lösung vor. Ich sehe keinen Grund, ein Alterslimit einzuführen. *Erstens* gibt es – entgegen allgemeiner Meinung – keine Korrelation zwischen Alter und Kompetenz. Es gibt Menschen in sehr fortgeschrittenem Alter, die in ihren hohen Siebzigern oder Achtzigern stehen und von bemerkenswerter Leistungsfähigkeit sind. In Zweifelsfällen regelt sich das meiste über die Lösung für die Amtsdauer und Wiederwahl. Allerdings sollte jemand im Alter von über 70 kein Präsidium mehr übernehmen, da damit doch ein erhebliches Maß an Arbeit und Belastung verbunden ist. Diese Aufgabe ist wohl besser in den Händen jüngerer Personen aufgehoben.

7.3.5 Aktionärsinteresse

Sollen Mitglieder der Unternehmensaufsicht selbst Aktionäre sein oder nicht? In der Schweiz ist das gesetzlich vorgeschrieben, wird aber über die Pflichtaktie gelöst, fällt somit nicht ins Gewicht und ist eine Scheinlösung für das, was im Zentrum dieses Themas stehen muß, nämlich *echte Eigentümerinteressen*. In Deutschland ist nichts vorgesehen.

Es spricht – außer einigen praktischen Realisierungsschwierigkeiten – *alles* dafür, daß Mitglieder der Aufsichtsorgane eine *persönliche* Beteiligung am Unternehmen, das sie beaufsichtigen, halten sollen – und zwar eine *für sie ins Gewicht fallende*. Eine andere als persönliche Finanzierung sollte zwingend ausgeschlossen sein. In den USA wird diesem Aspekt eine inzwischen drastisch wachsende Bedeutung zugemessen.

Welche Höhe fällt ins Gewicht? In Amerika werden 100 000 Dollar als angemessen und in einer steigenden Zahl von Unternehmen als zwingend angesehen. Ich halte das eher für die untere Grenze. Die Beteiligung des Aufsichtsmitgliedes wird selbstredend für das Unternehmen kaum jemals kapitalmäßig ins Gewicht fallen; sie sollte aber für die Person und relativ zu deren Einkommen und Vermögen ins Gewicht fallen. Anders ausgedrückt, es sollte schmerzen, wenn man Verluste erleidet oder seine Beteiligung unter Umständen abschreiben muß.

Wer mit *eigenem* Geld engagiert ist, hat immer ein höheres Interesse und vor allem ein höheres Gewicht. Man ist ganz anders »*committed*« und wird sich anders einsetzen. Es entscheidet sich immer – bei allem Respekt vor persönlich empfundener Verantwortung und Sorgfalt – sehr viel leichter über anderer Leute Geld, wenn man nicht selbst mit »im Boot« sitzt. Die Stimmausübung im Aufsichtsorgan soll allerdings von der Höhe der Beteiligung unabhängig sein.

Dieser Vorschlag hat zwei wesentliche Nachteile: *Erstens* wird es nicht immer leicht sein, an sich fähige Personen für die Aufsicht zu gewinnen, weil sie finanziell nicht in der Lage sind, eine entsprechende Beteiligung zu übernehmen. Es wäre zu einfach, fachliche Kompetenz und Finanzkraft in eine Korrelation zu setzen. Dieser Nachteil könnte dadurch kompensiert werden, daß die Entschädigung für die Mandatsausübung nicht in Geld, sondern in Anteilen des Unternehmens erfolgt. Man würde sich somit über die Zeitleistung beteiligen – keine besonders begeisternde Lösung, aber immerhin eine Prothese.

Der *zweite* Nachteil ist, daß die Übernahme eines Aufsichtsmandates für jemanden, der personell geeignet und finanziell dazu in der Lage wäre, als zu *riskant* erscheint. An sich ist das ein Effekt, der erwünscht ist. Man steht dann nämlich vor einer ganz anderen Entscheidungssituation als sonst. Man wird in Zusammenhang mit einem angetragenen Mandat ganz andere Überlegungen anstellen und Abklärungen vornehmen, wenn es eben auch um Geld geht. Ganz besonders empfehlenswert wäre das für Aufsichtsmitglieder, die von anderen Unternehmen in ein Aufsichtsorgan entsandt werden. Damit würde sich auch die Mandatskumulierung von allein regeln, weil sich dann jeder selbst überlegen muß, wieviele Beteiligungen er eingehen kann und vor allem welches Obligo damit verbunden ist.

Es würde allerdings schwieriger werden, Aufsichtsorgane unter diesen Bedingungen zu besetzen, was aber durchaus als Vorteil gesehen werden kann. Für Extremfälle, zum Beispiel für angeschlagene Firmen oder Sanierungsfälle, könnten die Regeln, die eine Beteiligung vorsehen, auch temporär oder gänzlich sistiert werden.

Den zweifellos gegebenen Erschwernissen, die mit einer solchen Regelung verbunden sind, muß vor allem der ins Gewicht fallende Vorteil des *unternehmerischen* Interesses (siehe dazu auch Kapitel 10) und des damit verbundenen *persönlichen Gewichtes* einer Person gegenübergestellt werden. Selbstverständlich plädiere ich nicht für gesetzliche Regelungen. Es ist aber sehr zu empfehlen, im Einzelfall eine Beteiligung in der Satzung vorzusehen.

7.4 Honorierung des Aufsichtsorganes

Die Arbeit des Aufsichtsorganes entsprechend den Vorschlägen dieses Buches ist genau das – *Arbeit*, und zwar ziemlich
viel und ziemlich *harte*. Sie ist mit einem ins Gewicht fallenden Zeitaufwand verbunden, der sich längst nicht aus Anzahl und Dauer der Sitzungen ableiten läßt.
Ein gewöhnliches Mitglied des Aufsichtsorganes wird mit
15 bis 20 Arbeitstagen rechnen müssen. Diesem Umstand
müssen auch die Honorare Rechnung tragen. Niemand sollte
ein schlechtes Gewissen haben müssen, volle Leistung, entsprechenden Einsatz und daher auch Zeit von den Aufsichtsmitgliedern zu verlangen, und diese selbst sollten kein
schlechtes Gewissen haben müssen, Entsprechendes zu erbringen. Es gibt *keinen* Grund, ein Mitglied der Unternehmensaufsicht weniger gut zu bezahlen als einen wirklich
hervorragenden Consultant, einen Spitzenanwalt, oder – *pro
rata temporis* – ein Vorstandsmitglied.
Der *Vorsitzende* eines Aufsichtsorganes muß erheblich
mehr Einsatz leisten als das gewöhnliche Mitglied. Die Tätigkeit des Vorsitzenden der Unternehmensaufsicht eines *großen* Unternehmens läuft – wenn die hier vorgeschlagenen
Qualitätsmaßstäbe angelegt werden – auf eine *vollamtliche*
Tätigkeit hinaus. Mit weniger als 25 bis 50 Prozent einer gewöhnlichen Jahresarbeitszeit wird er seinen Aufgaben aber
auch in anderen Fällen kaum gerecht werden können. Die
Honorierung ist dementsprechend zu gestalten. Die Kosten,
die unter diesen Bedingungen für die Unternehmensaufsicht
inklusive der für sie notwendigen Infrastruktur anfallen, stehen zu den sonstigen Aufwänden großer Unternehmen und
vor allem zu den Risiken eines Versagens des Aufsichtsorganes in einem sehr günstigen Verhältnis.
Damit in Zusammenhang kann dann der Vorschlag, von
Mitgliedern der Unternehmensaufsicht auch eine ins Gewicht fallende Beteiligung zu verlangen, in einem durchaus
realistischen Licht erscheinen.

7.5 Führung des Aufsichtsorganes

Die Qualität der personellen Zusammensetzung ist zwar eine *notwendige*, aber noch keine *hinreichende* Bedingung wirksamer Unternehmensaufsicht. Ein weiterer, wesentlicher Aspekt ist die Qualität und Professionalität der *Führung* des Aufsichtsorganes.

Die kompetente Erfüllung der zu Beginn dieses Kapitels genannten Aufgaben erfordert intensive Vorbereitung seitens der Aufsichtsmitglieder und sie erfordert professionelles Sitzungsmanagement, also Vorbereitung, Leitung und Nachbearbeitung der Sitzungen.

7.5.1 Zahl und Dauer der Sitzungen

Empirischen Untersuchungen[22] zufolge liegt die durchschnittliche *Sitzungshäufigkeit* in Deutschland bei 3,8 und in der Schweiz bei 4,45 Sitzungen pro Jahr. Wichtiger als die Durchschnitte sind aber die häufigsten Werte, die leider in den empirischen Erhebungen nicht immer angegeben werden. Für Deutschland berichtet Bleicher[23], daß rund die Hälfte der Aufsichtsorgane viermal pro Jahr zusammentritt und ein weiteres Viertel dreimal pro Jahr. An anderer Stelle wird festgestellt, daß man sich in größeren Unternehmen meist mit drei Sitzungen begnüge.[24] Die amerikanischen Boards haben mit acht bis neun Sitzungen eine wesentlich größere Sitzungsfrequenz, die in der Schweiz nur von den Verwaltungsratsausschüssen erreicht wird.

Drei Sitzungen pro Jahr sind *eindeutig* zu wenig. *Eine* Sitzung muß zwangsläufig verwendet werden für die Behandlung der Geschäftsergebnisse für das abgelaufene Jahr und die Vorbereitung der Eigentümerversammlung. Eine *zweite*

22 Siehe Bleicher, K., Der Aufsichtsrat im Wandel, Gütersloh 1987, und Glaus, B.U., Unternehmungsüberwachung durch schweizerische Verwaltungsräte, Zürich 1990.

23 Bleicher, ebenda, S. 41f.

24 Münchener Handbuch des Gesellschaftsrechts, Band 4: Aktiengesellschaft, München 1988, S. 289.

Sitzung wird benötigt für die Behandlung und Verabschiedung der operativen Planung und des Budgets für das folgende Geschäftsjahr. Beide Materien sind Pflichtgegenstände, haben aber wenig mit wirksamer Aufsicht zu tun. Die beliebte und daher meistens recht intensive Befassung mit den Ergebnissen des abgelaufenen Jahres ist nicht viel mehr als ein Ritual. Sie ist *Geschichtsanalyse*. Man kann nichts mehr ändern an den Tatsachen des Geschäftsverlaufes, man kann sie nur noch öffentlichkeitswirksam darstellen. Ich will die Bedeutung der Sitzung, die sich mit den Jahresergebnissen und dem Geschäftsbericht befaßt, nicht unnötig herabsetzen. Für sich genommen und auf das spezielle Thema bezogen ist sie natürlich insofern wichtig, als sie der Einhaltung der Vorschriften zur Rechnungslegung und Berichterstattung zu dienen hat. Fehler und Versäumnisse führen zu unmittelbarer Verantwortlichkeit. Die Erfüllung dieser Aufgabe des Aufsichtsorganes hat aber, abgesehen von gewissen Lehren und Konsequenzen, die aus der Vergangenheit unter Umständen für die Zukunft zu ziehen sind, wenig bis gar nichts mit Gesundheit, Robustheit und Lebensfähigkeit des Unternehmens zu tun. Warnsignale und Fehlentwicklungen, wenn sie sich bereits im Geschäftsabschluß niederschlagen, kommen – wie mehrfach gesagt – zu spät. Jene Informationen, die man zur Beurteilung der grundsätzlichen und langfristigen Entwicklung eines Unternehmens benötigt, sind überdies im Jahresabschluß überhaupt nicht enthalten.

Die Sitzung, die sich mit Planung und Budgetierung für das Folgejahr befaßt, ist schon viel wichtiger. Man kann noch wirksam eingreifen und unter Umständen neue und bessere Entscheidungen herbeiführen. Aber auch hier fehlen typischerweise langfristige und strategische Perspektiven. Es bliebe also *eine* Sitzung, die sich mit den wirklich wichtigen und grundsätzlichen Fragen auseinandersetzen könnte. Das ist zumindest im komplexen Unternehmen eindeutig zu wenig, selbst wenn es sich um eine mehrtägige Sitzung handelte.

Man wird aus diesen Gründen mit weniger als *vier* Sitzungen nicht auskommen können, und eher werden es *sechs* sein müssen – notabene, für *normale* Zeiten und einen *normalen* Geschäftsgang. Die konkrete Zahl muß von der *Komplexität* des Geschäftes abhängig gemacht werden. In einem homogenen, transparenten und daher eher einfachen Unternehmen wird man mit vier Sitzungen und eventuell einer gelegentlichen fünften auskommen können. In einem komplexen Unternehmen, das zahlreiche und sehr verschiedenartige Geschäftstätigkeiten ausübt, eine Reihe von sehr unterschiedlichen Sparten hat und in zahlreichen geographischen Regionen tätig ist, werden wahrscheinlich auch sechs Sitzungen selbst in normalen Zeiten nicht ausreichen. Der unserer Unternehmensaufsicht entsprechende Personenkreis von Mitsubishi zum Beispiel trifft sich – Berichten zufolge – zweimal pro Monat für etwa vier Stunden.

Krisenzeiten, Turnaround-Situationen und Konfrontation mit tiefgreifenden Veränderungen bezüglich der Märkte, der Konkurrenzsituation, der Technologie usw. erfordern – ungeachtet des Vorbereitungsaufwandes – eine deutlich *höhere* Zahl, wenn man die Aufgaben gewissenhaft erfüllen will.

Eine eher kleine Zahl von Sitzungen des Gesamt-Aufsichtsorganes kann kompensiert werden durch um so häufigere Sitzungen des oder der Ausschüsse, falls es solche gibt. Vom Grundsatz her halte ich – obwohl ich prinzipiell gegen eine Häufung von Sitzungen im Unternehmen und insbesondere gegen die leider weit verbreitete »Konferenzitis« bin – für das *Aufsichtsorgan* eine Sitzungszahl an der *oberen* Grenze der genannten Zahlen für wichtig. Mit drei bis vier Sitzungen pro Jahr steigt die Gefahr der Nichterfüllung oder mangelhaften Erfüllung der Aufsichtsfunktionen drastisch an.

Noch problematischer ist die Situation bei der *Dauer der Sitzungen* des Aufsichtsorganes.[25] Für Deutschland wird eine durchschnittliche Sitzungsdauer von 3¾ Stunden angegeben, für die Schweiz liegt sie bei rund 4½ Stunden.[26] Auch hier wären andere statistische Meßgrößen nützlicher als die

---

25 Bleicher, K., Der Aufsichtsrat im Wandel, Gütersloh 1987, S. 45ff.
26 Glaus, B.U., Unternehmungsüberwachung durch schweizerische Verwaltungsräte, Zürich 1990, S. 127.

Durchschnittswerte, denn es macht ja selbstverständlich einen Unterschied, ob jene Sitzungen, in denen nur Regularien und Routineangelegenheiten behandelt werden, zum Beispiel – mit Recht – nur zwei Stunden dauern, dafür aber für ein oder zwei Sitzungen und die wirklich wichtigen Dinge sehr viel mehr Zeit vorgesehen wird. Insgesamt halte ich die Sitzungsdauer für *eindeutig zu kurz.* Praktisch gesehen muß man ja noch zwischen offizieller und wirklicher Sitzungsdauer unterscheiden und darüber hinaus zwischen Bruttopräsenzzeit und Nettoarbeitszeit. Selbst bei sehr gutem Sitzungsmanagement, rechtzeitiger Einladung und straffer Sitzungsführung muß praktisch mit erheblichen Zeitverlusten für Pausen und Pausengespräche, für verspätetes Ankommen und verfrühtes Verlassen der Sitzung durch zumindest einige Teilnehmer und dergleichen mehr gerechnet werden. Die wirkliche *Nettoarbeitszeit* liegt – obwohl es dazu keine Untersuchungen gibt – mit Sicherheit deutlich unter den empirisch ausgewiesenen Werten. In so *kurzen* Zeiten können aber keine *wichtigen* Dinge wirklich *gründlich* behandelt werden. Die gegenteilige, leider weit verbreitete Meinung ist schlicht eine Illusion, eine optische Täuschung oder ein Indiz für managerielle Inkompetenz.

Außer jenen Sitzungen, die – wie gesagt – Regularien und Formalitäten betreffen, spricht *alles* – wenn man Wirksamkeit, Gründlichkeit und Glaubhaftigkeit des Aufsichtsorganes im Auge hat – dafür, Sitzungen regelmäßig *ganztägig* anzuberaumen, und vieles spricht dafür, mindestens einmal pro Jahr eine *zweitägige* Sitzung durchzuführen, unter Umständen unter Einbezug von Teilen des Wochenendes.

Nur dann kann man sicher sein, daß die Materien *gründlich* und dann auch *abschließend* behandelt werden. Nur dann kann man sicher sein, daß die Mitglieder der Aufsicht sich auch entsprechend *vorbereiten.* Über drei bis vier Stunden kann man sich selbst ohne große Erfahrung – und mit ihr ganz besonders – ohne weiteres durch eine Sitzung »hindurchimprovisieren«, ohne sich vorbereitet zu haben. Einen ganzen Tag lang zu improvisieren ist schon sehr viel schwieriger. Nur auf diese Weise kann die Zeit der Sitzungsteilnehmer im Interesse des Unternehmens, aber auch in deren eigenem Interesse optimal genutzt werden. Mit Sitzungen ist in der Regel ja auch entsprechender Reisebedarf verbunden. Es ist deutlich wirksamer, den ohnehin entstehenden Reiseaufwand für eine gründliche und effektive, wenn auch daher etwas längere Sitzung auf sich zu nehmen, als denselben Aufwand für letztlich ineffiziente, weil zu kurze und zu oberflächliche Sitzungen in Kauf nehmen zu müssen.

Die Hindernisse für diese Art von Handhabung des Aufsichtsorganes sind fast immer nur die Teilnehmer mit *vielen Mandaten* oder sonstiger *Überlastung*, die auch in Befragungen Sitzungen mit noch kürzerer Dauer wünschen[27] – aus verständlichen, aber für das Unternehmen irrelevanten Gründen. *Wer sich keine Zeit nehmen kann, soll nicht in der Unternehmensaufsicht tätig sein und soll dort auch nicht geduldet werden.*

Nicht zu vergessen ist, daß längere Sitzungen auch eine sehr viel gründlichere Vorbereitung seitens der *Exekutivorgane* erzwingen und eine entsprechend überlegte Zusammenstellung der Tagesordnung. Kein Vorsitzender eines Aufsichtsorganes wird es sich leisten können, hochkarätige Persönlichkeiten für einen ganzen Tag zusammenzurufen und sie dann mit Nebensächlichkeiten zu langweilen und mit schlechten Präsentationen zu verärgern. Der Zwang ist also ein *zweiseitiger* – und er ist außerordentlich *nützlich*.

7.5.2 Personelle Präsenz

Bezüglich der Präsenz ist mir nur für die Schweiz eine empirische Zahl bekannt. Hier ist mit 92 Prozent die Anwesenheit vorbildlich. Es bleibt offen, ob man diesen Wert verallgemeinern kann.

Wie dem auch sei – allenfalls mangelnde Präsenz, gleichgültig, wie sie begründet wird, ist ein sicheres Mittel, um drei negative Entwicklungen zu verzeichnen: *Erstens,* Untermi-

---

27 Bleicher, K., Der Aufsichtsrat im Wandel, Gütersloh 1987, S. 45.

nierung von Autorität und Glaubhaftigkeit des Aufsichtsorganes, *zweitens,* Entscheidungsunfähigkeit, Entscheidungsirrelevanz und Brüchigkeit des (Schein-)Konsenses sowie, *drittens,* exponentielle Zunahme der Komplexität der Funktionsweise, weil permanent zusätzlich informiert und koordiniert werden muß.

Es gibt nur *zwei* Möglichkeiten, Präsenz herbeizuführen, die, von Ausnahmesituationen abgesehen, vollständig sein muß. *Zum ersten* müssen die Sitzungstermine *lange im voraus* festgelegt werden; *zum zweiten* müssen Mitglieder mit chronischen Präsenzproblemen aus einem solchen Gremium *entfernt* werden.

Mitglieder von Aufsichtsorganen sind in der Regel vielbeschäftigte Leute mit vollen Terminkalendern. Wenn die Sitzungen nicht 12 bis 18 Monate im voraus festgelegt sind, kann entweder kaum mit vollständiger Anwesenheit gerechnet werden, oder man produziert permanente Terminänderungsnotwendigkeiten bei den einzelnen Personen. Das ist ein sicherer Weg, um sich nicht nur unbeliebt zu machen, sondern als inkompetent zu erscheinen. Im Zweifel sollte man lieber einen oder zwei Sitzungstermine *zu viel* ansetzen. Wenn diese sachlich nicht benötigt werden und daher abgesagt werden, ist einem niemand böse. Zusätzliche und dann meistens kurzfristig anberaumte Sitzungen sind kaum noch in die ohnehin schon vollen Terminkalender hineinzudrücken.

7.5.3 Rhythmus

Nicht nur die Häufigkeit der Sitzungen spielt eine Rolle; noch viel wichtiger ist es, die Sitzungen des Aufsichtsorganes auf den *Rhythmus des Geschäftes* abzustimmen. Dazu findet sich leider in den empirischen Untersuchungen gar nichts. Eines der Management-Themen der letzten Jahre war Time Based Management. Vorwiegend wurde es aber auf das *operative* Geschäft angewandt. Ein Unternehmen kann aber nicht schneller sein, als seine Organe Entscheidungen treffen, und dies tun sie im Rahmen von Sitzungen. Der *Sitzungsrhyth-*

mus ist somit der wesentliche *Taktgeber* einer Organisation auf der Zeitachse. Genauso wie ein Musikstück, eine Symphonie, einen Rhythmus und ein Zeitmaß hat, hat auch ein Unternehmen ein solches. Im wesentlichen hängt es vom Marktgeschehen ab und muß auf dieses abgestimmt sein. Selbstverständlich müssen die Sitzungen des Aufsichtsorganes koordiniert werden mit dem Sitzungsrhythmus des oder der Exekutivorgane und unter Umständen auch mit dem Arbeitsrhythmus zum Beispiel von strategisch wichtigen Projekten, die ihrerseits Entscheidungsbedarf produzieren.

Es ist keine Übertreibung, die Gesamtkoordination aller Organe mit der Arbeit eines Komponisten zu vergleichen, der sämtliche Instrumentengruppen koordinieren muß. Im kleinen und einfachen Unternehmen kann das nebenbei erledigt werden. Im großen und komplexen erfordert das unter Umständen eine beachtliche Infrastruktur.

7.5.4 Nachbearbeitung der Sitzungen, Follow-up und Follow-through

Nach allem, was den offiziellen Dokumenten entnommen werden kann, ist das Desaster von Pearl Harbour auf einen Umstand zurückzuführen, der für sich genommen als Lächerlichkeit erscheinen mag, daher in sehr vielen Organisationen auch heute nicht ernst genommen wird und so eine der wesentlichsten Ursachen für die vielbeklagte *Umsetzungsschwäche* in Unternehmen ist – es ist systematisches Nachfassen, Follow-through.

Die damalige Infrastruktur des Generalstabes ist den Alarmierungsbefehlen, die durchaus erteilt wurden, nicht nachgegangen und hat nicht sichergestellt, daß sie von den zuständigen Stellen auf Hawaii auch in Empfang genommen und vollzogen wurden. Dieses Ereignis führte zu einer vollständigen und tiefgreifenden Reorganisation des War Department, die sichergestellt hat, daß ein derartiges Versagen nicht mehr vorkommen konnte.

Entscheidungen, die von der Unternehmensaufsicht getroffen und Aufträge, die an Exekutivorgane erteilt werden, dürfen nicht mehr aus den Augen gelassen werden. Sie erfordern einen *systematischen* Prozess des Überwachens, Verfolgens, Nachfassens und der Realisierungskontrolle. Das ist ein wesentlicher Beitrag zur Überwindung der weit verbreiteten Umsetzungsschwäche im großen Unternehmen.

Wem das etwas »militärisch« vorkommt, der verwechselt möglicherweise ein unabdingbares Funktionsprinzip mit der äußeren Erscheinungsform. Nicht militärischer *Stil* ist hier gemeint, sondern *Funktionssicherheit* und *Realisierungszuverlässigkeit*. Das Aufsichtsorgan benötigt dafür eine vielleicht nur kleine, aber doch effiziente Infrastruktur. Kaum etwas anderes ruiniert Autorität, Glaubwürdigkeit und Wirkung eines Aufsichtsorganes so nachhaltig, wie fehlende oder mangelhafte *Pendenzenkontrolle*. Der Kreislauf zwischen Auftragserteilung und Auftragsvollzug muß »wasserdicht« geschlossen sein, sonst gibt man sich der Lächerlichkeit preis. Die Mitglieder des Exekutivorganes, aber auch des Aufsichtsorganes müssen wissen, daß die Erledigung aller beschlossenen Angelegenheiten mit aller Konsequenz kontrolliert wird. Nur so wird man ernstgenommen.

7.5.5 Gestaltung der Agenda

Insofern ein Aufsichtsorgan im Rahmen der Rechtsordnung und im Sinne dieses Buches wirklich führen will, muß es das über die *Themenführerschaft* machen, sonst führt es nicht, sondern es wird geführt. Viel zu häufig ist zu beobachten, daß seitens des Vorsitzenden gerade noch die Regularien und Formalitäten aus eigenem Entschluß auf die Tagesordnung gesetzt werden, alle anderen zu behandelnden Angelegenheiten dann aber vom Vorstand abhängen und bestimmt werden. Damit überläßt man die Führung dem Exekutivorgan und wird in die Defensive gedrängt.

Selbstverständlich kann man die Tagesordnung nicht ohne Abstimmung mit dem Exekutivorgan gestalten, aber man kann sie auch nicht diesem vollständig überlassen, wie das leider häufig der Fall ist. Da die Vorbereitung der Sitzungen des Aufsichtsorganes Aufgabe des Vorsitzenden ist, obliegt ihm auch formell die Gestaltung der Tagesordnung. Damit ist ihm ein *starker Hebel* in die Hand gegeben, die Geschicke des Unternehmens zu beeinflussen. Klugerweise wird er das nicht im Alleingang machen, sondern zeitgerecht die anderen Mitglieder der Unternehmensaufsicht und das exekutive Management konsultieren, um sich eine Meinung darüber zu bilden, was jeweils von wem und aus welchen Gründen als Hauptprobleme – als »Issues« – angesehen werden. Letztlich ist es aber seine *persönliche* Führungsaufgabe, die Agenda zu bestimmen. Damit realisiert er nicht nur Führung *des* Aufsichtsorganes, sondern auch Führung des Unternehmens *durch* das Aufsichtsorgan. Selbstverständlich bleiben die den einzelnen Aufsichtsratsmitgliedern vorbehaltenen Einflußrechte auf die Tagesordnung unberührt. An den Anfang jeder Sitzung gehört auf jeden Fall eine Pendenzenkontrolle.

Gemäß dem deutschen Recht hat der Aufsichtsrat zwar kein Initiativrecht und schon gar kein Weisungsrecht gegenüber dem Vorstand. Diese Art der Führung über die Gestaltung der Agenda ist aber trotzdem möglich, solange zumindest ein Minimum an Kooperation zwischen den Organen gegeben ist. Sobald im Verkehr und bei der Zusammenarbeit zwischen den Organen die gesetzlichen Vorschriften bemüht werden müssen, ist ohnehin bereits eine bedenkliche Entwicklung eingetreten.

7.5.6 Informationshaushalt des Aufsichtsorganes

Um die genannten Aufgaben erfüllen zu können, muß das Aufsichtsorgan über geeignete Information verfügen. Woher bekommt es sie und wie beschafft es sie? Im wesentlichen durch das Exekutivorgan – großzügig und offen oder restriktiv und gefiltert –, was aber gelegentlich auch den Aufsichtsorganen ein beliebtes Argument in die Hand spielt, von nichts gewußt zu haben. Manche *wollen* also gar nicht informiert sein.

Genügt es, wenn die Exekutive bezüglich der Informationen offen und großzügig ist? Ich glaube nicht. Das Aufsichtsorgan muß sich seine eigenen Informationen beschaffen können – ja, beschaffen *müssen* – aus unabhängigen Quellen. Damit stellt sich einer der heikelsten Punkte, nämlich der schmale Grat zwischen Zugang zu allen zwecknötigen Informationen einerseits und der damit unter Umständen verbundenen Schnüffelei, Unterminierung der Autorität des Vorstandes, dem Anzetteln von Intrigen usw. andererseits.

In Deutschland hat sich der Aufsichtsrat zum Zwecke der Information»an den Vorstand« zu halten, er kann also nicht direkt mit beispielsweise Managern, die nicht dem Vorstand angehören, direkte Kontakte aufnehmen. Er kann aber in großem Umfange zusätzliche Berichterstattung verlangen, Prüfungen durchführen usw.[28]

Am besten ist wohl folgende Vorgehensweise: In Abstimmung und wo immer möglich mit Zustimmung des Vorstandes (jedenfalls muß dieser informiert sein) werden einzelne Aufsichtsratsmitglieder beauftragt, sich ein entsprechendes Bild der Lage zu machen und an den Aufsichtsrat zu berichten. Unter Umständen muß sogar ein gleichzeitiger Bericht an den Vorstand vorgesehen werden. Darüber hinaus gibt es zahlreiche Möglichkeiten für informelle Informationsgewinnung. Dies ist allerdings mit erhöhtem zeitlichem Einsatz verbunden. Schlußendlich läuft alles auf eine *Vertrauensfrage* hinaus, und zwar auf das Problem des *gerechtfertigten* Vertrauens. Praktisch bedeutet dies folgendes:

a) Die gegenseitigen Aufgaben und Verantwortlichkeiten müssen klar ausgesprochen sein, sie müssen bekannt und unmißverständlich formuliert sowie schriftlich festgehalten und gegenseitig akzeptiert sein. Das sind gewissermaßen die *Verfassungsgrundlagen* für die Arbeit und Zusammenarbeit der Organe. Wer sie nicht akzeptieren kann oder will, gehört eben nicht ein solches. Wie ich schon in Kapitel 6 sagte, spreche ich zunächst nicht von Rechten und Pflichten, sondern von Aufgaben und Verantwortlichkeiten.

---

28 Siehe dazu Münchener Handbuch des Gesellschaftsrechts, Band 4: Aktiengesellschaft, München 1988, S. 197ff.

b) Die Arbeit und Zusammenarbeit muß von *gegenseitigem Vertrauen* getragen sein, wozu jedes Organ auf seine Weise beitragen muß. Der Schlüssel und das Geheimnis sind Klarheit und Offenheit (was unter Umständen durch die Mitbestimmung in Deutschland erschwert wird, wodurch dem Unternehmen leider kein Dienst erwiesen wird).

c) Ein sehr probates Mittel, um den Informationsstand, die Beurteilungsgrundlagen, aber auch das Verständnis der Mitglieder des Aufsichtsorganes für die Funktionsweise des Unternehmens zu verbessern, ist deren Mitwirkung in Projekten, die von zentraler und gesamthafter Bedeutung sind.

7.6 Evaluation des Aufsichtsorganes

Ein Organ, das Aufgaben zu erfüllen und Verantwortung zu tragen hat, von dessen Tätigkeit Prosperität und Erfolg, aber auch das Scheitern des Unternehmens in erheblichem Maße abhängen, das unter Umständen auch selbst zu haften hat, muß regelmäßig über seine eigene Arbeitsweise und Wirksamkeit reflektieren. Es gibt daher kaum einen Grund, auf eine *Evaluation des Aufsichtsorganes* zu verzichten, außer dem, daß das ungewohnt ist und gelegentlich zu unangenehmen Wahrheiten führt.

Die Unternehmensverfassung sollte daher die systematische und regelmäßige Beurteilung des Aufsichtsorganes durch sich selbst, einen seiner Ausschüsse oder eine Revisionsinstanz vorsehen, und zwar obligatorisch. Es gibt viele Möglichkeiten des Verfahrens, von einer offenen Diskussion über einen formalisierten, anonymen Selbstbeurteilungsprozeß oder durch ein spezielles Management-Audit.

Die technischen Details spielen hier weniger eine Rolle als die *Wirkung*, die eine regelmäßige, systematische und ernst zu nehmende Beurteilung hat. Die Unternehmensaufsicht muß für sich selbst im Prinzip dieselben Grundsätze und Maßstäbe gelten lassen, die es vom Exekutivorgan und vom Unternehmen verlangt. Leistung, Ergebnisse, Produktivität,

Qualität und Effektivität gelten für das Aufsichtsorgan genauso wie für alle anderen. Die Grundfragen müssen lauten: *Wie gut haben wir im vergangenen Jahr unsere Aufgabe erfüllt? Worin bestanden unsere wesentlichsten Beiträge für die Prosperität dieses Unternehmens? Was können wir verbessern, und was müssen wir an unserer eigenen Arbeitsweise verändern?*

Ich halte es für wichtig, daß im Unternehmen *bekannt* ist, daß sich auch das Aufsichtsorgan der Logik des Wirtschaftens stellt, dem Zwang zur Leistung und zur Bewertung der Ergebnisse. In den USA gibt es Fälle, vorläufig noch vergleichsweise selten, wo ein spezielles Governance Committee des Boards die Evaluation des gesamten Boards vornimmt und die Ergebnisse der Aktionärsversammlung bekannt gibt. Das hat unter Umständen – vor allem langfristig und in schwierigen Situationen – die größere Wirkung als eine Dividendenerhöhung. Es ist eine *Vertrauensdividende*, die der Aktionär damit erhält.

7.7 Interne Revision – Management-Audit

Jedes größere Unternehmen und insbesondere jedes dezentralisierte Unternehmen benötigt nach meiner Auffassung eine Revision, unabhängig davon, wic gut Finanz- und Rech nungswesen, Controlling usw. ausgestattet sind und funktionieren. Die Revision in Zusammenhang mit dem Jahresabschluß genügt nicht. Ihr Zeitintervall ist zu groß, sie ist zu restriktiv und zu kalkulierbar.

In der Schweiz ist das weitgehend akzeptiert. Fast immer, wenn ich andernorts vor Führungskräften diesen Vorschlag in den letzten Jahren gemacht habe, waren – mit Ausnahme des Banken- und Versicherungsbereiches – Schweigen, Verständnislosigkeit oder Unmut die Antworten.[29] Menschlich mag das verständlich sein. Vom Standpunkt von Performan-

---

29 In der Untersuchung von Bleicher zur deutschen Situation findet das Thema keine Behandlung.

ce, Effektivität und Verantwortung her gesehen, oder allgemein vom Funktionieren eines Systems aus betrachtet, ist die Logik, die eine Revision fordert, aber zwingend. Mit einer funktionierenden Revision hätten vermutlich alle, ganz sicher aber die gröbsten Skandale und Affären der jüngeren Vergangenheit vermieden werden können.

Dezentralisierte Unternehmen können zu einem erheblichen Teil nur auf *Vertrauensbasis* funktionieren. Weder kann man alles reglementieren, noch kann man alles kontrollieren. So wichtig Vertrauen ist, man muß dennoch klar unterscheiden zwischen *blindem* und *gerechtfertigtem* Vertrauen. Es ist eines der Paradoxa des Vertrauensphänomens, daß Vertrauen dann am größten ist, wenn man gar nicht vertrauen *muß* – deshalb nämlich, weil man nach menschlichem Ermessen sicher sein kann, daß nichts außer Kontrolle gehen kann. Das hat nichts mit dem Leninschen Ausspruch zu tun, wonach Vertrauen gut und Kontrolle besser sei. Es hat damit zu tun, daß man ein System so gestaltet, daß es gar nicht mißbraucht und unterlaufen werden *kann*. Dann erübrigt sich nämlich die von Lenin gemeinte Art der Kontrolle. In einem derart gestalteten System wird gar kein Mißbrauchsversuch unternommen, weil jeder weiß, daß er aussichtslos ist.

Unternehmen brauchen somit eine Revision. Es spielt keine wesentliche Rolle, ob sie rein organisatorisch durch interne oder externe Kräfte durchgeführt wird. Beide Lösungen haben ihre Vor- und Nachteile. Wesentlich ist, daß sie ihre Aufgabe erfüllen kann. Schon das Wissen in einer Organisation, daß es eine Revision gibt, verhindert Mißbrauch. Man benötigt daher für die Revision auch keinen großen und teuren Apparat. Es genügen Stichproben. Die moderne Statistik ist eines jener Wissenschaftsgebiete, in denen in den letzten Jahren enorme Fortschritte erzielt wurden. Aufgrund dessen kann man schon mit ganz kleinen Stichproben einen praktisch ausreichend hohen Sicherheitsgrad erzielen.

Wichtig ist, daß die Revision *erstens* jederzeitigen und nicht berechenbaren Zugang zu allen Bereichen des Unternehmens hat – niemand darf prinzipiell ausgenommen sein –

und daß sie sich *zweitens* auf alle Vorgänge erstreckt. Gegenstand der Revision sind somit nicht nur die Zahlen des Finanz- und Rechnungswesens; ihr Gegenstand sind überhaupt nicht nur Zahlen oder quantitative Aspekte. Es muß prinzipiell *alles* der Revision unterziehbar sein und unterzogen werden. Das System »Unternehmen« und dessen Funktionsweise ist Objekt der Revision. Sie muß als umfassendes *Business-* und *Management-Audit* angelegt sein.

Die Exekutivorgane sind für den Gedanken der Revision noch zu haben, wenn sie ihnen unterstellt ist und an sie berichtet. Das ist schon besser als gar nichts. Aber aus der Sicht der Corporate Governance muß die Revision mindestens dem *Aufsichtsorgan* unterstellt sein. Noch besser schiene es mir, wenn sie einem eigens dazu von der Gesellschafterversammlung bestellten Aktionärskomitee, einer Art *Geschäftsprüfungskommission*, verantwortlich wäre und entweder nur dieser rapportierte oder dann – um peinliche Situationen zu vermeiden – an Exekutivorgane, Aufsichtsorgan und Geschäftsprüfungskommission *gleichzeitig* berichtete.

Beide Regelungen hätten auch den Vorteil, daß die Evaluation der Funktionsweise des Aufsichtsorganes mit in die unabhängige, unpersönliche, unparteiische und daher – so gut es Menschen eben möglich ist – auch objektive Beurteilung einbezogen wäre. Um jede Beeinflussung auszuschließen, wäre es am besten, mit der Revision eine externe Organisation zu beauftragen, die sie nach professionellen Gesichtspunkten durchzuführen hätte. Aber, wie gesagt, auch interne Lösungen sind durchaus möglich und haben ihre Vorteile.

Man kann die Revision ausschließlich von einem *negativen* Standpunkt aus interpretieren und somit Argumente in Richtung Beschnüffelung, Bespitzelung, Freiheitsrestriktion, »Big Brother« usw. dagegen vorbringen. Man kann sie aber auch – und ich meine, man muß sie – von der *konstitutionellen* Seite her sehen. Funktionierende Unternehmensaufsicht zusammen mit einer unpersönlichen Revision sind dann die unabdingbaren *Voraussetzungen* dafür, Unternehmen stark genug zu *dezentralisieren*, um sie dadurch zu befähigen, sich in einer komplexen Weltwirtschaft zu behaupten und ihr gesamtes lokales Wissen und Können zu nutzen, gleichzeitig die operativen und exekutiven Manager mit größtmöglichen *Kompetenzen* und *Freiheiten* und der damit zusammenhängenden *Macht* auszustatten, damit sie ihre Aufgaben wirksam erfüllen können. Man kann das tun, weil auf der anderen Seite sichergestellt ist, daß die Macht eine *verantwortliche* und *verantwortete* Macht ist.

7.8 Der Vorsitzende der Unternehmensaufsicht

Die Aufgabe und die Verantwortung, für die richtige und wirksame Arbeitsweise eines Aufsichtsorganes zu sorgen, liegt bei seinem Vorsitzenden. Wenn man professionelle Qualität als Maßstab vor Augen hat, ist die Führung eines Aufsichtsorganes eine schwierige Aufgabe, vielleicht sogar eine der schwierigsten. Sie erfordert eine Kombination von Fähigkeiten, Erfahrungen und Kenntnissen, die auch unter Führungskräften eher selten sind. Aber trotz aller Anforderungen ist es doch eine Aufgabe, die man professionell bewältigen kann, wenn man sich an ein paar im Grunde einfache Regeln hält.

Der Vorsitzende des Aufsichtsorganes muß mit Menschen zusammenarbeiten, die er sich nicht oder jedenfalls nur sehr bedingt aussuchen kann. Wenn die personellen Entscheidungen für die Besetzung des Aufsichtsorganes richtig getroffen wurden, muß er mit *starken*, das heißt aber auch mit schwierigen, eckigen und kantigen Persönlichkeiten zusammenarbeiten, die ihrerseits »Professionals« sind. Alle beobachten, wie er agiert, und jeder Fehler wird registriert. Wenn *schwache* Leute vertreten sind, wird seine Aufgabe keineswegs leichter, denn er muß ja trotzdem das Aufsichtsorgan zu Wirkung und zu Resultaten führen.

Vom Vorsitzenden hängen weitgehend die Beziehungen ab, die zwischen Aufsichts- und Exekutivorganen bestehen. Er hat die häufigsten und intensivsten Kontakte zu den Exekutiv-Managern. Von seinem Verhalten und von seiner Vorgangsweise hängt es ab, ob zwischen den beiden Top-Management-Organen eine vernünftige Arbeitsbeziehung besteht oder ob das Gesetzbuch die Beziehungen regelt. Aus der bloß *juristischen* Perspektive ist die Aufgabe nicht besonders schwierig. Die Einhaltung von gesetzlichen Vorschriften und die Erfüllung juristischer Formalitäten ist relativ leicht. Alles andere ist aber eine Aufgabe, die mit *persönlicher Autorität* und *Leadership* zu tun hat (siehe dazu Kapitel 9).

Der Vorsitzende des Aufsichtsorganes muß eine *Vertrauensbasis* zwischen den Mitgliedern des Aufsichtsorganes einerseits und zwischen Aufsichts- und Exekutivorganen andererseits herstellen. Mißtrauen zwischen den Organen und innerhalb derselben ist Gift für jede vernünftige Arbeit. Der Vorsitzende muß auf diesbezügliche Signale achten, ihnen nachgehen und ihre Ursachen aus der Welt schaffen. Alle Beteiligten müssen wissen, wie sie »mit ihm dran sind«. Seine Interessenlage und die Maßstäbe seines Handelns müssen klar und für jeden erkennbar sein – und seine Interessenlage darf keine persönliche sein, sondern er muß im buchstäblichen Sinne die Interessenlage des Unternehmens verkörpern. *Was ist richtig – für dieses Unternehmen?* muß seine Maxime sein. Er darf nicht der Versuchung erliegen zu taktieren, und er darf sich nicht in Intrigen verwickeln lassen; daß er selbst keine solchen anzetteln darf, bedarf keiner Erwähnung. Neben sachlicher Souveränität ist wohl das wichtigste Element absolute *charakterliche Integrität*.

Er muß für die erforderliche Diszplin in der Arbeitsweise des Aufsichtsorganes und des Exekutivorganes sorgen. Unter Umständen muß er gravierende Konflikte schlichten. Dafür benötigt er ein erhebliches Maß an Härte, Geradlinigkeit und Durchsetzungs-, aber auch Einfühlungsvermögen. Zu seinen Aufgaben gehört es, für die erforderliche Gründlichkeit, Sorgfalt und Gewissenhaftigkeit der Arbeit sowohl des Aufsichts- als auch des Exekutivorganes zu sorgen. In seiner Hand liegt – wie schon dargestellt – die Themenführerschaft vermittels der Tagesordnung; er muß für angemessene Breite und Tiefe der Diskussion sorgen, für professionelle Berichterstattung und präzise Lagebeurteilung, und an ihm liegt es, *wie* Entscheidungen zustande kommen – und er hat maßgeblichen Einfluß auch darauf, *welche* Entscheidungen getroffen werden. In der Funktion des Vorsitzenden kann man gegenüber den beteiligten Personen und im Top-Management-Kontext kaum mit Weisungen, Befehlen und Anordnungen operieren. Es ist also natürliche, aus der Persönlichkeit und dem Verhalten heraus resultierende Führerschaft erforderlich. Der Vorsitzende eines Aufsichtsorganes darf nicht den »Boss« spielen, und dennoch muß er ein »Captain« sein. Er hat zwar meistens einen *Informationsvorsprung* gegenüber den übrigen Mitgliedern des Aufsichtsorganes, darf diesen aber nicht ausnützen, weil sonst sofort Mißtrauen und der Eindruck der Manipulation des Aufsichtsorganes, eventuell sogar der Kumpanei mit dem Vorstand entstehen. Gegenüber dem Exekutivorgan wird er hingegen fast immer im *Informationsrückstand* sein. Er kann nie so viel über die Details des Geschäftes und ihre Zusammenhänge wissen wie etwa die Vorstände. Einen erheblichen Teil der wirklich wichtigen Information kann man nicht den offiziellen Berichten entnehmen, sie sind nur über persönliche Kontakte zu erhalten.

Vom Vorsitzenden des Aufsichtsorganes gehen wichtige Signale für die Kultur des Gesamtunternehmens aus. Es wird maßgeblich an ihm liegen, welche Werte im Unternehmen als wichtig angesehen werden, wie die Moral im Unternehmen ist, ob es mentale Korruption gibt oder nicht. Er hat es auch in der Hand, durch sein persönliches Verhalten die Standards für den Umgang mit Menschen zu setzen.

An ihm liegt es, ob es im Unternehmen jenen Anstand geben wird, der trotz aller Härte des Wirtschaftslebens jedem Menschen gegenüber geboten ist, ob es jenes Minimum an gegenseitigem Respekt geben wird, ohne das man nicht zusammenarbeiten kann, ob Sachlichkeit oder Emotionen dominieren. Vor allem wird es an ihm liegen, ob im Unternehmen der vielleicht wichtigste Grundsatz guten Managements bekannt ist, verstanden und eingehalten wird – nämlich, daß man auf die *Stärken* der Menschen achten muß und nicht auf ihre *Schwächen*.

Das beginnt schon bei den Mitgliedern des Aufsichtsorganes. Selbst bei noch so sorgfältiger Auswahl werden die im Aufsichtsorgan vertretenen Personen ihre Stärken haben, aber auch sehr viele Schwächen. Es nützt dem Vorsitzenden und dem Organ nichts, wenn man sich über die Schwächen aufregt. Es gibt nur *eine* Möglichkeit, Resultate zu erzielen – indem man das nützt, was die Menschen *können*. Das setzt sich fort gegenüber dem Vorstand. Es wird und muß offene Diskussionen über die Qualität und Leistung jedes einzelnen Mitgliedes des Exekutivorganes geben. Dabei werden selbstverständlich auch ihre Schwächen zu diskutieren sein. Das ist unumgänglich, und man sollte eine Diskussion auch damit beginnen. Man darf sie damit aber nicht *beenden*. Wenn die Schwächen ausdiskutiert sind, dann muß es jemanden geben, der sinngemäß sagt: *Jetzt kennen wir alle Schwächen unserer Vorstandsmitglieder und wissen, was sie nicht können. Was können sie?* Wegen seiner Stärken steht jemand auf der Lohnliste des Unternehmens und nicht wegen seiner Schwächen. Und nur wegen seiner Stärken wird er für das Unternehmen von Nutzen sein. Es ist eine fast täglich zu machende Erfahrung, daß alle in einem Aufsichtsgremium ganz genau wissen, was die Geschäftsleitungsmitglieder alles *nicht* können. Sobald die Frage nach ihren Stärken gestellt wird, herrscht betretene Stille.

Diese Denkweise muß der Vorsitzende der Unternehmensaufsicht an die Mitglieder des Exekutivorganes weitergeben, damit sie sie ihrerseits in das Unternehmen tragen. Der Vorsitzende wird seine – hoffentlich zahlreichen Kontakte – immer wieder dazu nützen müssen, den Top-Managern kleine, gewissermaßen subkutane Lektionen über gute Unternehmensführung, über die Standards professionellen Managements zu vermitteln. Top-Manager gehen normalerweise nicht mehr zu Seminaren, und sie haben kaum Zeit für einigermaßen anspruchsvolle Fachliteratur. Es ist der Vorsitzende, der sie quasi *on the job* permanent weitererziehen, weiterbilden, weiterformen und weiterentwickeln muß, möglichst so, daß sie es gar nicht merken.

In *mitbestimmten* Unternehmen wird eine seiner schwie-

rigsten Aufgaben die Zusammenarbeit mit den Arbeitneh-
mervertretern sein. Man mag für oder gegen die Mitbestimmung und die spezifischen Formen ihrer Verwirklichung
sein – sie sind eine Realität, die man zu akzeptieren und zu
managen hat. Es gibt Unternehmen, in denen das Klima zwischen den Aktionärsvertretern und den Belegschaftsver-
tretern zerstört oder schwer geschädigt ist, wo Mißtrauen
herrscht, gegenseitige Anfeindungen und Vorwürfe dominieren und unüberwindbare Interessenkonflikte bestehen. Unter solchen Umständen, was immer ihre Gründe sein mögen,
ist eine Zusammenarbeit nicht möglich. Damit wird ein Unternehmen in Wahrheit weder Kontrolle noch Aufsicht und
schon gar keine Führung durch das Aufsichtsorgan haben.
Die Top-Management-Struktur kollabiert, und die gesamte
Führung liegt beim Exekutivorgan, das unter solchen Bedingungen mit schweren Behinderungen zu arbeiten hat. Die
Tagesordnungen werden *de facto* entleert; in den Fraktions-
sitzungen wird primär überlegt, wie man die Gegenseite her-
einlegen, austricksen oder überlisten kann. Es wird keinerlei
Diskretion mehr geben (völlig unabhängig von den gesetzlichen Vorschriften), und im Grunde kann man aufhören zu
arbeiten. Man wird sich darauf konzentrieren, elementare
Machtpositionen zu verteidigen.

Es gibt aber auch andere Fälle, wo es – meistens kraft der
umsichtigen Führerschaft durch einen kompetenten Vorsitzenden – gelungen ist, zwar nicht gerade von überbordender
Sympathie getragene Teamarbeit zu realisieren, wohl aber
eine konstruktive, sachliche Zusammenarbeit im Interesse
des Unternehmens. Man hat gelernt, die gegenseitigen Positionen zu verstehen und zu respektieren – auch wenn man
längst nicht alle akzeptieren kann. Man kennt die unterschiedlichen Interessenlagen, Sichtweisen und politisch-
weltanschaulichen Auffassungen – aber man hat es auch
verstanden, eine Chance daraus zu machen: *Man integriert
sie im Interesse und zum Wohle des Unternehmens.*

Die Schlüssel dafür sind – sie mögen etwas pathetisch oder
auch idealistisch klingen: *Offenheit, Anstand, charakterliche
Integrität und Zuverlässigkeit seitens des Vorsitzenden, und*

zwar auch dann, wenn er nicht immer dieselbe Haltung auf der anderen Seite antrifft. Er muß Versprechungen, die er gibt, auch halten, und er darf nur solche machen, die er auch halten kann. Es geht nicht anders, als Betriebsräte ernst zu nehmen, ihre vollen Rechte als Aufsichtsmitglieder zu respektieren und zu erfüllen – möglicherweise sogar überzuerfüllen, ihren Informationsbedürfnissen, soweit es nur möglich ist, entgegenzukommen – über die rechtlichen Pflichten hinaus – und sie als vollwertige Mitglieder des Aufsichtsorganes zu behandeln. Ich behaupte nicht, daß man dafür immer reichlich »belohnt« wird. Aber es ist die einzige Chance, zu einer vernünftigen Zusammenarbeit zu kommen – falls sie überhaupt möglich ist. Es ist die einzige Möglichkeit, eine Vertrauensbasis aufzubauen. Das bedeutet selbstverständlich nicht, daß man auf sämtliche Forderungen der Arbeitnehmervertreter eingeht. All das beseitigt nicht die Notwendigkeit zu harten Verhandlungen und Auseinandersetzungen. Aber es ist die einzige Möglichkeit, sie überhaupt vernünftig führen zu können.

Der Vorsitzende wird einen unverhältnismäßig großen Aufwand betreiben müssen, immer wieder die Interessen des *Unternehmens* herauszuarbeiten und darzustellen. Aber er darf es nicht nur bei Rhetorik belassen. Davon haben die Belegschaftsvertreter wahrscheinlich in jeder Firma schon genug gehört. Er muß es durch sein *Handeln* sichtbar machen, und er muß sein Handeln *ausschließlich* in den Dienst des Unternehmens stellen und nicht von einzelnen Gruppen. Gerade in diesem Zusammenhang ist ein Verständnis von Corporate Governance entscheidend, wie ich es in Kapitel 4 skizziert habe. Hier eben kommt klar zum Ausdruck, wie sehr das Unternehmen eben auch – wohl oder übel – eine politisch-soziale Institution ist und vielleicht sogar eine moralische.

Alles in allem läuft die wirksame Erfüllung der Aufgaben eines Vorsitzenden des Aufsichtsorganes in einem großen Unternehmen *praktisch* auf eine *vollamtliche* oder überwiegende Tätigkeit hinaus. Dazu braucht er eine angemessene

Infrastruktur. Dies ist in jenen Ländern, in denen im wesentlichen das Board-System besteht, erkannt und wird in steigendem Umfange so gehandhabt. In den Ländern mit dualem System ist der vollamtliche Aufsichtsratsvorsitzende hingegen die *absolute Ausnahme* und wird in aller Regel abgelehnt.[30] Das erklärt einen nicht unwesentlichen Teil der *faktischen Unwirksamkeit* der Unternehmensaufsicht.

Die in diesem Kapitel behandelten Aspekte betrachte ich als die wesentlichsten für die Wirksamkeit des Aufsichtsorganes. *Zusammenfassend: die ideale Unternehmensaufsicht besteht aus einer kleinen Gruppe von 6 bis 10 fachlich und persönlich höchste Ansprüche erfüllenden Personen, die unter der kompetenten Leitung eines vollamtlichen Vorsitzenden, dem eine ausreichende Infrastruktur (Büro, Sekretariat etc.) zur Verfügung steht, die im ersten Abschnitt aufgezählten Aufgaben gründlich, gewissenhaft und sorgfältig erfüllt, mit reichlich bemessener Zeit und voller Konzentration auf das Unternehmen, unter Bedachtnahme auf Zuständigkeiten und Integrität des Exekutivorganes, mit hohen Maßstäben für Leistung und Ergebnisse und mit größtmöglicher Objektivität ausschließlich im Interesse des Unternehmens, seiner Gesundheit und Prosperität. Sie wird dabei unterstützt durch eine Revisionsinstanz.*

Ein entscheidender Aspekt, der zum nächsten Kapitel führt, ist der Umstand, daß auch das beste Aufsichtsorgan seine Verpflichtungen nicht erfüllen kann, wenn das Exekutivorgan nicht funktioniert. Wie festgestellt wurde, gehört die Gestaltung des Exekutivorganes mit zu den Aufgaben des Aufsichtsorganes; vielleicht ist das sogar seine wichtigste Aufgabe. Dies ist, wie gesagt, das Thema des nächsten Kapitels.

---

30 Bleicher, K., Der Aufsichtsrat im Wandel, Gütersloh 1987, S. 64.

8. Gestaltung des Exekutivorganes

Dieses Kapitel ist aus der Sicht des Aufsichtsorganes und seiner Gestaltungsaufgabe geschrieben. Es enthält daher längst nicht alles, was zur Funktionsweise des Exekutivorganes zu sagen wäre, sondern nur jene wenigen, aber wichtigen Aspekte, die das Aufsichtsorgan besonders im Auge behalten sollte. Das Thema würde, aus der Perspektive der Mitglieder des Exekutivorganes behandelt, wohl eher ein selbständiges Buch bilden müssen.

Wie ich verschiedentlich schon sagte, muß das Top-Management in seiner Gesamtheit gesehen werden. Unabhängig davon, welches Grundmodell die Rechtsordnung vorsieht, wird es de facto immer eine gewisse Arbeitsteilung in unmittelbare Geschäftsleitung und Aufsicht geben müssen. Jedenfalls ist das zu empfehlen. Je nachdem, wie das Exekutivorgan gestaltet und organisiert ist und wie es arbeitet, wird die Unternehmensaufsicht wirksamer, weniger wirksam oder unter Umständen auch völlig unmöglich sein.

Nun gehört aber zu den wesentlichen Aufgaben des Aufsichtsorganes auch die Gestaltung und die Bestimmung der Geschäftsverteilung des Exekutivorganes. Auch im deutschen Recht fallen *Geschäftsverteilung* und *Geschäftsordnung* und somit die *Organisation des Vorstandes* in die Kompetenz des Aufsichtsrates. Auch per Satzung kann der Vorstand nicht ermächtigt werden, sich selbst zu organisieren.

Damit hat es die Unternehmensaufsicht, selbst nach den eher rigiden Vorschriften des deutschen Rechtes in der Hand, die Funktionsfähigkeit des Vorstandes über dessen Organisation sicher zu stellen. Neben der personellen Besetzung des Vorstandes und der konkreten praktischen Zusammenarbeit ist das das *wirksamste* Mittel, um eine kompetente Führung des Unternehmens zu bewirken.

Bemerkenswert ist, daß diese Aufgabe in der repräsentativen empirischen Untersuchung von Bleicher zur deutschen Situation von den befragten Personen *überhaupt* nicht ge-

nannt wird.[31] Erwähnt werden muß allerdings, daß diese
Aufgabe in der den interviewten Personen vorgelegten Auf-
gabenliste gar nicht enthalten war. In den einstufig geregel-
ten Fällen, also etwa in der Schweiz, ist es klar, daß darin
eine der *wesentlichsten* Aufgaben der Verwaltung besteht.

8.1 Aufgaben des Exekutivorganes

Auf die Wiederholung der üblichen Umschreibungen der Ge-
schäftsführungsbefugnisse möchte ich hier verzichten. Sie
können überall nachgelesen werden. Sie sagen aber leider
auch nicht viel aus über die materielle Qualität der Unternehmensführung und über die Frage, wie man sicher-
stellt, daß das Unternehmen nicht nur geführt, sondern eben
richtig geführt wird, daß die Exekutivorgane sich um die
richtigen Dinge rechtzeitig genug und intensiv genug kümmern.

Gelegentlich kann man das Argument vernehmen, dies sei
durch die allgemeine kaufmännische Sorgfaltspflicht abgedeckt. Aber darunter kann vieles verstanden werden, und
wenn ihre Interpretation Gegenstand von Auseinandersetzungen ist, möglicherweise sogar gerichtlichen, ist es zu
spät.

Die Organisation des Exekutivorganes gehört zu den
schwierigsten Management- und Organisationsfragen. Die
Theorie auf diesem Gebiet ist nicht sehr ergiebig, und die
Praxis hilft sich mit einigen Standardformen und ihren Kom-
binationen. Noch immer ist die nach *funktionalen* Gesichtspunkten gegliederte Ressorteinteilung relativ häufig. Abhängig aber von der Struktur des Unternehmens, die heute
in vielen Fällen mehreren Organisationskriterien gleichzeitig genügen muß, findet man vielgestaltige Mehrfachverant-
wortungen bei den einzelnen Mitgliedern des Exekutivorganes, die deren Arbeit keineswegs erleichtern und darüber

---

31 Siehe Bleicher, K., Der Aufsichtsrat im Wandel, Gütersloh 1987, S. 13ff.
und Anhang.

hinaus auch gar nicht sicherstellen, daß die wirklich entscheidenden Aufgaben auch genügend Beachtung finden.

Unabhängig davon, ob nun im einzelnen nach funktionalen Gesichtspunkten, produkt- oder spartenbezogen, nach
geographischen Kriterien oder nach Geschäftsbereichen organisiert wird, das Exekutivorgan muß *jedenfalls* die folgenden Aufgaben erfüllen, und ihre Erfüllung muß vom Aufsichtsorgan kontrolliert werden:[32]

1. Durchdenken und Bestimmen des Geschäftszweckes und
   des Geschäftsauftrages und Entwicklung einer Strategie.
2. Setzen von Standards und von Maßstäben.
3. Aufbauen und Erhalten der Humanressourcen.
4. Durchdenken und Festlegen der Gesamtstruktur des Unternehmens.
5. Pflege der Schlüsselbeziehungen des Unternehmens nach
   außen.
6. Wahrnehmung der Repräsentation des Unternehmens.
7. Bereitschaft für Krisen.

Im Unternehmen müssen noch viele andere Aufgaben erfüllt
werden, von Forschung und Entwicklung bis Marketing und
von Produktion bis Finanzen. Selbstverständlich werden die
Mitglieder des Exekutivorganes in die Erfüllung dieser Aufgaben involviert sein. Es ist üblich, daß sie an der Spitze der
entsprechenden Ressorts stehen. Wirkliche Top-Management-Aufgaben sind die Ressortleitungen aber im Grunde
genommen *nicht*, auch wenn es noch so üblich ist, sie als solche zu betrachten. Im Kern sind die Ressortleitungen *operative* Managementaufgaben. Die eigentlichen Top-Management-Aufgaben sind, wie man der Liste entnehmen kann,
anderer Natur.

Gerade weil die obersten Exekutiv-Manager in aller Regel
mit Ressortleitungen betraut sind, seien diese nun nach funktionalen Kriterien, nach Geschäftsbereichen oder Regionen
gebildet, werden die *wirklichen* Top-Aufgaben *eher schlecht*

---

32 Siehe dazu auch Drucker, P., Management, London 1973.

erfüllt. Man erledigt sie *en passant,* oder man *läßt* sie erledigen – durch Berater, oder sie werden schlimmstenfalls *überhaupt nicht* erledigt. Genau aus diesem Grunde ist es eine der
entscheidenden Aufgaben des Aufsichtsorganes, darauf zu
achten und dafür zu sorgen, daß die Top-Aufgaben die nötige
Beachtung finden und daß sichergestellt ist, daß sie als
Hauptsache und nicht als Nebensache erledigt werden.

Zweck dieses Kapitels kann es nicht sein, die Top-Management-Aufgaben umfassend darzustellen. Etwas mehr Detail
ist aber wahrscheinlich wünschenswert.

1. Durchdenken und Festlegen von Geschäftszweck und Geschäftsauftrag; Entwicklung einer Strategie

Die Schlüsselfragen müssen lauten: *Was ist der Zweck dieses
Unternehmens, was soll er sein und was soll er nicht sein?*
Im Englischen wird in diesem Zusammenhang von den
ernstzunehmenden Fachleuten von *Business Purpose* und
Business Mission gesprochen. Das Wort »Vision«, zu dem ich
bereits in früheren Abschnitten einige Bemerkungen machte, ist im deutschen Sprachraum erst in den letzten zehn
Jahren modern geworden ist. Es wird von kompetenten Leute selten verwendet. Ich empfehle jedem Mitglied des Top-
Managements, ob Aufsicht oder Exekutive, vorsichtig und
wachsam zu werden, wenn über Visionen geredet wird. Das
Wort ist sehr oft nichtssagend und inhaltsleer und daher
überflüssig; im schlechten Falle ist es gefährlich, wie zahlreiche Beispiele der jüngeren europäischen, aber auch amerikanischen Unternehmensgeschichte drastisch belegen.

Ein spontaner Impuls mag sein, in diesem Zusammenhang
auf den Gesellschaftsvertrag oder die Satzung hinzuweisen,
in der Meinung, daß dort der Geschäftszweck festgehalten
sei. In der Tat findet man in solchen Dokumenten einen
Zweckartikel. Er ist nur in aller Regel so allgemein gehalten,
daß er als Grundlage für eine Strategie völlig unbrauchbar
ist. Die präzise Bestimmung der Business Mission ist aus
eben diesem Grunde eine der Kernaufgaben des Top-Managements.

Auf der Basis eines klaren und präzisen Verständnisses von Geschäftszweck und Geschäftsauftrag muß eine *Strategie* entwickelt werden. Nach inzwischen rund 20 Jahren Fachdiskussion zum Thema »Strategie« sollte man meinen, daß die Entwicklung einer Strategie sowohl inhaltlich als auch methodisch zum selbstverständlichen Handwerkszeug jedes Top-Managers gehört. Leider ist das nicht der Fall. Es ist sogar im Gegenteil bemerkenswert, wie wenige Mitglieder der Exekutivorgane sich auf diesem Gebiet in nennenswertem Umfang überhaupt auskennen, von Beherrschung, gar brillianter, kann nur selten gesprochen werden. Sichtbarster Beweis für diese eher unpopuläre Aussage ist der noch immer absolut überdimensionierte Einsatz von Beratern für die Strategieentwicklung und die viel zu zahlreichen, auf strategische Unkenntnis zurückgehenden geschäftlichen Mißerfolge.

Mitglieder von Konzernleitungen, Vorständen usw. müßten mit derselben Selbstverständlichkeit das Strategiehandwerk beherrschen, wie Piloten in der Lage sein müssen, ihren Flugkurs zu bestimmen. Dies um so mehr, als sich heute völlig zweifelsfrei angeben läßt, welches die Kernelemente und daher die Kernfragen einer Strategie sind, die zu beantworten sind. Es gibt klare Maßstäbe für die Unterscheidung einer guten von einer schlechten Strategie. Obwohl ich hier nicht auf Details eingehen kann, seien doch die folgenden Aspekte besonders betont.

Die *Grundlage* einer Unternehmensstrategie muß, *erstens*, eine präzise *Lagebeurteilung* sein, umfassend die wichtigsten Entwicklungen von Wirtschaft und Gesellschaft, die Spezifika der Branche sowie die direkte Konkurrenz und die Substitutionskonkurrenz. Eine Lagebeurteilung erfordert vor allem eines – *nüchternsten Realismus*; und sie ist mit harter Arbeit verbunden. Ich behaupte nicht, daß die Top-Manager dabei alles selbst zu machen haben, aber sie müssen sich in angemessenem Umfange mit dieser Thematik höchstpersönlich befassen. Man kann sich eine Lagebeurteilung nicht einfach erarbeiten und dann präsentieren lassen, weder von Stabsmitarbeitern noch von Beratern.

Ein *zweites*, wesentliches Element ist die klare Unterscheidung zwischen den Erfordernissen des *heutigen* Geschäftes und jenen des Geschäftes von *morgen*. Dazu gehört ein präzises Verständnis von *Innovationsdynamik* und *Innovationsmanagement*. In diesem Zusammenhang geht es um die entscheidende Fähigkeit, eine *Balance* zwischen dem *Heute* und dem *Morgen* herbeizuführen. Auf diese Fähigkeit muß die Unternehmensaufsicht besonders achten. Manager, die damit Mühe haben, sind an der Spitze eines Unternehmens gefährlich.

Die entscheidende Kunst im Top-Management ist es ja gerade, mehrere Dimensionen *gleichzeitig* im Visier und unter Kontrolle zu haben. Kaum ein Manager hätte Probleme, wenn er sich *vollständig* auf das gegenwärtige Geschäft konzentrieren könnte und – ohne Rücksicht auf die Zukunft – nur auf dessen Erfolg achten müßte. Das kann fast jeder. Und keiner hätte Schwierigkeiten, wenn er *nur* an die Zukunft denken müßte und das laufende Geschäft außer Betracht lassen könnte. Das sind die leichten Aufgaben. Aber sie stellen sich so nicht auf der Top-Ebene.

Als *drittes* Element einer Strategie – und unmittelbar mit dem Balancieren des gegenwärtigen und des zukünftigen Geschäftes verbunden – ist die *Allokation von Ressourcen* zu sehen. Üblicherweise wird das mit den Investitionsentscheidungen identifiziert. Diese gehören *auch* dazu, aber es geht um *viel mehr*. Die Schlüsselressourcen eines Unternehmens bestehen nicht nur aus Geld; sie umfassen Menschen, Wissen, Zeit und Aufmerksamkeit.

Dies etwa sind die Dinge, die in Zusammenhang mit der ersten Aufgabe des Top-Managements zu beachten sind. Jedes Mitglied eines Aufsichtsorganes tut gut daran, sich mit diesen Fragen zu befassen und sich mit den relevanten Inhalten, die hier nur skizziert wurden, auseinanderzusetzen, um *erstens* die richtigen Fragen stellen zu können, *zweitens* ein kompetenter Gesprächspartner für die Exekutivorgane zu sein und *drittens* auf Warnsignale reagieren zu können, die mit der Qualität der Erfüllung dieser Aufgabe verbunden sind.

2. Setzen von Standards und Maßstäben

Diese Top-Management-Aufgabe betrifft im weitesten Sinne
das Gebiet, das man seit Beginn der achtziger Jahre als
Unternehmenskultur zu bezeichnen pflegt. In Kapitel 2 ist
dazu schon einiges gesagt worden, so daß ich mich hier kurz
fassen kann.

Das exekutive Top-Management muß durch *persönliches
Beispiel* und *Vorbild* führen. Eine andere Art von Führung
gibt es nicht. Was die Mitglieder des Exekutivorganes nicht
vorleben, wird nicht gemacht. Es spielt überhaupt keine Rolle, was die Top-Manager sagen, verkünden, propagieren
oder durch große Programme zu verwirklichen versuchen.
Wenn es Widersprüche gibt zwischen dem, was sie *sagen,*
und dem, was sie *tun*, werden die Menschen in der Organisation sich an dem orientieren, *was sie tun.* Das wird der
Maßstab sein.

Sie müssen die Lücke zwischen dem, was die Organisation
ist, und dem, was sie *sein könnte*, durch ihre Person sichtbar
machen und repräsentieren. In letzter Konsequenz machen
sie das sichtbar durch die Art, wie sie ihre Verantwortung
einlösen.

Die Mitglieder des Aufsichtsorganes können bezüglich dieser Dinge gar nicht wachsam genug sein, und sie können bezüglich der Maßstäbe, die sie ihrerseits an das Verhalten des
Top-Managements legen, gar nicht anspruchsvoll und streng
genug sein. Jede Abweichung wird registriert, von der gesamten Belegschaft, von den Managern auf allen Ebenen, die
sich ihrerseits am Verhalten der Unternehmensspitze orientieren, und unter Umständen von den Medien und der Öffentlichkeit. Und alle Augen sind in solchen Situationen auf
die Unternehmensaufsicht gerichtet: – *Tun sie nun etwas
»da oben«, oder ist es sogar das, was hier gewollt ist …?*

3. Aufbau und Erhaltung der Humanressourcen

Die dritte Aufgabe des exekutiven Top-Managements betrifft
das *Humankapital* des Unternehmens. Daß eine Organisa-

tion nicht besser sein kann als die Menschen, die sie hat, in Wahrheit nicht besser als die schwächsten Glieder, wird verbal von fast allen Führungskräften vertreten. Ihr Handeln entspricht dem aber bei weitem nicht immer. Man überläßt die damit zusammenhängenden Aufgaben viel zu oft dem Personalressort. In Wahrheit ist das aber eine der zentralen Aufgaben des Exekutivorganes als solchem. Man kann sie nicht einfach delegieren. Mit »Humanressourcen« ist hier die *ganze* Belegschaft gemeint. Besonders wichtig sind aber die *Führungskräfte* aller Stufen und die *Wissensträger*, die Spezialisten. Es muß für die richtige Altersstruktur gesorgt werden; man muß die »High-Potentials« identifizieren; man braucht systematische Evaluation und Laufbahngestaltung. Es müssen *heute* die Manager von *morgen* aufgebaut und ausgebildet werden. Es ist dafür zu sorgen, daß sie sich die richtigen Werthaltungen zu eigen machen, daß sie umfassend erprobt und getestet werden, bevor sie größere Führungsaufgaben übertragen bekommen, und daß sie die richtigen Erfahrungen machen können.

Die wichtigsten Entscheidungen in einem Unternehmen sind *nicht* die Investitions- und Finanzentscheide. So wichtig diese zweifellos sind – es gibt etwas Wichtigeres: das sind die *Personalentscheidungen*. Die besten Investitionsentscheidungen werden ohne Ergebnis bleiben, wenn die Personalbasis des Unternehmens verrottet und verkommt, sei es bezüglich der Fähigkeiten der Mitarbeiter oder sei es bezüglich der Moral. *Alle* Personalentscheidungen im Unternehmen sind wichtig, besonders selbstverständlich jene, die höhere Führungspositionen betreffen. Personalentscheidungen sind das *wichtigste Signal* für das, was das Management wirklich will, für die Werte, die es vertritt und für seine Glaubwürdigkeit.

Um so bemerkenswerter ist es, daß etwa zwei Drittel aller Personalentscheide schlecht bis gerade noch tragbar sind. Höchstens ein Drittel entspricht den Standards von gutem Management. Wegen ihrer Bedeutung ist dieser Frage ein eigenes Kapitel in diesem Buch gewidmet.

4. Durchdenken und Festlegen der Gesamtstruktur des Unternehmens

Nur das Exekutivorgan kann die Grundstruktur und Gesamtorganisation festlegen, die das *Unternehmen* braucht, um Leistung zu erbringen und konkurrenzfähig zu sein. Damit kein Mißverständnis entstehen kann, sei hier klar festgehalten, daß zwar die Organisation des *Exekutivorganes* selbst Sache der Unternehmensaufsicht ist, nicht hingegen die Organisation des *Unternehmens* als Ganzes. Die mit letzterem zusammenhängenden Fragen können nur jene Manager beantworten, die ständig mit dem Geschäft zu tun haben. An der *Entscheidung* über die zu implementierende Unternehmensstruktur muß das Aufsichtsorgan – durchaus intensiv, möglicherweise durch einen Ausschuß oder ein beauftragtes Mitglied – mitwirken, aber nicht unbedingt an der Vorbereitung der Entscheidung und an der Entwicklung der Struktur.

Auch hier gilt ähnliches, wie es schon zur Strategie vermerkt wurde: Man kann sich nicht eine Organisation machen lassen; man muß sich als Top-Manager schon selbst damit befassen. Organisationswissen ist die wahrscheinlich *unterentwickeltste* Kompetenz der Manager. Die meisten haben Klischees im Kopf; sie operieren mit Stereotypen. Nur wenige kennen auch nur die wichtigsten Grundfragen des Organisierens, und nur die besten können sie beantworten. Nirgends ist die Abhängigkeit des Top-Managements von externen Experten größer als auf diesem Gebiet. Gleichzeitig wird aber vermutlich kaum ein anderes Gebiet – die Humanressourcen vorbehalten – die *Konkurrenzfähigkeit* in Zukunft so sehr bestimmen wie die Organisationsstruktur eines Unternehmens. Dazu habe ich in Kapitel 5 einen kurzen Hinweis gemacht. Sie ist inzwischen unmittelbar mit Informatik- und Telekommunikationsfragen verbunden, die über alle ohnehin gegebenen technischen und organisatorischen Schwierigkeiten hinaus auch noch einen erheblichen Teil der Investitionsmittel beanspruchen – mit sehr ungewisser Rendite, zumindest einer, die sich kaum berechnen läßt.

5. *Pflege der Schlüsselbeziehungen*

Diese Aufgabe kommt auch beim Aufsichtsorgan vor. Hier ist bewußt eine gewisse Redundanz eingebaut. Im wesentlichen geht es um eine sehr sorgfältig durchdachte Arbeitsteilung zwischen Exekutive und Aufsicht. Manche Beziehungen, zum Beispiel zur Politik, sind in den Händen von Mitgliedern der Unternehmensaufsicht gelegentlich besser aufgehoben als bei der Exekutive; andere, etwa zu den Kunden, gehören eher in deren Agenda. Keinesfalls kann oder soll das Aufsichtsorgan diese immer wichtiger werdende Aufgabe allein erfüllen. Der größere Teil liegt bei den exekutiven Managern.

Es ist somit vorwiegend Sache des Exekutivorgans, die *Schlüsselbeziehungen* zu *Schlüsselgruppen* zu unterhalten, zu pflegen und zum Vorteil des Unternehmens zu gestalten. Dazu gehören Kunden, Lieferanten, Kapitalgeber, Medien, Politik und Öffentlichkeit. Die Beziehungen der hier angesprochenen Art bestimmen zu einem erheblichen Teil die Leistungskapazität des Unternehmens. In manchen Branchen sind sie absolut lebenswichtig, in anderen mögen sie etwas weniger bedeutsam sein – unwichtig sind sie nie.

Das Aufsichtsorgan kann es den Exekutiv-Managern nicht einfach überlassen, wie sie diese Aufgaben erfüllen. *Erstens* ist dafür zu sorgen, daß sie es überhaupt und daß sie es intensiv genug tun. *Zweitens* muß darauf geachtet werden, daß sie es auf die richtige Weise tun. Die Wirtschaftsgeschichte ist übervoll mit Beispielen, wo durch unkluges, manchmal schlicht dummes Verhalten, durch Mangel an Gespür und Unfähigkeit, die Reaktionen der Öffentlichkeit einzuschätzen, existenzbedrohende Situationen entstanden und extreme Schäden angerichtet wurden. Werksunfälle, Tankerunglücke, Schmiergeld- und Bestechungsaffairen etc. liefern anschauliches Lehrmaterial für richtiges und falsches Verhalten. Die Unglücke oder Affairen selbst mag man in einer Welt mit fehlbaren Menschen als unvermeidbar ansehen. Unkluges oder gar dummes Reagieren darauf ist aber vermeidbar.

6. *Wahrnehmung der Repräsentation des Unternehmens*

Die sechste Aufgabe steht mit der fünften in Zusammenhang, ist aber doch nicht mit dieser identisch. Hier geht es um die *allgemeine* Repräsentation des Unternehmens in Wirtschaft, Politik, Kunst und Wissenschaft. Einladungen, Empfänge, Anlässe verschiedenster Art, Betreuung von und Vertretung in Delegationen bis hin zu Staatsbesuchen usw. bringen Verpflichtungen aktiver und passiver Art mit sich, die zwar nicht immer, aber doch meistens von den Spitzen des Unternehmens zu erfüllen sind.

Zu dieser Top-Management-Aufgabe sind nicht viele Worte nötig. Normalerweise wird sie sehr gut wahrgenommen. Es gibt zwar Top-Manager, die Repräsentationsaufgaben ein Leben lang hassen und sich in dieser Rolle nie wohlfühlen. Manchen fehlen auch Format und Umgangsformen. Die meisten Manager sind aber, sobald sie einmal »auf den Geschmack« gekommen sind, auf diesem Gebiet recht gut. Hier muß seitens des Aufsichtsorganes eher darauf geachtet werden, daß nicht übertrieben wird, daß man mit Augenmaß und Fingerspitzengefühl operiert, daß die Verhältnismäßigkeit gewahrt bleibt, daß vor allem in Relation zum Lebensstandard der Mitarbeiter nicht ohne gute Gründe exzessiver Luxus demonstriert wird.

7. *Bereitschaft für Krisen und besondere Gelegenheiten*

Das Exekutivorgan hat schließlich noch die Aufgabe, ein Stand-by-Organ für Krisen und Chancen zu sein. Wenn alles versagt, dann bleiben nur die Mitglieder des Exekutivorgans als Reserve, um eine Krise zu meistern. Und wenn sich plötzlich eine besondere Gelegenheit ergibt, zum Beispiel eine Akquisitionsmöglichkeit, dann ist ebenfalls ihr Einsatz erforderlich. Mitglieder der Unternehmensaufsicht können dabei unter Umständen wertvolle Hilfe leisten. Die Hauptarbeit wird aber vom Exekutivorgan zu leisten sein.

8.2 Wirksamkeit des Exekutivorganes

Es gibt weitere Dinge, auf die bezüglich der Funktionsweise des Exekutivorganes zu achten ist, ganz unabhängig von der spezifischen Organisation und von der Art der Aufgabenverteilung. Sie berühren die *Qualität* der Führung und ihre *Wirksamkeit* weit stärker als die formalorganisatorischen Fragen.

8.2.1 Kampf gegen die Verzettelung

Es ist auch für Manager der obersten exekutiven Ebenen keine Selbstverständlichkeit, eine wirksame Arbeitsmethodik zu haben und die Prinzipien menschlicher und organisatorischer Effektivität zu kennen und anzuwenden. Daher darf man als Aufsichtsorgan das auch nicht einfach als gegeben unterstellen. Selbstverständlich arbeiten die meisten Top-Führungskräfte hart; lange Arbeitstage sind, selbst wenn man die Repräsentationsverpflichtungen nicht einrechnet, an der Tagesordnung. *Harte* Arbeit ist aber nicht dasselbe wie *wirksame* Arbeit.

Das größte Problem auf der Top-Ebene ist die Gefahr der *Verzettelung* und *Zersplitterung* der Kräfte. Der schwedische Managementwissenschaftler Sune Carlson[33] hat schon vor über 40 Jahren in seinen Untersuchungen über die Arbeit von Top-Managern festgestellt, daß keiner der von ihm über längere Zeit beobachteten zwölf Top-Manager länger als 20 Minuten ohne Unterbrechung an einer Sache arbeiten konnte. Daran hat sich bis heute nichts geändert – außer bei jenen wenigen, die bewußt und systematisch an ihrer Arbeitsmethodik gefeilt haben. Sie sind *keine* Mehrheit. Verzettelung im Top-Management überträgt sich fast immer auf die Organisation. Damit tritt Hektik an die Stelle von Effektivität, und Betriebsamkeit verdrängt Resultate.

Gerade *weil* Top-Manager *so viel* und vor allem so viel *Verschiedenartiges* zu tun haben, brauchen sie eine präzise und

---

33 Carlson, Sune, Executive Behaviour, Stockholm 1952.

disziplinierte Arbeitsmethodik. Das Geheimnis erfolgreicher Manager liegt in der *Konzentration auf Weniges*, auf ein paar sorgfältig ausgewählte Schwerpunkte, möglicherweise sogar nur auf einen einzigen. Es gibt keinen anderen Weg zu Wirksamkeit und zu Ergebnissen.

Sobald man als Aufsichtsorgan merkt, daß gegen dieses Prinzip systematisch und über längere Zeit verstoßen wird, besteht Handlungsbedarf. Was man tut, muß im Einzelfall entschieden werden. Es kann ein Gespräch unter vier Augen sein, es kann aber gelegentlich auch eine offene Diskussion im Plenum des Aufsichtsorganes mit den Top-Managern sein; vielleicht genügt eine gezielte Buchempfehlung oder eine geschickt plazierte, humorvolle oder sarkastische Nebenbemerkung; vielleicht kann man das einem Manager auch während eines der ohnehin viel zu zahlreichen Essen oder einer gemeinsamen Geschäftsreise beibringen. Wie auch immer: Man *muß* es ihm beibringen, wenn er auf diesem Gebiet Schwächen zeigt.

8.2.2 Kampf gegen den Realitätsverlust

Eine der wesentlichen Fragen für die Organisation des Exekutivorganes lautet: *Sollen Top-Manager operativ tätig sein oder nicht?* In diesem Zusammenhang wird man leicht in endlose weltanschauliche Diskussionen verwickelt. Ich kann aus meiner persönlichen Erfahrung und aus dem Studium von zahllosen konkreten aktuellen Fällen und Biographien nur sagen: *Alle Spitzenleute, die Wirkung erzielten, haben sich eine operative Aufgabe vorbehalten und sich um diese höchstpersönlich gekümmert.*

Es gibt zwei Gründe dafür. Sie gelten besonders für die Vorstandsvorsitzenden und Konzernleitungspräsidenten. Sie sind ebenso einfach wie zwingend: *Zum ersten*, an der Spitze eines Unternehmens ist man weit entfernt von den Realitäten der Wirtschaft, des Marktes, des Kunden und der Konkurrenz. Ohne operative Aufgabe verlieren auch die besten Leute innerhalb von zwei Jahren das vielleicht Wichtigste, wofür Top-Manager besser bezahlt werden als andere Leute – nämlich ihr *Urteilsvermögen*. *Nur* eine operative Aufgabe zwingt einen, sich eben immer wieder mit der *wirklichen* Wirklichkeit persönlich zu befassen. Tut man das nicht, wird man schicksalhaft abhängig von Berichten über die Wirklichkeit. Diese sind heute, mit all der existierenden Technologie, leicht zu haben. Ob sie *stimmen*, muß aber gefragt werden. Zwischen die Spitzenleute im Unternehmen und die Wirklichkeit der Wirtschaftswelt schieben sich nur allzu leicht die zahlreichen Filter – Mitarbeiter, Stabsleute, Sekretariate, Berater usw. Berichten diese über die Wirklichkeit? Nein – nicht, weil sie unfähig wären, sondern weil sie das gar nicht *können*. Sie können nur über *ihre* Wirklichkeit berichten, über jene, die sie sehen. Im günstigsten Falle sind Berichte somit das Produkt selektiver Wahrnehmung. Im schlechtesten Falle sind sie manipuliert. Die Leute überlegen sich, was der Chef wohl heute hören will – und dann berichten sie genau das.

Der *zweite* Grund dafür, sich eine operative Tätigkeit vorzubehalten, hat damit zu tun, für seine Mitarbeiter und Kollegen ein *kompetenter Gesprächspartner* zu sein und zu bleiben. Wenn man nicht zumindest ein Minimum an Realitätsbezug hat, wird man rasch »zum Affen« gemacht. Die Leute können einem dann jedes X für ein U vormachen – und man wird es nicht einmal merken. Es bleibt dann nur die *Flucht ins Mißtrauen*, in Mißtrauen jedem gegenüber. Leider ist das sehr häufig gerade in Spitzenpositionen anzutreffen. Mißtrauen vergiftet aber jedes Betriebsklima und jede Unternehmenskultur. Oder es bleibt die Flucht in *abstraktes Philosophieren*.

Das Aufsichtsorgan muß daher darauf achten, daß die Top-Manager des Unternehmens nicht nur ausschließlich *Führungsarbeit* leisten, sondern in gewissem Umfange auch *Sacharbeit*. Der Zeitanteil dafür braucht nicht besonders groß zu sein und er wird es gar nicht sein können. Ohne einen *gewissen* Anteil an Sacharbeit – zum Beispiel 20 Prozent – wird man in Kürze nur noch *Marionetten* im Exekutivorgan haben, die die Realitäten der Welt nur noch vom Hörensagen kennen. Es werden sich die Fehlentscheidungen häufen, weil kein Urteilsvermögen mehr vorhanden ist, es werden abstrakte, realitätsferne Philosophien gedroschen, große Ansprachen gehalten, und es wird immer mehr Form und Stil an Stelle von Substanz geben. Selbstverständlich stellt sich die Frage, welche Art von operativen Tätigkeiten die Spitzenmanager ausüben sollen. Ich sagte oben ja schon, daß es nicht unbedingt die Leitung von Ressorts sein muß, ja daß es das im Grunde gar nicht sein soll. Es ist mir bewußt, daß in kleinen Firmen hier immer zahlreiche Kompromisse gemacht werden müssen und man daher um Ressortleitungen kaum herumkommt. In großen Unternehmen hat man aber selbst bei sparsamstem Wirtschaften doch genügend Personalressourcen, um hier keine falschen Kompromisse machen zu müssen.

Wenn man den Spitzenmanagern Ressortleitungen überträgt, dann sollte man wenigstens darauf achten, daß sie – bei Beförderungen von innen – ihre *bisherigen Ressorts aufgeben*. Insbesondere der Vorsitzende des Exekutivorganes soll sein angestammtes Ressort abgeben, weil sonst immer die Vermutung besteht, daß er seine Macht dafür benutzt, sein bisheriges Ressort und seine bisherige Tätigkeit zum Wichtigsten im Unternehmen zu machen.

Es ist ja fast an der Tagesordnung, daß ein Finanzmanager, der Vorstandsvorsitzender wird, das Unternehmen nach finanziellen Gesichtspunkten zu führen beginnt, ein Techniker nach technischen und ein Marketing-Manager trimmt eben alles auf Marketing. Top-Management bedeutet aber, *alle* für den Erfolg eines Unternehmens wichtigen Dimensionen zu berücksichtigen und zu koordinieren. Genau das macht ja das Top-Management aus. Wenn ein Manager aber gewissermaßen seine Hausmacht behält, wird er selbst bei größtem Bemühen um angemessene Berücksichtigung aller unternehmerischen Dimensionen die Optik immer gegen sich haben. Die Leute um ihn herum werden immer vermuten, daß er etwas tut – nicht weil es richtig ist, sondern weil es seiner »*déformation professionelle*« entspricht.

Als operative Aufgaben im hier gemeinten Sinne kommen vor allem jene »Querschnittsaufgaben« in Betracht, die ohnehin nur zu leicht zwischen den Maschen der Organisation durchfallen. In einem Falle könnte es zum Beispiel die Verantwortung für wichtige Innovationen sein, die sich der Vorsitzende des Exekutivorgans vorbehält, oder für Akquisitionen oder (was sehr zu begrüßen wäre) für die Personalbesetzung der Schlüsselpositionen des Konzerns. Vielleicht macht er sich die Nachwuchsentwicklung zum besonderen Anliegen oder die Standortentscheide. Diese und ähnliche Aufgaben werden es ihm ermöglichen, es aber auch erzwingen, sein *Gespür für die Realitäten* aufrechtzuerhalten und weiter zu entwickeln.

Es gibt ein paar weitere »Kämpfe«, die zu führen sind, oder »Anfänge«, denen zu wehren ist: der Kampf gegen den Personenkult, gegen aufgeblähte Infrastrukturen, wie Stäbe, Sekretariate usw. – aber auch gegen »Extrastrukturen«, wie exzessiv und häufig sinnlos eingesetzte Berater. Man muß rechtzeitig dem Hang zu Luxus und Feudalismus, zu Arroganz und Selbstgefälligkeit entgegentreten, und man muß als Aufsichtsorgan gegen die Management-Modewellen, die großen Theorien und hohlen Phrasen – kurz, gegen die »Geist- und Hirn-Verschmutzung« angehen. Außerdem muß man darauf achten, daß die Exekutivmanager nicht ständig in ihren Büros sitzen, sondern hinausgehen – und schauen, was wirklich im Unternehmen, in den Märkten, bei Kunden und Konkurrenten passiert.

8.3 Amtsdauer

Die Laufzeit der Anstellungsverträge für die Mitglieder des Exekutivorganes ist ein wesentliches Architekturelement seiner Funktionsweise und Wirksamkeit. Es gibt, wie schon beim Aufsichtsorgan erwähnt, vermutlich keine Ideallösung. Alle Varianten haben ihre Vor- und Nachteile.

Kurze Amtsperioden von zum Beispiel drei Jahren setzen die exekutiven Manager unter prinzipiell erwünschten Leistungsdruck. Sie müssen rasch Ergebnisse erzielen, wenn sie wieder bestellt werden wollen. Das setzt andererseits auch das Aufsichtsorgan unter den Druck, ständig und gewissermaßen vorsorglich Ausschau nach guten Leuten zu halten. Niemand kann sich in Ruhe zurücklehnen. Diesen Vorteilen stehen aber gravierende Nachteile entgegen. Kurze Vertragslaufzeiten führen auch zu kurzfristig orientiertem Denken und Handeln, in der Tendenz zu Hektik und Geschäftigkeit. Strategien und Projekte, die für ihren Erfolg Kontinuität und Langfristigkeit benötigen, werden weniger leicht Priorität bekommen. Lange Vertragslaufzeiten von fünf und mehr Jahren haben die umgekehrten Wirkungen. Die an sich wünschbare und oft notwendige langfristige Orientierung des Exekutivorganes erhöht die Gefahr, daß der Leistungsdruck abnimmt, Ergebnisse tendenziell in die Zukunft verschoben werden und sich eine gewisse Gemütlichkeit einstellen kann.

Im Einzelfall wird man für die Regelung der Amtsperiode wohl auch auf die Zeitcharakteristika der Branche abstellen müssen. Es gibt Branchen, in denen wegen der Veränderungsgeschwindigkeit von Märkten und Technologien schon drei Jahre fast eine Ewigkeit sind, wie zum Beispiel in der Mikroelektronik und Telekommunikation. In anderen Branchen benötigen erfolgversprechende Strategien große Zeiträume. Die Energieversorgung, der Flugzeugbau und Teile der Assekuranz gehören zum Beispiel dazu.

Es gibt daher für die Frage der Amtsdauer des Exekutivorganes wohl nicht eine allein richtige Antwort. Das ist vermutlich der Grund, warum so oft zum gewissermaßen »goldenen Mittelweg« der fünfjährigen Vertragsdauer gegriffen wird. Der Mittelweg ist aber keineswegs immer die beste Lösung. Das Ideal bestünde wohl eher in der Wiederherstellung jener Situation, die schon immer für den echten Unternehmer Realität war, nämlich daß er im Prinzip auf unbeschränkte Zeit in seiner Funktion tätig war und seine Orientierung sogar auf spätere Generationen ausrichten konnte, ja mußte, aber jederzeit vom Markt nicht nur entschädigungslos, sondern mit der Gefahr der Bankrottfolge »abgesetzt« werden konnte. Am besten wäre es somit, die Mitglieder des Exekutivorganes – und im erweiterten Sinne würde das auch für andere Schlüsselpositionen im Unternehmen gelten – auf *unbestimmte* Zeit zu verpflichten, gleichzeitig aber alle Möglichkeiten vorzusehen, sich von ihnen trennen beziehungsweise sie anderweitig im Unternehmen verwenden zu können. Für die diesbezüglichen Entscheidungen des Aufsichtsorganes einschließlich der Kostenfolgen müßte selbstverständlich ein geeignetes Prozedere – ein »due and fair process« – vorgesehen und verpflichtend sein.

Nun wird man aber aufgrund gegebener Usancen vermutlich ohne befristete Verträge nicht auskommen können oder wollen. Den Überlegungen zur Amtsdauer des Aufsichtsorganes in Kapitel 7 folgend neige ich zu kurzen Vertragslaufzeiten von beispielsweise drei Jahren mit unlimitierter Wiederbestellungsmöglichkeit bis zur Erreichung der Altersgrenze. Alle dort bereits erwähnten Argumente gelten auch hier. Man steht vor den beiden Dilemmas der Flexibilität versus Kontinuität und der kurzfristigen versus langfristigen Orientierung. Hier wie dort scheint es mir *erstens* möglich und *zweitens* leichter zu sein, die Nachteile von Flexibilität und kurzfristiger Orientierung zu kompensieren. Es entsteht auch nur ein scheinbarer Widerspruch zur prinzipiellen Forderung nach langfristiger Ausrichtung der Gesamtführung, die in den Kapiteln 4 und 5 erhoben wurde.

Kurze Vertragslaufzeiten führen, wie erwähnt, zu erwünschtem Leistungsdruck und unerwünschter Kurzfristorientierung. Es ist aber für das Aufsichtsorgan viel leichter, daraus folgenden Verhaltensweisen entgegenzuwirken, als die Mitglieder des Exekutivorganes ständig antreiben zu müssen, falls aufgrund langer Vertragslaufzeiten eher zu geringer Leistungsdruck und zu viel Gemächlichkeit um sich greifen. Eine auf kurzfristige Ergebnisse gerichtete Orientierung braucht keineswegs zwangsläufig zu bedeuten, daß darunter rein finanzwirtschaftliche Ergebnisse verstanden werden müssen. Dies wäre, wie hinlänglich dargestellt wurde, falsch. Genau das kann aber durch die Art und Weise, *wie* das Aufsichtsorgan seine Führung ausübt, verhindert werden, dadurch, daß auf die richtigen Meßgrößen und auf die Grundsätze wohlverstandener Corporate Governance geachtet wird. Es ist außerdem möglich, ja sogar empfehlenswert, den Mitgliedern des Exekutivorganes rechtzeitig vor Ablauf ihrer Verträge zu signalisieren, wenn auch nicht zu garantieren, daß sie mit Verlängerung ihrer Verträge rechnen können, vorbehaltlich gravierender Fehler, die allenfalls bis zum Zeitpunkt der Wiederbestellung gemacht werden.

Andererseits haben die kurzen Vertragslaufzeiten zum *ersten* den Vorteil, daß Dienstverhältnisse dann durch Nichterneuerung beendigt werden können und keiner Vertragsauflösung bedürfen, was im Kontext der Top-Management-Positionen Vorteile bezüglich der öffentlichen Optik und des Erklärungsbedarfs hat. Zum *zweiten* haben sie den großen, in Zeiten rascher Veränderungen besonders ins Gewicht fallenden Vorteil, daß das Exekutivorgan sehr flexibel geänderten Umständen angepaßt werden kann. Auch hier gilt wie schon für das Aufsichtsorgan, aber noch viel ausgeprägter, daß man nicht einfach »gute« Leute in der Exekutive braucht, sondern Personen, die genau jene spezifischen Stärken haben, die das Unternehmen für seinen Erfolg in der speziellen Situation benötigt. Die Situationen können sich – und im Zuge des Wandels werden sie sich auch – sehr rasch ändern, sodaß jede Vertragserneuerung auch ein »Window of Opportunity« darstellt, neu über die bestmögliche Stärkenkombination nachzudenken. Damit gewinnt die Wirtschaft zumindest teilweise genau jene Flexibilität wieder zurück, die durch die zu langen Vertragslaufzeiten und das auch bei vielen Top-Managern durchaus erkennbare Besitzstands- und Absicherungsdenken verloren wurde. Ich sehe darin auch ein wichtiges Signal der Glaubwürdigkeit gegenüber der Belegschaft, den Gewerkschaften und Teilen der Politik. Man kann seitens der Wirtschaft nicht von jedermann Flexibilität fordern, ohne selbst zu dieser bereit zu sein.

Es ist mir bewußt, daß manche meiner Vorschläge in die Nähe der Quadratur des Kreises kommen. Aber genau das ist ein Charakteristikum der Gesamtführung des Unternehmens und des Zusammenwirkens der beiden Spitzenorgane. Es ist auch klar, daß gewisse meiner Empfehlungen den Kreis der Kandidaten für exekutive Top-Management-Positionen einengen. Darin sehe ich keinen prinzipiellen Nachteil. In Zeiten rauschender Hochkonjunktur und daher eines Anbietermarktes für Top-Manager wird man temporär auch Konzessionen machen müssen. Das alles sollte aber nicht dazu führen, daß eine dauerhafte und systematische Erosion der Grundsätze richtiger und wirksamer Gesamtführung gerechtfertigt wird.

Wie auch immer die Details der Lösungen aussehen mögen, die hier gemachten Vorschläge würden jedenfalls in Verbindung mit Überlegungen, die ich in Kapitel 10 zur Haftung von Führungskräften und in Kapitel 11 zur Personalauswahl zur Diskussion stelle, in Richtung der Revitalisierung echten Unternehmertums weisen.

8.4 Das Exekutivorgan als Team

Exekutives Top-Management ist in der Regel *Teamarbeit*. Die Aufgaben, die sich hier stellen, sind so vielschichtig, daß man kaum erwarten kann, daß eine Einzelperson sie kompetent und umfassend erfüllen kann. Das Ein-Personen-Top-Management ist entweder eine *Gefahr* für das Unternehmen oder es ist eine *Fiktion*. Optisch mag natürlich eine Person allein an der Spitze stehen. Bei genauer Analyse zeigt sich aber immer wieder, daß dort, wo scheinbar alles trotzdem funktioniert, die Arbeit in Wahrheit von einem Team getan wird.

»Team« ist ein rasch ausgesprochenes und in letzter Zeit arg strapaziertes Wort. Es ist an sich schon nicht leicht, in einem Unternehmen Teams zu formieren und zum Funktionieren zu bringen. Für das Top-Management gilt dies *a fortiori*. Spitzenmanager sind normalerweise keine einfachen Menschen. Gerade wenn sie besonders fähig sind, sind sie auch ausgeprägte *Individuen* und nicht selten sogar *Individualisten*. Sie sind – hoffentlich – *Persönlichkeiten*, aber gerade deshalb sind sie schwierig, eckig und kantig – und ich meine, daß sie das auch sein sollen.

Top-Manager sind sich darüber hinaus – so verschieden sie im allgemeinen als Menschen und Persönlichkeiten auch sein mögen – in einem Punkt ähnlich: Sie sind meistens *ausgeprägte Machtmenschen*. Um die in den Spitzenetagen fast programmierten Erscheinungen wie Macht- und Rangkämpfe, Intrigen,»Platzhirsch«-Gebaren, Egotrips, Profilierungsneurosen usw. zu vermeiden, muß besonders sorgfältig auf die Funktionsweise von Top-Management-Teams geachtet werden. Wenn sie funktionieren sollen, müssen *drei Bedingungen* und *sechs Regeln* eingehalten werden.

1. Drei Bedingungen

Die erste Bedingung ist leicht einsichtig und wird allgemein geteilt, wenn auch bei weitem nicht allgemein eingehalten. Die zweite Bedingung wird nur zum Teil eingesehen, und die dritte wird von der Mehrheit sogar abgelehnt. Die Bedingungen lauten:

- äußerste Disziplin,
- persönliche Beziehungen müssen Nebensache sein,
- die »Chemie« darf keine Rolle spielen.

Die *erste* Bedingung, Disziplin, ist für jedes Team wichtig. Es gibt in der Tat ein *klares Kriterium* für den Übergang von einer *Gruppe* zu einem *Team*: Das Team beginnt dort, wo man sich eines Tages entschließt, sich den Luxus der Gruppendynamik nicht mehr zu leisten und sie durch Disziplin zu ersetzen beginnt. Top-Management-Teams müssen hier die höchsten Anforderungen erfüllen, und im allgemeinen gibt es bezüglich dieser Bedingung auch weitgehenden Konsens.

Die *zweite* Bedingung ist schon nicht mehr allgemein akzeptiert. Gerade deshalb ist sie wichtig. Persönliche Beziehungen, Sympathien, Freundschaften und in extremen Fällen Kumpanei sind Gift für ein Führungsteam. Hier muß die Arbeit von *Sachbeziehungen* dominiert sein. Es darf nicht um die Frage gehen, mit zum Beispiel der Zustimmung zu einer Entscheidung einem Kollegen oder Freund einen Gefallen zu erweisen, sondern es ist für die richtige Sachentscheidung zu sorgen und möglicherweise auch hart um diese zu ringen – eben völlig unabhängig von den persönlichen Beziehungen. Es empfiehlt sich, als Mitglied eines Top-Management-Organes – und um so mehr gilt das für den Vorsitzenden – absolute Äquidistanz zu allen anderen Personen zu halten. Allein schon eine getrübte Optik kann erhebliche Schwierigkeiten bereiten.

Zur *dritten* Bedingung: Sie steht mit der zweiten in einem gewissen Zusammenhang, ist aber nicht mit ihr identisch. Man beachte, die »Chemie« kann ja auch dann stimmen, wenn man keine Freundschaften unterhält und nicht gemeinsam in den Urlaub fährt. Die dritte Bedingung wird von fast allen *gewöhnlichen* Führungskräften abgelehnt, oft mit großen Emotionen, und sie wird auch von einer Mehrheit der Top-Manager entweder nicht akzeptiert oder doch mit Skepsis betrachtet. Sie wird aber von wirklich *erfahrenen* und *kompetenten* Leuten vollumfänglich geteilt. Weil diese Bedingung so umstritten ist, sind einige Erklärungen dazu erforderlich.

Selbstverständlich ist es etwas Großartiges, wenn in einem Team die »Chemie« zwischen den Personen stimmt, und ebenso selbstverständlich wird fast jeder viel lieber mit Menschen zusammenarbeiten, wenn die Gefühls- und Beziehungsbasis zwischen allen in Ordnung ist. So viel ist also zu konzedieren. Aber dann, wenn die Beziehungsebene eben stimmt, hat man ja ohnehin keine Probleme; dann läuft ja alles. Die hier zur Diskussion stehende Bedingung und die damit zusammenhängenden Regeln sind aber gerade dann wichtig, wenn die »Chemie« aus irgendeinem Grunde eben *nicht* stimmt. Genau dann muß es sich zeigen, daß ein Top-Management-Team *trotzdem* noch *arbeitsfähig* ist. Ein Top-Team darf nicht *wegen* der »Chemie« funktionieren, sondern es muß *trotz fehlender* »Chemie« noch immer zu einer konstruktiven Sacharbeit fähig sein.

Die Mitglieder eines Exekutivorganes können sich ihre Kollegen gewöhnlich nicht aussuchen; nicht einmal der Vorsitzende kann das, denn sie werden vom Aufsichtsorgan bestellt. Wenn die »Chemie« stimmt, macht das vieles leichter, aber das kann in einem Spitzenteam nicht als *Voraussetzung* angesehen werden; und wenn sie *nicht* stimmt, darf das keinen Grund für schlechte Zusammenarbeit darstellen und schon gar nicht eine Ausrede dafür sein.

Immer wieder, wenn ich in Vorträgen und Seminaren diesen Standpunkt vertrete, wird mir entgegengehalten, daß das »aber sehr schwierig sei«. Darauf kann ich nur antworten: Ja, es ist schwierig. Für die einfachen Probleme brauchen wir keine Top-Manager. Dafür genügen gewöhnliche Leute. Die Einhaltung der Bedingungen und Regeln für die Wirksamkeit eines Top-Management-Teams fordert seine Mitglieder unter Umständen gelegentlich bis an die Grenze dessen, was Menschen leisten und ertragen können. Wer dem nicht standhalten kann, gehört nicht in eine Spitzenposition. Diese drei Bedingungen bedeuten in keiner Weise, wie das gelegentlich unterstellt wird, die Abwesenheit von Menschlichkeit, Freundlichkeit, ja Humor in den Top-Etagen. Glücklicherweise schließen sich diese Dinge ja gegenseitig nicht aus.

2. Sechs Regeln

Die Grundregeln für wirksames Funktionieren eines Top-Management-Teams sind sehr einfach, aber wichtig. Ihre Befolgung ist nicht immer leicht. Ihre Beachtung garantiert selbstverständlich nicht den Erfolg eines Unternehmens. Dazu braucht es mehr. Ihre *Mißachtung* ist aber eine *Garantie* für das Scheitern des Unternehmens oder mindestens dafür, daß es in große und kaum lösbare Schwierigkeiten gerät. Diese Regeln sind unabhängig von der konkreten Organisationsstruktur und sie sind auch unabhängig davon, welche Verantwortungslage seitens der Rechtsordnung vorgeschrieben ist. Die im deutschen Recht verankerte Kollektivverantwortung sagt ja nichts aus über die wirkliche Funktionsweise eines mehrköpfigen Vorstandes. Ein Team, das funktionsfähig und wirksam sein will, muß sich an folgende Regeln halten:[34]

34 Siehe dazu auch Drucker, P., Management, London 1973.

1. Jedes Mitglied eines Top-Management-Teams hat in seinem Verantwortungsgebiet das letzte Wort, spricht für und verpflichtet das ganze Team.

Das einzelne Team-Mitglied repräsentiert in seinem Gebiet die Autorität des gesamten Exekutivorgans. Das bedeutet vor allem, daß es keine »Berufung« seitens eines Mitarbeiters gegen eine Entscheidung eines Mitgliedes des Top-Teams an ein anderes Mitglied geben darf. Wird dies ermöglicht, kann man sehr sicher sein, daß das Unternehmen in kurzer Zeit intrigenverseucht ist. Dies wäre eine offene Einladung zur Unterminierung der Autorität des gesamten Teams. Für spezielle Fälle mag eine Rekursmöglichkeit an das Gesamtorgan oder an seinen Vorsitzenden vorgesehen sein.

2. Keiner trifft eine Entscheidung in einem anderen Verantwortungsgebiet.

Regel 2 ist das Spiegelbild zur ersten Regel. Die Verantwortungsgebiete sind gegenseitig zu respektieren. Wenn ein Exekutivmitglied durch einen Mitarbeiter mit einer Angelegenheit konfrontiert wird, die ein anderes Verantwortungsgebiet betrifft, verweist man ihn direkt an das zuständige Exekutivmitglied, oder man sorgt dafür, daß die Sache dort erledigt wird. Man entscheidet jedenfalls nicht selbst. Ein Verstoß gegen diese beiden Regeln stiftet nicht nur hoffnungslos Konfusion in einem Unternehmen und paralysiert letztendlich die Handlungsfähigkeit; es führt auch unweigerlich zu Machtkämpfen. Ich möchte die zweite Regel sogar noch erweitern. Nicht nur trifft man keine Entscheidung für ein anderes Verantwortungsgebiet, man hat dazu *nach außen* nicht einmal eine Meinung.

3. Außerhalb des Teams gibt es keinerlei Qualifikation bezüglich irgendeines Teammitgliedes.

Die Mitglieder eines Management-Teams brauchen sich nicht zu mögen. Es mag Fälle geben, wo es ihnen schwerfällt, sich zu akzeptieren, und vielleicht wird man gelegentlich auch einen Fall antreffen, wo sie sich nicht einmal re-

spektieren können, wobei dann zweifellos ein gefährliches
Limit erreicht ist. Wie auch immer – es darf *keinerlei Agita-
tion* geben. Man beachte, die Regel gilt *nach außen. Innerhalb* eines Geschäftsleitungsgremiums mag es heftige Auseinandersetzungen geben; es wird sie geben, und es soll sie
auch – mit gebotener Sachlichkeit – geben. Das ist kaum zu
vermeiden, wenn es um lebenswichtige Entscheidungen für
das Unternehmen geht. Nach außen hat man aber zu seinen
Kollegen keine Meinung, man *qualifiziert* sie nicht – nicht
einmal durch ein Lob.

*4. Ein Team ist kein Komitee; daher braucht es einen Leiter,
einen Vorsitzenden. Dieser muß mit einem Stichentscheidungsrecht ausgestattet sein.*

Ein Team ist entgegen einer weit verbreiteten Auffassung
nicht eine Gruppe von Gleichberechtigten und Gleichgestell-
ten, selbst wenn – formal – die Rechtsordnung das vorsieht.
Teams haben nichts mit *Demokratie* zu tun, sondern mit
Wirksamkeit. Man ist Mitglied eines Teams, weil man dort
einen bestimmten Beitrag zu leisten hat. Daher haben funktionierende Teams sehr wohl eine innere Struktur, und sie
haben auch eine Leitung.

Der Leiter eines Teams muß zum einen dafür sorgen, daß
das Team seine Arbeit auch wirklich leistet und daß die Regeln für das Funktionieren des Teams eingehalten werden.
Er ist zum zweiten die Schlüsselperson dann, wenn das
Team sich selbst paralysiert und damit handlungsunfähig
wird. Dafür muß er mit der Macht ausgestattet sein, im
Zweifel eine Pattstellung überwinden zu können. Im Idealfall
muß er sein Stichentscheidungsrecht nie benützen. Wenn er
es häufig einsetzen muß, ist das ein ernst zu nehmendes
Warnsignal; vermutlich stimmt dann mit dem Team grundsätzlich etwas nicht. Es muß aber vorhanden sein, und zwar
für Krisensituationen.

Für das Zustandekommen von Entscheidungen sind mehrere Formeln möglich und in der Praxis auch üblich – Entscheide mit einfacher Mehrheit, qualifizierte Mehrheiten
oder das Einstimmigkeitsprinzip. Wenn es um oberste Exe-

kutivorgane geht, spricht sehr vieles für das *Einstimmig-keitsprinzip*, obwohl es seine Nachteile hat. Für den Krisen-fall muß aber vor allem die Entscheidungsfähigkeit als sol-che sichergestellt sein.

Obwohl Abstimmungen vorgesehen und möglich sein müs-sen, sollten sie die seltene Ausnahme sein. Der Vorsitzende des Exekutivorganes muß alles daran setzen, *Konsens* her-beizuführen – aber nicht jene vordergründige Harmonie, die leider so oft beobachtet werden kann und in Wahrheit Pro-bleme aber nur verschleiert, statt sie zu lösen. Er muß daher vor allem den methodischen Umgang mit *Dissens* beherr-schen. Tragfähiger Konsens – jener Konsens, der auch in den schwierigen Phasen der Entscheidungsrealisierung noch hält – entsteht nur aus offen ausgetragenem Dissens.

Wenn eine Abstimmung doch erforderlich ist, weil es nicht gelingt, Konsens zu erzielen, ist es unabdingbar, daß die un-terlegenen Mitglieder des Exekutivorganes sich in jeder Hin-sicht hinter die Mehrheitsentscheidung stellen und sie mit vollkommener Loyalität mittragen. Sie müssen alles tun, da-mit die Entscheidung planmäßig realisiert wird. Weder akti-ve noch passive Opposition sind zulässig. Fehlverhalten in diesem Zusammenhang, auch wenn es sehr subtil und nur andeutungsweise zum Ausdruck kommt, unterminiert Auto-rität und Wirksamkeit des Exekutivorganes fast irreparabel. Wenn jemand eine Entscheidung definitiv nicht mittragen kann, läßt sich das Problem wohl nicht anders lösen, als durch das Ausscheiden aus dem Unternehmen.

5. Bestimmte Entscheidungen müssen dem Team als Ganzes vorbehalten sein.
Regel 1 lautete, daß jeder in seinem Verantwortungsgebiet das letzte Wort hat und für das ganze Team spricht, es also auch verpflichtet. Das ist eine wichtige, wie ich meine, un-verzichtbare Regel für die Handlungsfähigkeit eines Unter-nehmens und für seine Schnelligkeit. Selbstverständlich könnte diese Regel für sich allein genommen aber zu argem Mißbrauch führen. Daher braucht sie ein Korrektiv. Gewisse Entscheidungen dürfen von *niemandem allein* getroffen

werden. Sie benötigen die Zustimmung *aller*. Typische Fälle sind etwa Akquisitionen und Allianzen, große Innovationen, Aufnahme oder Schließung ganzer Geschäftsgebiete, Personalentscheidungen für Schlüsselpositionen. Diese dem Gesamtteam vorbehaltenen Fälle sind in der Geschäftsordnung zu regeln, – enumerativ, taxativ, durch Definition von Kriterien, wie auch immer. Gleichzeitig muß es die Generalklausel geben, daß im Zweifel das Team eine Entscheidung zu treffen hat und nicht das einzelne Mitglied. Zustimmungs- und Mitwirkungsrechte des Aufsichtsorganes bleiben selbstverständlich auch in diesem Fall unberührt.

6. Jedes Teammitglied ist verpflichtet, alle anderen Mitglieder über alles informiert zu halten, was in seinem Verantwortungsbereich vor sich geht.
Diese Regel ist ebenfalls als Korrektiv zu Regel 1 zu sehen. Wenn schon *autonome Entscheidungsbefugnis* in jedem Verantwortungsbereich gegeben ist, dann muß es gleichzeitig auch *volle Information* darüber an *alle* anderen geben.

Es ist Aufgabe der Unternehmensaufsicht, die Funktionsweise des Exekutivorganes durch die Etablierung seiner Organisation und die Einführung der Bedingungen und Regeln für ein wirksames Funktionieren sicherzustellen. Die Unternehmensaufsicht muß die Erfüllung der Top-Aufgaben und der Funktionsregeln überwachen, und sie muß Abweichungen unverzüglich und unmißverständlich sanktionieren. Auch kleinste Abweichungen dürfen nicht geduldet werden. »*Wehret den Anfängen...*« ist in diesem Zusammenhang ein gutes Prinzip.
    Die Instrumente für die Regelung dieser Dinge sind Geschäftsverteilungsplan und Geschäftsordnung. Es ist einzuräumen, daß Konzipierung und Formulierung dieser Reglemente äußerst anspruchsvoll sind und der interdisziplinären Zusammenarbeit von Juristen und Managementexperten bedarf. Es geht um die richtigen Inhalte ebenso wie um präzise Formulierung. Die Aufgabe ist aber lösbar, auch wenn sie mit harter Arbeit verbunden ist.

9. Management oder Leadership

9.1 Einige Irrtümer und Mißverständnisse

Beide Top-Management-Organe kommen kaum um die Themen »Führerschaft«, »Führung« und »Führer« herum. Das Aufsichtsorgan hat die Verantwortung dafür, die obersten Exekutivpositionen mit den besten Leuten zu besetzen, die man bekommen kann. Sollen sie Manager sein oder sollen sie Führer sein? Gibt es einen Unterschied – und wenn ja, welchen?

In diesem Kapitel und auch in Kapitel 11 mag es dem Leser auffallen, daß ich häufiger als bisher Namen von Personen nenne, und für manchen Geschmack mögen es ein bißchen zu viele amerikanische Beispiele und zu viele aus Politik und Militär sein. Der Grund dafür ist nicht, daß es prinzipiell keine vergleichbaren oder ebenso tauglichen Beispiele aus der Wirtschaft und aus anderen Ländern, selbstverständlich auch aus dem deutschsprachigen Bereich gäbe. Es ist auch keine übertriebene Vorliebe für den politisch-militärischen Sektor oder den anglophilen Raum.

Der Grund ist ganz einfach und praktischer Natur: Die Geschichte politischer und militärischer Führer ist ganz generell wesentlich besser *dokumentiert* als jene der Wirtschaftsführer. Sie hat immer in viel größerem Ausmaß das Interesse der Historiker und Biographen gefunden. Ganz speziell gilt das für die jüngere Zeitgeschichte der USA, wo Politik und Militär immer *öffentlich* waren und auch in Kriegszeiten kaum etwas vor der freien Presse verheimlicht werden konnte, die eifersüchtig und leidenschaftlich auf ihre demokratischen Rechte pochte. Man weiß also über die von mir hier als Beispiele angeführten Personen einfach mehr als über viele andere, die prima vista ebenfalls Beispiele sein könnten. Die Informationen haben auch einen höheren Zuverlässigkeitsgrad. Kaum etwas wurde so sorgfältig dokumentiert wie etwa das Handeln der amerikanischen Generäle im Zweiten Weltkrieg, ganz im Gegensatz zu Deutschland, wo aufgrund des politischen Systems zuerst vieles unaufgezeichnet blieb und dann wertvolle Materialien in den Kriegswirren untergingen.

Wenn ich konkrete Personen, meinem im Vorwort dargelegten Grundsatz folgend, fast durchwegs als positive Beispiele verwende, dann bedeutet das keineswegs, daß sie nicht auch erhebliche Schwächen gehabt und Fehler gemacht hätten. Wie könnte es anders sein? Ich stehe diesen Personen daher keineswegs unkritisch gegenüber. In diesem Zusammenhang geht es aber nicht um eine umfassende, objektive Würdigung ihrer Lebensläufe, sondern lediglich um die Veranschaulichung des einen oder anderen ansonsten vielleicht etwas abstrakten Prinzips oder einer Verhaltensweise.

Es gibt eine Flut von Büchern, Artikeln, Kongressen und Seminaren zum Thema dieses Kapitels. Leadership wird zu einer *Modewelle,* und wie immer bei Modewellen ist die *Substanz sehr dünn.* Kaum etwas ist zu Ende gedacht, sauber recherchiert oder gründlich hinterfragt, von Argumenten oder gar Beweisen ganz zu schweigen. Es werden bloße Anschauungen und Meinungen feilgeboten.

Bei einer Reihe von anderen Modewellen, wie etwa dem Chaos-Management[35], der Empowerment-Bewegung oder der New-Age-Welle ist die damit verbundene Oberflächlichkeit gleichgültig und unschädlich, weil es eben reine Modethemen sind, die ebenso schnell wieder verschwinden werden, wie sie aufgetaucht sind.

Mit Leadership verhält es sich anders. Das ist nach meiner Auffassung tatsächlich etwas *Wichtiges,* und jedes Unternehmen sollte sich ernsthaft und gründlich damit befassen. Es ist gleichzeitig aber auch ein *gefährliches* und *heikles* Thema, wie die Geschichte beweist. Es ist ja bezeichnend,

---

35 Damit kein Mißverständnis entsteht: Die *mathematisch-physikalische* Chaostheorie halte ich für einen großen Fortschritt, ja Durchbruch in den Naturwissenschaften. Was daraus bisher aber an Übertragung auf Management gemacht wurde, ist unhaltbar. Siehe dazu auch Abschnitt 2.3.

daß in den deutschsprachigen Ländern für die Begriffe »Führer« und »Führerschaft« immer die englischen Wörter verwendet werden. Sie lassen sich zwar problemlos wörtlich ins Deutsche übersetzen, aber man scheint anzunehmen, mit den englischen Begriffen seien keine heiklen Assoziationen verbunden. »Leader« scheint problemlos zu sein; »Führer« ist es nicht.

Um so wichtiger ist es, an dieses Thema mit *Sorgfalt* und *Bedacht* heranzugehen. Als Modewelle verkommt es entweder zu geistigem Schrott, oder es wird gefährlich. Wer sich berufsbedingt mit Leadership auseinandersetzen muß, sollte einige Tendenzen, Irrtümer und Mißverständnisse kennen und bei seinen Entscheidungen beachten:

1. Fast die gesamte in den letzten Jahren entstandene Literatur ist *geschichtslos*. Es wird der Eindruck vermittelt, als sei dieses Thema gerade jetzt entdeckt worden, und als habe es vorher nie so etwas wie Führer, Führung und Führerschaft gegeben.

Dem ist natürlich nicht so. Es mag sein, daß unsere Zeit mit ihren Problemen einen besonders ausgeprägten Bedarf nach Führung hat – sicher kann man aber diesbezüglich nicht sein, bevor man nicht einiges an Geschichte studiert hat. Ganz sicher ist unsere Zeit aber *nicht die erste*, in der es eine Befassung mit Leadership-Fragen gegeben hat. Die letzte liegt gerade gute 50 Jahre zurück – und sie weist das gesamte Spektrum an Möglichkeiten auf, dieses Thema zu diskutieren.

2. Der größte Teil der neueren Literatur ist *eindimensional.* Es wird über Leadership in der *Wirtschaft* geredet, so als ob es nicht viele andere Gebiete gäbe, in denen Führer und Führung wichtig sind, etwa die Kirchen und Orden oder die militärischen Organisationen oder die Politik. Die Diskussion ist in diesen Bereichen teilweise wesentlich weiter fortgeschritten und auf einem beträchtlich höheren Niveau, als sie es in der Wirtschaft bisher je war. Damit will ich keineswegs andeuten, daß man Führungstheorien von dort in die Wirt-

schaft übertragen könne oder solle. Aber ohne eine Auseinandersetzung mit den Beständen dieser Gebiete wird es
auch nicht gehen. Man kann das nicht einfach ignorieren.

3. Im weitaus überwiegenden Teil der Literatur wird Leadership *verabsolutiert*. Es wird gewissermaßen nach einem
»Absolutum« der Führung gesucht, und es wird in bestimmten *Persönlichkeitseigenschaften* vermutet. Wie ich später
noch etwas ausführlicher darlegen werde, gibt es keine Füh-
rereigenschaften. Hier geht es mir aber um etwas anderes:
Führerschaft ist etwas *Relatives*; sie ist abhängig von der *Situation* und nur aus einer solchen heraus verständlich und
erklärbar.

Ein und dieselbe Person kann sich in der einen Situation
als herausragender Führer erweisen und in einer anderen
zeigt sich wenig bis gar nichts von Führerschaft. Eines der
besten Beispiele ist wohl Churchill. Es bedurfte der Situation
des Zweiten Weltkrieges und der speziellen Situation Eng-
lands in diesem Krieg, um aus Churchill einen Führer zu
machen, der er nach meiner Einschätzung zweifellos war.
Vorher hatte Churchill ein ziemlich bedeutungsloses Leben
als Hinterbänkler im britischen Parlament geführt; er war
eher in der Nähe einer verkrachten Existenz, als daß Leadership bei ihm zu erkennen gewesen wäre. Die Situation
und das spezifische Handeln in dieser Situation sind es, die
Leadership ausmachen. Ohne die Situation wäre das Handeln weder nötig noch möglich, noch würde es Sinn machen.
Wenn man Leadership auf die Spur kommen will, so muß
gefragt werden: *Was war es an oder in der speziellen Situation, in die die Person gestellt war, das sie zum Leader machte, oder besser, werden ließ?*

In diesem Zusammenhang kommt etwas Weiteres, häufig
Übersehenes dazu: Im allgemeinen glaubt man, Führerschaft sei etwas sehr *Seltenes* und *Außergewöhnliches* und
daher sucht man ja nach jenen »geheimnisvollen« Eigenschaften der »seltenen« Führer. Wahrscheinlich kommt Leadership-Verhalten – im Gegensatz zur allgemeinen Meinung
– aber ziemlich häufig vor. In den meisten Fällen ist es nur

so, daß die Situation, in der jemand Leadership zeigte, nicht
besonders beachtenswert oder berichtenswert ist; es läßt
sich zum Beispiel medial nichts daraus machen – sie ist eine
Alltagssituation. Jemand, der ein Kind aus einem Fluß oder
einem brennenden Haus rettet oder bei einem Verkehrsun-
fall Hilfe mobilisiert, zeigt alle Merkmale von Leadership. Ob
er ein Held ist, bleibe dahingestellt; aber er ist ein Leader.
Mehr als eine kurze Notiz in der örtlichen Zeitung wird es
darüber wohl kaum geben. Es ist die besonders berichtens-
werte, aufsehenerregende Situation und das spezielle Handeln darin, die zu öffentlich wahrgenommener, von den
Menschen als solche registrierter Leadership führt. Da solche *Situationen*, nicht das Leadership-Verhalten, eher selten
sind, schließt man auf die Seltenheit und Außergewöhnlich-
keit von Leadership.

4. Eine Leadership-Theorie, die auch nur im entferntesten
als brauchbar oder der Befassung wert erscheinen will, muß
auf *jeden Fall* und *mindestens* eines leisten: Sie muß sich
dem Problem der Unterscheidung zwischen *Führern* und
Verführern stellen. Eine gute Leadership-Theorie muß eine
klare Unterscheidung möglich machen, ja erzwingen. Sie
muß klare und präzise Kriterien dafür liefern, wie wir die
Verführer identifizieren und ausscheiden können.

Viele Autoren scheinen nicht einmal dieses Problem als
solches zu sehen, ganz zu schweigen, daß sie Lösungsansät-
ze dafür hätten. Sie fabulieren über irgendwelche Qualitäten
und Eigenschaften, die Menschen ihrer Meinung nach haben
müssen, um Leader zu sein. Sie phantasieren von Begeisterung, Inspiration, großen Visionen und irgendwelchen Sie-
gergestalten. Ich halte das im günstigsten Falle für roman-
tisches Geschwätz. Manche scheinen aus ihrer Infantilität
nie herauszukommen. Sie verbleiben im Trapper-Indianer-
Stadium – ein bißchen Winnetou, ein Schuß Jung-Siegfried,
eine Prise »Go West« – natürlich global und via Internet.

Aber so wird es nicht gehen. Man wird schon angeben
müssen, welche *Gemeinsamkeiten*, vor allem aber welche
Unterschiede es gibt zum Beispiel zwischen Churchill und

Hitler oder Truman und Stalin. Und man wird herausarbei-
ten müssen, worin über den Umstand *hinaus*, daß sie *historisch* erwähnenswert sind, die *Führerschaft* von Menschen
wie Kennedy, Adenauer, de Gaulle, Beckett, Loyola, Calvin,
Mindszenty, Tschu En Lai usw. bestand.

5. Was besonders auffällt, ist die ausgeprägte Tendenz bei
den meisten, die sich mit Leadership befassen, Management
und Leadership in einen *krassen Gegensatz* zu stellen. Um
die Bedeutung von Leadership möglichst *groß* zu machen,
machen sie jene von Management möglichst *klein*.

Demnach wären *Manager* dann bloße Administratoren,
Operateure und Exekutoren, die an den gegebenen Zuständen kleben, gegenwartsorientiert sind, mit Regeln und Kon-
trollen arbeiten – im Kern also Bürokraten sind, während die
Leader als Innovatoren, begeisternde Visionäre und Pioniere
gesehen werden. Es steht selbstverständlich jedem frei, die
Dinge so darzustellen. Die Frage ist nur, was damit gewonnen wird.

Ich mache einen ganz anderen Vorschlag: Wenn wir hoffen
wollen, das wirklich Wesentliche an Leadership zu erkennen, zu analysieren und es möglicherweise sogar, falls das
überhaupt geht, zu lehren und zu lernen, dann muß man von
einem *möglichst positiv* verstandenen Bild von Management
ausgehen und von dort aus dann fragen, was Leadership
darüber hinaus noch *zusätzlich* bedeutet. Tut man das nicht,
dann wird einfach alles *Schlechte* als Management bezeichnet und alles *Gute* als Leadership. Damit hat man aber über
Leadership nichts gelernt.

Es gibt zahlreiche Führungskräfte, die *sehr wohl* zukunfts-
orientiert sind, Weitsicht haben, Innovatoren sind und allen
Kriterien von Führern entsprechen; sie sind als Menschen
aber viel zu *bescheiden*, um sich jemals als Leader zu bezeichnen oder bezeichnen zu lassen. Das würde ihnen als
Anmassung erscheinen. Es genügt ihnen, als gute Manager
gesehen zu werden.

Zuerst muß also zwischen *schlechten* und *guten* Managern
unterschieden werden, und dann erst kann sinnvoll gefragt

werden, was den Leader vom *guten* Manager unterscheidet, und wo der Leader noch über den guten Manager hinausgeht.

9.2 Mystifizierung über die Zuschreibung von Eigenschaften

Der möglicherweise am weitesten verbreitete Fehler ist die *Mystifizierung* von Führern – vermeintlichen oder echten – und ihre Glorifizierung, jedenfalls der als positiv wahrgenommenen Personen; die anderen werden – zu Recht oder zu Unrecht – verteufelt. Diese Überhöhung erfolgt über die Zuschreibung von Eigenschaften, in denen eben die besonderen Leadership-Qualitäten gesehen werden und die daher auch als Grund, Ursache oder Ursprung von Führerschaft betrachtet werden.

Ich glaube, daß hier ein ganz gravierendes Mißverständnis vorliegt und – für jene, die Personalentscheidungen zu treffen haben – eine Quelle der Irreführung. Es gibt eine so große Zahl von Beispielen dafür, daß Menschen hervorragende Führungsleistungen erbracht haben, ohne auch nur eine einzige der immer wieder geforderten *Eigenschaften* zu besitzen, daß damit die gesamte Eigenschaftstheorie wertlos wird. Weder der amerikanische Präsident Harry S. Truman noch General George C. Marshall[36] – beide gehören nach meiner Auffassung zu erstrangigen Kandidaten unter den echten Führern des 20. Jahrhunderts – hatten besondere Eigenschaften. Truman ist vielleicht ein besonders gutes Beispiel. Das Wesentliche an ihm ist möglicherweise nicht einmal die Tatsache, daß er US-Präsident war und daß er als solcher eine Reihe von schwierigen und wichtigen Entscheidungen traf. Das Wesentliche für die Erklärung seiner Leadership besteht darin, daß er dies *ohne* eine *einzige* jener Voraussetzungen wurde, die üblicherweise als wichtig ange-

---

36 Marshall war Stabschef der amerikanischen Armee von 1939–1945, danach Außenminister und anschließend Verteidigungsminister.

sehen werden. Wenige haben aus einer so schlechten Start-
position heraus in so kurzer Zeit so bemerkenswerte Leistungen erbracht wie Truman.

Er hatte keine auffallenden Eigenschaften, schon gar nicht
jene, die in der einschlägigen Literatur immer gefordert
werden. Niemand hätte von Trumans Persönlichkeitsstruk-
tur auf seinen späteren politischen Erfolg schließen können.
Wahrscheinlich wäre er bei allen »Leadership-Tests« durch-
gefallen. Truman hatte ein paar *Grundsätze*, die ihm gehol-
fen haben, auch in schwierigsten Situationen klaren Kopf zu
bewahren, vor allem in jenen Lagen, in denen er ob der Last
der Aufgaben eher der Verzweiflung nahe war und sich
nichts sehnlicher wünschte, als daß ihm das Schicksal dieses
schwierige Amt erspart hätte. Er fühlte sich häufig überfor-
dert und weit über seine Fähigkeiten hinaus beansprucht.
Da gab es nichts von einem »strahlenden Helden« – im Gegensatz zum Beispiel zur Figur eines seiner »Gegenspieler«,
General Douglas MacArthur.

Roosevelt hatte Truman auch gar nicht wegen dessen Leadership-Qualitäten zum Vizepräsidenten gemacht, sondern –
ganz im Gegenteil – wegen deren weitgehenden Fehlens.
Nach allem, was man über Truman wußte, konnte er Roosevelt niemals gefährlich werden, und das war – abgesehen
von gewissen parteipolitischen Kompromissen – der Haupt-
grund für Roosevelt, Truman die Vizepräsidentschaft anzu-
tragen.

Am Beispiel Trumans sieht man auch sehr gut, wie entscheidend die *Situation* als Element von Leadership ist. Es
bedurfte des zum ungünstigsten Zeitpunkt kommenden To-
des Roosevelts am 12. April 1945, um Truman zu einem der
Führer des 20. Jahrhunderts zu machen. Ohne dieses Ereignis wäre er eine Fußnote der Geschichte geblieben.

Truman hatte, wie gesagt, als Mensch ein paar *Prinzipien*,
übrigens solche, die ihn in den Augen der meisten Lea-
dership-Experten eher disqualifizierten. Und er hat sich in
der historisch bedeutsamen Situation, in die er gestellt war,
auf eine bestimmte Weise *verhalten*. Das war es, was ihn
zum Leader machte. Die wesentlichen, verallgemeinerungs-

fähigen Dinge sind im nachfolgenden Abschnitt 9.3 dargestellt.

In Wahrheit gibt es überhaupt keine Gemeinsamkeiten in
den *Eigenschaften* von Menschen, die man typischerweise
als Leader ansieht. Manche sind außerordentlich intelligent,
andere eher mittelmäßig. Manche sind »nette Burschen«,
umgänglich und locker; andere sind eher unnahbar, zurückhaltend und spröde, von strenger Disziplin, vielleicht von
Askese geprägt. Manche sind Draufgängertypen und »Ma-
chos«; andere sind kultivierte Menschen, leise und vornehm.
Manche lieben Luxus und Show; andere können das nicht
ausstehen. Es gibt solche, die eher impulsiv und spontan
sind, während andere alles gründlich studieren und lange
Perioden grübelnden Nachdenkens und bohrender Zweifel
hinter sich bringen müssen, bis sie zu einer Entscheidung
kommen. Manche suchen den Kontakt mit Menschen, haben
immer ein offenes Haus oder Büro, während andere sich
unter Menschen überhaupt nicht wohl fühlen und eher zu
Einsamkeit und Zurückgezogenheit tendieren.

Es sind ganz bestimmte *Verhaltensweisen* – in ganz bestimmten *Situationen* –, nicht Eigenschaften, die die Führerschaft einer Person erklären und begründen und die vor allem eines bewirken: *Gefolgschaft*, *Glaubwürdigkeit* und *Ver-*
trauen – und nicht nur Kumpanei.

Eigenschaften sind nicht kausal für Führerschaft. Wenn
man der Sache auf den Grund geht, zeigt sich praktisch immer, daß hier ein Fehler ganz besonderer Art vorliegt: Es ist
der Fehlschluß vom Späteren auf das Frühere. »Danach –
also deswegen«, ist die irreführende und irrige Schlußfolgerung. Sobald sich Führerschaft herauskristallisiert und daher so etwas wie Gefolgschaft entsteht, steht die betreffende
Person naturgemäß im Mittelpunkt des Interesses und der
Aufmerksamkeit ihrer unmittelbaren Umgebung und, seit es
Massenmedien gibt, vor allem im Interesse der Medien.
Dann – und meistens nicht vorher – fallen den Leuten alle
möglichen Eigenschaften auf, die der Führer tatsächlich hat
(manchmal mögen es auch nur Projektionen sein), die vorher aber im Grunde niemand für beachtenswert empfunden

hat. Dann wird der Schluß gezogen, der Führer habe *wegen* dieser Eigenschaften Führerschaft erlangt. In aller Regel ist es aber genau umgekehrt: diese Eigenschaften gelten als bemerkenswert, *weil* er Führerschaft erlangte. Zuerst war die Führerschaft da, und dann erst – und *deswegen* – werden Eigenschaften überhaupt bemerkt. Es ist ein klassischer Fehlschluß, der in Zusammenhang mit dem Kausalitätsdenken und dem Kausalitätsprinzip in den Wissenschaften immer wieder vorkommt, wissenschaftsphilosophisch ziemlich gut erforscht ist und daher von guten Wissenschaftlern auch peinlich vermieden wird.

9.3 Vom Manager zum Führer

Grundlage guten *Managements* sind *handwerkliche* und damit lehr- und lernbare *Kompetenzen*: die Einhaltung einiger weniger *Grundsätze*, die gewissenhafte und sorgfältige Erfüllung einiger *Schlüsselaufgaben* und die Beherrschung einiger *Werkzeuge*. Auch *Leader* kommen nicht ohne die handwerkliche Basis guten Managements aus, und keine Organisation wird ohne diese funktionieren können.

Echte Führer bleiben dabei aber *nicht stehen*; sie gehen einige kleine, aber wichtige Schritte *darüber hinaus*. Sie beherrschen einige Dinge besonders gut, nicht weil sie ihnen angeboren wären (obwohl dies gelegentlich der Fall sein mag und ihnen damit vieles leichter von der Hand geht als anderen Menschen), sondern weil sie bewußt oder intuitiv wissen, daß sie als letztlich gewöhnliche Sterbliche nur sehr wenige Mittel zur Verfügung haben, um menschliche Kräfte zu mobilisieren, und daher konzentrieren sie sich auf die wesentlichen Dinge besonders systematisch und arbeiten unermüdlich und konsequent an den entscheidenden *Kompetenzen der Führung*.

Ich spreche hier ausdrücklich von *echten* Führern und nicht von *großen*. Es gibt als »groß« angesehene Führer, die man bei genauer Analyse nicht als echte Führer bezeichnen kann. Nach meiner Einschätzung ist John F. Kennedy dafür ein Beispiel.[37] Kennedy war in erster Linie ein Medienereignis, das Produkt einer hervorragenden Public Relations-Strategie und nach seinem Tod einer gezielten Überhöhung durch beauftragte Biographen. Politisch hat er – objektiv gesehen – praktisch nichts erreicht, und so wäre es auch gewesen, wenn er eine längere Amtszeit gehabt hätte. Die meisten seiner wichtigen Entscheidungen waren Desaster. Andererseits gibt es Leute, die von niemandem als »groß« angesehen werden, aber durchaus echte Führer waren. Kriege, Naturkatastrophen, Unfälle usw. liefern fast beliebig viele Beispiele dafür, daß Menschen echte Führerschaft bewiesen haben, ohne daß sie deswegen als »historisch große Führer« Beachtung gefunden hätten.

Es erscheint mir wichtig, daß die Mitglieder des Aufsichtsorganes bei ihren Personalentscheidungen für die obersten Positionen, die, wie schon dargelegt, absolut kritisch sind, auf die folgenden Dinge achten. Mein Vorschlag läuft *nicht* darauf hinaus, unbedingt Personen auszuwählen, die echte Führer sind. Ob man einen Führer auf einer Position braucht, oder ob es ein guter Manager auch tut, hängt vom konkreten Einzelfall ab. Wichtiger erscheint es mir, darauf zu achten, ob ein Kandidat für eine Spitzenposition erkennbar gegen die im weiteren beschriebenen Anforderungen *verstößt*. Wenn das der Fall ist, läuft man Gefahr, daß das Unternehmen nicht geführt, sondern verführt wird und über kurz oder lang außer Kontrolle gerät.

1. Echte Führer sind auf die Aufgabe konzentriert

Ihre Schlüsselfrage lautet nicht: *Was will ich? Was paßt mir usw.?*, sondern ihre Frage lautet: *Was muß getan werden?* Der unmittelbare »Return« ist ihnen meistens unwichtig. Sie

---

37 Ich muß zugeben, daß es mir Mühe bereitete, das einzusehen. Kennedy war eines der großen Idole meiner Jugendzeit, wie wohl auch der meisten anderen damals Gleichaltrigen. Alles was uns wichtig war, wurde durch ihn verkörpert, und ich werde den Tag seiner Ermordung niemals vergessen.

orientieren sich nicht an der Belohnung, schon gar nicht an geldmäßigen Belohnungen. Sie empfinden die Verpflichtung, das, was zu tun ist, auch zu tun. Manchmal geht diese Verpflichtung bis zur Besessenheit und zur Verdrängung aller anderen Dinge. Die treibende Kraft ist aber immer die *Aufgabe* und nicht persönliche Bedürfnisse. Nicht selten stellen sie im Dienst an der Aufgabe alle ihre Bedürfnisse völlig zurück und nehmen erhebliche Opfer und Verzichtsleistungen auf sich – was meistens in ihrer Umgebung auf Verständnislosigkeit stößt.

Sie sind getrieben von der Frage: *Was kann ich tun? Wo und wie kann ich eine Veränderung bewirken, einen Unterschied machen? Was ist richtig für diese Organisation? Worin bestehen die richtigen Ziele und Aufgaben für das Unternehmen?* Was für sie zählt, sind nur die Leistungen und Ergebnisse bezüglich dieser Aufgaben.

Sie sind an den üblichen Motivationen nicht interessiert. Ihre Motivation (und auch ihre Kraft) resultiert aus der Aufgabe und aus den damit zusammenhängenden Erfolgen. *They are working for a cause...* Eine gute gelöste Aufgabe ist ihnen Befriedigung genug.

2. Echte Führer zwingen sich zuzuhören

Die Betonung liegt auf »*zwingen*«, denn keinem fällt das leicht. Die meisten Führer sind ungeduldig, und viele sind zutiefst davon überzeugt, richtig zu handeln. Dennoch wissen sie, wie ungeheuer wichtig jene Informationen sind, die sie nur von anderen bekommen können, und zwar vor allem von der Basis ihrer Organisation. Sie bringen immer wieder den Willen und die Selbstdisziplin auf, scheinbar geduldig zuzuhören – nicht zuletzt auch deshalb, weil sie wissen, daß sie ansonsten das *Vertrauen* ihrer Organisation verlieren. Sie erwecken zumindest den Anschein, als interessiere sie das, was andere zu sagen haben, besonders intensiv, und die wirklich guten Führer erwecken nicht nur diesen Anschein, sondern *es ist wirklich so.*

Das braucht nicht zu bedeuten, daß sie *lange* zuhören.

Meistens haben sie wenig Zeit. Aber auch wenn sie sich nur zehn Minuten Zeit nehmen – in diesen hören sie für den anderen erkennbar aufmerksam zu.

3. Echte Führer arbeiten unermüdlich daran, sich verständlich zu machen

Sie sind sich dessen bewußt, daß das, was *ihnen* klar ist, *ihre* Sicht der Dinge und *ihre eigene* Vorstellungswelt, allen anderen *überhaupt nicht klar* sind. Aus diesem Grunde *wiederholen* sie die ihnen wichtig erscheinenden Botschaften immer wieder aufs Neue, mit größter Geduld und Beharrlichkeit, möglicherweise mit einer an Sturheit grenzenden Konsequenz. Im Bemühen, sich verständlich zu machen, vereinfachen sie und befleißigen sich der Sprache des anderen oder der bildhaften Analogie. Gelegentlich übersimplifizieren sie bewußt oder unbewußt, weil sie genau wissen, daß komplizierte Dinge nicht verstanden werden und daher auch nicht wirksam werden können. Im Bemühen, verstanden zu werden, greifen sie, wo immer möglich, zum besten Mittel der Kommunikation: *Sie machen die Dinge vor.* Sie verhalten sich selbst so, wie sie es von anderen wollen, und jeder Führer hat auf die eine oder andere Art die Erfahrung machen müssen, daß er letztlich *nur durch Beispiel* führen kann. Führer müssen die Regeln, die sie durchgesetzt haben wollen, selbst besonders peinlich befolgen. Sie können sich auf anderen Gebieten durchaus Privilegien herausnehmen, aber sie müssen die Grundregeln selbst strikt einhalten, weil sie sonst die *Kredibilität* in ihrer Organisation verlieren. Verstoßen sie gegen dieses Prinzip, beginnt die Erosion ihrer Führungsposition.

4. Echte Führer verzichten auf Alibis und Ausreden

Sie sind an *Resultaten* interessiert, und wo sich diese nicht einstellen, flüchten sie nicht in faule Begründungen und Ausreden. Gerade im Zusammenhang mit diesem Aspekt kann man sehr gut jenen Punkt feststellen, an dem historische Personen gescheitert sind. Ihre Führungsposition hat in dem Augenblick zu erodieren begonnen, in dem sie mit Alibis und Ausreden zu operieren begannen oder mit dem Errichten von Sündenböcken und Verschwörungstheorien. Einige Zeit kann das durchaus noch funktionieren, aber der Keim des Scheiterns, des Verlustes der Glaubwürdigkeit und Überzeugungskraft ist bereits gelegt. Es mag in bestimmten Situationen noch recht lange gedauert haben, bis das Scheitern in voller Tragweite offenkundig wurde, dennoch beginnt es in der Regel damit, daß der Führer *nicht mehr authentisch* und *nicht mehr ehrlich* in diesem Punkt ist. Jede andere Art des Taktierens mag toleriert oder sogar als ein Zeichen besonderer Intelligenz und Schlauheit gewertet werden – nicht jedoch Taktieren bezüglich dieses Aspektes.

5. *Echte Führer akzeptieren ihre eigene Bedeutungslosigkeit relativ zur Aufgabe*

Ich betone: relativ zur *Aufgabe* – und nicht etwa relativ zu anderen *Personen*. Führer wissen sehr wohl, daß sie wichtig sind, und sie lassen das die anderen auch durchaus spüren.

So sehr in der einen oder anderen Weise *Personenkult* mit Führern verbunden sein mag und dieser manchmal auch gegen ihren Willen von ihrer Umgebung verlangt und aufgebaut wird, sie selbst stellen sich *unter die Aufgabe,* die immer größer und bedeutsamer ist als sie selbst. Dies ist der *einzige* Weg, trotz und gerade in der Einmaligkeit einer Leadership-Situation noch genug *Objektivität* zu bewahren, um sich ein klares Bild über die Lage verschaffen zu können. Sie *akzeptieren* die Aufgabe in ihrer vollen Bedeutung, aber sie *identifizieren* sich nicht mit ihr. Die Aufgabe bleibt immer etwas anderes als sie selbst, sie ist immer von ihrer Person verschieden. Auch dies ist ein Punkt, an dem viele historische Führer gescheitert sind. Sobald die »L'état c'est moi«-Haltung im Vordergrund stand, mag zwar eine besonders *glanzvolle Periode für die Person* begonnen haben, aber in der Regel hat damit auch der *Anfang vom Ende der Führung* begonnen.

Es kommt aber noch etwas dazu, was viel wichtiger ist: Die Akzeptanz der Bedeutungslosigkeit der eigenen Person relativ zur Aufgabe ermöglicht es echten Führern, im entscheidenden Augenblick *Mut* und *Zivilcourage* aufzubringen, genau in dem Augenblick nämlich, in dem sie zwischen der Bedeutung der Aufgabe und ihrer richtigen Erfüllung einerseits und ihrer eigenen Karriere andererseits entscheiden müssen. Im Zweifel opfern sie ihre Karriere um der Sache willen. Genau das ist es, was ihnen den Respekt der anderen verschafft, und zu einem ganz wesentlichen Teil liegt darin die Quelle ihrer *Überzeugungskraft*. Ihre Umgebung sieht, daß es ihnen eben nicht um die eigenen Interessen geht, sondern um die der Sache – und dies in einem so großen Ausmaß, daß sie sogar ihr persönliches Scheitern in Kauf nehmen, um der Sache zu dienen. Mehr kann ein Mensch ja kaum in die Waagschale werfen, und wenn er das tut, ist das für die anderen ein kaum zu übersehendes Signal, daß er *meint*, was er *sagt*. Es beweist *charakterliche Integrität*.

Eines der besten Beispiele ist das Verhalten von General George Marshall gegenüber Präsident Roosevelt. Eine der Episoden[38], wo Marshall dem Präsidenten bis hart an die Grenze des für diesen Erträglichen Paroli bot, mag für die Veranschaulichung nützlich sein: Wenige Wochen nach seiner Berufung zum Stabschef der amerikanischen Armee nahm Marshall an einer Sitzung mit dem Präsidenten und mehreren anderen Regierungsmitgliedern und hohen Militärs teil. Er hatte mit dem Präsidenten bis dahin nur wenige Male zu tun gehabt. Roosevelt, der zwar ein Faible für die Luftwaffe hatte, aber wenig bis gar keine Sachkenntnis, legte seine Vorstellungen über den Ausbau der Air Force dar. Marshall erkannte, daß die Pläne Roosevelts zu einem Desaster führen würden. Nachdem der Präsident lange, aber in den Augen Marshalls fast verantwortungslos oberflächlich über die Aufrüstung der Luftwaffe referiert hatte, wandte er

---

38 Siehe Cray Ed, General of the Army George C. Marshall, Soldier and Statesman, New York, London 1990.

sich an die anwesenden Teilnehmer, um jeden nach dessen Meinung zu fragen. Alle stimmten mit dem Präsidenten überein, und sagten – höflich zurückhaltend – nette Worte. Zum Schluß fragte Roosevelt den Stabschef, was er von seinen Vorschlägen halte. Marshall sagte mit einem scharfen Unterton in seiner Stimme: »*Mr. President, I am sorry, but I don't agree with that at all.*« Roosevelt schaute Marshall schweigend an – und brach die Sitzung abrupt ab. Offenkundig hatte Marshall soeben einen tödlichen Fehler im Umgang mit dem Präsidenten gemacht, so tödlich, daß der ebenfalls anwesende damalige Finanzminister, Henry Morgenthau, beim Hinausgehen zu Marshall sagte: »*Well, it's been nice knowing you.*« Marshalls Karriere war in seinen Augen beendet, noch bevor sie begonnen hatte.

Genau dadurch gewann General Marshall aber bald den ganzen Respekt und das volle Vertrauen nicht nur des Präsidenten, sondern auch aller anderen in die Kriegsfragen involvierten Personen. Dies war es unter anderem, was Marshall zu einem der besten und unbestrittensten Führer dieses Jahrhunderts machte. Er hatte den Mut, für die Sache einzutreten, auch wenn es das Ende seiner Karriere bedeuten konnte – was er mehrmals im Laufe seines Lebens bewiesen hatte und einer seiner Charakterzüge war. Und es spricht auch für die Führerqualitäten Roosevelts, daß er Marshalls Karriere deswegen nicht beendete.

6. Echte Führer geben ihr Bestes für die Organisation, aber nicht ihr Leben

Sie streben ständig nach Perfektion, und – wie gesagt – sie geben (fast) alles *für die Sache*. Sie fordern von sich und von den Menschen *größte Leistung* und *höchste Maßstäbe* – sie *bieten* nicht etwas, sondern sie *stellen Forderungen*. Sie wissen, daß es die Leistung der Organisation ist, die Stolz, Achtung und Selbstrespekt erzeugt, und daher haben sie größte Erwartungen in die Leistungen der Menschen. Und obwohl sie – buchstäblich oder im übertragenen Sinne – das Leben anderer in besonderen Situationen gelegentlich fordern müssen, so geben sie doch nicht ihr eigenes – es sei denn, sie werden dazu *gezwungen*. Es gibt somit einen Unterschied zwischen Führern und Märtyrern.

7. Echte Führer stehlen ihren Leuten nicht den Erfolg

Bei allen Erfolgen, die sie selbst haben mögen, und bei aller Überzeugtheit, vieles besser machen zu können, als andere, schmücken sie sich nicht mit fremden Federn. Sie denken »*wir*« statt »*ich*«. Sie wissen, was ihre Mitarbeiter und die Organisation leisten, und sie *anerkennen* das. Der Erfolg in der *Sache* ist ihnen wichtig, nicht *ihr* Erfolg als Person.

8. Echte Führer haben keine Angst vor starken Leuten

Das gilt in beide Richtungen, gegenüber Unterstellten und gegenüber Vorgesetzten. Sie wissen, daß nur die *besten Kräfte* genügen werden, um die großen Aufgaben der Organisation zu erfüllen, und sie tun alles, um beste Kräfte *anzuziehen*, sie zu *fördern* und *zum Einsatz zu bringen*. Sie werden möglicherweise hart und gelegentlich auch brutal gegen Versuche vorgehen, ihre *Autorität* in Frage zu stellen und zu unterminieren, aber sie eliminieren nicht die starken Leute aus purer Angst um ihre eigene Autorität. Das Versammeln von *Schwächlingen*, *Günstlingen* und *Ja-Sagern* ist ein *sicheres Anzeichen* für *schwache* Führung. Echte und starke Führer sind fast allergisch gegen Ja-Sager. Sie wollen die ehrlichen und kontroversen Meinungen, wobei es durchaus sein kann, daß sie sie mit Unmut und Barschheit entgegennehmen.

Man muß hier bei der Beobachtung von Menschen ein bißchen aufpassen. Es ist nicht so, daß Führer Kritik etwa *gerne* hören. Wohl eher das Gegenteil ist der Normalfall, wie übrigens bei den meisten Menschen. Es ist also möglich und sehr wahrscheinlich, daß ein Führer sehr unwirsch auf Kritik reagiert. Dennoch – und das ist das Wesentliche – ein *unechter* Führer ignoriert sie und meistens unterdrückt er sie; der *echte* Führer – gleichgültig wie seine emotionale Reaktion sein mag – nimmt sie *zur Kenntnis*, was selbstverständlich nicht bedeutet, daß er sie immer akzeptiert.

Die Episode, die ich oben über das Verhältnis von General Marshall und Präsident Roosevelt berichtete, illustriert auch diesen Punkt sehr anschaulich.

9. *Echte Führer akzeptieren die Verschiedenartigkeit von Menschen*

Nicht nur akzeptieren sie das, sie machen daraus eine *Chance*. Sie orientieren sich an dem, was die Menschen *können*, und sie sind häufig außerordentlich tolerant mit Bezug auf die Schwächen von Menschen. Es geht ihnen nicht um Sympathie und Popularität. Die Stärken, die die Bewältigung der Aufgabe erfordert, ist für sie (fast) das einzige, das zählt. Wie auch immer sie anderen Menschen gegenüber sein mögen – humorvoll, locker und jovial oder streng, spröde und unnahbar – das sind nicht die wesentlichen Aspekte. Das sind Oberflächenerscheinungen. Was zählt, sind Aufgabe und Ergebnisse – und so tolerant sie bezüglich der Verschiedenartigkeit von Menschen sein können, so unnachgiebig sind sie, wenn es um *Leistung, Ergebnisse* und die damit zusammenhängenden *Werte* geht.

10. *Echte Führer müssen keine begeisternden Menschen sein*

Fast immer wird in der Literatur und in Diskussionen gefordert, Leader müßten *begeisternde* Menschen sein, solche die bei anderen *Enthusiasmus* wecken können. Das halte ich nicht nur für einen Trugschluß, sondern Begeisterung ist in den wirklich kritischen Führungssituationen sogar ein entscheidendes *Hindernis*. Wer Begeisterungsfähigkeit bei Führern fordert, hat offenbar nur die gewissermaßen *positiven* und vor allem nur die *leichten* Führungssituationen vor Augen. Wirkliche Führung ist aber dann notwendig und gefordert, wenn es um die *schwierigen* Situationen geht, wenn die unpopulären, harten, Opfer verlangenden – aber eben richtigen – Entscheidungen getroffen werden müssen. So lange es um etwas geht, wofür man Menschen prinzipiell überhaupt begeistern kann, ist nicht wirkliche Führerschaft erforderlich, meistens genügt dann schon brilliante Rhetorik. Ein Führer muß unter Umständen außerordentlich *harte* Entscheidungen treffen und von den Menschen vielleicht übermenschliche Leistungen verlangen. In solchen Situationen muß er zwar *überzeugen*, aber Begeisterung wäre fast immer kontraproduktiv.

Klare Beispiele sind etwa ein militärischer Rückzugsbefehl nach einer verlorenen und die Truppe dezimierenden Schlacht, oder die Notwendigkeit, Zehntausende von Menschen entlassen zu müssen. Nur Zyniker und Sadisten könnten für solche Maßnahmen Begeisterung aufbringen oder andere für so etwas begeistern wollen. Es sind gerade die deprimierendsten Dinge in einer Organisation, die die wirklichen, schwierigen Führungsentscheidungen erfordern. Niemand kann eine solche Entscheidung mit Begeisterung treffen, und würde er es tun, hätte er augenblicklich Vertrauen und Gefolgschaft verloren. Die Menschen würden sich seiner faktischen Macht beugen, aber nicht seiner Führerschaft folgen.

Churchill hat, weiß Gott, keine Begeisterung erkennen lassen, als er von der britischen Bevölkerung größte Opfer verlangen mußte. Aber er hat es verstanden, die Menschen von der Notwendigkeit dieser Opfer zu überzeugen; er hat an Pflichtgefühl, Durchhaltevermögen und Leistungswillen appelliert, aber zu begeistern gab es in dieser Situation nichts, und nichts wäre weniger am Platz gewesen, als auch nur der Versuch, Begeisterung zu erwecken. Es war eine *Pflicht* zu tun.

11. Echte Führer sind keine Utopisten

Sie mögen eine Vision – noch besser – eine *Mission* haben, aber sie wollen nicht »den Himmel auf Erden« schaffen, sondern sie konzentrieren sich darauf, die »Hölle« zu vermeiden. Echte Führer sind *Realisten* mit Bezug auf die *mensch-*

liche Natur, und sie bemühen sich, aus der Geschichte zu lernen. Sie wissen, daß man trotz aller faszinierenden, utopischen Philosophien keinen neuen Menschen schaffen, sondern lediglich das Elend dieser Welt Schritt für Schritt und sehr bescheiden verbessern kann. Möglicherweise operieren sie in ihrer Öffentlichkeitsarbeit mit einem *Hauch von Utopie,* weil sie um die Faszination solcher Entwürfe auf die Menschen wissen. In ihrem *Handeln* lassen sie sich aber vom Wissen um die Risiken jedes Eingriffes in ein komplexes soziales Gebilde leiten und um die unbeabsichtigten Nebenwirkungen auch noch so gut gemeinter Veränderungen. Sie wissen, daß es letztlich *unmöglich* ist, Utopien zu realisieren.

12. Echte Führer sind weder geboren, noch sind sie gemacht

Wenn sie weder geboren noch gemacht sind, was sind sie dann? Sie sind praktisch immer – *selbst* gemacht, und der Weg dazu ist immer derselbe. Es sind vier Elemente, die wichtig sind: Ausgangsbasis ist *erstens* die *Situation,* in die eine Person gestellt ist. Dies mag eine historisch bedeutsame Situation sein, mit der sich später die Geschichtsschreibung befaßt, oder es mag eine Alltagssituation sein, die keine Erwähnung seitens der Historiker erfahren wird. Das ist eine Zufallskomponente, denn kaum jemand kann sich die Situationen aussuchen, die die Chance – oder auch die Bürde – mit sich bringen, echte Führerschaft zu beweisen.

In dieser Situation erkennen sie, *zweitens,* die *entscheidende,* für die *Veränderung* der Situation wesentliche *Aufgabe.* Darin mag die so oft geforderte Vision gesehen werden; sehr häufig ist es aber keineswegs ein transzendentaler oder kreativer Funke, der die Vision zum Blühen bringt, sondern schlichtes, aber *sorgfältiges Durchdenken* der Alternativen und Prioriäten.

Und *drittens, sie stellen sich kompromißlos* dieser Aufgabe. Situation und Aufgabe mögen, wie gesagt, historisch so bedeutsam sein wie jene Churchills nach Jahren einer bedeutungslosen Politikerexistenz in den hinteren Rängen;

oder sie mag so alltäglich sein wie die einer Mutter, die ihr schwerkrankes Kind nächtelang aufopfernd pflegt, bis die Krisis überwunden ist. In beiden Fällen haben wir alle Elemente echter Führerschaft. Die Wertung durch die Historiker mag je ganz verschieden sein. Die *Wertung durch die Menschen* ist, wie wir von *Viktor Frankl* wissen, immer dieselbe.

Und *viertens* schließlich übernehmen sie für diese entscheidende Aufgabe die *Verantwortung*. Am anschaulichsten ist in diesem Zusammenhang wohl der Satz von *Harry Truman* :»*I am president now, and the buck stops here...*« Damit wollte er zum Ausdruck bringen, daß *er* die Aufgabe erfüllen und die Entscheidung treffen mußte – und sie an niemanden delegieren konnte.

9.4 Charisma

Zum Schluß noch ein paar Überlegungen zum Thema »Charisma«. Immer wieder vernehmen wir die Forderung nach *charismatischen Führern* für Wirtschaft und Gesellschaft.

Das ist ein *gefährliches* Thema. Das 20. Jahrhundert ist wohl *das* Jahrhundert der charismatischen Führer – *Hitler*, *Stalin* und *Mao*. Sollten wir inzwischen nicht genug davon haben? Sollten wir nicht etwas sorgfältiger und überlegter mit diesem Thema umgehen? Sind wenige Jahrzehnte Abstand wirklich genug, um alle Erinnerungen und Erfahrungen zu löschen?

Fast immer haben charismatische Führer *Katastrophen* bewirkt. Nur wenige waren glücklich genug, einen *Chef* zu haben, der das *Schlimmste zu verhindern wußte*. Feldmarshall *Montgomery*, einer der charismatischsten und herausragendsten militärischen Führer des Zweiten Weltkriegs, ist ein Beispiel: Er hatte einen Chef – *Churchill* –, der sein Charisma und damit seine Wirkung auf Menschen kannte, richtig einzuschätzen und einzusetzen wußte, aber gleichzeitig Katastrophen immer wieder verhinderte. So hat er ihn beispielsweise nie *gegen Eisenhower* unterstützt.

Vielleicht kannte Churchill die Beurteilung, die Montgomery als junger Leutnant in Britisch-Indien von seinem damaligen Vorgesetzten bekam. Sie lautete:»People will follow Montgomery wherever he will go; but I suspect, it will be out of curiosity and not out of confidence...«. Montgomery war ein Draufgänger, ein Held, der mit»gezogenem Säbel« der Truppe voranstürmte. Das hat Wirkung auf die Leute, das interessiert sie, und sie stürmen solchen Menschen nach. Aber sie tun es aus Neugier und nicht aus Vertrauen. Solche Führer haben Gefolgschaft, weil»da etwas los ist«. Die wirklichen Führer haben Gefolgschaft, weil die Menschen ihnen vertrauen.

Die *Wirkung* von Charisma auf die Menschen will ich nicht bestreiten. Aber entscheidend ist nicht, *ob* wir stürmen, sondern *wohin*; nicht *ob* wir geführt werden, sondern *wohin* wir geführt werden! Dies scheint mir der wesentliche Punkt zu sein, an dem so viele Mißverständnisse entstehen. Wirkung von Führern ist wichtig, aber sie muß kontrolliert sein durch die *Art der Ziele* und durch *Verantwortung*. Das ist auch der Grund, warum letztlich die Überlegungen, die ich im Kapitel über Corporate Governance anstellte, und die damit verbundenen Ziele und Maßstäbe so wichtig sind.

Im Gegensatz zu Montgomery hatten andere hochwirksame Führer dieses Jahrhunderts überhaupt kein Charisma, wie etwa Dwight Eisenhower, George C. Marshall, Harry S. Truman, Konrad Adenauer, Kurt Schumacher und Gottlieb Duttweiler. Und kaum jemand hat im vorigen Jahrhundert so wenig Charisma besessen wie Florence Nightingale, Abraham Lincoln, Georg von Siemens und Henry Dunant. Ich würde sie alle als Beispiele für echte Führer, wenn auch auf je ganz verschiedenen Gebieten, ansehen. Diese Menschen machten *gewissenhaft* ihre *Hausaufgaben*, sie führten durch *Selbstdisziplin* und durch *Beispiel*, nicht durch große Slogans und Hurrageschrei. *Nicht Charisma, sondern Vertrauen war ihr Kapital.*

Charismatische Führer sind *gefährlich*, weil sie sich nicht an Spielregeln halten, sie sind unberechenbar; sie glauben, das Universum unter Kontrolle zu haben, sie verfolgen Utopien; sie glauben, in allem recht zu haben, werden rigide und sind daher recht bald auf der falschen Spur. Sie sind keine *Führer*, sondern *Verführer*.

Natürlich *kann* es sein, daß charismatische Persönlichkeiten gelegentlich auch gute Führer sein können; aber sie sind großen Gefahren und Versuchungen ausgesetzt. *Sie sind immer ein Risiko.*

10. Macht, Verantwortung und Haftung

Mit obersten Führungspositionen ist eine erhebliche Macht-fülle verbunden. Ihre Macht wird in den Großunternehmen vervielfacht über die diesen Organisationen zur Verfügung stehenden und von ihnen kontrollierten Ressourcen. Die Macht des Top-Managements ist daher häufig Gegenstand von Kritik und läßt in regelmäßigen Abständen alle denkbaren Varianten von Verschwörungstheorien entstehen. Nach meiner Auffassung ist diese Macht aber notwendig, wenn Unternehmen Leistung erbringen sollen. Ich mache daher in diesem Buch auch keine Vorschläge zur Machtbegrenzung der Spitzenorgane. Meine Überlegungen beziehen sich auf die *Verteilung* der *relativen* Macht zwischen den beiden Top-Management-Organen.

Macht an sich ist *nicht* das Problem. Das Problem ist *Machtmißbrauch*. Daher muß Macht *kontrolliert* und *verantwortet* sein. Für Kontrolle der Macht gibt es, wie ich gezeigt zu haben hoffe, genügend Ansatzpunkte. Wie steht es aber mit der *Verantwortung* von Macht?

Verantwortung hängt mit *Ethik* zusammen. An dieser Stelle meine ich aber nicht die großen und anspruchsvollen philosophischen Theorien über die Ethik, sondern etwas sehr viel Schlichteres – eine Art *Alltagsethik*. Letztlich besteht sie darin, für das, was man tut – und auch für das, was man zu tun versäumt hat –, *einzustehen*. Es gibt kaum ein Management-Symposium und kaum eine Ansprache eines Vorstandes oder Verwaltungsrates, wo nicht über die Verantwortung des Managements gesprochen würde, oft mit großen und bedeutungsschweren Worten. So wichtig aber das Thema Verantwortung ist, ich bevorzuge das Wort »Haftung«. Wofür und womit *haften* Führungskräfte?

Anläßlich eines solchen Symposiums mit hochgestellten Führungskräften, das zwei Tage lang der Verantwortung der Führung gewidmet war, fragte ich in der Plenumsdiskussion:

»Jetzt haben wir zwei Tage lange über Verantwortung ge-sprochen; wofür aber haften Sie eigentlich?« Es gab – nebst einigen Unmutsäußerungen – ziemlich betretenes Schwei-gen, und das Fazit der Diskussion war dann: *»Wir haften mit unserer gesellschaftlichen Reputation...«* Das scheint mir angesichts der Machtfülle des Top-Managements nicht ge-nug zu sein.

Ich meine hier nicht die in den Rechtsordnungen festge-schriebenen Haftungen für deliktisches Verhalten und auch nicht jene für die Verletzung der Sorgfaltspflicht. Dafür ha-ben wir die Gesetze und die Vollzugsbehörden. Was ich mei-ne, ist die Haftung für die *Qualität der Führung*, für die Ge-wissenhaftigkeit und Gründlichkeit und letztlich selbstver-ständlich für die Richtigkeit der Entscheidungen; ich meine die Haftung für die Erbringung des Leistungsauftrages des Unternehmens, für die produktive Nutzung der dem Unter-nehmen anvertrauten Ressourcen, für die Innovationslei-stung und für die Schaffung oder Erhaltung der Konkurrenz-fähigkeit, die Haftung also für die *Erfüllung der unterneh-merischen Aufgabe*. Es kann ja jemand in jeder Hinsicht den *Sorgfaltspflichten* des ordentlichen Kaufmannes oder Ge-schäftsführers nachkommen und trotzdem *unternehmerisch* versagen.

Das rückt die Figur des *Unternehmers* in den Vordergrund. Unternehmerisches Verhalten gehört in fast allen Unterneh-men heute zu den wichtigsten Forderungen. Man will Mana-ger und Mitarbeiter zu Unternehmern machen, und wenn sie schon keine »Entrepreneurs« mehr sein können, dann sollen sie wenigstens »Intrapreneurs« sein. Diesem Zweck sind denn auch zahlreiche und oft groß angelegte Ausbildungs-programme gewidmet, und die Beurteilungs- und Incentive-systeme werden daraufhin ausgerichtet. Schafft das aber Unternehmer?

Unternehmer und unternehmerisches Verhalten werden oft völlig unnötig hochstilisiert, überhöht und glorifiziert. Man hat einen bestimmten *Persönlichkeitstyp* vor Augen, die kreative, wagemutige, visionäre Pionierpersönlichkeit. Es mag solche Menschen geben, aber es ist ein Irrtum, in Unter-

nehmern generell die »strahlenden Helden« der Wirtschaft
zu sehen. Unter den Unternehmern gab und gibt es alle Arten von Persönlichkeiten, genauso wie unter allen anderen
Menschen. Es gibt in Wahrheit keine Gemeinsamkeiten, was
ihre Persönlichkeit betrifft. Manche entsprechen dem Ideal-
typ, andere sind weit davon entfernt.

Es gibt nur ein *einziges* Element, das durch die Geschichte
dem Unternehmer gemeinsam war, ja das den Unternehmer
nachgerade *definierte* – es ist das Element der *Haftung.* Unternehmer ist, wer für seine Entscheidungen selbst haftet,
und zwar *unbeschränkt, solidarisch für alles, was in seiner
Organisation vor sich geht, ohne Rücksicht auf das Verschul-
den und mit seinem ganzen Vermögen.* Früher hat der Unternehmer sogar mit seiner Freiheit und seinem Leben gehaf-
tet. Die Folge unternehmerischen Versagens war nicht die
Absentierung aus der Verantwortung durch den Bankrott
einer juristischen Person, sondern die Schuldknechtschaft.

Nun wird man das Rad der Geschichte weder zurückdre-
hen wollen noch können. Es hat gute Gründe, weshalb die
moderne Kapitalgesellschaft mit beschränkter Haftung als
juristische Person entstanden ist. So wichtig und wertvoll, ja
unverzichtbar sie ist, ihre *Folge* ist, daß an die Stelle des Unternehmers der Manager getreten ist. Manager sind aber
Angestellte. Sie mögen besonders befähigt sein und ihre
Pflichten mit großer Kompetenz erfüllen; sie mögen hoch-
rangig sein und ein Einkommen beziehen, von dem frühere
oder heutige Unternehmer nur träumen können. Aber sie
sind Angestellte. Auch der Vorstandsvorsitzende eines Welt-
konzerns ist ein bezahlter Angestellter. Er arbeitet mit fremdem Geld; die Folgen seiner Entscheidungen treten zunächst
und vor allem im Vermögen anderer Personen ein und dies
um so mehr, als es wahrscheinlich keinen Top-Manager gibt,
der nicht aufgrund der anstellungsvertraglichen Regelungen
höchst komfortabel abgesichert ist und großzügige Abferti-
gungs- und Pensionsansprüche hat.

Die Haftung mit gesellschaftlicher Reputation und natürlich auch das Risiko, nicht wiederbestellt oder entlassen zu
werden, haben fraglos auch ihre Wirkung. Aber wegen blo-

ßer Unfähigkeit kann ein Vorstand nach deutschem Recht jedenfalls nicht entlassen werden. Auch ein Aufsichtsrat wird deswegen kaum aus seinem Amt entfernt. Man trennt sich, wie schon früher gesagt, »einvernehmlich«. Selbstverständlich weiß die Business Community, was dahintersteht, und die Person wird es daher schwer haben, eine andere, äquivalente Position zu bekommen. Dennoch machen die Abfertigungen dieses Problem häufig zu erträglich.

Vor allem ist eines wichtig: Man wird es den Menschen, die unter Umständen wegen des Versagens des Top-Managements zu Zehntausenden entlassen werden, nicht erklären können, warum kein Vorstand und kein Aufsichtsrat zurücktritt oder entlassen wird, und man wird es ihnen auch nicht erklären können, daß – falls das dennoch vorkommt – jemand dafür auch noch mit hohen Abfertigungssummen belohnt wird. Es geht hier nicht so sehr um das Geld, sondern es geht um die *Signalwirkung* auf die Menschen. Es geht darum, daß sie immer wieder darin bestätigt werden, daß es die »kleinen Leute« trifft, während die »großen Tiere« unbeschadet davonkommen.

Durch die Entstehung der juristischen Person ist also das entstanden, was man die *Angestellten-Gesellschaft* nennen kann, eine Gesellschaft, die durch den *Verlust der Haftung* gekennzeichnet ist. Das ist eine sehr junge Entwicklung. Obwohl die Vorläufer der Organisationsform wirtschaftlicher Tätigkeit als juristische Person mit beschränkter Haftung wohl in das 17. Jahrhundert datiert werden können, hat der größte Teil der Menschen für lange Zeit noch nicht in Unternehmen gearbeitet. Das Leben spielte sich in der Familie, auf dem Bauernhof und im ganz kleinen Handwerksbetrieb ab. Heute arbeiten fast alle Menschen als Angestellte von Organisationen. Das damit gleichzeitig entstandene Problem des Haftungsverlustes und daher auch des potentiellen Verantwortungsverlustes hat, wie mir scheint, bisher wenig Beachtung gefunden.

Man kann fast alles, was ein Manager für seinen Beruf braucht, lehren, die Kenntnisse, die er für die Erfüllung seiner Aufgaben benötigt, die Werkzeuge und Methoden, ja selbst die Grundsätze guten Managements. Verantwortung kann man aber nicht lehren. Man kann sie fordern, man kann appellieren. Letztlich scheint aber alles auf eine *Entscheidung* hinauszulaufen, die jede Person *höchstpersönlich* zu treffen hat, die Entscheidung eben – für das, was man tut, auch einzustehen. Glücklicherweise gibt es noch immer eine erhebliche Anzahl von Menschen, die das tun und ihre Aufgaben daher freiwillig mit aller gebotenen Verantwortlichkeit erfüllen. Meistens, wenn man der Sache auf den Grund geht, stellt sich heraus, daß sie so erzogen wurden. Es gibt aber auch die anderen, die sich im entscheidenden Augenblick ihrer Verantwortung entziehen und alle Fluchtwege aus der Verantwortung benützen, die es in jedem Unternehmen, ganz besonders in den großen, leider immer gibt. Sie handeln nach dem Motto: *Ich habe einen Fehler gemacht, aber schön dumm müßte ich sein, dafür auch noch einzustehen.*

Angesichts der mit obersten Führungspositionen verbundenen Machtfülle stellt sich somit die Frage, ob es genügt, sich auf jene Menschen zu verlassen, die ihre Verantwortung freiwillig übernehmen, und ob nicht auch für viele von diesen eine zu große Versuchung besteht, im entscheidenden Moment die Fluchtwege zu benützen. Es stellt sich die Frage, ob man die Haftung nicht wieder *konstitutionell* und *unausweichlich* in das Top-Management einbauen muß, so schwierig das auch erscheinen oder sein mag.

Ich maße mir nicht an, dieses Problem lösen zu können. Ich glaube aber, daß eine Gesellschaft auf Dauer nicht ohne Verantwortung funktionieren kann. Wie für vieles, was ich in diesem Buch vorschlage, gilt auch hier, daß man mit den heutigen Lösungen sowohl für die Unternehmensaufsicht als auch für die Verantwortung so lange leben kann, als es im wesentlichen allen jedes Jahr besser geht, immer wieder mehr zu verteilen da ist und daher soziale Spannungen über materiellen Wohlstandszuwachs ausgeglichen werden können. Wie sieht es aber aus, wenn das nicht mehr möglich ist, und daher viele vom Wohlstand ausgeschlossen sein werden und womöglich sogar von den sozialen Netzen mangels ihrer

Finanzierbarkeit nicht mehr aufgefangen werden können? Muß dann nicht damit gerechnet werden, daß diese Menschen, wenn sie zahlreich genug sind, die Frage nach der Verantwortung auf ganz andere Weise als bisher stellen werden? Werden sie dann unter Umständen die Einlösung der Haftung nicht mit Gewalt fordern? Und sollte es daher nicht schon vorsorglich Überlegungen dafür geben, mit welchen Lösungen man solchen Entwicklungen, die ich keineswegs für unmöglich halte, vorbeugen kann, damit sie überhaupt kein Angriffsziel haben können?

So schwierig das Problem von konstitutionell verankerter Verantwortung und Haftung für angestellte Führungskräfte auch zu lösen sein mag, wenn wir nur einen Bruchteil der Intelligenz, die in die Entwicklung des Wohlfahrtsstaates investiert wurde, diesem Problem zuwenden, dann werden Lösungen zu finden sein. Es ist übrigens keineswegs nur ein Problem der Wirtschaft. Obwohl wir also noch viel zu wenig darüber wissen, wie das in einer komplexen Gesellschaft zu bewerkstelligen ist, ist doch die Aufgabenstellung klar: *Kappe den Führern der gesellschaftlichen Organisationen jeden Fluchtweg aus der Verantwortung und aus der Haftung.*

So sehr es zu respektieren ist, daß es, wie schon gesagt, Menschen gibt, die sich *freiwillig* ihrer Verantwortung stellen, muß wohl der Schwerpunkt der Suche nach Lösungen auf die *Systemgestaltung* gerichtet sein. Die Systeme sollten so gestaltet sein, daß die Verantwortung erzwungen wird. Führer sollten sich der Verantwortung gar nicht entziehen können; das sollte der unveränderbare Preis für die Erlangung einer hohen Führungsposition sein – wie er es ja für den Unternehmer immer gewesen ist.

An sich kann jedes Unternehmen seine eigenen Lösungen finden. Ihre Ausgestaltung und ihr Vollzug werden naturgemäß zu einem erheblichen Teil oder zur Gänze in den Händen des Aufsichtsorganes liegen müssen. Aus Gründen der Gleichheit der Konkurrenzbedingungen kann es sein, daß man zum Ergebnis kommt, daß gewisse Fragen auch durch gesetzliche Vorschriften zu regeln sind.

Einige Beispiele für unternehmensindividuelle Regelungen

gibt es bereits. Es sind jene Unternehmen, in denen die Geschäftsleitungsmitglieder persönlich haftende Gesellschafter sein müssen und eben jemand, der diese Haftung nicht eingeht, gar nicht Geschäftsleitungsmitglied werden kann. Eine weitere Möglichkeit sehe ich in jenen, insbesondere amerikanischen Fällen, in denen die Top-Manager einen Teil ihres Einkommens in Form von Aktien des Unternehmens oder Optionen erhalten, allerdings nur dann, wenn sie mit erheblichen Wartefristen bezüglich ihrer Verkäuflichkeit verbunden sind. Vorzugsweise sollten Papiere dieser Art erst etliche Jahre nach dem Ausscheiden aus dem Unternehmen verkauft werden können. Eine andere Lösung könnte zum Beispiel darin bestehen, Pensionen und Abfertigungen nicht vom vergangenen Unternehmenserfolg abhängig zu machen, sondern vom zukünftigen. Es könnte zum Beispiel die Hälfte der einem Top-Manager zustehenden Pension so ausgestaltet sein, daß sie erstmals drei Jahre nach Ausscheiden aus dem aktiven Dienstverhältnis und vielleicht ein zweites Mal nach fünf Jahren nochmals verhandelt werden kann oder automatisch an den dannzumaligen Cash-Flow gebunden ist.

Lösungen dieser Art erzwingen *erstens* die Zukunftsorientierung von Führungskräften, *zweitens* eine langfristige Denkweise und *drittens* die unausweichliche unternehmerische Haftung mit eigenem Geld. Solche Regelungen sind gleichermaßen für die Mitglieder des Exekutiv- wie des Aufsichtsorganes möglich. Eine weitere Möglichkeit besteht in der schon in Abschnitt 7.4 besprochenen obligatorischen Beteiligung am Kapital des Unternehmens mit einer für die Person (nicht für das Unternehmen) ins Gewicht fallenden Summe, die entweder bar einzuzahlen oder durch eine unwiderrufliche Bankbürgschaft oder durch temporären Einkommensverzicht zu finanzieren wäre.

Die beabsichtigte Wirkung solcher Lösungen zielt selbstverständlich nicht auf irgendwelche Schadenersatzfragen zugunsten des Unternehmens. Dafür wären im Regelfall die involvierten Summen zu klein. Die Wirkung zielt auf die Erzwingung der *Gewissenhaftigkeit* der Aufgabenerfüllung und *Qualität* der Entscheidungen. Diese Vorschläge bezwekken, den Kreislauf zwischen der Entscheidung und den Wirkungen und Folgen dieser Entscheidung im Vermögens- und Einkommensbereich des Entscheiders zu schließen. Man entscheidet ganz einfach anders, wenn auch eigenes Geld im Spiel ist und man einen Mangel an Sorgfalt dort unmittelbar zu spüren bekommt.

Ich habe es zu oft erlebt, daß Top-Manager und ihre Mitarbeiter Entscheidungen größten Ausmasses mit bemerkenswerter Sorglosigkeit und Oberflächlichkeit getroffen haben, um diese Fragen ernst zu nehmen. Ich habe sogar Fälle erlebt, glücklicherweise sind sie selten, aber es gibt sie, wo ich Vorstände vor ihren eigenen Mitarbeitern sagen hörte, daß sie, wenn es um ihr Geld und ihr Unternehmen ginge, dieser oder jener Entscheidung nie zugestimmt hätten. Darin kann kaum ein Vorbild für gute Führung gesehen werden.

Man wird solchen Vorschlägen entgegenhalten, daß es dann schwieriger wäre, eine ausreichende Zahl von ausreichend befähigten Personen zu finden, um die Organe eines Unternehmens zu besetzen. Andererseits kann argumentiert werden, daß das kein großer Nachteil sein muß, denn ein Top-Manager, der die mit einer solchen Beteiligung verbundenen Risiken nicht einzugehen bereit ist, denen ja auch ins Gewicht fallende Chancen gegenüber stehen, ist für das Unternehmen wahrscheinlich nicht der Beste. Möglicherweise glaubt er nicht an seine eigenen Fähigkeiten, oder er will diesen Glauben – aus welchen Gründen auch immer – jedenfalls nicht durch haftende Mittel unterlegen. Es stellt sich dann doch die Frage, ob man ihm die Verantwortung über fremde Ressourcen und über andere Menschen übertragen sollte.

Ohne Zweifel würden sich solche Regelungen sehr heilsam auf die Selektionsmechanismen für Führer auswirken und auf ihre individuellen Ambitionen. Wären sich die potentiellen und die Möchtegern-Führer unmißverständlich darüber im klaren, daß sie sich bei Erlangung einer Führungsposition in eine ausweglose Lage bezüglich Verantwortung und Haftung begeben, würden wohl viele darauf verzichten, solche Positionen überhaupt anzustreben – was kein Schaden für die Gesellschaft wäre. Andere wiederum würden sich wesentlich besser vorbereiten und bilden und würden sich sehr viel intensiver mit den Anforderungen an Führung auseinandersetzen.

Eine Gesellschaft, die die Fragen der Machtkontrolle, der Verantwortung und der Haftung nicht oder schlecht löst, wird auf die Dauer beträchtliche Schwierigkeiten mit der Qualität, der Wirksamkeit und mit der Glaubwürdigkeit ihrer Führung haben. Diese Schwierigkeiten können an die Wurzeln einer freiheitlichen und rechtsstaatlichen Gesellschaft gehen, und ein Rückfall in längst überwunden geglaubte Gesellschaftsformen anarchistischen oder totalitären Zuschnitts ist keineswegs auszuschließen, wie die Beispiele in den früheren kommunistischen Ländern, aber auch in den korrupten Gesellschaften Lateinamerikas, Asiens und Afrikas zeigen.

11. Personalauswahl und Besetzung der obersten Positionen

Die Gesamtführung des Unternehmens und die Funktionsweise der beiden Spitzenorgane müssen – das ist die Grundthese dieses Buches – konstitutionell geregelt sein. Es darf nicht vom Ermessen der handelnden Personen abhängig sein, welche Aufgaben erfüllt werden und wie das geschieht. Letztlich muß die Arbeit aber doch von Menschen getan werden. Ihre Auswahl ist daher absolut kritisch, selbst wenn die Unternehmensverfassung noch so gut durchdacht ist. Sie muß täglich mit neuem Leben erfüllt werden, sonst verkommt sie zu einem Stück wertlosen Papiers; sie muß interpretiert, auf die jeweils konkrete Situation appliziert, und vor allem muß sie realisiert werden.

Die Besetzung der Schlüsselpositionen und insbesondere des Exekutivorganes erfordert größte Sorgfalt. Das muß kaum betont werden. In der Praxis ist diese Sorgfalt aber nicht immer zu beobachten. Obwohl es unmöglich ist, von außen zu beurteilen, wie Stellenbesetzungsentscheidungen im einzelnen vorbereitet werden und zustande kommen, sind an den Ergebnissen gemessen einige Zweifel nicht unbegründet. Gar nicht so wenige der in den letzten 15 Jahren getroffenen Personalentscheidungen für oberste Positionen der Wirtschaft im deutschsprachigen Raum waren sogar von außen und recht klar im voraus als *Fehlentscheidungen* zu erkennen, andere haben sich im nachhinein als solche erwiesen, und bei einem ins Gewicht fallenden Anteil ist zumindest Skepsis angebracht. Auch in der Politik finden sich lehrreiche Beispiele. Einer der Hauptgründe für die zum Teil desaströse Politik John F. Kennedy's war der bedrückende Mangel an Sorgfalt bei der Besetzung von Regierungspositionen. Schlamperei ist ein milder Ausdruck, wenn man seine Vorgehensweise vergleicht mit der Gewissenhaftigkeit, mit der Truman seine Personalentscheidungen traf. Der frühere österreichische Bundeskanzler Bruno Kreisky mag ein großer Staatsmann und Außenpolitiker gewesen sein, seine Personalentscheidungen waren hingegen fast ausnahmslos eine Katastrophe.

Die Qualität der Personalauswahl für das Exekutivorgan liegt zur Gänze und ausschließlich in den Händen der Unternehmensaufsicht. Sie hat dafür unbeschränkte Befugnisse und die alleinige Verantwortung. Die *Wirkung* der personellen Entscheidungen des Aufsichtsorganes geht aber weit über das Exekutivorgan hinaus. Dessen Mitglieder und wohl auch die Art, wie sie selbst ausgewählt wurden, bestimmen, wie *alle anderen* Personalentscheidungen im Unternehmen getroffen werden.

Personalentscheidungen sind *the ultimate control of an organization.* Mit ihnen steht und fällt alles. Aus diesem Grunde widmen wirklich erfahrene und kompetente Führungskräfte auch den *weitaus größten* Teil ihrer Zeit den Personalfragen, und zwar nicht etwa nur dann, wenn sie unmittelbar für das Personalressort verantwortlich sind. Alfred P. Sloan, 36 Jahre lang der Mann an der Spitze von General Motors, hat bis zur Hälfte seiner Zeit für Personalentscheidungen eingesetzt, und er hat selbst an solchen für ziemlich niedrige Hierarchieebenen mitgewirkt.[39]

Die Personalentscheidungen in ihrem gesamten Spektrum – Auswahl, Beförderung, Versetzung, Rückstufung und Entlassung von Menschen – bestimmen, *erstens,* die *Leistungskapazität* eines Unternehmens. Alle anderen Ressourcen haben ihre Bedeutung, Maschinen, Geld, Computer usw. – aber der leistungsbestimmende Engpaß sind die *Menschen.*

Die Entscheidungen über Menschen sind, *zweitens,* der eigentliche Dreh- und Angelpunkt der *Unternehmenskultur.* Gleichgültig, was das Unternehmen an Programmen zur Förderung und Veränderung der Unternehmenskultur durch-

---

39 Alfred P. Sloan hat aus einem »zusammengewürfelten Haufen« bankrotter Pionierunternehmen General Motors zum weltgrößten produzierenden und zu seiner Zeit auch zu einem der profitabelsten Unternehmen gemacht. Drucker bezeichnet ihn nicht umsonst als den »wahren Professionellen«. Siehe Drucker, P., Zaungast der Zeit, Düsseldorf 1981, S. 227ff.

führt, wenn es Divergenzen zwischen diesen Programmen und den Personalentscheidungen gibt, dann orientieren sich die Menschen an den Personalentscheidungen. Wenn diese beiden Elemente widersprüchlich sind, verpuffen selbst die größten und besten Programme und werden unter Umständen lediglich noch als eine höhere Form von Zynismus empfunden. Die Personalentscheidungen sind die *häufigste Quelle* von Frustration, von innerer und äußerer Kündigung, von Agonie, Bitterkeit und Zynismus.

Personalentscheidungen bergen, *drittens,* das *größte Risiko*, weil sie zum einen nur *schwer korrigierbar* sind und daher *Langzeitwirkung* haben. Das gilt ganz besonders für die Entscheidungen, die die Unternehmensspitze und Schlüsselpersonen in Geschäftsbereichen und Tochtergesellschaften betreffen. Sie haben zum anderen die größte *Signalwirkung*, weil sie für alle *sichtbar* sind. Man kann Personalentscheidungen nicht geheimhalten. Viele andere Entscheidungen interessieren das Gros der Belegschaft nicht wirklich, oder sie werden nur bedingt verstanden. Viele Fehlentscheidungen können, wenn nötig, versteckt werden. Investitionsentscheidungen und Innovationsprojekte usw., die schiefgehen, sind nur selten für die ganze Belegschaft interessant. Sie sind temporär vielleicht aktuell. Mit der Zeit vergißt man sie aber. Sie verlieren Aktualität und Aufmerksamkeit. Bei Personalentscheidungen ist das anders. Sie interessieren Belegschaft, Medien und Öffentlichkeit, und wenn sie falsch sind, werden die Menschen jeden Tag daran erinnert.

Wer hier versagt, läuft, *viertens,* über alle Probleme hinaus, die er sich damit ohnehin schafft, noch die Gefahr, die *Achtung* in seiner Organisation zu verlieren. Wie oft kann ein Aufsichtsorgan eine Vorstandsposition, gar jene des Vorstandsvorsitzenden, falsch besetzen, bevor alle an seiner Kompetenz zu zweifeln beginnen? Und wie oft kann sich ein Vorstand eine Fehlbesetzung von Geschäftsbereichen und Tochtergesellschaften leisten?

Zu Qualität und Erfolg von Personalentscheidungen sind mir keine brauchbaren Untersuchungen bekannt. Es scheint, daß wir es hier weitgehend mit *terra incognita* zu tun haben.

Aus langjähriger Erfahrung und vielen Gesprächen mit Führungskräften aller Ebenen traue ich mich aber zu sagen, daß – auf alle Führungsebenen bezogen – höchstens ein Drittel der Personalentscheidungen wirklich gesamthaft gut sind – von der Qualität, daß man auch nach Jahren noch sagt: »*Das ist die richtige Person auf dieser Stelle.*« Ein weiteres Drittel ist so, daß man damit leben kann, und das letzte Drittel sind ausgesprochene Fehlentscheidungen. Auf keinem anderen Gebiet würde man mit solchen Erfolgs- oder besser Mißerfolgsquoten leben können.

Vor diesem Hintergrund fällt auf, daß es Menschen gibt, die auf diesem Gebiet einen ausgezeichneten Leistungsausweis vorlegen können und die im Laufe ihres Lebens – obwohl oder vielleicht weil sie sehr viele Personaldispositionen treffen mußten – fast keine oder jedenfalls nur sehr wenige Fehlentscheidungen getroffen haben. Von ihnen kann man lernen. Alfred P. Sloan gehörte dazu und General George C. Marshall. In Deutschland darf wohl Hermann Joseph Abs, lange Jahre der Mann an der Spitze der Deutschen Bank, dazugezählt werden. Als Marshall am 1. September 1939 sein Amt antrat, hatte die amerikanische Armee nur eine Stärke von etwa 200 000 Mann und ein hoffnungslos überaltertes Offizierskorps. Am Ende des Zweiten Weltkriegs betrug der Personalstand der Streitkräfte etwa zehn Millionen Menschen, und sie hatten die beste Führungselite, die es in Amerika vorher und nachher je gab. Die meisten Personalentscheidungen bis auf die Ebene des Divisionskommandos wurden entweder von Marshall selbst getroffen, oder er wirkte an ihnen maßgeblich mit. In der deutschen Nachkriegswirtschaft wurden nicht viele oberste Positionen ohne Mitwirkung von Hermann Joseph Abs besetzt. Abgesehen von seinen Leistungen als Bankier hat er damit wesentlich zum Erfolg der Wiederaufbauphase beigetragen.

Der erste Impuls der meisten Menschen, wenn sie von solchen Beispielen hören, ist die Meinung, daß das eben besondere *Menschenkenner* gewesen seien. Das ist ein weit verbreitetes Märchen, ein Irrglaube. Nicht Menschenkenntnis ist der Grund für gute Personalentscheidungen, sondern die disziplinierte Anwendung einiger *Grundsätze* und einer einfachen *Methode*, also die Art und Weise, wie diese Personen bei Entscheidungen in Personalangelegenheiten vorgegangen sind.

Ich behandle die wichtigsten Aspekte hier nicht nur mit Bezug auf die Besetzung des Exekutivorganes, sondern in einem *allgemeineren* Sinne, das ganze Unternehmen und alle Führungsebenen betreffend, wohl wissend, daß nur das Exekutivorgan in die *direkte* Verantwortung der Unternehmensaufsicht fällt. Die umfassendere Perspektive ist aber durch die indirekten und übertragenen Wirkungen gerechtfertigt, ja sogar notwendig, weil eben die Gesamtqualität der Personalentscheidungen – oder auch ihre Mängel – ihren Ursprung beim Aufsichtsorgan haben.

11.1 Grundsätze

1. Ein *erster* Grundsatz lautet, daß niemand ein Menschenkenner ist. Das löst – wenn es klar ausgesprochen wird – meistens Überraschung und Widerstand aus. Dennoch ist es empfehlenswert, diese Maxime zu berücksichtigen. Selbstverständlich gibt es Personen, die über ein höheres Maß an Menschenkenntnis verfügen als andere – einfach deshalb, weil sie mehr mit Menschen zu tun haben und weil sie häufig Personalentscheidungen zu treffen oder an solchen mitzuwirken haben. Aber gerade jene Menschen, denen man nach all ihrer Erfahrung auf diesem Gebiet ein hohes Maß an Menschenkenntnis zuzubilligen geneigt ist, halten sich an diesen Grundsatz. Sie *haben* schon ihre Menschenkenntnis, aber – und das ist das Wesentliche – sie *verlassen sich nicht darauf.* Es macht gerade ihre Kompetenz aus, daß sie eben *wegen* ihrer Erfahrungen auch wissen, wie oft man von ersten oder auch zweiten Eindrücken und von Intuition getäuscht werden kann. Das mit Personalentscheidungen verbundene Risiko ist ihnen zu groß, um sie ausschließlich oder überwiegend auf der Basis *subjektiver* Gewißheit zu treffen.

2. Ein *zweiter* Grundsatz betrifft den Umgang mit Fehlern in Zusammenhang mit Personalentscheidungen. Wenige werden von sich behaupten können, nie eine personelle Fehlentscheidung getroffen zu haben. Der wichtigere Aspekt ist aber, wie man auf einen Fehler reagiert. Die naheliegende und häufige Reaktion ist, die Schuld bei der anderen Person zu suchen, bei jener Person, die man ausgewählt hat und die nun versagt. Erfahrene Leute zügeln diesen Impuls. Sie handeln nach dem Motto: *»Ich habe eine Fehlentscheidung getroffen – und daher muß ich sie korrigieren.«* Daher darf man auch das berühmte »Peter's Principle« nicht gelten lassen, wonach jeder Mensch bis zur Stufe seiner Inkompetenz befördert wird. Es ist in Wahrheit nur eine bequeme Begründung für mangelnde Sorgfalt bei Personalentscheidungen. Wo immer man einen Versager auf einer Position findet, gibt es einen anderen, der ihn dorthin befördert hat, und dieser – nicht der Beförderte – hat die Verantwortung zu tragen.

3. Im Leben von Top-Managern wird es immer wieder vorkommen, daß sie *schnelle* Entscheidungen treffen müssen. Dies sollte zwar nicht die Regel sein, aber es ist doch gelegentlich notwendig. Personalentscheidungen – der *dritte* Grundsatz – darf man aber *nie* schnell treffen. Schnelle Personalentscheidungen sind praktisch immer *falsche* Personalentscheidungen. Aus den einleitend dargelegten Gründen für die Wichtigkeit dieser Entscheidungen, wegen ihrer Langfristigkeit und präjudiziellen sowie Signalwirkung müssen Personalentscheide – insbesondere für die Spitzenpositionen – mit aller nur denkbaren und von Menschen aufzubringenden Sorgfalt, Gewissenhaftigkeit und Gründlichkeit getroffen werden – das benötigt seine Zeit, und man sollte sie sich auch nehmen.

4. Ein *viertes* Prinzip lautet, daß man nie einer Person, die für das Unternehmen neu ist, eine wiederum für das Unternehmen neue und kritische Aufgabe übertragen sollte. Mit neuen und wichtigen Aufgaben muß man Menschen beauftragen, die man schon kennt und daher einschätzen kann.

Personen, die man noch nicht kennt, muß man Aufgaben geben, die bekannt sind. Ein Verstoß gegen diesen Grundsatz – erstaunlich oft vorkommend – bedeutet, daß man sich eine Gleichung mit zwei Unbekannten stellt und damit entsprechende Risiken eingeht. Eine Unbekannte in der Gleichung genügt vollauf. Wenn schon die Aufgabe neu ist, so kennt man wenigstens die Person, die sie zu lösen hat. Man kann ihre Reaktionen und ihr Verhalten in kritischen Situationen einschätzen; man weiß, was man von dieser Person erwarten darf und was nicht, man kennt ihre Stärken und Schwächen. Wenn die Person neu ist, so weiß man trotz aller Analysen und Abklärungen im Grunde gar nichts. Dafür kennt man wenigstens die Aufgabe und kann daher unter Umständen in kritischen Momenten helfen.

Dieser Grundsatz kann im allgemeinen eingehalten werden. An seine Grenzen stößt man bei der Besetzung von Spitzenpositionen *von außen*. In der Regel ist das daher auch eine der riskantesten Situationen, die man, wenn immer möglich, vermeiden sollte.

5. In einem Zusammenhang mit dem vierten Grundsatz stehend ist eine *fünfte* Leitlinie zu nennen: Die schwierigsten Stellen müssen mit den besten Leuten besetzt werden. Auf den ersten Blick ist das eine Selbstverständlichkeit, die kaum der Erwähnung wert zu sein scheint. Die Praxis ist in bemerkenswertem Umfange anders. In sehr vielen Unternehmen sind die besten Mitarbeiter in den Konzernzentralen, statt dort, wo die Ergebnisse erzielt werden müssen; und sie sind in den etablierten Home-Markets, statt in den neuen »Emerging Markets«.

Am deutlichsten kann man das am Beispiel der Globalisierungsbemühungen sehen. In der Regel findet man in den Auslandsorganisationen nicht jene Personen, die man kraft ihrer Fähigkeiten und Erfahrung dorthin schicken sollte, sondern jene, die freiwillig dazu bereit sind. Freiwilligkeit, so sehr man sie schätzen muß, ist aber nicht dasselbe wie Kompetenz. Viele Asien-Operationen scheitern oder sind wenig erfolgreich, weil man einfach nicht den Mut oder die

Kraft aufgebracht hat, die besten Führungskräfte mit diesen schwierigen Aufgaben zu betrauen. Jene, die – aus welchen Gründen auch immer – die Aufgaben übernommen haben, stehen dort aber den besten Leuten gegenüber, die diese Länder aufzubieten haben – als Kunden, Politiker oder Konkurrenten. Selbst wenn sie als Partner involviert sind, ist es nicht gut, sie mit den zweit- oder drittbesten Managern zusammenzubringen.

6. Die *sechste* Maxime besteht darin, den Menschen einen Anspruch auf kompetente Führung zuzubilligen. Wenn man jemanden zu einem Vorgesetzten macht, gibt man ihm zu einem erheblichen Teil das *Schicksal* anderer Menschen in die Hand. Durch schlechte, inkompetente oder gar korrupte Führung ist auf dieser Welt bisher mehr Unheil angerichtet worden als durch Naturkatastrophen und Krankheiten. Daher sind die *höchsten* Maßstäbe gerade gut genug, wenn es darum geht, Menschen zu Vorgesetzten anderer Menschen zu bestellen.

»Der Soldat hat ein Recht auf kompetente Führung«, war schon zu Zeiten Julius Cäsars eine alte Weisheit – und er selbst hat sich, nach allem was man weiß, auch daran gehalten. Leider findet sich dieses Recht aber auch zweitausend Jahre später noch nicht im Katalog der Menschenrechte. Bemerkenswert, in einer Welt, in der 95 Prozent aller Menschen einen Chef haben.

7. Ganz generell, insbesondere aber bei obersten Positionen neigt man dazu, in eine *Falle* zu tappen – die Falle des *Universalgenies*. Man sucht, meistens eher unbewußt als bewußt, nach der »rundum vollendeten Persönlichkeit«, nach dem »Multitalent« und dem »Allround-Könner«. Menschlich ist das sehr verständlich, und es wird von obersten Positionen mit ihrer Vielfalt an Aufgaben beinahe erzwungen. Aber genau darin liegen der Fehler und die Falle. Der *siebte* Grundsatz muß lauten: Es gibt keine Universalgenies. Sie sind eine Fiktion, eine Legende. Man kann sie zwar *beschreiben*, aber man kann sie leider nicht *finden*.

Konkrete Menschen haben Stärken und Schwächen. Je ausgeprägter ihre Stärken sind, um so größer und gewichtiger sind in aller Regel auch die Schwächen. Es gibt natürlich Menschen, die mehr Erfahrung als andere haben, die mehr können als andere. Diese Menschen mögen daher für bestimmte Positionen geeigneter sein als andere. Aber auch sie haben ihre Vorzüge und ihre Mängel.

Dies einsehend laufen viele in eine *andere,* gegensätzliche Falle: Sie wählen Leute aus, die die *geringsten Schwächen* haben, sie suchen die »abgerundete Persönlichkeit«. Während die eine Falle zur Suche nach dem *Unmöglichen* führt, gelangt man durch die zweite zur *Mittelmäßigkeit.* Das Geheimnis jeder erfolgreichen Organisation sind weder »Universalgenies« noch »abgerundete Persönlichkeiten«, sondern es sind Menschen mit *herausragenden Stärken,* mit genau jenen Stärken, die das Unternehmen in der speziellen Situation für den Erfolg braucht. Diese treten – leider – immer im Verbund mit erheblichen Schwächen auf. Der hier behandelte Grundsatz bereitet vielen Führungskräften bemerkenswerte Schwierigkeiten. Es fällt ihnen schwer, ihn zu akzeptieren und einzuhalten.

11.2 Methodik der Personalauswahl

Der Schlüssel zu guten Personalentscheidungen ist also nicht besondere Menschenkenntnis. Er liegt auch nicht in psychologischen Tests, graphologischen Gutachten oder gar esoterischen und astrologischen Methoden – die übrigens häufiger vorkommen, als man wahrhaben möchte. Der Schlüssel sind auch nicht die Assessment Centers, die man bei obersten Positionen ohnehin nicht anwenden kann.

Die seriösen Test-Methoden kann und soll man selbstverständlich dort, wo es möglich ist, einsetzen; sie haben ihren Stellenwert. Sie ersetzen aber nicht die Personalentscheidung als solche. Ihr Hauptnutzen besteht darin, *ungeeignete* Kandidaten als solche zu erkennen und auszuscheiden; sie helfen in der Regel aber nicht, die *richtigen* Menschen auszuwählen. Dafür braucht man eine Methode, eine im Kern einfache Abfolge von Schritten, an die man sich mit Systematik und Sorgfalt halten sollte, und dies um so mehr, je wichtiger die Position ist, die man zu besetzen hat.

Die nachfolgend behandelten Schritte gelten sowohl für die Stellenbesetzung von *innen* als auch von *außen*. Methodisch gesehen schlage ich vor, *keinen prinzipiellen* Unterschied zu machen. Bei Besetzung von innen ist lediglich die *Informationslage* anders. Über Personen, die schon längere Zeit im Unternehmen arbeiten, weiß man *mehr*, und das Wissen über sie hat einen höheren Grad an *Zuverlässigkeit*. Einige der vorgeschlagenen Schritte sind somit in diesem Falle einfacher und leichter, aber eben nicht grundsätzlich verschieden. Auf die Grundsatzfrage, ob für die Schlüsselpositionen eher von innen oder von außen rekrutiert werden sollte, werde ich später noch eingehen.

1. Die Aufgabe – das Assignment – durchdenken

Der erste Schritt besteht darin, die Aufgabe, die sich auf der zu besetzenden Position stellt, gründlich und gewissenhaft zu durchdenken. Es geht dabei allerdings um *viel mehr* und *etwas anderes* als die Erstellung der üblichen Anforderungsprofile. Genau diese sind es – notabene insbesondere dann, wenn man sie von Externen, zum Beispiel Executive Searchern, machen läßt –, die in die Falle des »Universalgenies« führen.

Die Schlüsselfrage darf nicht lauten: *Welche Anforderungen stellt diese Stelle?*, sondern ganz anders: *Welche spezifische Aufgabe stellt sich für den nächsten überschaubaren Zeithorizont auf dieser Position?*, oder auch: *Welcher konkrete Auftrag wird prioritär vom Positionsinhaber zu erfüllen sein?*

Hier ist ein Aspekt zu beachten, der allgemein fast völlig übersehen wird. Es ist der Unterschied zwischen »Stelle« und »Auftrag«, oder im Englischen zwischen »Position« und »Assignment«. Es ist nicht schwierig, die Stelle eines Geschäftsführers, eines Vorstandsmitgliedes oder eines Vorstandsvorsitzenden *allgemein* zu beschreiben. Jeder Anwalt kann einen vorformulierten Mustervertrag aus seinem Textsystem nehmen, in dem die wesentlichen Aspekte enthalten sind. Daher gibt es zwar sehr große Unterschiede in den Verträgen bezüglich der *Konditionen* und *Abfertigungsregeln*, aber kaum bezüglich der *Aufgabenumschreibung*. Sie sind in dieser Beziehung aber auch völlig nichtssagend.

Der Schwerpunkt dieses ersten Schrittes muß auf der möglichst präzisen Erfassung der *Aufgabe* und *nicht* der Stellenanforderung liegen. Die Position mag »Geschäftsführung« oder »Vorstandsvorsitz« heißen. Wird der Auftrag aber darin bestehen, ein florierendes Unternehmen weiterhin gut zu führen? Oder muß ein Turnaround, ein Sanierungsfall gemanagt werden? Wird das Unternehmen eher aus eigener Kraft wachsen, oder wird eine forcierte Akquisitionsstrategie zu betreiben sein? Werden Innovationsschübe zu managen sein? Werden strategische Allianzen einzugehen sein? Muß eine tiefgreifende Restrukturierung durchgeführt werden?

Je nachdem braucht das Unternehmen an der Spitze und auf den Schlüsselpositionen völlig *verschiedene* Stärken, und es braucht eine jeweils sehr unterschiedliche Stärkenkombination. Es kann fast nie beobachtet werden, daß ein und dieselbe Person in allen Situationen gleich gut ist. Leute, die »business as usual« sehr gut managen können, versagen in der Regel völlig in einer Phase massiver Umstrukturierung. Akquisitionsmanager sind andere Leute als Allianzmanager.

Das Ideal bestünde darin, für jede Situation mindestens teilweise die Schlüsselpositionen anders besetzen zu können. Das wird in der Wirtschaft nie gehen. Man wird immer mit zahlreichen *Kompromissen* leben müssen. Aber man kann die Chance, die eine Neubesetzung einer Spitzenposition bietet, entsprechend nützen. Genau das stellt ein »Window of Opportunity« dar.

Nur am Rande sei vermerkt, daß auf diesem Gebiet die militärischen Organisationen weitaus mehr Flexibilität haben und nutzen als die Wirtschaft. Mit Sicherheit wird jeweils ein anderer Divisionskommandant eingesetzt, je nachdem, ob es darum geht, eine Division aufzustellen und auszubil-

den, oder sie in eine Schlacht zu führen, oder eine geschla-
gene Division wieder zu retablieren. Jahrhundertelange Erfahrung und viele Fehlentscheidungen sind überzeugende
Lehrmeister. Der große Vorteil einer Armee und das, was ihr
diese Entscheidungen ermöglicht, ist ein Reservoir an *gleich*
ausgebildeten Leuten, von denen man weiß, daß sie ihr
Handwerk wirklich gelernt haben. Auf dieser Grundlage
können dann die spezifischen und situationsentsprechenden
Stärken genutzt werden. Diesen Vorteil hat die Wirtschaft
kaum oder nur sehr bedingt.

2. Mehrere Kandidaten anschauen

Die Betonung liegt auf »mehrere«. Die Überschrift klingt trivial. Es scheint eine Selbstverständlichkeit zu sein, daß man
mehrere Personen evaluiert, bevor man entscheidet. Die
Praxis zeigt ein anderes Bild. Dieser Schritt wird zwar in der
Regel vollzogen, wenn es um Stellenbesetzung von außen
geht. Er ist schon viel seltener, wenn von innen rekrutiert
wird, dann aber genau so wichtig.

In sehr vielen Fällen werden viel zu früh »Kronprinzen«
und Vorzugskandidaten aufgebaut. Damit wird nicht eine
Entscheidung *getroffen*, sondern eine solche *präjudiziert*.
Man ist zu früh auf jemanden fixiert, der möglicherweise mit
dem früheren Stelleninhaber lange zusammengearbeitet hat
oder sein Stellvertreter war. Oder man ist fixiert auf jemanden, der in jüngster Vergangenheit gerade besondere Erfolge zu verzeichnen hatte, die einem zur Kenntnis gelangt
sind; oder umgekehrt, jemand wird von vornherein aus dem
Rennen genommen, weil er gerade einen Mißerfolg zu ver-
kraften hat. Das alles ist Impuls, aber nicht Entscheidung.

Man muß *drei* und noch besser *fünf* ernsthaft in Frage
kommende Kandidaten haben. Das ist für die Besetzung von
Spitzenpositionen ein *anspruchsvolles* Kriterium. Es ist weder in der Wirtschaft noch zum Beispiel in der Politik leicht,
für wirklich oberste Positionen drei bis fünf im Prinzip gleichermaßen in Frage kommende Personen zu finden.

3. *Gründliches Durchdenken, nach welchen Gesichtspunkten die Kandidaten zu beurteilen sind*

Für diesen Schritt muß auf die Ergebnisse des ersten Schrittes zurückgegriffen werden können. Welche *speziellen Stärken* erfordert die Erfüllung der Schlüsselaufgabe in Bezug auf fachliche Aspekte, Erfahrung und Persönlichkeit? Genau hier darf nicht nach der »rundherum guten Person« gefragt werden, sondern nach dem, was eine Person ganz *speziell* für die gestellte Aufgabe vorzuweisen hat. Die Aufmerksamkeit muß auf die Stärken der Kandidaten gerichtet sein. Was kann jeder besonders gut im Hinblick auf die Aufgabe? Schwächen, die man entdeckt – nebenbei viel leichter als die Stärken –, vermindern naturgemäß die Chancen, daß jemand ausgewählt wird, aber es sind die Stärken, die den Ausschlag geben müssen.

Woran kann man Stärken erkennen? Das ist immer eine schwierige Aufgabe. Am leichtesten findet man sie in den Lebensläufen, aber nur, wenn man auf etwas achtet, was fast *nie* in ihnen enthalten ist – auf die *Ergebnisse*, die eine Person bisher in ihrem Leben erzielt hat. Aufgrund zahlreicher Erfahrungen finde ich es bemerkenswert, daß in Lebensläufen fast immer nur eine Liste von *Positionen* enthalten ist, die jemand innehatte – oft glanzvolle und beeindruckende Positionen. Es ist aber *nicht* angegeben, was die Leute dort erreicht haben, welche *Resultate* sie erzielten, wie die Stelle bei Antritt und bei Beendigung des Dienstverhältnisses aussah. Die Ergebnisse, die jemand bisher in seinem Leben erzielt hat, sind das wichtigste Element für seine Beurteilung. Bei Beförderungen von innen stellen sich diesbezüglich keine Probleme. Man kennt die Ergebnisse. Bei Besetzung von außen ist das nicht ganz so einfach.

Ein weiterer Aspekt, auf den man achten muß, ist die *Effektivität* einer Person, die Wirksamkeit ihrer Arbeitsweise. Die besten Talente, die größte Intelligenz und die herausragendsten Stärken bleiben bedeutungslos, wenn sie nicht genutzt werden. Es ist nicht immer ganz einfach, herauszufinden, wie es mit der Wirksamkeit einer Person bestellt ist.

Dabei geht es unter anderem auch um Dinge, die ein bißchen banal erscheinen und auf die man sicherlich nicht gerade im ersten Gespräch kommen wird. Aber man muß sie im Auge behalten.

Weitere Elemente, auf die zu achten ist, sind: Wie ist die Person in ihrem bisherigen Leben mit *Fehlern* umgegangen, die sie gemacht hat? Hat sie sich ihnen gestellt und sie korrigiert, oder hat sie die Fluchtwege aus der Verantwortung benutzt? Sind Anzeichen vorhanden, daß jemand *Angst vor starken Leuten* hat? Das ist ein sicheres Merkmal für Führungsschwäche. Wie ist der Kandidat selbst an die *Abklärung* seiner neuen Aufgabe herangegangen? Selbstverständlich muß man viele weitere Dinge prüfen. Es gibt Checklisten dafür. Hier sind natürlich auch eventuelle Testergebnisse wichtig.

4. Nie eine Personalentscheidung im Alleingang treffen

Personalentscheidungen sollten von *mehreren* Personen geprüft und durchleuchtet werden. Man sollte darauf verzichten, sie allein treffen zu wollen. Man braucht die Meinung anderer dazu und vor allem die Meinung von Menschen, die mit den betreffenden Personen, die zur Wahl stehen, schon zusammengearbeitet haben.

Dieser *vierte* Schritt ist die Phase, in der man *Referenzen* einholt – und zwar *nicht* aus jenen Quellen, die die Kandidaten aus freien Stücken vorgelegt haben. Niemand bei klarem Verstand nennt negative Referenzen. Man kann sich nicht auf freiwillig vorgelegte Referenzen stützen. Man braucht die Meinung von Personen, die der Kandidat *nicht* genannt hat. Man muß sie suchen – und je höher und wichtiger die zur Disposition stehende Stelle ist, um so wichtiger ist das. Daher muß dieser Schritt formal eingebaut sein.

Ich empfehle, die Referenzen selbst einzuholen und nicht einholen zu lassen. Es genügt nicht, mit Leuten zu reden, die den Kandidaten »kennen«. Bloßes Kennen reicht für die Zwecke der Besetzung einer Spitzenposition nicht aus. Es müssen Referenzpersonen sein, die mit dem Kandidaten *zu-*

sammengearbeitet haben, frühere Kollegen und Chefs, frühere Mitarbeiter, frühere Sekretärinnen. Es gibt Leute, die sich für die Erfüllung dieser Aufgabe mehrere Tage in Klausur begeben und nicht ruhen, bis sie alles über eine Person herausgefunden haben. Sie lassen ihre ganzen Beziehungen zu diesem Zweck spielen.

Im Anschluß daran sollte man alle Informationen mit einigen anderen Personen seines Vertrauens besprechen. Vielleicht muß die Entscheidung im engeren Sinne dann doch allein getroffen werden, aber zumindest sollte man Meinungen anderer dabei berücksichtigen.

Nach gründlicher und gewissenhafter Anwendung dieser vier Schritte kann eine Entscheidung getroffen werden. Oder besser – jetzt *muß* sie getroffen werden, denn mehr kann man kaum tun. Noch immer wird es viele »weiße Flecken auf der Landkarte« des Kandidaten geben. Man weiß *nie* alles, was man gerne wissen würde, und man hat nie ausreichend Informationen für das, was theoretisch eine rationale Entscheidung wäre. Aber man wird im Rahmen der üblicherweise zur Verfügung stehenden Zeit mehr auch nicht herausbekommen können.

Nachdem die Entscheidung gefallen ist, glauben nun viele, sie hätten ihre Aufgabe erledigt. Aber die in solchen Dingen wirklich erfahrenen Leute machen noch zwei weitere Schritte, die allerdings häufig etwas Fingerspitzengefühl in der Vorgehensweise erfordern. Sie sind für den Erfolg der Entscheidung aber mindestens so kausal wie die ersten vier Schritte.

5. Dafür sorgen, daß der ausgewählte Kandidat seine Aufgabe wirklich begreift

Selbstverständlich wird man in den zur Entscheidung führenden Gesprächen mit allen Bewerbern Position und Aufgabe gründlich besprochen haben. Die Kandidaten werden, wenn sie kompetent sind, selbst größten Wert auf Klarheit in diesem Punkt geachtet haben – andere sollte man rechtzeitig ausscheiden. Aber vieles ist doch eher im Allgemeinen geblieben. Jetzt muß es konkretisiert werden. Jetzt muß absolute Klarheit über die gegenseitigen Erwartungen geschaffen werden.

Es gibt dabei zwei besonders wichtige Punkte: Der *erste* besteht darin, dem neubestellten Manager eine wesentliche Voraussetzung für seinen zukünftigen Erfolg klarzumachen, die sehr vielen, selbst solchen in hohen Positionen nicht bewußt ist: *Das, was ihnen die neue Position eingebracht hat, ist an der neuen Stelle eher hinderlich als förderlich.*

Man hat den Leiter des Marketings zum Chef einer Tochtergesellschaft gemacht. Er wurde ausgewählt wegen seiner besonderen Erfahrung und Erfolge im Marketing. Als Chef einer Tochtergesellschaft ist er aber vor eine ganz andere Aufgabe gestellt. Jetzt muß er einen ganzheitlichen, unternehmerischen Auftrag erfüllen. In diesem Beispiel werden seine Marketingkenntnisse zwar nicht ausgesprochen hinderlich sein; wenn er sich aber weiterhin als Marketingspezialist verhält, wird er in der neuen Position scheitern oder bestenfalls mittelmäßige Erfolge haben.

Der *zweite* Punkt ist, der beförderten Person klarzumachen, wie sie sich in den ersten 100 Tagen auf der neuen Position verhalten soll. Das schlimmste, was passieren kann, ist, daß der neue Stelleninhaber am 2. Januar seine Aufgabe antritt und am 3. Januar der ganzen Belegschaft sagt, »wo's jetzt lang geht«. Das ist der sichere Weg – sowohl für den Stelleninhaber, als auch für jene, die ihn dazu gemacht haben –, auf einen Schlag jede *Glaubwürdigkeit* zu verlieren und allen zu beweisen, daß man einen Idioten zum Chef gemacht hat. Die ersten 100 Tage sind – vorbehaltlich ausgesprochener Krisensituationen – eine Periode des Lernens und der Einarbeitung.

Es handelt sich hier vielleicht nicht gerade um die angenehmsten Aufgaben der Unternehmensaufsicht, wenn es um oberste Positionen geht; sie benötigen etwas diplomatisches Geschick. Es ist aber ein schwerer Fehler, jemanden vor Stellenantritt auf diese Dinge nicht hinzuweisen und sich darauf zu verlassen, daß das alles ohnehin klar und selbstverständlich sei. Wenn ein Stelleninhaber sich trotzdem in der be-

schriebenen Weise verhält, steht man leider vor der unangenehmen Frage, ob es nicht besser ist, ihn rasch wieder zu
entfernen. Das ist zwar schwierig und auch nach innen und
außen nicht leicht zu begründen. Wenn man es aus juristischen und optischen Gründen aber nicht tut, kann es leicht
sein, daß man um so gravierendere Folgewirkungen zu ge-
wärtigen hat.

6. Der Hundert-Tage-Bericht

Der letzte Schritt, den erfahrene Leute machen, besteht darin, vom neuen Stelleninhaber nach 90 bis 100 Tagen einen
Bericht zu verlangen. Die Frage, die er zu beantworten hat,
lautet: *Nachdem sie jetzt drei Monate lang ihre Aufgabe studiert und sich eingearbeitet haben, was müssen Sie nun Ihrer eigenen Meinung nach tun, um wirklich erfolgreich zu
sein?*
   Jetzt müssen die letzten Unklarheiten beseitigt werden bezüglich der gegenseitigen Erwartungen. Man muß wissen,
wie der neue Stelleninhaber die Situation sieht, wo er Prioritäten setzen will, wie er seinen Schlüsselbeitrag definiert
usw. Vielleicht hat man Konsens; vielleicht nicht. Wie auch
immer, man muß es wissen, und der andere muß wissen, daß
man es weiß.
   Wenn hier von einem »Bericht« die Rede ist, so ist es zwar
sehr günstig, wenn man diesen buchstäblich und schriftlich
verlangen kann. Das wird aber aus psychologischen Gründen vielleicht nicht immer möglich sein, obwohl ich vorschlage, nicht allzu übertrieben auf die Psyche hoher und
höchster Führungskräfte zu achten. Man darf von ihnen erwarten, daß sie einiges aushalten können und ein angemes-
senes Maß an Robustheit mitbringen, worauf man schon bei
der Auswahl achten muß. Wenn man es aber trotzdem für
unangebracht hält, einen Bericht im eigentlichen Sinne zu
verlangen, dann muß man ihn sich *de facto* verschaffen,
durch Gespräche, die dieselbe Funktion erfüllen.

11.3 Die Nachfolgeentscheidung an der Spitze

Wie schon gesagt, *alle* Personalentscheide sind wichtig und sie sind schwierig. Die hier dargelegten Grundsätze und methodischen Schritte gelten vom Prinzip her für sämtliche Entscheidungen, die Menschen betreffen. Je nachdem, um welche Art von Position es geht, wird man sie etwas verschieden applizieren. Für hohe und höchste Positionen sind sie mit aller Sorgfalt und Gründlichkeit anzuwenden, und darüber hinaus ist für die Nachfolgeentscheidung an der Spitze auf einige zusätzliche Aspekte hinzuweisen:

Das ist die *schwierigste* Entscheidung, und sie ist auch am schwierigsten zu korrigieren, falls sie sich als falsch erweist. Der einzige Test für den Erfolg an der Spitze – ist Erfolg an der Spitze. Es gibt kaum eine angemessene Vorbereitung dafür. Auch wenn eine Person noch so wichtige andere Positionen innehatte und vielleicht sehr eng mit Spitzenmanagern zusammengearbeitet hat, so war sie eben doch immer im Glied. Man muß daher mit besonderer Gewissenhaftigkeit vorgehen, wenn man eine Person auszuwählen tendiert, die *erstmals* im Leben definitiv auf die *oberste* Exekutivposition eines Unternehmens kommt.

Man muß *erstens* darauf achten, daß man keine Kopie des bisherigen Spitzenmannes erhält oder sucht. Die Versuchung ist dann besonders groß, wenn der abtretende Spitzenmanager besonders gut war. Es hat aber für einen Kandidaten keinen Sinn, jemanden nachahmen zu wollen, und es hat für jene keinen Sinn, die die Entscheidung treffen müssen. Niemand kann überzeugend auf Dauer jemanden nachahmen. Der neue Stelleninhaber muß die Aufgaben auf *seine* Weise lösen; er *soll* anders sein.

Zweitens muß man sehr vorsichtig sein mit den langjährigen Assistenten von Spitzenmanagern oder ihren Stellvertretern. Sie bringen zwar den großen Vorteil mit, daß sie die Situation, das Unternehmen und die Verhältnisse in der Top-Etage sehr gut kennen. Sie haben an der *Vorbereitung* vieler Entscheidungen mitgewirkt. Aber sie haben nie *selbst* eine finale Entscheidung zu *treffen* und zu *verantworten* gehabt.

Sie müssen sich daher zuerst in einer Reihe anderer Positionen bewährt haben, die mit Entscheidungs- und Ergebnisverantwortung verbunden sind.

Und *drittens* muß man vorsichtig sein mit den »gesalbten Kronprinzen«. Sehr häufig sind das Leute, die es bisher verstanden haben, aus der »Schußlinie« zu bleiben. Sie konnten es vielleicht nur geschickt vermeiden, überhaupt etwas zu tun und daher Fehler zu machen, beurteilt zu werden, sich den Realitäten zu stellen. Sie werden nie Glaubwürdigkeit in den Augen der Belegschaft haben. In diese Kategorie fallen die Schützlinge der bisherigen Spitzenmanager und vor allem in den Familienunternehmen die Söhne und Töchter erfolgreicher Unternehmer. Man tut mit der Wahl eines »Kronprinzen« dem Unternehmen keinen Dienst und in den allermeisten Fällen auch der betroffenen Person nicht.

Am relativ einfachsten und sichersten wäre es, die oberste Exekutivposition mit einer Person zu besetzen, die bereits in einem anderen Unternehmen eine vergleichbare Stelle innehatte. Das bedeutet aber, daß sie *erstens* keine ausreichende Kenntnis über das Unternehmen haben kann, das sie nun zu führen hat; *zweitens* stehen unter Umständen Konkurrenzklauseln im Wege, und *drittens* ist damit das nicht ungefährliche Signal verbunden, daß man die Aufgabe niemandem aus dem eigenen Hause zutraut.

Wenn man als Aufsichtsorgan somit gar nicht so selten jemanden bestellt, der erstmals im Leben an die oberste Position kommt, so wird man sich kaum der Aufgabe entziehen können, diese Person noch geraume Zeit sehr genau im Auge zu behalten, zu beobachten und unter Umständen mit angemessener Intensität zu führen. Außerdem ist es ratsam, vertraglich alles vorzukehren, um notfalls rasch korrigieren zu können, wenn sich die Entscheidung als falsch erweist.

Eine letzte Regel: Der bisherige Stelleninhaber soll an der Nachfolgeentscheidung nicht mitwirken. Selbstverständlich wird er gehört werden, und seine Beurteilung eines Kandidaten wird hohes Gewicht haben. Die Entscheidung selbst sollte aber ohne seine Stimme fallen. Ich halte das für besonders wichtig in jenen Fällen, in denen ein bisheriger Vorstandsvorsitzender in den Aufsichtsrat rückt und in dieser Funktion dann eben in die Nachfolgeentscheidung involviert ist. Er sollte freiwillig in dieser Sache in Ausstand treten. Kein Papst hat je an der Entscheidung über seinen Nachfolger mitgewirkt, und sollte es einmal eine Altersgrenze für Päpste geben, darf erwartet werden, daß die Kirche sich an diese Regel halten wird.

11.4 Personalentscheidungen unterhalb des Exekutivorganes

In welchem Umfange soll die Unternehmensaufsicht in personelle Schlüsselentscheidungen unterhalb des Exekutivorganes involviert sein, zum Beispiel in die Besetzung von Führungspositionen für Tochtergesellschaften, Auslandsorganisationen, große Geschäftsbereiche, eventuell auch kritische Projekte, Sonderaufträge und dergleichen? Das ist eine in mehrfacher Hinsicht heikle Frage, für die es möglicherweise keine abschließende und vielleicht auch nicht nur eine richtige Antwort gibt.

Nach meiner Meinung sollten Entscheide für die der obersten Exekutive nachgelagerten Ebenen nicht im engeren Sinne von der Unternehmensaufsicht *getroffen* werden, aber ich neige doch der Auffassung zu, daß sie an ihrem Zustandekommen beteiligt sein soll, zumindest in der Weise, daß sie Qualität, Sorgfalt und Gewissenhaftigkeit des Entscheidungsprozesses beurteilen und notfalls steuern kann. Es ist möglich und – wie ich glaube – auch notwendig, die Besetzung von Schlüsselpositionen des Unternehmens zu einem durch die Unternehmensaufsicht genehmigungspflichtigen Vorgang zu machen. Die Rechtsordnungen schließen das nicht aus.

Man kann dagegen argumentieren, daß damit dem Exekutivorgan ein Fluchtweg aus der Verantwortung geöffnet wird. Dies würde dann selbstverständlich für alle genehmigungspflichtigen Angelegenheiten gelten. Ein weiteres Argument ist wohl, daß damit ein großer zeitlicher Aufwand für einzelne oder alle Aufsichtsmitglieder entsteht, besonders für den Vorsitzenden des Aufsichtsorganes. Das Zeitargument halte ich – dem Grundtenor der bisher dargelegten Auffassung folgend – nicht nur für irrelevant, sondern ich glaube, daß die für Personalangelegenheiten aufgewendete Zeit die wahrscheinlich wichtigste und bestinvestierte Ressource des Aufsichtsorganes ist. Bei entsprechender Organisation des Entscheidungsprozesses und sachgerechter Vorbereitung der Entscheidungen hält sich der Zeitaufwand durchaus noch im Rahmen praktisch vertretbarer Grenzen, wenn man prinzipiell bereit ist, der Unternehmensaufsicht eine aktive und tragende Rolle zuzuweisen.

11.5 Besetzung von innen oder von außen?

Sollen das Exekutivorgan und im erweiterten Sinne die Schlüsselpositionen eines Unternehmens von innen oder von außen besetzt werden? Die Antwort ist: Für die meisten Organisationen gilt wohl, daß aus naheliegenden Gründen eine *Mischung* die beste Lösung ist. Allerdings kann nicht übersehen werden, daß es auch sehr *erfolgreiche* Organisationen gibt, in denen die Besetzung von Führungspositionen von außen undenkbar ist und lange – möglicherweise jahrzehntelange – Bewährung innerhalb der Organisation der einzige Weg zu Schlüsselpositionen ist.

Auch für Unternehmen, die prinzipiell für Besetzungen ihrer Führungspositionen von außen offen sein wollen oder müssen, muß der Schwerpunkt aber aus *prinzipiellen* und auch aus *praktischen* Gründen eindeutig bei der Rekrutierung von *innen* liegen. Mehr als ein Fünftel bis ein Viertel der Schlüsselpersonen von außen zu rekrutieren, sollte in der Regel weder notwendig sein noch als wünschbar betrachtet werden. Von Radikalkuren der »Bluterneuerung« ist dringend abzuraten. Wenn sie erforderlich werden, sind lange vorher wichtige Aufgaben der Unternehmensführung sowohl im Exekutiv- als auch im Aufsichtsorgan außer Kontrolle geraten. Unter Umständen kann das durch eine Brachialmaßnahme noch korrigiert werden; sie ist aber immer einer Folge früheren Versagens, und sie ist außerordentlich riskant. Durch die gelegentlich berichteten, ohnehin sehr seltenen Erfolgsfälle sollte man sich nicht irreführen lassen.

Eine der wichtigsten Aufgaben des Top-Managements besteht, wie bereits dargelegt, darin, die Humanressourcen aufzubauen und zu erhalten. Die einzige Möglichkeit, das Risiko von Personalentscheidungen für die Schlüsselpositionen auf ein tragbares Niveau zu bringen, ist die rechtzeitige – und das heißt über mehrere Jahre sich erstreckende – Vorbereitung einer ausreichenden Zahl von Personen auf hohe und höchste Führungsaufgaben. Man muß Menschen für solche Aufgaben erziehen, formen, erproben und coachen.

Eine Erprobungs- und Bewährungszeit von weniger als fünf Jahren halte ich für zu riskant. Sieben bis zehn Jahre sollten andererseits ausreichen, um einen Menschen – wenn man bewußt, gezielt und systematisch darauf achtet – genügend gut kennenzulernen, um eine fundierte Entscheidung auch für hohe und höchste Positionen treffen zu können. Ich weiß, daß das in Widerspruch zur heutigen Praxis der Kurzlebigkeit und Kurzfristigkeit von Personalentscheidungen gerade in großen Unternehmen steht. Ich halte diese Praxis für falsch und fehlgeleitet. Sie wird die Wirtschaft in den nächsten Jahren vor sehr große Probleme stellen.

Was ist eine »ausreichende Zahl«? Man hat nie genügend Kandidaten für Schlüsselpositionen. Anzustreben ist meines Erachtens eine Zahl, die etwa um ein Drittel größer als die Zahl der zu besetzenden Positionen ist.

Ich bin mir dessen bewußt, daß die dargelegten Vorschläge anspruchsvolle und vielleicht sogar an die Grenze des praktisch Möglichen gehende Zielsetzungen sind. Andererseits sehe ich darin eine der wichtigsten Aufgaben der Personal- und Managementenwicklung überhaupt. Ich halte es für unabdingbar, daß jene Mitarbeiter, die prinzipiell als befähigt angesehen werden, Schlüssel- und Spitzenpositionen im Unternehmen zu bekleiden, nicht nur angemessene Ausbildungs-, Bildungs- und Formationsprozesse zu durchlaufen haben, sondern vor allem dabei *systematisch beobachtet* und *evaluiert* werden. Das erste wird heute in der Regel in größeren Unternehmen gemacht; das zweite ist keineswegs gängige Praxis. Es wird auch durch die eher als Routine und nicht selten als irrelevantes Ritual durchgeführten Mitarbeitergespräche und Personalbeurteilungen keineswegs abgedeckt.

Wenn man der Frage nachgeht, worauf sich jene Personen stützten, die nicht nur viele Personalentscheidungen zu treffen hatten, sondern diese Entscheidungen auch mit einer außergewöhnlich hohen Erfolgsquote fällten, so zeigt sich immer wieder, daß sie ein »kleines, schwarzes Büchlein« führten, in dem sie alle ihre Beobachtungen sorgfältig notierten. Sie haben ihre wirklich entscheidenden Informationen meistens nicht oder jedenfalls nicht nur aus den offiziellen Personalakten bezogen, sondern sie selbst über Jahre gesammelt. Sie haben sich immer wieder dem zeitaufwendigen Zwang unterworfen, Menschen zu beobachten und sie mit immer größeren Aufgaben zu testen. Sie haben auch scheinbar belanglose Dinge notiert, für den Fall, daß sie sie einmal brauchen, und sie haben besonders auf drei Dinge geachtet: Auf die *Ergebnisse*, die eine Person im Laufe ihres Lebens erzielte, auf die Art, wie jemand mit seinen *Fehlern* umgegangen ist und auf die sogenannten »*Critical Incidents*«. Das sind Vorfälle und Verhaltensweisen, die für sich genommen und isoliert betrachtet im Grunde nicht von Belang sind, mit der Zeit und im gesamten aber ein Grundmuster dessen ergeben, was man wohl am ehesten mit Persönlichkeit und Charakter meinen kann.

Eine Politik entsprechend den hier vertretenen Auffassungen hat zwangsläufig Nebenwirkungen, die zwar nicht erwünscht, aber unvermeidbar sind. Aufgrund der Rekrutierung von außen und der vorgeschlagenen Reserve von einem Drittel wird man zwangsläufig auch gute Leute verlieren, jene die eben bei Beförderungen – obwohl ausreichend qualifiziert – aus quantitativen Gründen nicht zum Zuge kommen konnten. Dazu muß man stehen und es allen Personen, die in die Vorbereitungsmaßnahmen für höhere Positionen einbezogen sind, von Anfang an unmißverständlich klar machen, daß es keine Garantien für Karrieren geben kann, wohl aber eine faire und gleiche Chance für jeden, der die Qualifikationskriterien erfüllt.

Von besonderer Bedeutung ist, daß es keine *systematische* Benachteiligung bestimmter Gruppierungen geben kann, sondern daß ausschließlich Leistung und Ergebnisse zählen. Einige der schlimmsten Fehlentwicklungen in Wirtschaft und Gesellschaft sind historisch immer wieder dadurch entstanden, daß es eine nicht durch Leistung und objektive Qualifikationen bestimmte, systematische Ausgrenzung ganzer Gruppierungen gab. Auch unsere Zeit ist davon noch keineswegs frei. Unternehmen, in denen die Schlüsselpositionen zum Beispiel nur für Akademiker offenstehen oder nur für Absolventen einer bestimmten Disziplin oder Institution, Angehörige einer bestimmten ethnischen Gruppe, eines Geschlechts, einer politischen Richtung und dergleichen, werden über kurz oder lang alle Anzeichen der »Inzucht« aufweisen. Sie verlieren ihre Attraktivität für gute Leute, und sie ziehen jene um so mehr an, deren einzige Qualifikation darin besteht, zu einer bestimmten, privilegierten Gruppe zu gehören. Es tritt eine systematische Negativselektion ein, die dann, wenn sie ihre organisations- und ergebnisschädigende Wirkung zeigt, kaum noch zu korrigieren ist.

Nachwort

Die organisierte Gesellschaft – oder besser, die Gesellschaft, die aus zahlreichen und sehr verschiedenartigen Organisationen besteht, ist eine sehr junge Entwicklung. Ihre Anfänge reichen kaum 150 Jahre zurück, und die Phase ihres stärksten quantitativen Wachstums sowie ihrer intensivsten qualitativen Ausformung fällt in die Zeit nach dem Zweiten Weltkrieg. Die politischen Theorien, auf denen die heute praktizierte Art der Demokratie beruht, haben diesem Umstand keine Rechnung getragen; sie konnten es nicht, denn deren Entstehung reicht mindestens 200 Jahre zurück. Auch die Gesellschaftstheorien haben diese Entwicklung weitgehend ignoriert. Selbst die Rechtsordnungen stammen noch aus einer Zeit, in der wir eine andere Gesellschaftsstruktur und andere Institutionen hatten.

Die Entscheidungs- und Machtzentren der heutigen Gesellschaft – und das wird *a fortiori* für die zukünftige Gesellschaft gelten – gestalten, steuern und kontrollieren sich selbst. Sie haben dazu mehr Mittel und vor allem mehr Information und Intelligenz zur Verfügung als je zuvor und teilweise mehr, als jene inzwischen weitgehend obsolet gewordenen Behörden und Institutionen, die den geltenden Theorien und Gesetzen zufolge ihre Gestaltung und Steuerung bestimmen und kontrollieren sollten.

Vom Grundsatz her sind Selbstorganisation und Selbststeuerung der gesellschaftlichen Organisationen nicht nur richtig, sondern sie sind aus Gründen der Komplexität auch die einzigen praktischen Möglichkeiten. Paradox und gefährlich ist aber der Umstand, daß es dafür keine brauchbaren Grundlagen, keine Theorie und nur wenig Erfahrung gibt. Selbst die Wirtschaft mit ihrem zwar absolut noch immer niedrigen, relativ zu anderen Bereichen aber hochentwickelten Organisationsgrad, ist mit erheblichem Änderungsbedarf konfrontiert, wie ich gezeigt zu haben hoffe. Die in diesem Buch enthaltenen Überlegungen zur Corporate Governance gelten in entsprechend adaptierter Weise prinzipiell für alle Organisationen – jene des Bildungs- und des Gesundheitswesens, des Wohlfahrts-, Kultur- und Mediensektors, für alle privaten Non-Profit-Organisationen und in erheblichem Umfange auch für die öffentliche Verwaltung, zumindest für den nicht-hoheitlichen Bereich. Nicht nur *Corporate*, sondern *Organizational* Governance schlechthin wird wichtig sein.

In der Wirtschaft und ihren Organisationen findet zwar die Erarbeitung der wirtschaftlichen Wertschöpfung statt. Ihre Verwendung geschieht aber in nach wie vor steigendem Ausmaß durch die zahllosen anderen Organisationen. Man wird ein Interesse daran haben müssen, wie und wofür die Verwendung stattfindet. Das ist aber nur die ökonomische Betrachtung. Die umfassendere, gesamtgesellschaftliche Frage, die Frage nach einer funktionierenden, gesunden Gesellschaft, ihrer Führung, ihrer Eliten, ihrer Ziele, Ergebnisse und Werte, wird viel wichtiger sein. Daran hoffe ich in diesem Buch keinen Zweifel gelassen zu haben. Die alten Antworten haben uns gute Dienste geleistet, aber sie werden keine Hilfe mehr sein für die Gestaltung einer anders aussehenden Zukunft. Die Gestaltung, Führung und Aufsicht nicht nur der wirtschaftlichen, sondern aller Organisationen wird in entscheidendem Maße bestimmen, wie diese Zukunft aussehen wird.

Anhang 1 zur dritten Auflage
Schein und Wirklichkeit der
amerikanischen Wirtschaft[1]

Die Unsicherheit an den Börsen wächst. Ebenso wächst die
Zahl derer, obwohl sie noch immer klein ist, die langsam
Zweifel daran bekommen, ob mit der Wirtschaft wirklich alles so in Ordnung ist, wie man das in den letzten Jahren gehört – und gerne geglaubt hat – über die Weltwirtschaft insgesamt, aber vor allem über die USA.

Ich habe schon früher darauf hingewiesen, daß zwar viel
über die sogenannte *New Economy* geredet wird, daß die
Argumente, die man für sie vorbringt, aber *dünn* sind. Noch
dünner sind die *Zahlen*, die man zu ihren Gunsten vorbringen kann. Inzwischen zeigt sich an den Börsen recht drastisch, wie hohl die Mehrheit der New-Economy-Firmen ist.
Enttäuschte und erboste Leute haben Websites eingerichtet,
in denen das sich abspielende Debakel in Zahlen und Berichten sauber dokumentiert ist. Das Problem ist in Wahrheit
aber keineswegs nur oder in erster Linie ein Problem der
New Economy. Das sogenannte amerikanische Wirtschaftswunder ist ein *Scheinwunder*. Das zeigt sich deutlich, wenn
man die Zahlen prüft. Noch nie zuvor habe ich erlebt, daß
Medienwelt und Wirklichkeit so wenig übereinstimmen.

Zuerst will ich aber nochmals zusammenfassen, was die
gängige Meinung über die amerikanische Wirtschaft ist:
Nachdem die drei Rezessionsjahre Anfang der Neunziger
überwunden waren, hat die US-Wirtschaft ihren längsten
Aufschwung begonnen, den es in ihrer Geschichte gegeben
hat. In acht aufeinanderfolgenden Hochkonjunktur-Jahren
wurden rund 17 Millionen neue Arbeitsplätze geschaffen.
Die Arbeitslosigkeit ist dadurch auf den niedrigsten Wert seit
30 Jahren gesunken. Damit einher ging das stärkste Wirt-

---

1 Erstmals publiziert in M.o.M.® Malik on Management; Dezember 2000.

schaftswachstum und das stärkste Gewinnwachstum seit dem Zweiten Weltkrieg. Trotzdem die Wirtschaft auf vollen Touren lief, ist die Inflation gesunken und hat die niedrigsten Werte seit den sechziger Jahren erreicht. In den alten Industrien wurde die Produktivität dank massiver Umstrukturierungen markant gesteigert. Darüber hinaus hat Amerika die Führung in den neuen High-Tech- und Kommunikationsindustrien übernommen, die die stärksten Wachstumsraten überhaupt aufweisen. Alle diese Errungenschaften haben zu einer stetigen Aufwärtsentwicklung am Aktienmarkt geführt und Jahr für Jahr neue Kursrekorde gebracht. Die enormen Kurssteigerungen werden nicht als Ausdruck einer Spekulationsblase angesehen, sondern als Folge einer grundlegenden Wandlung der Wirtschaft von einer Old Economy zu einer New Economy, die im wesentlichen von Investitionen in völlig neue Hoffnungsgebiete besonders der Informatik, aber auch der Biowissenschaften getragen ist. Besonders beeindrucken noch nie zuvor erfahrene Produktivitätszuwächse, fortgesetzte Restrukturierung der Unternehmungen auch des Old-Economy-Sektors, verbunden mit niedrigen Lagerbeständen wegen erfolgreichen Just-in-Time-Managements, und außerdem die Erfolge bei der Bekämpfung des Budgetdefizits und der Gesundung der öffentlichen Finanzen. Die US-Wirtschaft wird daher als fundamental so gesund und leistungsfähig angesehen, daß es zwar zu gewissen Abkühlungen des Wachstums und damit verbunden auch zu Kurskorrekturen an den Börsen kommen kann, jedoch nicht zu größeren Störungen des Finanzsystems, schon gar nicht zu einem Börsenkrach.

Ungefähr so wird fast durchgängig in den Medien die Situation Amerikas beschrieben. Geht man, wie gesagt, den Zahlen allerdings auf den Grund und prüft man das ständig wiederholte Schlagwort vom »neuen Paradigma«, so zeigt sich ein vollkommen anderes Bild.

Wachstum

Wie man den nachfolgenden Abbildungen entnehmen kann, sind im langfristigen Vergleich die US-Wachstumsraten weit weniger beeindruckend, als es allgemein dargestellt wird. Die neunziger Jahre sind weder bezüglich des Wachstums des *Sozialproduktes* noch der *Industrieproduktion* besonders herausragend. Auch der Indikator des *Auftragseinganges* für dauerhafte Gebrauchsgüter zeigt ein sehr gewöhnliches Bild.

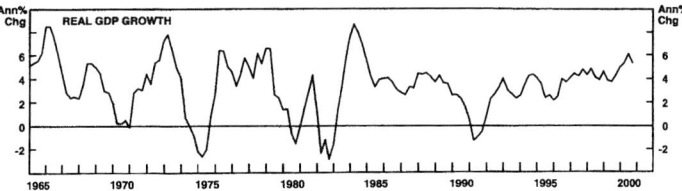

Abbildung 1 (Quelle: The Bank Credit Analyst, November 2000)

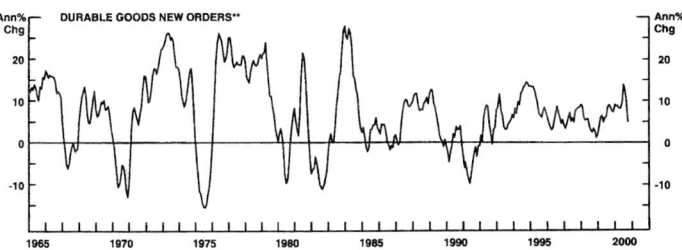

Abbildung 2 (Quelle: The Bank Credit Analyst, November 2000)

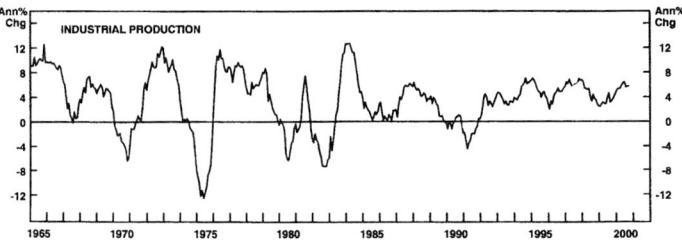

Abbildung 3 (Quelle: The Bank Credit Analyst, November 2000)

Anhand schon dieser langfristigen Zeitreihen zeigt sich, daß Amerika von einem Wachstumswunder weit entfernt ist. Das Wunder ist eher, wie eine solche Auffassung und Fehlinterpretation überhaupt entstehen konnte.

Die obigen Abbildungen zeigen aber *noch nicht alles*. Das *wahre* Bild des Wachstums der amerikanischen Wirtschaft zeigt sich erst dann, wenn man zwei weitere Aspekte kennt und entsprechende *Korrekturen* macht.

Die *erste* Korrektur betrifft den finanzwirtschaftlichen Sektor. Wie ich verschiedentlich in M.o.M.® dargelegt habe, hat Amerika nicht *ein* Sozialprodukt, sondern deren *mehrere*. Ich habe in größeren Abständen die nachfolgende Abbildung 4 publiziert:

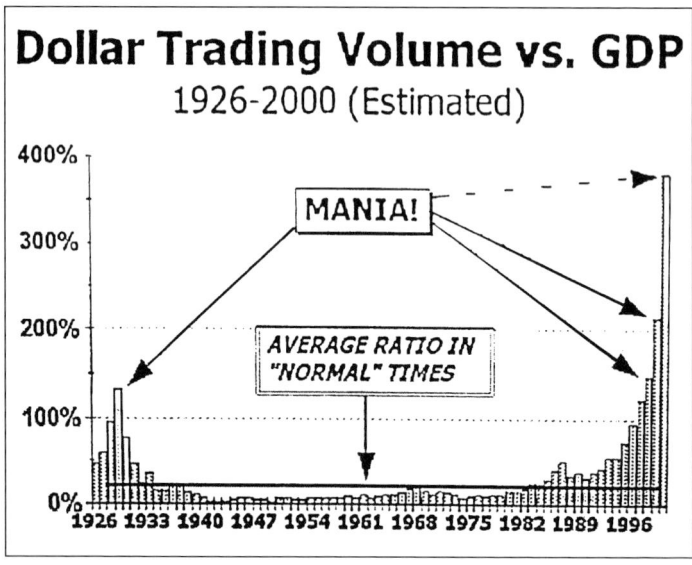

Abbildung 4 (Quelle: HD Brous & Co., Crosscurrents, November 2000)

Die Grafik zeigt das Aktienhandelsvolumen in Prozenten des Sozialproduktes. Im Klartext sagt sie, daß Amerika, wie erwähnt, nicht ein Sozialprodukt, nämlich jenes der *realen* Güter und Dienstleistungen hat, sondern noch drei weitere dazu, die aus dem Aktienhandel resultieren. Für jeden Dol-

lar, der für reale Güter, Schuhe, Autos, Computer usw. ausgegeben wird, werden rund drei Dollar für Aktien ausgegeben. Jede Transaktion verursacht Kommissions- und Gebüh-
renzahlungen, die als Einkommen des Finanzsektors in das
Sozialprodukt eingehen. Das wäre erfreulich, wenn es sich
um eine *normale* Erscheinung handelte, also etwas, von dem
angenommen werden dürfte, daß es im großen und ganzen
von Dauer sein wird.

Wenn man die Entwicklung aber über einen *langen* Zeitraum untersucht, zeigt sich klar, daß es sich um eine Aus-
nahmeerscheinung handelt. Die letzte Spitze korrespondiert
mit der Aktienspekulationsblase der zwanziger Jahre. Es ist
kaum anzunehmen, daß nun, nachdem sich der wahre Charakter der Aktienbörse zu zeigen beginnt, Volumen dieser
Art aufrechterhalten werden können. Vielmehr ist damit zu
rechnen, daß der gesamten Wall Street- bzw. Finanzindustrie – nicht nur in den USA – eine ins Gewicht fallende Korrektur bevorsteht. Die meisten Banken schöpften in den letzten Jahren den Hauptteil ihrer Gewinne nicht mehr aus den
klassischen Bankgeschäften, sondern aus dem Börsenge-
schäft. Es wird in der Größenordnung wie bisher kaum aufrechtzuerhalten sein, und von den rund eine Million Beschäftigten in diesem Sektor in den USA wird man viele nicht
mehr brauchen.

Die *zweite* Korrektur, die man machen muß, bezieht sich
auf den *Computersektor* und auf die bedenklich »kreative
Art«, wie in der amerikanischen Statistik die Informatikinvestitionen gerechnet werden. Seit 1995 ist es nämlich so, daß
Computerinvestitionen nicht etwa mit den Anschaffungsko-
sten in die volkswirtschaftliche Gesamtrechnung eingehen,
sondern man versucht, die dramatisch sinkenden Preise in
diesem Sektor zu kompensieren durch die Berücksichtigung
der *Leistungskraft* der Computer. Seither haben wir eine *Ver-
fälschung* des Sozialproduktes und somit auch der Wachs-
tumszahlen desselben. Ein Ökonom meinte, das komme auf
das gleiche heraus, wie wenn man die Automobilverkäufe
nicht zu ihren Preisen berechnen, sondern diese noch mit
den Pferdestärken der Motoren multiplizieren würde. Zur

Illustration: Von 1998 auf 1999 sind die Nettoinvestitionen in Computer von rund 90 auf 97 Milliarden Dollar gestiegen, was einen Beitrag zum gesamten Wachstum des Sozialproduktes von bescheidenen 1,3 Prozent ausmachen würde. Nun werden die Computerinvestitionen aber mit Hilfe eines obskuren Multiplikators, in dem sich die Leistungskraft der Maschinen niederschlagen soll, dramatisch vergrößert. Der Zuwachs von runden sieben Milliarden schwillt damit auf gigantische rund 150 Milliarden Dollar, und der Anteil der Computerinvestitionen am Sozialproduktswachstum steigt von 1,3 Prozent auf rund 49 Prozent an. Für die erste Hälfte von 1999 war dieser Effekt sogar noch größer. Die Computerindustrie hätte damit rund 90 Prozent zum Sozialproduktswachstum beigetragen.

Entfernt man nun allerdings diesen Aufblähungsfaktor der Computerindustrie, dann bleiben *bescheidene* 2,5 Prozent Gesamtwachstum übrig. Somit stellt sich also die Frage, wie es denn dazu kommen konnte, daß die Computerindustrie mit einem bescheidenen Beitrag von nicht viel mehr als einem Prozent an den gesamten Beschäftigten und permanent sinkenden Verkaufspreisen zur Begründung eines Wachstumsbooms herangezogen werden konnte. Die Antwort ist einfach: Es handelt sich um eine schiere statistische Illusion, die aber nicht etwa auf einen Rechenfehler zurückzuführen ist, sondern auf eine »paradigmatisch« neue Sicht der Wirtschaft. Einfacher gesprochen: *Man rechnet sich absichtlich reicher, als man ist.*

Dasselbe trifft übrigens auf den Beitrag von Computern zur *Produktivitätssteigerung* zu. *Alan Greenspan* hat die Zahlen, die von seinen eigenen Experten ermittelt wurden, in einer Rede 1997 in Frankfurt als unerklärlich und unplausibel bezeichnet und hat die Meinung geäußert, daß möglicherweise die Zahlen falsch erhoben wurden.

Gewinne

Ein Strom an positiven, ja überbordenden Kommentaren hat sich bis vor kurzem auf die enorme *Gewinnkraft* der amerikanischen Wirtschaft bezogen. Eine genauere Analyse der Zahlen führt aber auch hier zu einem ganz anderen Bild. In Summe ist der Gewinnzuwachs des *Non Financial Sectors* in den neunziger Jahren eher bescheiden. Frühere Jahrzehnte haben deutlich höhere Gewinnzuwächse gehabt. Das zeigt sich schon an den ganz *offiziellen* Daten.

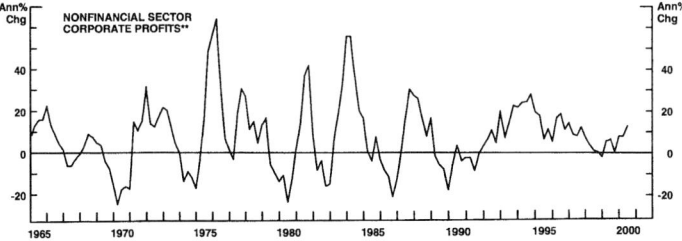

Abbildung 5 (Quelle: The Bank Credit Analyst, November 2000)

Interessant wird die Sache aber dann, wenn man die *Quellen* der Gewinne genauer anschaut. Dann zeigt sich nämlich das ganze Ausmaß der Unverfrorenheit, aber auch der Naivität, mit der über die US-Wirtschaft berichtet wird. Im wesentlichen sind die Gewinne nämlich auf *Sondereinflüsse* und auf *kreative Buchhaltung* zurückzuführen und *nicht* auf wirkliche *operative Leistung*, was sich dann weiter hinten auch beim Produktivitätsthema noch zeigen wird.

Die *Versuchung*, die Gewinne so schön wie möglich aussehen zu lassen und das Zahlenmaterial entsprechend zu gestalten, ist wahrscheinlich noch nie so groß gewesen wie in den letzten Jahren. Es ist klar, daß die Unternehmen selbst und ihre Manager ein vitales Interesse daran haben, ein bestmögliches Bild zu zeichnen. Es geht um ihr persönliches Einkommen, um ihre Beförderungsmöglichkeiten, um ihr Prestige und ihr Ansehen in der Community. Dieses Interesse trifft sich perfekt mit demjenigen der ganzen Finanzindustrie um sie. Es trifft sich auch mit den Interessen eines guten Teils der Medien, z.B. den TV-Sendern, wie CNBC und n.tv, und Magazinen, wie Business Week, Fortune, Wirtschaftswoche usw.

Solange man mit der Darstellung von Zahlen Kurssteigerungen der Aktien bewirken konnte, hat sich das auch mit dem Interesse des Börsenpublikums, zuvorderst der institutionellen Anleger, getroffen. Irgendwann zeigen sich aber unvermeidlich die wahren Realitäten.

Eine entscheidende Rolle im Gewinnausweis spielen die *Stock Options*, die in immer größerem Ausmaß für die Bezahlung von Managern und Mitarbeitern verwendet wurden, insbesondere in den sogenannten New Economy Companies. Dadurch wurden die Personalaufwände ungewöhnlich gering gehalten, was die Gewinne erhöht hat. Das funktioniert, solange die Kurse steigen, weil die Leute die schlechten Löhne überkompensieren können durch die Papiergewinne ihrer Optionen. Sie fühlen sich als die Gewinner; jeder ist ein Unternehmer, und der Kapitalismus macht alle reich. Das wurde ihnen ja auch versprochen. Wenn die Kurse aber nicht mehr steigen, sondern *fallen*, sind die Mitarbeiter die Betrogenen. Sie werden das auf die Dauer nicht mitmachen oder müssen besser bezahlt werden. Entweder die Belegschaft geht also, oder die Gewinne verschwinden. Wir haben ja nicht umsonst von Streikdrohungen bei Amazon-Mitarbeitern gehört.

Ein zweites Element ist der *Rückkauf eigener Aktien*. Der Markt und die Analysten sind vor allem auf die *Gewinne pro Aktie* fixiert. Der Rückkauf eigener Aktien reduziert die Zahl der umlaufenden Papiere und erhöht somit den rechnerischen Gewinn pro Aktie. Eines der auffälligsten Beispiele ist IBM. 1995 hat das Unternehmen rund fünf Millionen eigene Aktien zurückgekauft, 1996 rund sechs Millionen. Dies hat zu einem Aktienkursgewinn von 30 Prozent 1996 beigetragen. Das umlaufende Kapital betrug 1996 rund 22 Milliarden Dollar und damit 40 Prozent weniger als im Jahr 1990. Das ist im Kern nichts anderes als der Einsatz des Leverage-Effektes, um die Gewinne *pro Aktie* besser aussehen zu lassen.

Ein dritter Faktor ist der Umstand, daß die meisten Unternehmen durch Börsengeschäfte *Finanzerträge* erzielten. Den Finanzchefs ist ja nicht entgangen, daß man über eine gewisse Zeit hinweg mit Aktientransaktionen leichter Gewinne erzielen konnte als mit realem Geschäft. So hat das Wall Street Journal vor einiger Zeit einen Artikel darüber geschrieben, daß Firmen wie Intel und Microsoft mit Optionen auf ihre eigenen Aktien erhebliche Gewinnanteile erzielten. Das hat selbstredend mit der eigentlichen *Leistungskraft* eines Unternehmens nichts zu tun.

Produktivität

Eine der Säulen des amerikanischen Wirtschaftserfolges ist nach gängiger Meinung die enorme *Produktivitätssteigerung*, die durch fundamentale *Restrukturierungen* einerseits, vor allem aber durch die *Informatik* als Schlüsseltechnologie andererseits ermöglicht und verursacht wird. Es ist ja eines der Kernelemente der New-Economy-Auffassung, daß sich das Wirtschaften *generell* von Grund auf verändere, zu völlig neuen Unternehmensformen und Geschäftsmodellen und eben dadurch zu radikal verbesserter Produktivität führe.

Das Problem ist, daß sich bisher die ständig behauptete Produktivitätssteigerung schwer bis gar nicht in den Zahlen nachweisen läßt. So plausibel es klingt, daß mit Hilfe der Informatik alles schneller, besser, leichter, billiger und also produktiver gehe, so hartnäckig entzieht sich dieses Phänomen der Quantifizierung.

In der nachfolgenden Grafik sind zwei Dinge ersichtlich: Erstens, daß Produktivitätsverbesserungen seit 1960 große *Schwankungen* aufweisen, und zweitens, daß sie im langfristigen Trend *sinken*. Ein *drittes* ist sichtbar: Daß die neunziger Jahre im Gegensatz zur vorherrschenden Meinung davon *keine* Ausnahme sind.

Trotz der zum Teil dramatischen Umstrukturierungen und aller Informatikinvestitionen beträgt der Produktivitätszu-

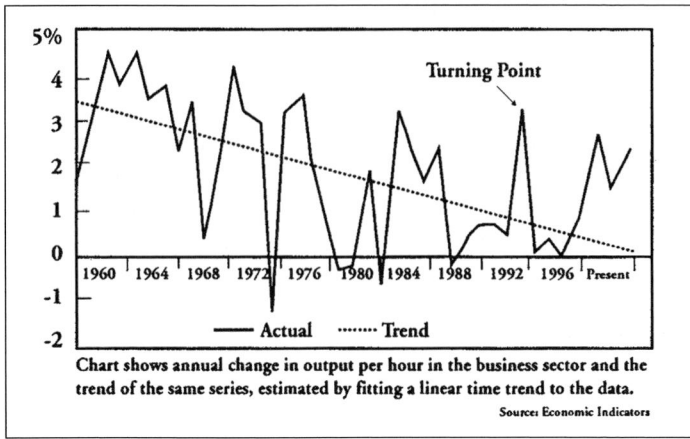

Abbildung 6: *Produktivitätswachstum in den USA*

wachs in den neunziger Jahren nur rund 2,5 Prozent pro Jahr. In den sechziger Jahren betrug der durchschnittliche Produktivitätszuwachs 4,4 Prozent, in den siebziger Jahren 3,2 und in den achtziger Jahren immerhin auch noch 2,8 Prozent.

Der *wirkliche* Produktivitätszuwachs beschränkt sich auf das Segment der *Computerindustrie*. Hier sind in der Tat zweistellige Verbesserungen der Produktivität zu verzeichnen. Das gesamte Segment ist aber anteilsmäßig am Sozialprodukt so *klein*, daß es in Summe nicht zu Buche schlägt.

Es zeigt sich hier sehr deutlich ein Phänomen, das die Diskussion der letzten Jahre geprägt hat, seit man von einer neuen Wirtschaft spricht: Es wird ein *Teil* der Realität, oft nur ein *kleines Detail*, herausgegriffen und derartig stark *überzeichnet*, daß es alles andere dominiert. Das ist einer der schlimmsten Fehler, den man bei einer Analyse machen kann, weil er auf gefährliche Weise irreführend ist. Man verliert damit das Ganze aus den Augen oder blendet es mit Absicht aus, damit das Detail um so größer und besser erscheint. Damit verliert man den Kontext aus dem Blick, der überhaupt erst eine vernünftige Interpretation von Zahlen ermöglicht.

Die besten Untersuchungen zu diesem Thema wurden von Professor *Robert Gordon* an der North Western Universität Chicago gemacht. Seine Arbeiten sind nicht ganz einfach zu lesen, aber ihre Ergebnisse sind *klar,* und sie widerlegen stärker als alles andere das Gerede von der New Economy, weil sie an genau jenem Punkt ansetzen, an dem sich das Neue an der neuen Wirtschaft wirklich zeigen müßte: an den behaupteten enormen Produktivitätssteigerungen.

Schulden

Was die Finanzwirtschaft tatsächlich in der zweiten Hälfte der neunziger Jahre angetrieben hat und die Höhenflüge an den Börsen ausgelöst hat, waren also weder *echte Produktivitätszuwächse* noch *echte Gewinne* noch *echtes Wachstum.* Es waren die *Illusionen*, die das Handeln der sogenannten Investoren bestimmt haben.

Ich betone das deshalb, weil darin das entscheidende *Gefahrenpotential* für die Zukunft zu sehen ist. Das Erwachen aus den Illusionen wird jäh und für viele schockierend sein, weil sie erkennen müssen, daß da nichts ist, auf das man sich stützen könnte, keine soliden Fundamente, sondern nur eine Wirtschaft mit einem sehr gewöhnlichen, ja mittelmäßigen Leistungsauswels vor dem Hintergrund eines jahrelangen kollektiven Irrglaubens, daß diesmal alles ganz anders und neu und besser sei – und daß es ewig anhalten werde.

Nun können die Menschen zwar Illusionen erliegen, aber das *allein* treibt natürlich die Börsenkurse noch nicht auf Rekordhöhen. Es muß doch noch einen realen Faktor geben, der eine Jahrhundert-Hausse bewirken kann. So irreal die im *Zentrum* der Aufmerksamkeit stehenden Faktoren sind, so real ist die *tatsächlich* maßgebliche Treibkraft, nämlich die *Schulden.*

Ein erster Faktor sind die *Privatschulden.* Im wesentlichen sind zwei Aspekte maßgeblich: Die massive *Entsparung*, die die Amerikaner seit einigen Jahren betreiben, mit einer negativen Sparrate von etwa fünf Prozent und gleichzeitig die

Anhäufung von *Immobilienschulden*, die im wesentlichen die Folge der Niedrigzinspolitik der FED sind. Aufgrund der Zinssenkungen sind allein im Jahr 1998 1,8 Billionen (also amerikanische Trillions) in den Hypothekarmarkt geflossen, zwei Drittel davon haben ausschließlich der Refinanzierung früherer Hypotheken gedient.

Eine besonders wichtige und problematische Rolle spielen dabei die sogenannten GSE's, die *Government Sponsored Enterprises*, die früheren Government Agencies Fannie Mae, Freddy Mac und das Federal Home Loan Bank System. Es ist hier nicht der Platz, auf das Funktionieren dieser Organisationen im einzelnen einzugehen. Nur so viel sei gesagt: Für jeden Dollar, der für den Hausbau ausgegeben wurde, sind zehn Dollar an zusätzlichen Hypothekarschulden hinzugekommen, die über die genannten GSE's in den Kapitalmarkt geflossen sind, vorwiegend in den Aktienmarkt. Auf gut Deutsch: Die Amerikaner haben erstens ihre Ersparnisse aufgezehrt und zweitens ihre Liegenschaften bis unter die Dachziegel verschuldet, um damit Aktien im Vertrauen auf eine ewige Hausse zu kaufen.

Ein zweites Element der Gesamtverschuldung Amerikas sind die *Unternehmensschulden*. Im Zeitalter der Börsenhöhenflüge und der stetigen, zu Phantasiepreisen plazierten Neuemissionen haben nur noch wenige auf die *Passivseite* der Bilanzen geachtet. Insbesondere zur Kurspflege der ausgegebenen Aktien, somit, wie schon vorne berichtet, zur Pflege der eigenen Stock Options und zur Schönung der Gewinnziffern haben die Unternehmen eigene Aktien aufgekauft, die sie nicht mehr über Emissionserlöse bezahlen konnten, sondern mit Krediten finanzieren mußten. Dazu kommen jene Teile der Akquisitionen und Übernahmen, die man nicht mit eigenen Aktien auf dem Wege des Aktientausches finanzieren konnte, sondern wofür man ebenfalls Kredite brauchte. In einigen Branchen hat das zu einem massiven *Aufschuldungs-* und *Überschuldungsprozeß* geführt. So etwa in der Telekom-Branche, wo die aktuellen Zahlen eine klare Sprache sprechen.

Bei der *Deutschen Telekom* beträgt der Umsatz 35,5 Milliarden Euro, der Gewinn liegt bei 1,5 Milliarden, aber die Schulden betragen 62 Milliarden Euro. Bei *AT&T* sind die Zahlen wie folgt: Umsatz 62,4 Milliarden Euro, Gewinn 5,5 Milliarden, Schulden 72 Milliarden. Und bei *British Telecom* sieht die Sache nur geringfügig besser aus: Umsatz 36,5 Milliarden, Gewinn 3,4, Schulden 32 Milliarden. Damit ist auch ein Risiko bei zahlreichen Banken entstanden.

Die genannten Firmen und viele andere, die in ähnlichen Situationen sind, wollen nun mit Anteilsverkäufen und Börsengängen von Töchtern und Geschäftsbereichen ihre Verschuldung abbauen. Nachdem die gesamten Technologiewerte nun aber in Schwierigkeiten sind und die Börsen eher Angst statt Gier zu verbreiten beginnen, ist schwer vorstellbar, daß dem ein großer Erfolg beschieden sein wird.

Der dritte wesentliche Verschuldungsfaktor ist das *Außenwirtschaftsdefizit* der USA, das historische Höchststände erreicht hat und vorläufig keinerlei Anzeichen auf Stabilisierung oder Abschwächung zeigt. Weitere Verschuldungskomponenten sind die *Derivate* und die *Margin Debts* – beides auf historischen Höchstständen.

Die Verschuldung Amerikas ist in *neue Formen* geschlüpft. Bis vor kurzem waren es die Staatsschulden, jetzt betrifft es Private, Unternehmen und die Außenwirtschaft. Der guten Ordnung halber ist zu ergänzen, daß auch der *Staatshaushalt* keineswegs so komfortabel dasteht, wie immer behauptet wird. Die sogenannten *Gross Public Debts*, also die gesamten öffentlichen Schulden, nehmen nach wie vor zu. Die öffentliche Verschuldung betrug im Jahr 1999 netto (also nach Tilgung alter Schulden) rund 521 Milliarden Dollar. Auch die scheinbare Beseitigung des Staatsdefizits ist in erster Linie mit Buchhaltungstricks und geschönten Zahlen erreicht worden, und nicht mit wirklicher Leistung. Insgesamt sieht es an der Verschuldungsfront der USA so aus, daß für jeden Dollar zusätzliches Sozialprodukt rund drei Dollar an neuen Schulden entstanden sind.

Anhang 2 zur dritten Auflage
Der Unfug von der New Economy[1]

Das wichtigste für jeden Unternehmer und jede Führungskraft ist ein klares Verständnis der Situation, in der man sich
befindet, und eine *nüchterne Lagebeurteilung.* Die kollapsartigen Erscheinungen in der amerikanischen Wirtschaft und
die brutale Ernüchterung, die durch die Börsenrückgänge
weltweit erzwungen wird, erfordern eine *gründliche* Neuorientierung. Nur noch ganz unverbesserliche Anhänger der
bisherigen Denkweise versuchen, mit Zweckoptimismus und
Zurechtbiegen sämtlicher Tatsachen den Eindruck hochzuhalten, als sei alles noch beim alten. Die jetzt ständig gebetmühlenartig beschworene Frage des Vertrauens der Konsumenten ist der am wenigsten wirksame Faktor. Es fehlt nicht
an Vertrauen, sondern an ganz anderen Dingen.

Dramatisch ist, daß wir es hier nicht – wie allgemein erwartet – mit einer *moderaten* Abkühlung zu tun haben, mit
dem als sicher angenommenen *Softlanding,* sondern mit völlig anderen Erscheinungen. Die Gewinne der NASDAQ-Firmen sind nicht einfach zurückgegangen, sondern sie sind
zusammengebrochen. Diese Unternehmen haben bisher im
Jahr 2001 gleich viel Verluste gemacht, wie sie in Summe in
den Jahren 1996 bis 2000 an Gewinnen erzielten. Der Rückgang der Börsenkapitalisierungen braucht hier nicht kommentiert zu werden, weil er jeden Tag an den Börsen direkt
abzulesen ist. Das einzige, was ergänzend wichtig ist, ist der
Umstand, daß dies durch die tragischen Terroranschläge
zwar verstärkt, aber keineswegs verursacht und ausgelöst
wurde.

Die Gründe sind von anderer Natur. Daher ist eine *fundamentale Reorientierung* des Denkens in der Wirtschaft und
über die Wirtschaft erforderlich. Mein Vorschlag ist, sich
vollständig von den Denkweisen der letzten fünf Jahre zu
trennen, sowohl bezüglich der New Economy, als auch be-

---

1 Erstmals veröffentlicht in M.o.M.® Malik on Management, Oktober 2001.

züglich der Funktionsweise der Börsenals und vor allem im
Hinblick auf die als Folge dessen entstandenen Irrlehren die
Corporate Governance betreffend. Shareholder Value und
Wertsteigerungsstrategien waren von Anfang an falsch. Sie
haben zu kollektiven Irrtümern geführt.

Unverstand und Dogmatismus

Selten zuvor und selten auf einem anderen Gebiet wurde so
viel Unverständnis bewiesen, wie mit dem Denksyndrom der
letzten fünf oder sechs Jahre über die »New Economy«. Vergleichbar ist das vielleicht nur noch mit der Situation in der
alternativen Medizin, der Astrologie und gewissen pseudo-
psychologischen Bereichen, wie etwa der Esoterik.

Es geht dabei nicht um die Frage richtiger und falscher
Inhalte, sondern um die Qualität der Argumentation. In den
Wirtschaftswissenschaften gehören Fehler und Irrtümer genauso zum wissenschaftlichen Alltag wie in jeder anderen
Disziplin. Keine Wissenschaft hat die Wahrheit für sich ge-
pachtet. Wissenschaft kann daher nicht an Fehlerfreiheit
und Wahrheit beurteilt werden, sondern an den Fragen, ob
sie sich der Diskussion stellt, welches Gewicht das Argument
hat, und an der fortwährenden kritischen Prüfung von Behauptungen.

Gemessen daran ist die New-Economy-Szene, die jetzt mit
brachialer Wucht kollabiert, finsteres Mittelalter gewesen,
bar jeder kritischen Auseinandersetzung, ein Sammelsuri-
um von ungeprüften Behauptungen, deren hervorstechen-
des Merkmal die stete Wiederholung war, und – wie es solchen geistigen Strömungen immer zu eigen ist – inquisito-
risches Totschweigen, Ächtung und Verfolgung von Leuten,
die es wagten, die Dogmen zu bezweifeln. Mit etwas zeitlichem Abstand wird wohl die zweite Hälfte der neunziger
Jahre als eine Periode wirtschaftlicher Kollektivirrtümer
und allgemeinen Wahns in die Geschichte eingehen.[2]

2 Ich habe darauf in zahlreichen Publikationen hingewiesen, z.B. in

Ein Grundirrtum

Der Grundirrtum ist damit entstanden, daß aus der unbestreitbar richtigen Feststellung des in Gang befindlichen Wandels in Wirtschaft und Gesellschaft, der auf fast allen Gebieten vermeintlich und tatsächlich Neues bringt, gänzlich falsche Schlüsse für die Wirtschaft gezogen wurden. Der vor sich gehende Wandel, den ich andernorts – und lange bevor er in das allgemeine Bewußtsein getreten ist und Medienaufmerksamkeit gefunden hat – als die »Große Transformation« bezeichnet habe[3], ist tiefgreifend und geht an die Grundstrukturen der Gesellschaft. Sein sichtbarstes Ereignis, wenn auch keineswegs das bedeutendste, war der Zusammenbruch der kommunistischen Systeme. Schon damit waren Voraussagen, Hoffnungen und Behauptungen verbunden, denen jeglicher Realismus fehlte. Die These des deutschen Altbundeskanzlers Helmut Kohl von den in wenigen Jahren entstehenden »blühenden Landschaften« ist nur eine der bekannteren Ausformungen dieses Denkens gewesen.

Die treibenden Kräfte der »Großen Transformation« sind – komprimiert gefaßt – Technologie, Demographie, Ökologie und die weltweite Verschuldung. Über allem steht das Problem der rasant wachsenden Komplexität, die wiederum die Ursache dafür ist, daß die früheren Regulierungssysteme in Form von nationalstaatlichen Regierungen, seien sie grundsätzlich markt- oder planwirtschaftlicher Natur gewesen, an ihre Grenzen gestoßen sind. Gesamtkollaps, wie in der Sowjetunion, und Teilkollaps, wie die westlichen Wohlfahrtssysteme, waren die Folge. Die erzwungene Einsicht in ihre Steuerungsunfähigkeit und der darauf erfolgende Rückzug hat zur Deregulierung geführt und zu dem, was Globalisierung genannt wird – beides in einer Form von primitivem

---

M.o.M.® Malik on Management Letter 10/98, 2/99 und 01/00, sowie in meinen regelmäßigen Kolumnen in Cash, Basler Zeitung und Handelsblatt.

3 Siehe »Turbulenzen – Die Komplexität des Wandels als Herausforderung annehmen«, Kapitel 1 aus: Malik, F., Systemisches Management, Evolution, Selbstorganisation, Bern/Stuttgart/Wien 1993, 2. Auflage 2000 sowie – ausführlicher – im vorliegenden Buch, Kapitel 3.

und hemmungslosem, weil eben unreguliertem Finanzkapitalismus mündend, den keiner der Denker des Liberalismus je gewollt hat und den auch keiner je verteidigt hätte.

Irrungen des ökonomischen Denkens

Ein Faktor, der in dieser Situation Dominanz erlangen konnte, ist eine weitverbreitete, zuletzt alleinherrschende Art eines *technokratisch-ökonomischen Denkens.* Es besteht im Kern aus einer Mischung von übersimplifizierender monetaristischer Theorie und naiver Statistik- und Zahlengläubigkeit. Eines der wesentlichen Kennzeichen dieser Denkweise ist die weitgehende Unkenntnis der ökonomischen *Lehrmeinungen* einerseits und – viel schwerer wiegend – der *Wirtschaftsgeschichte* andererseits. Das ist die entscheidende Ursache für die vollkommene Fehleinschätzung des wirtschaftlichen Geschehens, für die Unfähigkeit zu vergleichen und somit für das Fehlen jedes Sinnes für vernünftige Proportionen. Das Fehlen von Kenntnissen der Wirtschaftsgeschichte zusammen mit der dem Monetarismus eigenen Mangel an *realwirtschaftlichen* Kenntnissen ist auch der Grund dafür, daß die Möglichkeit von langfristigen Wirtschaftszyklen, wie etwa dem *Kondratieffzyklus,* geleugnet wird.

Diese Denkweise konnte sich mit einer bestimmten Form des rein *finanzwirtschaftlichen Denkens* in der Betriebswirtschaftslehre verbinden, nämlich dem einseitigen *Gewinnmaximierungsdenken* und der Vorstellung, daß Unternehmen nach ausschließlich *finanziellen* Gesichtspunkten geführt werden könnten. Es gab diese Art von Finanzdenken immer; meistens wird es aber kontrolliert und korrigiert durch die *realwirtschaftliche* Perspektive der Forschungs- und Entwicklungsleute, der Produktionsexperten und der Marketing- sowie Personalverantwortlichen. Mit Regelmäßigkeit waren die Desaster programmiert, wenn das rein finanzwirtschaftliche Denken in den Unternehmen die Oberhand gewinnen konnte und Leute mit dieser Denkweise mehrheitlich an die Spitzenpositionen in der Wirtschaft gelangten.

In dieser geistigen Desorientierung und im Kontext des größten historischen Börsen-Bullmarkets konnten die Schlagwörter der neunziger Jahre sowie Jargon und Irrlehre der sogenannten New Economy entstehen: Shareholder Value, Wertsteigerung, Start-up, Business Angels, Money Burnrate und die Überzeugung, daß nun das ewige ökonomische Paradies begonnen habe.

Falsche Logik und kollektiver Wahn

Die durchaus *richtige* These des fundamentalen Wandels und der grundlegenden Transformation von Wirtschaft und Gesellschaft im wesentlichen von einer Industriegesellschaft zu einer auf Wissen basierenden Gesellschaft führte zu der dramatisch *falschen* Schlußfolgerung, daß dieser Wandel auch zu einer neuen Art von Wirtschaft führe, in der die bisher gültigen Gesetzmäßigkeiten aufgehoben seien.

Aber nicht nur diese Vorstellung – schon an sich schlecht begründet – fand Verbreitung, sondern darüber hinaus wurde die Meinung propagiert, daß diese New Economy die *schönste aller vorstellbaren* Wirtschaften sein werde: ständiges Wachstum mit hohen Raten, jedoch ohne Inflation; stete Produktivitätssteigerungen, aber ohne Arbeitslosigkeit; leichte Finanzierbarkeit jeder Geschäftsidee, freudige Aufnahme jeglicher Innovation auf den Märkten; ständig steigende Aktienkurse, die es ermöglichen, dem Personal zwar schlechte Löhne zu bezahlen, was die Gewinne künstlich erhöhte, die Leute dafür aber mit Aktienoptionen reich zu machen, sie zu Mitunternehmern und Kapitalisten zu machen. Vor allem und am wichtigsten: Die Konjunkturschwankungen sind für tot erklärt worden, auch dies zwar ohne jede Begründung, dafür aber um so lauter und öfter.

Schließlich glaubte jeder, an der Börse rasch reich werden zu können, ohne dafür arbeiten zu müssen – und in Folge überhaupt nie mehr arbeiten zu müssen. Woher die *Wertschöpfung* kommen sollte, wurde nicht gefragt. Der kollektive Wahn erfaßte zum Schluß – und daher zu Höchstkursen

– auch die konservativsten Pensionskassenverwalter, Pensionisten und Kleinsparer. Es entstand ein perfektes Spiegelbild der späten zwanziger Jahre des letzten Jahrhunderts, inklusive der Schlagzeilen in den Medien. Wenn damals von einer »*New Era*« gesprochen wurde, gestützt auf die Innovationen von damals – Automobil und Radio –, so war es diesmal eben die »*New Economy*« – mit Internet und Telecom.

Nur war diesmal alles »*noch größer, noch schneller, noch höher...*«. Die Bewertungsexzesse waren unlimitiert, für das Acquisitions- und Fusionskarussell schien es keine Grenze zu geben, und die Gier von Publikum, Financiers, Analysten und nicht wenigen Managern war nicht nur ohne Maß, sondern wurde auch zur Tugend stilisiert. Und ebenso salonfähig war es plötzlich, daß Ökonomen nicht mehr *neutrale* Beobachter und Kommentatoren waren, sondern auf den Lohnlisten der Wallstreet-Firmen standen, de facto zu deren Salesforce gehörten und ihre legitime Aufgabe in der Propagierung von verkaufsfördernden *Gefälligkeitsmeinungen* sahen. An die Stelle von kritischer Analyse und rechtzeitiger Warnung traten Schönfärberei, Schönrednerei und Schönrechnerei. Zur finanziellen Gier kam die intellektuelle Korrumpierbarkeit, millionenfach verstärkt durch die Medienwelt, die nie zuvor so *professionell* und so *unterhaltend* – und daher so *wirksam* – beweisbaren ökonomischen Unfug verbreitete.

Nun, da der Spuk zu Ende geht, die desaströsen Folgen nicht mehr ignoriert und die Verluste nicht mehr kaschiert werden können, wird auch das Ausmaß der ökonomischen Blamage deutlich. *Irving Fisher* und *John Maynard Keynes* blamierten sich 1929 mit ihren Aussagen, daß es in der Wirtschaft nie wieder zu einer Rezession, zu einem Crash schon gar nicht kommen könne. Ihr »*Vorbild*« hat zu reichlicher Nachahmung geführt. Es wird auch erinnerlich, daß es während dieser ganzen Zeit des kollektiven Irrglaubens Leute mit guter ökonomischer Ausbildung, klarem Verstand, kritischer Analysefähigkeit und dem Mut zur Publikation gab. Sie wurden genau so wenig gehört und ebenso schnell geächtet wie Giordano Bruno und Galileo Galilei. Es wird auch das

Ausmaß der »Rattenfängerei« deutlich, das von maßgeblichen Exponenten der Finanzwelt, den Aposteln eines falsch
verstandenen Shareholder Values und des Aktiensparens
betrieben wurde. Je kleiner der wirtschaftliche Sachverstand, um so größer waren Lautstärke und Präpotenz, mit
der sie ihn unter die Leute brachten.

Das Neue ist uralt

Das einzig Neue an der »New Economy« ist etwas *Uraltes*.
Deregulierung, Globalisierung und Digitalisierung führen
mehr als bisher jede andere technische oder soziale Entwicklung in die Nähe des ökonomischen Modells der *vollkomme-
nen Konkurrenz*. Dessen Hauptelemente sind – für jeden Öko-
nomiestudenten im dritten Semester bekannt – friktionsfreie
Anpassung aller wirtschaftlichen Prozesse, Minimierung des
Zeitbedarfs und Maximierung der Transparenz. Ebenso klar
sind aber auch die Folgen in diesem Modell: *Die Preise pen-
deln sich auf dem niedrigstmöglichen Niveau ein, und niemand macht Gewinne.*
Weder ist diese Einsicht neu, noch ist sie für die Unterneh-
mensseite besonders angenehm. Somit sieht die New Economy in diesem Lichte betrachtet ziemlich »alt« aus, und sie ist
weit entfernt von paradiesischen Zuständen. *Es gibt nicht
eine einzige These der »New Economy«-Vertreter und ihrer
treuen Medien-Vasallen, die sich als richtig erwiesen hätte.*
Im Gegenteil entspricht die Wirtschaftsentwicklung in ihrem Ablauf und bezüglich des Timings einerseits sehr deutlich den Analysen von *J. A. Schumpeter* und andererseits frap-
pant dem Grundmuster des langfristigen *Kondratieff-Zyklus*
sowohl real- als auch finanzwirtschaftlich, sowohl von den
Innovationen her als auch in den Kategorien der Börsenent-
wicklung. Es gibt auch gar keine Beschleunigung in diesem
Muster, wie so häufig behauptet wird, sondern das Gegenteil, nämlich eine bis an die Grenze der bisher beobachteten
statistischen Varianz gehende Streckung. Einfacher ausgedrückt: Der Zusammenbruch der Illusionen hätte beim Auf-

treten des Idealmusters schon viel früher – in der Mitte der
neunziger Jahre – passieren können.

Schuldenwirtschaft, Asset-Bubble, Deflation

Daß er solange hinausgezögert und aufgeschoben werden
konnte, ist der beispiellosen Schöpfung von Liquidität durch
die *US-Notenbank* zuzuschreiben, zusammen mit den nach-
weislich seit langem getätigten *direkten* Eingriffen zur Stüt-
zung der Aktienbörse. Dies hat zu einer vorher nie beobachteten *Kreditausweitung* und in Folge zu einer »*Asset-Bubb-
le*« gigantischen Ausmaßes geführt, die durch keinerlei *reale*
Wirtschaftsleistung gerechtfertigt war, sowie gleichzeitig zu
jener *massenpsychologischen* Stimmung, in der jedes Risiko
gering erschien und der Glaube entstehen konnte, daß die
FED immer als Retter bereitstehen würde und könne.

FED-Chairman *Greenspan*, von der Finanzwelt und den
Medien heroisiert wie vor ihm nur *Abraham Lincoln* und
John F. Kennedy, hat gute Chancen, als Zerstörer der amerikanischen Wirtschaft in die Geschichte einzugehen. Der
wirklich entscheidende Punkt ist, daß alle Bedingungen einmal mehr erfüllt wurden, die einen Zusammenbruch der Finanzmärkte möglich machten – mit all den Folgen, die mit
Regelmäßigkeit an ein solches Ereignis geknüpft waren: eine
langanhaltende Rezession, möglicherweise Depression und
die Vernichtung eines Großteils der Vermögenswerte in einer Periode der Deflation.

Wie die Geschichte lehrt, bleiben solche Ereignisse nicht
auf die ökonomische Sphäre beschränkt, sondern haben tiefgreifende Auswirkungen auf das soziale Gewebe der Gesellschaft, unter anderem dadurch, daß Alters- und Sozialver-
sorgung gefährdet sind. Sie führen außerdem und aus diesem Grunde zum Risiko der politischen Radikalisierung.

Die Lehren hätten seit langem gezogen werden können,
hätte man *Japan* und seine Wirtschaft studiert. Japan ist den
USA um zehn Jahre voraus und liefert daher das beste Lehr-
stück. Alle Exzesse sind dort in der zweiten Hälfte der acht-

ziger Jahre geschehen, mit dem Ergebnis einer nunmehr
zehnjährigen schuldenbedingten Agonie, für die ein Ende
nicht sichtbar ist. Lehren hätten auch gezogen werden können aus dem Kollaps der südostasiatischen Wirtschaften.
Diese Warnung kam aber bereits zu spät, um das massen-
psychologische Momentum noch zu stoppen.

Gesetze der Wirtschaft sind Gesetze

»Alt« und »Neu« lassen sich nicht so einfältig auf die Wirtschaft und ihre Gesetze anwenden, wie es versucht wurde.
Die »Große Transformation«, die vermutlich noch nicht über
ihr erstes Drittel hinaus ist, wird ohne Zweifel noch viele
Neuerungen bringen. Neuerungen, zum Teil radikale, wird
es in allen Wertschöpfungsstufen der Wirtschaft geben, von
Forschung und Entwicklung bis zur Vermarktung. Es wird
neue Organisationsformen und auch neue Unternehmens-
typen geben, neue Arten der Verwaltung, des Lernens und
Lehrens, des Transportierens und des Konsumierens. Die
Menschen werden sich auf viele neue Weisen verhalten.

Warum sich deswegen aber die *Gesetze* der Wirtschaft verändern sollen, ist nicht zu verstehen. Die Preisbildung wird
trotz aller Neuerungen durch Angebot und Nachfrage erfolgen; Verträge werden zu halten und Rechnungen zu bezahlen sein; Schulder werden zu besichern und zu bedienen haben; Gläubiger werden exekutieren oder abschreiben müssen. Unternehmen brauchen zuerst Kunden, und dann erst
können sie an den Aktionär denken; sie müssen zu jeder Zeit
konkurrenzfähig sein, wertvoll zu sein ist nicht ihr Zweck.
Unternehmen werden zuerst den Customer Value maximieren müssen, und erst danach kommt der Shareholder Value.
Solide Finanzierung und die Fähigkeit, schlechte Zeiten
durchzustehen, müssen Grundelemente jeder Unternehmensstrategie sein. Man muß wieder lernen, richtiges von falschem
Wachstum zu unterscheiden und markterforderliche Größe
von persönlichen Denkmälern. Gute Manager müssen unterschieden werden von Abenteurern und Egomanen. Zu akzep-

tieren ist auch, daß Unternehmen niemals auf Dauer eindimensional geführt werden können.

Wahrer und falscher Liberalismus

Vor allem wird erneut zu lernen sein, daß eine freie Wirtschaft nicht durch Verzicht auf Regeln zu haben ist. Liberalismus hat noch nie *Regellosigkeit* bedeutet, sondern im Gegenteil die Etablierung sorgfältig durchdachter, beinahe kunstvoll arrangierter Regeln, die den selbstzerstörerischen Kräften Grenzen setzen, die die Machtausübung von Individuen und Staat klar und strikt limitieren sowie Verantwortung und Haftung für fehlerhaftes Verhalten erzwingen.[4]

Die Komplexität einer modernen Gesellschaft, ihre Transparenz, die Verbreitungsgeschwindigkeit von Information und der Bildungsstand eines immer größeren Teils der Menschen machen es wichtiger als je zuvor, daß die Kernsysteme von Wirtschaft und Gesellschaft robust sind. Sie dürfen weder zum Spielball von intellektuellen Abenteurern und ihren ökonomischen Illusionen werden, noch der Gier der Finanzwelt und auch nicht dem Größenwahn von Managern überlassen sein.

Wenn die größte Chance der Menschheit auf Frieden, Freiheit und Wohlstand, die es je gab, nicht leichtfertig verspielt werden soll, dann muß der Pseudoliberalismus durch den wahren Liberalismus ersetzt werden.

Fazit

In der gesamten Wirtschaftsgeschichte gibt es nicht einen einzigen Fall, bei dem finanzwirtschaftliche Exzesse gut ausgegangen wären, bei dem es eine Stabilisierung auf hohem Niveau oder ein Softlanding gegeben hätte. Es gibt auch kei-

---

4 Siehe u.a. Friedrich von Hayek, Die Verfassung der Freiheit, Tübingen 1971 sowie Law, Legislation and Liberty, 3 Bände, 1973–1979.

nen Fall, in dem die Exzesse, die jeweils auf der Hand lagen und leicht erkennbar waren, nicht damit gerechtfertigt worden wären, daß diesmal alles neu und daher ganz anders ist. Regelmäßig hat sich der Glaube daran aber jedesmal als eine Mischung aus geschichtlicher und wirtschaftlicher Unkenntnis sowie Naivität, vielleicht auch Dummheit, entpuppt. Zusätzlich haben immer auch drei Turbotreiber an den Finanzmärkten eine entscheidende Rolle gespielt: Schulden, Gier und Angst.

Alles zusammen ergibt einen Stimmungscocktail, der massenpsychologisch gut erforscht ist, sowohl seine zunächst unmerkliche Entstehung als auch seine Verlaufsdynamik und sein Ende in Kollaps und Panik. Das Grundmuster ist immer dasselbe, nur die Erscheinungsform, die Verpackung, ist jeweils anders. Das ist es auch – als einziges – was diesmal wirklich neu und anders ist: die mediale Perfektion, die das Geschehen nicht nur begleitet, sondern Teil desselben ist. Es ist schwer vorstellbar, daß die Professionalität des Entertainments, mit der die Börsen- und Finanzszenerie präsentiert wird, noch wesentlich übertroffen werden kann. Das wird erst zu Ende sein, wenn das programmierte Desaster perfekt ist. Dann werden n.tv, Bloomberg und CNBC leise die Tickerbänder abstellen, die Scheinwerfer löschen und das Senden einstellen, sagen wir, in zwei bis drei Jahren, weil bis dahin jedes Bearmarket-Rally noch Hoffnungen wecken wird.

Praktisch alles, was wichtig ist für eine gesunde Wirtschaft, wird in solchen Perioden nicht nur ignoriert, sondern als altmodisch und überholt taxiert. Hier nur drei Beispiele: Ein erstes ist, daß richtig verstandene Innovation so gut wie nichts mit Ideen als solchen zu tun hat, sondern ausschließlich mit der Realisierung von Ideen. Das meiste, was in den letzten Jahren bombastisch als Start-ups bezeichnet wurde, sind noch nicht einmal ausreichend durchdachte Ideen gewesen, ganz zu schweigen davon, daß man sie mit dem vorherrschenden Infantil-Management in die Nähe der Realisierung hätte bringen können. Die Moneyburnrate ist somit ein zwar drastischer, aber recht akkurater Indikator für geschäftliche Unerfahrenheit und Dummheit.

Ein zweites Beispiel ist, daß Leistungskraft und Konkurrenzfähigkeit eines Unternehmens zu keinem Zeitpunkt von den Emissionserlösen und Aktienkursen abgeleitet werden können. Ein drittes ist, daß Aktienkurse zwar langfristig immer nur steigen mögen, daß das aber für die Praxis der Geldanlage völlig bedeutungslos ist, weil niemand lange genug lebt, um »langfristig« abzuwarten. Wer 1929 Aktien gekauft hatte, damals im selben naiven Vertrauen auf deren langfristig immerwährendes Steigen wie heute, mußte immerhin bis 1956 warten, bis sie wieder denselben Wert hatten, falls er nicht ohnehin das Pech hatte, jene Papiere zu besitzen, die das Jahr 1932 gar nicht überlebten, weil die Firmen in den Bankrott gingen. Wer die These vom ewigen Steigen der Kurse mit dem Dow-Jones-Index belegen zu können glaubt, sollte sich im Kleingedruckten wenigsten vor der Prospekthaftung schützen, denn der Dow-Jones-Index von 1929 war etwas ganz anderes als jener von 1933, weil dazwischen viele der im Index enthaltenen Firmen pleite und vom Kurszettel verschwunden waren.

Literaturverzeichnis

Albach, Horst, Shareholder Value und Unternehmenswert, in: Zeitschrift für Betriebswirtschaft 71, Jg (2001) 643–674.

Beer, S., Brain of the Firm – The Managerial Cybernetics of Organization, 2nd Edition, London 1981.

Ders., The Heart of Enterprise, London 1979.

Bleicher, K., Der Aufsichtsrat im Wandel, Verlag Bertelsmann Stiftung, Gütersloh 1987.

Carlson, Sune, Executive Behaviour, Stockholm 1952.

Cray, Ed, General of The Army George C. Marshall – Soldier and Statesman, New York, London 1990.

Drucker, P., Management – Tasks, Responsibility, Practices, London 1973.

Ders., The Unseen Revolution, London 1976.

Ders., Zaungast der Zeit, Düsseldorf 1981.

Ders., Managing for the Future, London 1992.

Ders., Post-Capitalist Society, London 1993.

Gälweiler, A., Strategische Unternehmensführung, 2. Auflage, Frankfurt/New York 1990.

Glaus, B.U., Unternehmungsüberwachung durch schweizerische Verwaltungsräte, Bern 1990.

von Hayek, Friedrich, Die Verfassung der Freiheit, Tübingen 1971.

von Hayek, Friedrich, Law, Legislation and Liberty, 3 Bände, 1973–1979.

Heinsohn, G., Privateigentum, Patriarchat, Geldwirtschaft – eine sozialtheoretische Rekonstruktion zur Antike, Frankfurt 1984.

Heinsohn, G./Steiger, O., Eigentum, Zins und Geld. Ungelöste Rätsel der Wirtschaftswissenschaften, Hamburg 1996.

Jürgensen, H., Die Bundesrepublik Deutschland zwischen Wiedervereinigung und Binnenmarkt '93 – Wirtschaftsperspektiven für die neunziger Jahre, Hamburg 1991.

Malik, F./Stelter, D., Krisengefahren in der Weltwirtschaft, Zürich 1990.

Malik, F., Systemisches Management, Evolution, Selbstorganisation, Bern/Stuttgart/Wien 1993, 2. Auflage 2000.

Martin, P.C./Lüftl, W., Der Kapitalismus – ein System das funktioniert, München 1986.

Münchener Handbuch des Gesellschaftsrechts, Band 4: Aktiengesellschaft, Hrsg. von Dr. Michael Hoffmann-Becking, München 1988.

NACD – Report of the NACD Blue Ribbon Commission on Director Professionalism, Washington 1996.

Rappaport, A., Creating Shareholder Value, New York, rev. edition 1998.

Siegwart, H., Der Cash-Flow als finanz- und ertragswirtschaftliche Lenkungsgröße, 3. überarbeitete und erweiterte Auflage, Stuttgart/Zürich 1994.

Vester, F., Die Kunst, vernetzt zu denken, 7. Auflage, München 2001.

Wunderer, F.R., Der Verwaltungsrats-Präsident, Zürich 1995.

Stichwortverzeichnis